東アジアの高齢者ケア

国・地域・家族のゆくえ

須田木綿子・平岡公一・森川美絵　編著

東信堂

はじめに

　本書は、変革がつづく高齢者ケアの領域に着目して、台湾、韓国、日本の三カ国間の比較を試みたものである。国際比較研究は多々あるが、東アジアのこの三カ国に着目した高齢者ケアに関する学術書は、希少である。

　本書は、構成においても、通例のものとは異なっている。国際比較に基く著作では、国ごとに章を設けるのが最も一般的であろう。しかし本書ではあえて、国家レベル、地方自治体レベル、各論、と、分析レベルをもとにした構成をとっている。その理由については続く序章で詳しく述べているが、要するに、単に国ごとの記述をするよりも、より分析的に国家間の相違を検討したいというねらいがあった。

　以上のような構成の帰結として、各章の独立性が高くなった。また、韓国に関わる章は日本語で原稿を執筆していただいたこともあり、韓国の制度やサービス名称に異なる日本語が充てられている部分もある。しかし、各章の文脈において支障なく理解できる限り、あえてそのような訳語の統一はしていない。いずれの国においても、高齢者ケアに関わる政策は日々変化している。折々のヴィヴィッドな感覚と適度なスピード感をもって、異なる国を比較し、理解したい。しかしそのためには、どこまでの整理と統一が最低限求められるところであり、どの程度の不整合や不統一は許容の範囲なのか。これについての見極めもまた、本書が出会った新しい課題のひとつであった。

　「新しいワインは、新しい皮袋に入れよ」という。台湾、韓国、日本の三カ国はいずれも人口の急速な高齢化に直面し、限られた資源を用いて、いかに対処するかが問われている。歴史的・文化的文脈が西欧とは異なるなかでの、固有の工夫も要請されている。この新規性に富む課題と各国の対応を記すにあたり、本書にも自ずから、「新しい皮袋」たるにふさわしい取り組み

が求められたということだろうか。

　ことほど左様に本書は、様々な意味において開拓的な要素が強い。その功罪も含めて、関連領域の議論喚起に僅かなりとも貢献できれば幸甚である。

2018年春

編者一同

目　次／東アジアの高齢者ケア―国・地域・家族のゆくえ―

はじめに …………………………………………………………………ⅰ

序　章　東アジアにおける高齢者ケアの共通課題と地域、サービス供給組織、そして家族 ……（須田 木綿子）3

1. 本書の趣旨 ……………………………………………………… 3
2. 本書の構成と内容 ………………………………………………… 6
   (1)第一部：国家レベルの検討(6)
   (2)第二部：地方自治体レベルの検討(12)
   (3)第三部：個別課題の検討(14)

第1部　福祉国家の再編と高齢者ケア ……………………19

第1章　台湾の高齢者ケア政策の計画と変化 ……………………（陳 正芬・官 有垣）21

1. はじめに ……………………………………………………………22
2. 台湾における高齢者ケア政策の計画と発展の構造 ………………24
   (1)介護サービス対象の拡大―選別主義(selectivism)から普遍主義(universalism)へ(25)
   (2)高齢者ケアサービス供給システムの多元化―施設サービスから在宅サービスへ(26)
   (3)介護サービスの供給システムの構築―地方分権から中央主導へ(30)
   (4)財源確保の仕組―政府補助から独立財源へ(33)
3. おわりに：台湾の高齢者ケア政策の課題 …………………………34

第2章　韓国の老人長期療養保険制度の導入と展開 ……………………（丁 炯先）39

1. 制度の導入 ………………………………………………………40
   (1)制度の背景とその意義(40)

(2) 制度の導入過程(41)

2. 制度の内容 …………………………………………………………43

(1) 対象者(43)

(2) 療養機関数(46)

(3) 給付の内容及び利用(47)

給付の種類及び内容(47)

給付利用の現状(48)

(4) 財源調達と財政(49)

4. 今後の改革課題 ………………………………………………………51

第3章　介護保険制度の創設・改革と
日本の高齢者ケアレジーム …………（平岡 公一）54

1. はじめに …………………………………………………………………55

2. 介護保険制度の導入による制度変化と高齢者ケアレジームの
再編 ………………………………………………………………………55

(1) 制度変化における連続性と断絶(55)

1) 大きな制度変更とみるべきもの(56)

2) 連続性をもった制度変化(57)

(2) 高齢者ケアレジームの変化(59)

(3) 政策発展の経路依存と経路離脱(60)

3. 介護保険制度実施後の制度改革と政策展開の概観 ………………61

(1) 介護保険法改正に基づく制度改革(61)

1) 2005年の介護保険法改正に伴う改革(61)

2) 2008年の介護保険法改正に基づく改革(62)

3) 2011年6月の介護保険法改正に基づく改革(63)

4) 地方分権のための第1次一括法・第3次一括法による介護保険法改正
に基づく改革(63)

5) 2014年の法改正に基づく改革(64)

(2) その他の法律の制定・改正に伴う制度変化(66)

(3) 法律の制定・改正を伴わない制度変化(67)

1) 介護報酬改定(67)

2) 介護保険事業(支援)計画の指針の改定(68)

(4) 地域包括ケアシステムについて(68)

目次　v

　　　1）概念の理解の多様性(69)
　　　2）「地域包括ケアシステム」における、「包括」性・「システム」性・「地域」
　　　　性(70)

4. 介護保険制度実施後の制度変化と高齢者ケアレジーム…………72
　(1)高齢者ケアレジームの持続と変化(72)
　　　1）高齢者ケアに係わる市場空間の拡大、市場機能を犠牲にした支出抑制(72)
　　　2）市場の型の変化？（73)
　　　3）自治体の計画調整機能の(再)強化(74)
　　　4）緩やかな地方分権化の進展(75)
　　　5）「再家族化」と「(再)地域化」(75)
　(2)経路依存と経路離脱(76)

5. おわりに　………………………………………………………78

第2部　地方自治体：制約と強制された自律…………81

第4章　台湾における高齢者介護サービスと
　　　　地方自治体　………………（陳 正芬・官 有垣)83
台北市と新北市における居宅介護サービス組織の比較

1. はじめに　………………………………………………………84

2. 理論的視点　……………………………………………………87
　　　1）新制度学派(87)
　　　2）非営利団体の分類と属性の転換(91)

3. 方法　……………………………………………………………94

4. 台北市と新北市の居宅介護サービスの地域区分と
　居宅介護サービス組織の位置づけ　…………………………97
　　　1）1991–2002年：慈善利他型非営利組織の連携分担期(98)
　　　2）2003–2006年：慈善利他型と事業型組織の共存期(101)
　　　3）2007年以降：事業志向型非営利組織主導期(109)

5. 結論と提言　……………………………………………………113

第5章　韓国における高齢者介護システムの再編と
　　　　自治体の対応 ……………………………… (金 智美) 121

1. はじめに ……………………………………………………… 122

2. 地方分権化のなかの高齢者介護システムの「中央集権的」再編… 123

(1)韓国の社会福祉行政における地方分権化(124)

(2)地方分権化の意図せぬ帰結：高齢者介護システムの「中央集権的」
再編(126)

3. 自治体における高齢者介護への対応：昌原市と宜寧郡……… 128

(1)事例としての昌原市と宜寧郡(128)

(2)昌原市と宜寧郡における高齢者介護サービスの展開(130)

(3)高齢者介護サービス提供体制における行政の役割 (134)

4. 結びに代えて：韓国の自治体レベルにおける
高齢者介護サービスの課題 ……………………………… 138

第6章　日本における地域包括ケアシステム構築に
　　　　むけた自治体の対処と戦略 ………… (森川 美絵) 143

1. 自治体をとりまく政策環境 ………………………………… 144

(1)標準化されたシステムから地域包括ケアシステムへ(144)

(2)「地域に根差したケア」に向けた自治体の自律性(145)

(3)介護保険事業計画レベルで求められる取組み(146)

1)第5期介護保険事業計画(2012〜14年度) (146)

2)第6期介護保険事業計画(2015〜17年度) (147)

(4)自治体の相異への視座(148)

2. 自治体調査の概要 …………………………………………… 149

(1)目的・対象自治体の概要(149)

(2)調査方法(150)

3. 地域包括ケアシステムの位置づけと取組み…………………… 151

(1)A区(151)

1)1圏域の地域包括支援センターへのモデル事業委託(152)

2)在宅介護・医療連携の強化(152)

3)「地域包括ケアシステム構築モデル事業支援」のための調査研究の
委託(152)

4)新たな総合事業としての生活支援サービスの準備(153)
(2)B区(154)
1)地域包括支援センターの体制強化(154)
2)医療・介護の連携による在宅医療の推進(155)
3)生活支援の体制整備(155)
4)新たな総合事業としての生活支援サービスの準備(156)
(3)2つの自治体の取組み内容の相異(156)

4. 自治体および地域包括支援センターの認識……………………… 158
(1)A区(159)
1)地域包括ケアシステムのあり方(159)
2)住民主体の「生活支援サービス」について(160)
3)地域包括支援センターの認識(161)
(2)B区(162)
1)地域包括ケアシステムのあり方(162)
2)住民主体の「生活支援サービス」について(164)
3)地域包括支援センターの認識(164)

5. 自律的運営の様相と課題 ……………………………………… 169
(1)2つの自治体における自律的運営の姿と課題(169)
1)A区(169)
2)B区(169)
(2)「地域の実状」の理解にむけて(171)

第3部　サービス供給組織・家族・地域：境界の再編… 175

第7章　台湾の高齢者ケア政策とケアワーカーの「内」と「外」……………… (陳 正芬 (訳：須田 木綿子)) 177

1. はじめに ……………………………………………………… 178

2. 台湾の外国人ケアワーカーに関する歴史と政策 ……………… 182

3. データと方法 ………………………………………………… 185

4. 調査結果 ……………………………………………………… 187
(1)外国人ケアワーカーの中での垂直的差別(187)
(2)台湾出身のケアワーカーと外国人ケアワーカーの水平的差別(198)

（3）台湾出身のケアワーカーと外国人ケアワーカーの垂直的差別（201）

5. 政策的提言および結論 ………………………………………………… 205

第8章　非営利―営利の法人格に意味はあるか？………（官 有垣・陳 正芬（訳：須田 木綿子））213
低所得高齢者への行政支援に関する台北市と新北市の比較

1. はじめに ……………………………………………………………… 214

2. 台湾における高齢者のための入所サービスの展開 …………… 216

　（1）福祉局主導で入所サービスが整備された時期（1980–1990）（217）

　（2）福祉局と保健局のもとで整備が進んだ時期（1990–2000）（217）

　（3）中央政府から地方政府への権限委譲と営利サービス供給組織の
　　　参入が進んだ時期（2000年以降）（218）

3. 本研究の理論的視座 ………………………………………………… 218

4. 調査結果 ……………………………………………………………… 221

　（1）台北市と新北市の政治的・財政的条件（221）

　（2）台北市における公費による低所得高齢者の受け入れ状況：
　　　LTC入所施設の種類別検討（222）

　（3）新北市における公費による低所得高齢者の受け入れ状況：
　　　LTC入所施設の種類別検討（223）

5. 考察 …………………………………………………………………… 224

　（1）LTC入所施設の数（224）

　（2）公費補助を受けて入所している低所得高齢者の数（226）

6. まとめと結論 ………………………………………………………… 230

第9章　韓国における介護する家族への支援事業の推進状況と課題
認知症高齢者の家族支援を中心に…………………（柳　愛貞）237

1. はじめに ……………………………………………………………… 238

2. 認知症高齢者の現状と家族支援サービスの必要性 …………… 239

　（1）認知症高齢者の現状（239）

　（2）認知症高齢者支援における家族支援の必要性（240）

目　次　ix

3. 認知症高齢者の家族支援政策の推進状況 ……………………… 243

(1)認知症高齢者への支援状況(243)

(2)認知症高齢者の家族支援の現状(245)

1)第3次国家認知症管理総合計画における家族支援の拡大(245)

2)老人長期療養保険制度に基づく家族支援事業の推進(246)

4. まとめ ……………………………………………………………… 251

第10章　韓国の高齢者ケアサービスの供給組織 ……………………………………… (李　恩心) 255

1. 韓国の高齢者福祉サービスの供給組織の現状 ………………… 256

(1)「老人長期療養保険制度」導入前後の高齢者福祉サービスの供給体系(256)

2. 高齢者福祉サービスの提供事業者の現状 ……………………… 260

(1)老人福祉法に基づくサービス事業者の現状(260)

(2)老人長期療養事業者の現状(260)

1)サービス別事業者数の変化(260)

2)運営主体別の事業者数の変化(261)

(3)長期療養事業者数の増加からみえる課題(263)

3. サービス供給組織の質的変化 …………………………………… 264

(1)供給主体の過剰によるサービス質の低下への影響(264)

(2)サービスの質の向上に向けて(266)

1)サービス機関の評価(266)

2)利用者評価(267)

3)サービスの市場化とサービス質との関連(268)

4. サービス提供組織の運営上の現状と課題 ……………………… 269

(1)個人営利施設①：ソウル市近隣のA市の在宅老人福祉センター (訪問療養) (270)

(2)非営利施設(社会福祉法人)②：ソウル市B区の在宅老人福祉センター (昼夜間保護) (271)

(3)非営利施設(学校法人)③：ソウル市C区のデイケアセンター (昼夜間保護) (271)

(4)非営利施設(自治体)④：ソウル近隣D市長期療養支援センター (療養施設、昼間保護、訪問療養) (272)

x

5. 利用者本位の供給システムの構築のために ………………………… 273

第11章　日本の介護政策における「介護の社会化」の展開
家族介護の境界とその揺らぎ ……………………（森川 美絵）280

1. 介護保険制度の導入と「介護の社会化」………………………… 281
   (1) 政策アジェンダとしての「介護の社会化」(281)
   (2)「社会化」論の意義(282)
   (3) 制度設計段階での「社会化」の水準(283)

2. 介護保険制度の見直しと「介護の(再)家族化」 ………………… 284
   (1) 制度の急速な拡大と2005/6年の「見直し」(284)
   (2) 軽度者の認定区分と給付水準の変更(285)
   (3) 予防給付導入に伴うサービス内容の見直し(285)

3. 家族介護と社会的介護の境界―国民生活基礎調査からみえる
   経年変化 ……………………………………………………………… 287
   (1) 要介護者のいる世帯の世帯構造、介護者属性の推移(287)
   (2) 要介護度分布の推移(289)
       1) 要介護度の分布(介護を要する者10万人対) (289)
       2) 世帯構造別の分布傾向(290)
       3) 要介護認定の分布推移から示唆される介護の社会化の諸層(292)
   (3) サービス利用の推移(世帯構造別) (295)
   (4) 介護内容別の代替・分有状況の推移(298)

4. おわりに―地域包括ケアシステムの整備と家族介護の位置 … 300
   (1) 介護保険制度開始以降の「介護の社会化」の展開(小括) (300)
   (2) 地域包括ケアシステムの展開における家族介護の行方(302)

第12章　Public-ness の再編
高齢者ケアの領域における市民・住民組織 ……（須田 木綿子）306

1. はじめに ……………………………………………………………… 307

2. 住民参加型在宅福祉サービスの public-ness ……………………… 308

3. 介護保険制度導入後の変化 ………………………………………… 310
   (1) サービス供給過程への参加(313)

(2)サービス利用者としての参加(316)

　　(3)政策上の意思決定過程への参加(316)

4. 第6期介護保険事業(2015 〜)における市民・住民組織の役割… 317

　　(1)調査地域の特性(318)

　　(2)調査の対象事業(318)

　　(3)調査の方法(319)

　　(4)調査結果(319)

　　　1)地方自治体の取り組み(319)

　　　2)社会福祉協議会(321)

　　　3)財政的支援(322)

　　　4)地域のソーシャル・キャピタル(322)

　　　5)市民・住民による活動のメリット(324)

5. 高齢者ケアの領域における市民・住民組織のPublic-nessの
　　再編 ……………………………………………………………… 326

　　(1)市民・住民による組織的活動の経路依存と経路離脱(326)

　　(2)市民・住民組織のpublic-nessと社会変革(328)

　　(3)市民・住民による組織的活動と「中流階層化」(329)

終　章　東アジアにおける高齢者ケアシステム
台湾・韓国・日本の比較と若干の考察 ………… (平岡 公一)334

1. はじめに ……………………………………………………… 335

2. 高齢者ケアシステムの制度と政策展開の比較 ……………… 336

　　(1)分析枠組(336)

　　(2)次元Ⅰ：対象の設定・限定(337)

　　　1)所得要件(選別主義から普遍主義へ) (337)

　　　2)家族要件(家族介護優先から家族介護支援へ、さらに介護の社会化へ) (337)

　　(3)次元Ⅱ：内容(ケア・バランスとサービス体系) (338)

　　　1)ケア・バランス(在宅ケアへのシフトの推進) (338)

　　　2)サービス体系の発展段階(338)

　　(4)次元Ⅲ：提供体制(福祉ミックス、市場化、集権化と分権化、
　　　　計画と調整のメカニズム) (339)

　　　1)福祉ミックス(339)

　　　2)市場化(340)

　　　　3) 集権化と分権化(341)

　　　　4) 計画と調整のメカニズム(342)

　　　(3) 次元Ⅳ：財源調達(343)

　　　　1) 公的財源の種類(税方式と社会保険方式) (343)

　　　　2) 費用の負担割合(343)

　3. 政策展開の方向性とその背景―2つの論点‥‥‥‥‥‥‥‥‥ 345

　　　(1) 台湾・韓国の後発性と急テンポの政策転換、サービス拡充(345)

　　　(2) 市場機能と計画機能の交錯―サービス拡大のための市場化と、
　　　　費用抑制のための計画機能の強化(347)

　4. 比較分析のさらなる展開に向けて ‥‥‥‥‥‥‥‥‥‥‥ 349

補　論　台湾の高齢者ケア政策：資料と文献‥‥‥‥354

あとがき ‥‥‥‥‥‥‥‥‥‥‥‥‥‥‥‥‥‥‥‥‥‥‥‥ 358

索引 ‥‥‥‥‥‥‥‥‥‥‥‥‥‥‥‥‥‥‥‥‥‥‥‥‥‥ 360

執筆者紹介 ‥‥‥‥‥‥‥‥‥‥‥‥‥‥‥‥‥‥‥‥‥‥‥ 368

東アジアの高齢者ケア
──国・地域・家族のゆくえ──

序章 東アジアにおける高齢者ケアの共通課題と 地域、サービス供給組織、そして家族

須田　木綿子

1. 本書の趣旨

　台湾、韓国、日本では、高齢者を支援するための公的な医療・保健・福祉サービスの供給システムにおいて（本書では「高齢者ケア」と総称する）、公的・行政資金の投入先の転換を伴う民営化政策と福祉ミックス（welfare mix）の導入が進んでいる。本書は、その過程における三か国間の相違を検討しようとしている。

　上記の数行の趣旨を明らかにするためには、以下の基本的な用語に関する確認が必要だろう。

　まず「公的」について。日本では「公的＝行政もしくは国家」と理解されがちであるが、他国ではかならずしもそうではない。ハーバーマスの "public sphere" が、国家権力に対峙するための市民の場であり、その際の「公＝public」を、国家や行政と同義に考えられないことは、その典型であろう（Habermas, 1973）。とはいえ、「公」に関する理論的な議論の蓄積をふまえ、誰もが納得するような定義を提示することは本書の及ぶところではない。ただ、本書が扱うような対人サービス（保健・医療や福祉等の領域で、人を対象に提供される手段的サービスの総称。ヒューマンサービス）の領域では、市民の多くが必要とするものを「公的」対人サービスとするのが一般的な用法であるように思われ（Hall, 1992）、本書もそれに準ずる。そして、本書が扱う台湾などでは、「公的」な高齢者ケアサービスの多くが、一般の市場を通じて提供されている。これに対して日本や韓国は、長らく国家責任において、そして

近年では国家が運営する保険制度を通じて、「公的」高齢者ケアの大部分が提供されていると整理できる。

先進諸国では、この公的対人サービスの領域での「民営化」が進んでいる。もともと国家責任で公的対人サービスの多くを提供していた国では大胆な民営化が進められ、そもそも国家は市場の残余的な役割しか果たしていなかった国では、この残余の部分さえも「民営化」をすすめている。しかしこの「民営化」も、論者によって、意味するところは微妙に異なっている。最大公約数的な理解は、公的サービスの購入責任（財源確保の責任）と供給責任（サービス供給の過程）を分離し、前者はひきつづき国家が担い、後者を民間組織に委ねること、という理解であろう（Smith, 2002）。

民営化と市場化はイコールではない。民営化をしても、国家がサービス供給を担う民間組織に補助金として運営資金を提供している場合（公的もしくは行政資金の供給サイドへの投入）は、市場は形成されない。日本での介護保険制度導入以前の措置委託はまさに、民営化をして行政資金を供給サイドに投入する仕組みの典型である。市場は、民営化と、バウチャー等によって公的資金の導入先を受給サイドに転換することをもって形成される。日本の介護保険制度は、介護報酬がサービス事業者に直接送金されているので誤解されやすいが、制度の趣旨にしたがった運営のありかたは、サービス利用者が利用したサービス経費をすべて払ったのちに、その領収書をもって支払った経費に関する介護保険予算からの90％の還付を申請するというものである。ただ、高齢者ケアの場合は、そのような煩雑な手続きを行うことが難しい利用者が多いので、市区町村の介護保険課がその部分を代行し、サービス利用者は10％の自己負担分のみを支払えばよいことになっているにすぎない。介護保険制度は、公的資金（介護保険予算の50％は40歳以上の国民から徴収した介護保険料なので、税＋介護保険料という意味での「公的」資金）をサービス利用者に投入するバウチャー制度なのである。

公的もしくは行政資金の投入先を受給サイドに転換して市場が形成されたとして、その際の競争原理にはさらに、管理主義的な競争と商業主義的な競争の二種類が考えられる。どちらの競争原理がドミナントになるかは、規

制の厳格さや、公的資金に依存して提供されるサービスと一般市場を通じて提供されるサービスの量やアクセシビリティのバランスによって変わる。営利企業がサービス供給に多数参入しても、管理主義的な競争がドミナントである環境は形成可能であり、実際に日本の介護保険制度はこのタイプに近い（須田, 2011）。

「市場化」という言葉は、民営化と公的資金の投入先の受給先への転換をまとめて表現しているといえそうである。そして「準市場」は、こうして形成された市場において、商業主義的競争のみでなく、管理主義的競争原理も機能していることに注意を喚起するための用語であるように思われる。

民営化とデボルーションは、一部重複している。デボルーションとは、中央政府（国家）から政府の下部組織（州や都道府県、市区町村などの地方自治体）さらには民間組織への責任と権限の委譲である（Handler, 1996）。民営化は、サービス供給に関する責任と権限を民間に委譲するわけであるから、デボルーションのひとつのかたちである。また、デボルーションを行う相手に個人を含む立場もあるので（Ascoli and Ranci, 2002）、本書でとりあげる日本の介護保険政策に見られる再家族化や再地域化（血縁や地縁に基づく共助の再強調）は、家族や地域へのデボルーションともいえそうである。

デボルーションと集権―分権は別の概念である。日本の介護保険制度が好例である。高齢者ケアは、介護保険制度以前は国家の責任において提供されていたが、介護保険制度は運営に関わる責任と権限の多くを市区町村にデボルーションした。同時に、規制強化によって市区町村が裁量を発揮できる余地は縮小し、介護保険の運営に関する限り、市区町村は国の出先機関になったと称された（Suda, 2006）。つまり、デボルーションが進行すると同時に、中央集権的な仕組みが強化された。このような現象は、公的対人サービスの民営化の過程では決して珍しいことではない。本書でも、韓国から同様の報告がなされており、中央集権的な体制継続の背景には、国家が影響力を維持するために規制を強化した経緯が説明されている。

福祉ミックスという言葉も多義的に使用されているが、もっとも包括的な理解のしかたは次のようなものであろう。すなわち、上記のデボルーショ

ンによって、国家、州や都道府県、市区町村等の異なるレベルの行政組織が
それぞれの役割を担い、民営化によって民間組織もサービス供給に参加し、
さらに家族やボランテイア、そのほかの地域組織等のインフォーマルなネッ
トワークをも含めて総体として公的対人サービスにあたるような仕組みを福
祉ミックスと総称する立場である (Christensen and Lægreid, 2011)。多元的
サービス供給システムは、福祉ミックスの中でもサービス供給組織に焦点を
あて、その多様性を論じる場合に使われることが多いように思われる。

　以上をふまえると、本書の趣旨は次のように言い換えることができる。台湾、
韓国、日本の高齢者ケアの領域では、公的・行政資金の投入先の受給サイド
への転換を伴う民営化政策を通じて、国家—州・都道府県—市区町村—民間
サービス供給組織—家族・地縁組織等のインフォーマルなネットワークに関
して、それぞれの役割と相互の関係の再編が進んでいる。そして本書は、そ
の過程における三か国間の相違を検討しようとしている。

2. 本書の構成と内容

　本書のように複数の国を検討の対象とする場合、第一部：台湾、第二部：
韓国、第三部：日本と、国ごとにまとめるのが通例であろう。しかしあえて
本書では、国家レベル、地方自治体レベル、各論、と、分析レベルをもとに
した構成をとっている。そしてその理由は、次のようなものである。

　国ごとにまとめた構成をすると、それぞれの国の様子を多角的に理解で
きるが、国相互の関係は背景に退くように思われる。より分析的に国家間の
比較をしたい。そのための工夫のひとつが、分析レベルごとの構成であった。

　本書の構成の概要を図1に示す。

(1) 第一部：国家レベルの検討

　第一部は、高齢者を対象とする高齢者ケア政策に関する、国家レベルの
視点からの検討である。それぞれの国における政策の流れと課題がまとめら
れている。結果として、3カ国間の共通する課題として、以下の6点が浮か

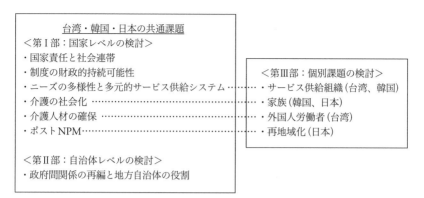

図1　本書の構成

び上がった。

共通課題1：国家責任と社会連帯

　この課題については、台湾からの報告が簡潔に要点を指摘している。すなわち、従来、高齢者への支援は国家責任において提供され、そこには資産調査や、高齢者や家族の心身の健康状態等に関するアセスメントが行われ、ニーズが存在すると認められた比較的少数の高齢者が支援の対象とされた。しかし近年になって、「高齢になって介護を必要とすることは人生のノーマルリスク（Normal-life risk）」（p.34）ととらえられるようになった。そしてノーマル・リスクには、個人の通常の努力で対応することが前提とされ、足りない部分を社会連帯で補う仕組みとして高齢者ケア保険制度の導入が検討されるようになる。実際に台湾では、高齢者ケアのための保険制度導入を公約とする政権の発足に至るのだが、興味深いことに、2016年の政権交代を機に一転して、保険制度ではなく国家的責任による高齢者ケア制度の導入をめざすこととなった。

　いっぽう韓国では、日本の介護保険制度に類似した老人長期療養保険制度が導入されるのだが、第二部に詳述されるように、国の補助金をもとに地方自治体が運営するドルボムバウチャー事業が、老人長期長期療養保険制度と並行して存在する。いずれもバウチャーによる制度とされているが、ドル

ボムバウチャー事業の実際の運営は補助金事業的な要素が強い。国家が、高齢者ケアにおいてそれまで担ってきた役割から容易に撤退できない様子がうかがわれる。

いっぽう日本では、異なる社会連帯が強調されつつある。日本の介護保険制度は、多様なサービスをカバーし、かつ要介護認定の基準も他国と比べれば緩やかであり、この点で極めて包括的な制度といえる。この包括性をもって、「介護の社会化」も強調された。しかし近年の改訂では、家族や地域の役割が強調される「再家族化」「再地域化」の動向が観察される。家族や地縁関係など、個人のインフォーマルなネットワークで高齢者のニーズをまかなうことが再び強調されつつあるという点では、当初の介護保険の構想からは変容しているように感じられる。

以上からうかがわれるのは、国家責任と社会連帯の間を揺れ動くそれぞれの国の姿である。台湾では、保険制度の導入にむけて10年の準備を重ねながら、国家責任に舵を戻した。韓国は、国家がひきつづき多くの責任を担う制度が、保険制度と共存している。そして日本では、介護保険制度そのものが、個人やインフォーマルなネットワークの役割を強調する内容に変わりつつある。

共通課題２：制度の財政的持続可能性

日本で介護保険制度が導入された折、財政的な持続可能性には不安の声もあったという。そしてその不安は的中し、介護保険制度導入後5年を経た第1回目の制度改訂以来、介護保険支出削減のためのさまざまな規制が導入さている。これに対して韓国の老人長期療養保険制度では、財政的には「黒字」が維持されている。そしてその背景には、介護保険料を徴収する範囲が、日本では40歳以上の国民になっているのに対し、韓国では国民保険料徴収の対象、すなわち20歳以上の国民であるために、制度の支え手が多いという点があげられよう。また、要介護認定基準の寛容性においても両国は異なる。本書によると、韓国では2014年の時点において65歳以上人口の6.6％が要介護認定を受けているのに対し (p.45)、日本の介護保険制度は、2013

年度末で65歳以上人口の17.8%が要介護認定を受けている (内閣府, 2017)。すなわち日本では、要介護認定基準が韓国よりもゆるやかであるために、心身の衰えがそれほど深刻ではない段階から多様な介護保険サービスを受けることができるように設計されている。その気前の良さは、サービスを利用する側にとってはありがたいことであるが、制度の財政的持続可能性とのバランスをどこに求めるのかにおいて、韓国と日本には明確な差異がある。

　いっぽう、台湾は前述のように、政権交代により、前政権が計画していた高齢者ケアのための保険法案を放棄し、税収で高齢者ケアの需要を賄う方針を表明している。高齢者ケアの財源として、税と民間資金をいかに組み合わせるかについては、いずれの国も模索を重ねている。本書においても、それぞれの国の工夫と迷いが活写されている。

共通課題3：ニーズの多様性と多元的サービス供給システム

　今後の高齢者ケアのあり方を考える際には、ニーズの多様性が重要な論点を構成する。本書で取り上げられているのは、個人間のニーズの多様性と、個人内のニーズの多様性である。これについても、台湾からの報告が丁寧な議論を行っている。

　まず、個人間の多様性であるが、前述のように、公的な高齢者ケアに対する考え方は、特定の高齢者への支援という選別主義から、ノーマルリスクとしての老化に個人が対応する折のサポートとしての普遍主義に転換した。それによってスティグマが軽減・消失するとともに、高齢者の教育と経済レベルが向上し、独立して自律的に、自身の好むところに応じた暮らしを求める気運が高まり (p.26)、多様なニーズが表明されるようになった。さらに台湾では、都市部と農村部での嗜好の異なりも大きい。つまり、高齢者ケアに求められるところは個人によって、また地域によって異なるのであり、サービス利用者の選択の幅を確保するためにも、非営利や営利の異なるサービス供給組織の参入が求められる。

　ちなみに台湾では、高齢者ケアに関する国家の政策が定まらない間に、市場を通じて高齢者ケアを提供する仕組が形成され、そこに非営利と営利の

サービス供給組織が入り乱れ、また、一部の行政資金も投入されるという、複雑な仕組みになっている。したがって、公的な高齢者ケアのための保険が導入されないとしても、すでに多元的サービス供給システムは定着している。

　同じ個人であっても、加齢が進むにつれて高齢者ケアに対するニーズが変わるという、個人内のニーズの多様性も、視野におさめる必要がある。寿命の伸長に伴って、老年期が長期化している。その過程で高齢者は、比較的年齢が若くて健康な状態から、食事や排せつ、整容さえ自身ではままならない状態にまで変化する。「低いレベルから高いレベルまで、温度計のよう」にニーズの上がり下がりが生じるそのニーズの連なりにそって、福祉的・社会的サービスと医療が「シームレス」に提供されるような仕組みが必要であり (p.35)、ここに、社会福祉サービス組織、保健・医療組織、さらに高齢者の社会活動を支援するような地域組織等から成る多元的なシステムが求められることとなる。

共通課題4：介護の社会化

　この課題をもっとも強調しているのは、韓国からの報告である。韓国は家族介護が中心で、日本以上に女性が多くの負担をひきうけて来た。家族の介護負担の軽減は、2008年の老人長期療養保険制度導入を促した大きな要因のひとつだった。

　いっぽう台湾では、家庭内外国人労働者の存在によって、この課題は複雑になっている。そのことの詳細は、第三部でさらに検討される。簡単に述べると台湾では、個人の家庭に住みこんで24時間起居をともにし、家事や育児、介護等の家庭内の仕事を担う安価な外国人労働者の存在が定着している。したがって、介護保険制度のような仕組みを導入して、保険料を払ったあげくに、法令でさまざまに制約される訪問介護や訪問看護のようなサービスに頼るよりも、市場を通じて得られる外国人労働者のほうが家族にとっては使い勝手が良いということになる。いいかえるなら、台湾の人々にとっては、外国人労働者は家族ではないが、公的な介護保険制度に比較すれば、私的な、家族の日常の営みの延長線上にある存在であり、このような外国人労

働者の存在ゆえに、「介護の社会化」が進まない、という事情がある。

逆に日本では、介護保険制度導入時には「介護の社会化」が強調されたが、近年は家族の役割を強調する「再家族化」の動向が指摘される。家庭と社会の境界は実はあいまいであり、そしてその境界の感覚は国によって異なり、さらに政策動向によってもその境界は変動するのである。ちなみに、日本での介護の社会化をめぐる議論は、第二部でもとりあげられる。また後述の共通課題6との関わりにおいても注目すべき変化である。

共通課題5：介護人材の確保

韓国では、長期療養保険制度の導入にあたり、介護を担う療養保護士を限られた期限内に多数育成しなければならず、結果として、療養保護士の専門性の不足などの問題が提起されるようになったという。その後は資格制度も整備されるのだが、高い離職率等、日本と同様の課題が指摘されている（p.43）。

いっぽう台湾では、前述の外国人労働者の存在が、「台湾の介護サービスシステムの発展を妨げている」という（p.28～29）。台湾出身の介護職従事者数は、毎年各県市で1桁で、介護に関わる当該年度の外国人労働者の千分の一であるという統計も報告されており（p.28）、日本が他国からの介護人材を受け入れた場合に起こり得る課題としても興味深いところである。

日本ではすでに、介護人材の不足は社会問題化しているといっても過言ではない。介護人材の確保は、参加国を通じての喫緊の課題である。

共通課題6：ポストNPM

いわゆる福祉国家体制後の公的な対人サービスを統合する理念は、ニュー・パブリック・マネジメント（NPM）と総称される。そしてその特徴のひとつに、パーツの分解があげられる。すなわち、地方自治体は中央政府に、サービス供給組織は地方自治体に評価され、監督される関係となり、ここに協働関係の要素は原則として存在しない。いわば、地方自治体は中央政府のフランチャイズとして機能するのである。またサービス供給組織は、

サービス利用者や管轄する地方自治体から監視される。そしてサービス供給組織は個々の関心に応じて契約に参入するので互いに競合関係にあり、ここにも連携・協働の原理はみあたらない (Bevir, Rhodes and Weller, 2003; Harris, 2007; Hood, 1995; Rhodes, 2007)。しかし、サービス供給組織がそれぞれの得意分野を生かしつつサービス利用者のニーズを総体として満たしていくためには、多元的サービス供給組織相互の連携は必要であるし、またサービス供給組織の個々の取り組みのみに依存していたのでは、経済効率性も向上しないことがわかり、NPMによってばらばらにされた関連機関相互の連携と協働を再構築しようとする、ポストNPMといわれる動きが生まれている。

　日本からの報告では、前述の「再家族化」とともに「再地域化」が強調されるに至った政策の流れとその背景を、介護保険制度導入以前にさかのぼって丁寧に検討している。このような政策動向は、単に高齢者ケア財政のひっ迫のみによってではなく、NPMの批判的検討から生じている理念的な変化にもよっている。本書で扱う三か国の中では、日本を検討対象とした場合にこそ可能な最新の議論として、注目すべきであろう。

(2) 第二部：地方自治体レベルの検討

　ここでの共通課題は、政府間関係の再編と地方自治体の役割である。

　台湾では、第一部で示されたとおり、高齢者ケアをめぐる国の体制が定まっていない。このような中で第二部では、隣接する台北市と新北市の在宅介護サービスをめぐる対応が、社会学領域の組織論である新制度学派の枠組みをもって検討されている。この報告の特徴は、地方自治体とサービス事業者の相互作用に着目している点である。まず、台北市が在宅介護サービスの整備に積極的に取り組み、新規に参入する事業者が増えた。それによって、各事業者の担当領域を地域ごとに区分する従来の方法がなし崩し的な様子で「破られ」(p.104)、同時に、低所得者世帯のサービスの上限を台北市が引き下げたため、事業者には混乱と経営上の困難が生じた。この間、隣接する新北市は、台北市の取り組みを参考に在宅介護サービスの充実を図るのだが、上記のように運営上の困難が高まる台北市で活動をしていた事業者は、事業

の拡大と安定化のために新北市への参入を進める。結果として、台北市と新北市の境界を超えてサービスを提供する事業者が増加し、それらの事業者はもはや、単一の地方自治体の政策には左右されない自律性を確立し、自治体の影響力が相対的に低下したという。

　韓国からは、新しい制度の導入に伴う地方自治体レベルの混乱が報じられている。既に述べたように韓国では、老人長期療養保険制度と老人ドルボムバウチャー事業という「二元化されたサービス体系」(p.125) が構築されている。老人長期療養保険制度が国家レベルの国民健康保険公団の管轄下にあるのに対し、老人ドルボムバウチャー事業は地方自治体の管轄下にある。国民健康保険公団は，地方議会などに政治的責任を問う何の法的根拠も持たず、よって、「老人長期療養保険による高齢者介護サービスは，自治体のコントロールの範囲を超えて存在する」(p.124)。いっぽう老人ドルボムバウチャー事業の財源は国からの補助金である。地方への権限委譲、すなわちデボルーションが進行するなかでも影響力を維持しようとした管轄省庁の思惑から、老人ドルボムバウチャー事業の運営における地方自治体の裁量は規制等によって極めて限定され、自治体が自律的に運営することは困難であるという。ここに、デボルーションが進行するなかで中央集権化が進むという現象が生じることとなった。

　韓国の老人長期療養保険制度と老人ドルボムバウチャー事業の連携は決して円滑ではなく、両方の制度の対象から漏れてしまった「保健福祉サービスの死角地帯」(p.134) といわれる高齢者の存在が、とりわけ都市部で課題になっているという。そもそも韓国では、少なからずの自治体が、高齢者ケアは自分たちの課題ではないとの認識しているとも指摘されており (p.136)、韓国の高齢者ケアに関わる領域では、政府間関係の再編とそれに伴う混乱が未だに続いている様子がうかがわれる。

　いっぽう日本では、共通課題6で指摘されている「再地域化」との関わりにおいて、地方自治体の役割は、最大の検討課題のひとつと位置づけられる。ここでの「再地域化」とは、医療や予防、社会的サービスの領域におけるフォーマルなサービスの仕組みとインフォーマルな支援的ネットワークを、

市区町村レベルの自治体ごとに有機的に組み合わせて高齢者を支援する政策の総称である。日本からの報告では、第六期介護保険事業計画における地域包括ケアとの関りにおいて、「再地域化」が強調されるに至った政策の流れが丁寧に確認されている。介護保険制度導入時には、民営化したサービス供給システムによって標準化されたサービスを全国的に供給することが主たる目的として強調された (p.143)。それを考えあわせると「再地域化」は、介護保険制度の当初の理念からは遠ざかりつつあるようにも思われる。「再地域化」はまた、ポストNPMを象徴する新しい政策動向であることも、すでに述べたところである。日本は、台湾や韓国に先んじて包括的な高齢者ケアの保険制度を導入しており、それゆえにポストNPMの動向もいち早く政策に反映されているのであろう。

　日本からの報告ではまた、東京都内の地方自治体を対象とするケース・スタディを行っているのだが、新たな政策の解釈、政策実施にあたって活用する資源の選定、政策の優先順位等に違いのある様子がうかがわれる。そしてその差異の背景には、住民の経済階層や気質、地域におけるそれまでの住民活動の歴史や自治体との関係が存在することが指摘されている。

　台湾・韓国・日本の三か国は、デボルーションを進めて地方自治体に責任と権限を委譲し、民営化した高齢者ケアを国民に提供する政策を国家主導で進めているという点において共通している。しかし、再編後の政府間関係や、地方自治体に新たに期待される役割や課題は各国の間で異なるのみでなく、それぞれの国の内部においても、自治体間に差異が見られる。第二部は、自治体レベルに視点を揃えて国際比較を行ったがゆえの新鮮な面白さを味わうことのできる、読み応えのある内容となっている。

(3) 第三部：個別課題の検討

　第三部は、第一～二部での検討を通じてとりわけ重要であると考えられるテーマに着目した各論である。

　家族については、韓国と日本からの報告がなされている。韓国では、高齢者をケアする家族に対する統合的な支援策は未だ「制度化されていない」

序章　東アジアにおける高齢者ケアの共通課題と地域、サービス供給組織、そして家族　　15

（p.235）。このようななかで、在宅で高齢者をケアしている家族の負担が「怒り、扶養の問題への不安、友人や近所の人との断絶」（p.235）等の感情に彩られた言葉で報告されているのは印象的である。韓国で現在、家族を支援する制度として導入されているのは、老人長期療養保険制度が提供する家族へのレスパイトサービスと、第3次国家認知症管理総合計画での取り組みである。とりわけ、認知症高齢者とその家族をセットで支援することの重要性が認識されつつあり、本書では、これに関わる施策の現状と課題が報告されている。

　日本からは、すでに何度も指摘している「再家族化」についての検討がなされている。「介護の社会化」に内在する多義性を整理したのち、介護保険財政が逼迫する過程を視野におさめながら、「再家族化」が進行する過程を高齢者の世帯構成別、要介護度別、サービスの種別等、多角的に検討している。そして、「介護の社会化」が進んだのは身体介護の領域においてであって、家事援助の領域では「介護の社会化」に逆行するとも思われる動向が観察され、後者において「再家族化」が先鋭化しているとの指摘がなされている。

　いっぽう台湾からは、家庭における介護の課題として、外国人労働者に関する検討がなされる。先の「第一部：国家レベルの検討」の項で述べたように、外国人労働者は家庭内で家族と起居をともにし、家族の日常の営みの延長線上にある存在である。血縁者ではないという点では介護は社会化されているといえるかもしれないが、家庭・家族の文脈で機能している点に着目すれば、社会化には該当しないようにも思われる。また外国人労働者の視点からは、劣悪な雇用条件が、また介護という視点からは提供されるケアの質が課題になる。位置づけが曖昧であることに起因する矛盾と、矛盾ゆえの課題克服の難しさが、説得力をもって報告されている。

　サービス供給組織については、韓国と台湾からの報告がなされている。

　韓国では、長期療養保険制度とは別に前述のドルボムバウチャー事業があり、さらに、在宅福祉サービスも存在することは第二部において紹介された。長期療養保険制度の導入にあたり、サービス供給量を短期間に拡大したこととも相まって、制度間の連携が十分ではない。その結果、サービスの供

給量においても、地域によって供給過剰と供給不足が混在する。長期療養保険制度の認定基準が厳しいことや、複数のシステムが混在することから、必要なサービスを受けられないでいる高齢者の存在も指摘され、第二部で報じられた「保健福祉サービスの死角地帯」と呼応する。

　サービス供給組織の中で、個人の営利事業者が多く存在することも韓国の特徴であろう。これに関連して、サービスの質をいかに担保するかも急務の課題であり、「介護保険制度を導入してきたドイツや日本の経験と同様に，社会サービスの民営化・市場化に伴う『再規制』（サービス評価制度の導入を含む）のための法整備」が検討されているという (p.266)。民営化を推進する際には規制緩和がキーワードであったことを考え合わせると、ここに至って再規制が求められるに至った展開は興味深い。

　台湾からは、台北市と新北市におけるサービス事業者に関して、非営利－営利の法人格にもとづく比較を行っている。自治体の政策によって、非営利－営利の事業者の参入の実態は異なる。また台湾では、公的な介護保険制度の導入を待たずに、市場を通じて供給される有料入所施設の利用が定着している。そして、これらの有料入所施設の多くが営利組織によって運営され、サービスの質においては様々な課題を有しながら、低所得者の高齢者をも受け入れている。いっぽう非営利の事業者は、補助金による支援を受けながら高額なサービス料を利用者から徴収し、かつ、低所得の高齢者の受け入れには積極的とはいえない。これをもって本書では、「営利の事業者が非営利の事業者との不利な競争を強いられている」(p.228) という指摘を行っている。

　懸案のサービスの質を改善させる取り組みも始まっているが、事業者には、質改善に必要な経費を賄う財源がない。サービスを必要とする高齢者が増大するなかで、質よりも、まずはニーズをもった高齢者の受け入れ皿として既存の事業者を温存させざるを得ないという、台湾の複雑な事情が見て取れる。

　代わって日本からは、「再地域化」に関わる報告がなされている。第一部と第二部を通じて「再家族化」とともに強調されてきたポストNPMの動向を、地域住民の視点から検討している。

日本のサービス供給組織に関する章を設けていないのは、次の理由による。本書は日本で刊行されるものであり、本書を手にされる読者は、日本のサービス供給組織について一定の知識をお持ちであろう。本書のページ数や執筆陣が本書のために割くことのできる労力も無限ではない。これらを勘案し、本書ではむしろ、「再地域化」のような新しい動向をとりあげることの意義に着目した次第である。

　こうして改めて図1 (p.7) を眺めれば明らかなように、第三部は、第一〜二部で指摘された共通課題をすべて網羅したものではない。今になって取り上げておけばよかったと思われるテーマもある。それ以外にも、本書には不足する点が多々あるだろう。読者諸氏のご指摘をいただいて、今後の糧としたい。

引用文献

Ascoli, U. & Ranci, C. *Dilemmas of the welfare mix: The new structure of welfare in an era of privatization.* New York: Kluwer Academic/Plenum Publishers. 2002.

Christensen, T. and Lægreid, P. *Transcending new public management: The transformation of public sector reforms.* Surrey, England: Ashgate Publishing Limited. 2011.

Habermas, J. Legitimation crisis. Beacon Press. 1973.

Hall, P. *Inventing the Nonprofit Sector and Other Essays on Philanthropy, Voluntarism, and Nonprofit Orgaizations.* Johns Hopkins University Press. 1992.

Handler, J. *Down from bureaucracy: the ambiguity of privatization and empowerment.* New Jersey: Princeton University Press. 1996.

Nielson, W.A. *The endangered sector.* Columbia University Press. 1979.

Smith, P.R. Social Services. In, L.M. Salamon（Ed.）*The state of nonprofit America.* Brookings. 2002.

須田木綿子　対人サービスの民営化：行政—営利—非営利の境界線．東信堂．2011.

Suda, Y. Devolution and privatization proceed and centralized system maintained: Twister reality faced by Japanese nonprofit organizations. *Nonprofit and Voluntary Sector Quarterly*, 2006, 35 (3): 430-452.

第1部
福祉国家の再編と高齢者ケア

第1章　台湾の高齢者ケア政策の計画と変化

第2章　韓国の老人長期療養保険制度の導入と展開

第3章　介護保険制度の創設・改革と日本の高齢者
　　　　ケアレジーム

第1章　台湾の高齢者ケア政策の計画と変化

陳　正芬・官　有垣

梗　概

　台湾の長期ケアシステムは、1980年代以降、社会行政、衛生行政、労働行政の三つの側面からの整備が進む。しかし、それぞれの省庁が、自身が担当する領域のサービス内容、サービス施設の標準設備、サービスに従事する従業員に関する法令を各々で設定したため、その仕組みは複雑を極めることとなった。このようななかで2007年3月に行政院が、「台湾の高齢者ケア10ヵ年計画」を発表し、複数の管轄機関の協調を促し、統一的高齢者ケアシステムを構築することを目指す。さらに2008年には、「高齢者ケアのための介護保険法を、4年以内に成立させる」ことをマニフェストに掲げた国民党に政権が交代し、2009年末には「介護保険法（案）」のもとで、統一的高齢者ケアの構想がまとまったかに思われた。しかし、介護保険法は可決されないままに2016年に政権が再度交代し、新たに就任した民進党は、税収を財源とする「高齢者ケア10ヵ年計画2.0」を発表し、議論は再び、税収に依存しての枠組みに戻った。

　本章は、このように揺れ動く政策の中にあっても、台湾の高齢者ケアに以下の3点において一貫した変化が見て取れると指摘する。すなわち、1）高齢者ケアの対象が低所得等の特定の対象から一般の市民に拡大され、2）サービス供給システムは多元化するとともに在宅ケアが強調され、3）いっぽうで管理主義の浸透によって、地方自治体の責任は増大しつつも中央集権的な管理体制が定着しつつあるという3点である。本章ではさらに、この3つの一貫した変化と政策変動が組み合わさった結果として生み出された台湾固有の課題を、サービス供給の過程とサービス利用者の視点から整理する。

1. はじめに

1993年、台湾の高齢者人口(65歳以上)比率は7%を超え、高齢化国家(aging nation)へ突入した。2015年末の高齢者人口比率は12.5%に達し、人口数は293万となった。2018年にはさらに14%、2025年に20%を超える見込みで、いよいよ「高度高齢社会」(Super Aged Society)となる(行政院経済建設委員会、2015)。医療技術の進歩により、高齢者の寿命は長くなり、かつては治療できなかった疾病も治療され、命が救われるようになった。しかし同時に、日常生活ではかなりの人が介護を必要とするようになった。このような、病を伴っての寿命の伸長は介護の長期化をもたらし、社会問題となっている。

台湾の長期ケア政策の1980年代以降の変遷は、社会行政、衛生行政及び労働行政の三つの側面から顧みることができる。社会行政の面では、人口高齢化政策は1980年に制定された「老人福祉法」を始めとし、続いて「社会福祉政策綱領」(1994年)、「高齢者扶養サービス強化方案」(1998年〜2007年)という重大政策が導入され、かつ「老人福祉法」(1997年、2007年)及び「社会福祉政策綱領」(2004年)等も改訂された。衛生行政も、「医療網第3期構築計画」(1997年)、「高齢者ケア3ヵ年計画」(1998年)及び「医療網第4期構築計画」(新世紀健康介護計画)(2001年〜2005年)を次々と制定している。行政院労働委員会は1992年に「在宅で障がいをもつ高齢者介護の人手不足に対する暫定措置」を公表し、在宅介護に従事する外国人労働者を高齢者ケアサービスの補足労働力として認めた。しかし、高齢者ケアに関わる業務は内容によって社会行政と衛生行政に分けられて、それぞれの省庁の管轄下におかれ、サービス内容、サービス施設の標準設備、サービスに従事する従業員に関する法令も、「老人福祉法」、「介護人員法」、「身心障がい者権利保障法」及び「就業サービス法」と多岐に別れることとなった。また、社会行政として提供されるサービスの対象は、経済的弱者を中心とし、経済的弱者ではない者は衛生行政システムに関わるものとして、在宅ケアサービス、ケアハウス等の入所施設で支援を受けることとなった。加えて、労働行政の管轄下

で外国人介護者が導入され、高齢者が同居する世帯の住みこみ家事労働者として実質的には高齢者介護に深く関わっている。このように分散する高齢者ケアを管轄する関連部門と資源を統合するために、行政院経済建設委員会は2002年から2004年までの間に、「介護サービス福祉及び産業発展方案（プログラム）」の推進に着手した。そして、介護サービス対象を、中低所得の身体的ニーズをもつ高齢者から一般の身体的ニーズをもつ高齢者に拡大し、非営利団体及び民間企業が共同で介護サービスシステムに参入し、かつ全面的に自国籍の介護サービス就業者を増員させることを目標とし、徐々に外国人介護者の雇用を減らすように試みている（行政院経済建設委員会、2005）。当該方案は2005年から第2期計画へと期間延長された（2007年末まで）が、供給される介護サービスの総時間数の増加幅は限定的で、外国人介護者人数も持続的に増加している。外国人介護者を減少し、代わりに自国籍の介護者を雇用するという当初の目標は達成できなかったのである（行政院経済建設委員会、2008b）。

　行政院は高齢者ケア推進の一助として、複数の管轄機関の協調を促すために、2007年3月に「高齢者ケア10ヵ年計画」を発表した。基本目標は「台湾に統一的完全な高齢者ケアシステムを構築し、身体的、心理的ニーズをもつ高齢者が必要な支援を受けられることを保障し、自立した生活をできる限り継続し、生活の質を向上させ、尊厳と自立を維持すること」であった（行政院、2007）。しかし、2008年、政権が交代し、国民党が与党となった。総統の馬英九氏は「高齢者ケアのための介護保険法を、4年以内に成立させる」というマニフェストに従って、行政院衛生署に介護保険準備グループを立ち上げ、2009年末に「介護保険法（案）」を完成させ、行政委員会に提出した。その過程において、行政院衛生署と内政部社会司という二つの行政部門を統合して衛生福祉部を設立するための、介護サービス法の導入の検討も始まった。目的は、社会行政と衛生行政等の管轄下にある高齢者介護機関の設置標準や、従業員のトレーニング及び評価等を統合することにあり、それによって別途導入をすすめていた介護保険制度の運用が円滑になると考えられた。しかし、介護サービス法は2015年5月立法院で可決されたが、介護保険法

は可決されないままに、政権が交代した。新たに就任した民進党の行政院は税収を財源とする「高齢者ケア10ヵ年計画2.0」の推進に方向転換し、サービス対象とサービス項目の拡大によって家族介護者の高齢者介護の負担軽減を目指すこととなった。

　これまでの高齢者ケアに関わる諸機関が推進してきた政策と法案を顧みて、政府が人口高齢化により発生した健康及び介護問題を重視していることは明らかである（行政院、2007；行政院経済建設委員会等、2009；呉淑瓊、陳正芬、2000；陳淑芬、鄧素文、2010；楊志良、2010）。高齢者ケア政策がカバーする対象は低所得世帯から一般世帯に拡大し、サービスの内容も施設方式から地域、即ち在宅式等の複数形式のサービスに拡大している。介護保険法の検討は高齢者ケアサービスの財務基礎が大きく変わることを意味している。勿論、社会福祉に関わる政策は依拠する価値観に関係し、個人主義と団体主義の間でも揺れるものである。依拠する価値観によって政策の給付対象、資源形式、提供方法及び財務構造は変わる。そこで本章ではまず、GilbertとTerrell（Gilbert & Terrell, 2010）による社会福祉政策の分析枠組に基づいて、台湾の1980年代から今までの高齢者ケア政策の変化について検討する。さらに、国連が2007年に改訂した21世紀高齢化検討課題（United Nations, 2007）を参照しつつ、台湾の政策変化の特徴を整理する。そして、台湾の高齢者ケア政策の今後について提言をまとめる。

2. 台湾における高齢者ケア政策の計画と発展の構造

　高齢者ケア政策がしばしば直面する課題には、以下の様な事柄が含まれる。サービス対象の選定は、サービス対象者の経済状況、年齢、介護の必要性にもとづくべきか、現金給付と現物給付のどちらをメインにすべきか、現物給付にはどういうサービスを含むべきか、中央政府と地方政府、及び営利と非営利組織等が担うサービス提供における権利と責任の範囲と区別を何を根拠に設定すべきか、サービス提供の財源は主に個人の責任とするか、または政府予算による補助にすべきか、等である。GilbertとTerrell（2010）は社

会福祉政策の鍵となる課題を、給付対象、資源形式、提供方式及び財務基礎の4点にまとめた。以下はこの4つの課題から台湾の高齢者介護政策の発展と内容の変化について分析を行う。

(1) 介護サービス対象の拡大 —— 選別主義 (selectivism) から普遍主義 (universalism) へ

　台湾の高齢化対策の始まりは、1980年に公表し実施した「老人福祉法」である。ここでは、高齢者のための介護サービスの対象はかなり限られていた。国の責任の範囲は明らかに選別主義 (selectivism) の価値観にもとづくもので、高齢者介護は家庭の責任と見なされ、政府は高齢者が貧困または在宅介護資源が欠ける場合に限って、資産調査を行ってから社会救助システムにより介護資源を提供した。例えば、老人福祉法第7条の扶養施設のサービス対象は、「扶養の義務を負う親族がいない、または扶養の義務を負う親族が扶養能力を有しない高齢者」に限られていた。第16条の医療補助の対象も高齢者及びその扶養の義務を負う親族が負担する能力がないものに限られていた。

　1990年代以降、台湾高齢者の身体障がい者の比率が人口高齢化のスピードに従って上昇し、女性の労働参加率の上昇や、親と子供の同居割合の低下が進行するとともに、高齢者ケア政策は普遍主義 (selectivism) の方向に変化し、サービス対象は徐々に一般世帯の高齢者に拡大した。まず、1997年に改訂された老人福祉法の「福祉サービス」という章では、身心障がいによって日常生活の中で他人の協力が必要とする在宅高齢者をサービスの対象とし、所得制限を撤廃した。さらに明らかな例は行政院が2002年に発表した「介護サービス福祉及び産業の発展法案」にみられ、「非低所得であっても、身体的、心理的ニーズに応じて適切な支援を受けられることとする」と明記している。内政部は介護サービス産業の発展法案に合わせて、「中低所得以外の高齢者の身体的、心理的ニーズに対応するための在宅サービスの試行計画」を発表し、サービスの対象は拡大した。高齢者ケア10ヵ年計画と、導入が検討されていた介護保険制度も同様の方針を引きついでいる。このことは、台湾の高齢者政策の取組みが選別主義から普及主義に転換し、支援を必

要とするすべての高齢者をサービス対象に入れて、低所得世帯または中低所得の高齢者だけに限定しないようにすることを表している。また、介護サービス利用者のニーズは、専門スタッフが評価を行い、要介護度に基づいてサービスの内容を定める。上記をまとめると、台湾の高齢者ケアサービス対象は普遍主義と「要介護度」という二重原則に基づいていると言える。

(2) 高齢者ケアサービス供給システムの多元化──施設サービスから在宅サービスへ

「誰」(who) がサービスの対象となるか定まったのち、次の議題はどの様なサービスをいかに受ける (who gets what) かになる。政策はサービス供給のあり方を計画する際に、往々にして現金 (cash) か現物 (in-kind) 給付かで揺れる。高齢者ケアサービスの現金給付は対象により以下の通りに分類される。(1) 要介護本人：当該本人が現金給付を使って必要とする介護サービスを買う。(2) 介護者：家庭内で高齢者を介護をしている家族を指し、労働市場から仕事を辞めることによる経済損失を現金給付で補てんする。現物給付は以下の通りである。①施設：例えばケアハウスと養護施設で、即ち、急性期医療機関の入院サービスと異なる高齢者介護施設サービス。②非入所施設式：例えば在宅サービス、ディサービス及びルームサービス等である (呂宝静、2005)。台湾の介護サービスは、そもそも、現物給付を中心に始まり、サービスは施設入所がメインであった。例えば、1980年に制定された老人福祉法によるサービスは高齢者福祉施設だけで、非入所施設型のサービスタイプは健康診断及び保健サービスだけである。世界の各主要国の高齢者ケアの変化をみると、やはり当初は施設型に偏っていたが、1960年代以降、在宅支援サービスにシフトし、身心機能が低下しても在宅でより長く生活することをサポートするようになった。その背景には主に以下の三つの要因がある。(i) 高齢者の教育と経済レベルが向上し、「自立生活」(aging in place)、即ち独立で自律的な生活が求められるようになった。(ii) テクノロジーの発展により在宅でも安全に介護を行える介護器具が増え、身心が衰えても在宅での生活が可能になった。(iii) 後期高齢人口が増加し、高齢者ケアの需要が増大

することにより、高齢者ケアコストを削減する一助として、在宅サービスを充実させ施設利用の減少をはかった。(Brodsky, Habib, & Hirschfeld, 2003; Gibsom, Gregory, & Pandya, 2003; 呉淑琼、呂宝静、卢瑞芬、1998)。

　1990年代からの台湾の高齢者ケア政策は、以上の動向の延長線上にある。例えば、1994年に制定された社会福祉政策綱領には「在宅サービスを高齢者および身心障がい者のケアの主な方法とし、施設サービスは補足的位置づけとする。高齢者および身心障がい者が在宅する場合、政府は民間部門と連携して在宅介護を支援し、生活の質の維持につとめる」ことを明記した。1998年に公表した高齢者福祉施設設置基準には小型高齢者福祉施設の区分を新設した。かつ内政部による「社会福祉サービス補助経費申請項目及び基準」からは、高齢者扶養施設の新設と建て替え補助の条文を1999年に削除した。一方、台湾の地域サービスについては、行政院衛生署が、パイロットプログラムの実施を1987年に委託して、重度の障がいをもつ高齢者に対する在宅ケア技術の開発を促した。中央信託局も1989年に、在宅ケアに関するパイロットプログラムを公務員保険下で実施することに同意し、やがて在宅ケアを公務員保険給付範囲に入れ、さらに在宅ケアの支給基準を策定した。1997年に改訂された「老人福祉法」では大幅に在宅サービスが充実し、在宅介護、食事サービス及び家庭環境改善等の在宅サービスを提供することを地方政府に義務づけた。行政院が1998年に制定した「高齢者扶養サービス強化法案」は、正式に「地域介護」を実施要項にし、具体的には、ディサービス及びリハビリ等を含む地域介護サービスの位置づけを明確にした。また家族等の在宅介護の担い手をサポートするための施策も具体化した。例えば、就業支援、レスパイト、臨時または短期間介護等である。在宅介護の担い手には、関連専門研修と講習を強化し、就労支援では、従業員はフレックス制及び適切な額の無給家族休暇等を受けることができるようになった。行政院衛生署が2001年から実施する「医療網第4期 (新世紀健康介護) 計画」も高齢者ケア及び身心障がいリハビリをカバーし、積極的に在宅ケア及びレスパイトケアに関する地域介護資源を充実させた (呉淑琼、陳正芬、2000；呂宝静、呉淑琼、徐亜瑛、2006)。行政院が2007年に制定した「台湾高齢者ケア10ヵ年

計画」がカバーする介護サービスの項目は最も範囲が広く、在宅サービス、ディサービス、認知症のディサービス、見守り養護、高齢者栄養食事、送迎、補助具の購入及び在宅バリアフリー環境改善、高齢者介護施設、在宅ケア、地域及び在宅リハビリ及びレスパイトを含み、合計11項目になっている。現物給付(サービス提供)が主な介護資源の供給スタイルである。サービスが提供される場(在宅、地域及び施設式サービス)も多様で、社会行政と衛生行政システム(在宅サービス、在宅ケアとリハビリサービス)が統合され、かつ、送迎、補助具の購入及び在宅バリアフリー環境改善等もサービスに含まれた。こうして、サービスへのアクセシビリティや、サービスの給付レベルも、サービス対象が必要とする介護サービスの頻度に基づいて設定された。

　現在の高齢者ケア資源の不十分な点は以下の三つにまとめることができる。(1)高齢者ケアサービスシステムは急性期医療システムとシームレスなかたちでは接続されていない。現在の高齢者ケアサービスには在宅ケアとリハビリが含まれているが、急性期医療と高齢者ケアとの間の亜急性期医療(sub-acute care)は除外されている。また、病院から地域に復帰する際の急性期後のケアや移行期のケア、すなわち、中間サービス(transitional care)や急性期後ケア(post-acute)を必要とする患者は、一貫した介護計画のもとで支援を受けられる体制になっていない(林麗嬋、2010)。この実現のためには、病院システムに付属するケアハウスを高齢者ケアシステムに位置づけて医療ニーズに対応する等の新たな取り組みが必要であり、これによって、各病院の退院準備サービス方案の実質機能も向上する。(2)労働行政システムが導入した在宅外国人介護者を介護資源として組み込む視点が欠けている。2015年末現在、在宅外国人介護者人数は230,013人に達している(行政院労働部、2016)。労働委員会は2006年から「外国人介護者の審査メカニズムと国内介護サービスシステムとの統一法案」を制定し、労働委員会職業訓練局が各県市政府の高齢者ケア管理センターに委託して介護職従事者の就労斡旋を行い、あわせて自国出身の介護職の従事者の確保を試みているが、こうして確保された台湾の介護者数は、毎年各県市で1桁で、雇用された当該年度の外国人介護者数の千分の一である(行政院経済建設委員会、2008b)。このこ

とは、本来は補足労働者である外国人介護者が台湾の介護サービスシステムの発展を妨げていることを示している。台湾の地域型介護サービスシステムの人員の管轄省庁は、国籍に応じて社会行政と労働行政システムに分割されるため、外国人介護者の導入とケアの品質管理方法も複雑である。(3) 現在の高齢者ケアサービスの品質管理と課題が生じた場合の対応を検討しておく必要がある。官有垣と陳正芬 (2010) によると、台湾では2008年末現在、公的な高齢者ケア施設は1施設、官有民営の高齢者ケア施設は7施設、財団法人の高齢者ケア施設は78施設、小型高齢者ケア施設は829施設で、全部で915施設ある。ケアハウスは、全部で347施設あり、そのうち、医療機関の付属施設は157施設、独立系のケアハウスは190施設で、さらにこれらの施設型サービスの関連施設は合計1,255施設あることが分かった。これは1995年の施設数と比べると、合計で1,229施設増加している。そのうち、小型施設の増加数が一番多く (814施設)、その次は独立系のケアハウス (185施設)、医療機関付属のケアハウス (152施設)、財団法人の高齢者福祉施設 (78施設) である。さらに台湾の高齢者ケア入所施設の増加が一番著しいのは営利のサービス機関である。管轄機関は近年来、積極的に施設におけるケアの質保証に関連するガイドラインと評価制度の作成を行ったが、施設におけるケアの質はひきつづき向上させる余地がある。内政部が公表した2007年財団法人系の高齢者福祉施設に対する評価結果では、「優」レベルと「甲」レベルの割合は53.2%しかなく、大多数の施設は「乙」レベル (42.6%を占める) である。施設型サービスの供給と需要を検討すると、施設型サービスの数とベッド数は基本的に、重度の介護を必要とする者の需要を満たしていることが分かった。よって、将来はイギリスが今年公表した健康介護レポートに見られるように、すべてのサービス機関におけるケアの質を向上させ、評価レベルの優等と甲等の割合 (Care Quality Commission, 2010) を高めることに力を入れ、2年続けて求められる水準を満たさない施設に対しては、介護サービスの質を確保するために、厳しく退場メカニズムを導入しなければならない。

(3) 介護サービスの供給システムの構築――地方分権から中央主導へ

　身体的ニーズの高い高齢者の介護需要の増加に従って、サービスモデル
は多元化の方向に変化している。いかに資源を有効に利用して、身体的ニー
ズの高い高齢者のために適切な介護サービスを提供するかは政府の大きな
チャレンジである。このようななかで、ケアマネジメントが生まれた。ケア
マネジメントには二つの目標が含まれている。一つはケース指向である。多
様かつ複雑な個々のニーズに対して、サービスを統合的に管理、運営し、そ
の需要を満たさなければならない。もう一つは効率性指向である。資源の分
配と制御を強調し、行政主導で組織間の協働メカニズムを構築し、かつケア
マネジメント従事者にゲートキーパー (gatekeeper) の役割を与える。これに
よりサービスの重複提供を避けるだけではなく、かつ効率的なサービスを提
供することができる (American Association of Homes & Services for the Aging &
Institute for the Future of Aging Services, 2007; Ljunggren, 2004; 黄源協、2006)。
台湾の政策においてケアマネジメントという概念が導入されたのは、行政院
衛生署が1998年に提出した「高齢者ケア3ヵ年計画」においてである。当該
計画は各県市を通して「高齢者ケア管理実証センター」を設立すると明記し
た。当該センターの全体目標は「高齢者ケアに関係のある人、こと及びもの
を管理し、『統一窓口』方式でサービスを提供し、個々人が統一的、包括的
に高齢者ケアサービスを受けることができるようにする」ことである。しか
し、各センターは施設型または在宅型のサービスの配置に関わる権限を持た
ず、各センターの機能はサービス情報の提供だけに限定されている。行政院
社会福祉推進委員会が承認した「高齢者ケアシステム推進計画の構築」は、
専門職の間での協働メカニズムを構築する必要性があるので、モデル地域
(嘉義市及び台北県三峡鶯歌地区) に「専門職間の協働による包括的サービスモ
デル推進プロジェクト」を設置し、医師、介護師、ソーシャルワーカー、リ
ハビリ療法師、物理療法師及び栄養士の職務を、ケアマネージャーの研修課
程に含めることを計画している。その他にソーシャルワーカーまたはケアの
経験を有し、かつ実務経験がある専門家をケアマネージャーとし、ケアマ
ネージャーに資源管理の実権を与え、サービスマネジメントの責任者

(accountability) とする。また、当該計画はケアマネージャーがサービス提供事業者からは独立する原則を確立し、異なる専門職を有機的に組み合わせ要介護度に応じてサービスを提供することを目指している。さらに、2001年に行政院が制定した「介護サービス福祉及び産業発展法案」も、県市において「介護管理センター」を設置することを義務づけ、介護サービス産業の発展を推進することとした。殆どの県市は行政院衛生署の指導の下に上記の「高齢者ケア管理実証センター」を設置しているので、一部の県市は「高齢者ケア管理実証センター」と「介護管理センター」を兼ねて、当該センターが資源分配と連携の機能を有するようにした。また行政院社会福祉推進委員会長期ケア制度計画分科会は2005年に名称を「高齢者ケア管理センター」に統一して、引続き台湾の高齢者ケア10ヵ年計画を実行して今日に至っている（鄭文輝、林志鴻、陳恵姿、張宏哲、鄭清霞、朱僑麗、2004；戴玉慈、張媚、呂宝静、呉淑瓊、2004）。

　しかし、台湾の高齢者ケア計画で各サービスを利用すると想定される高齢者の統計によると、2016年5月末現在で178,246人、そのうち在宅サービスを受ける人数は45,887人、ディサービスを受ける人数（認知症を含む）は3,238人、在宅扶養人数は182人、高齢者栄養食事サービスを受ける人数は5,409人、送迎（延べ人数）は24,319人、補助具購入（レンタル）及び在宅バリアフリー環境改善人数が3,348人、高齢者介護施設でサービスを受ける人数は3,670人、在宅ケア人数は9,663人、地域及び在宅リハビリ人数は10,955人、レスパイトケアを受ける人数は17,431人である。言い換えれば、現在高齢者ケアサービスを受けている高齢者は、サービスを必要とする高齢者の3割に満たない。これは高齢者ケア10ヵ年計画が推定する各サービスを必要とする高齢者数と大きく異なっている（衛生福祉部、2016）。

　需要がどの程度満たされているかを検討する上では、Rossi（2004）、Chambers（2006）及びGilbert等（2010）によるサービス供給システムの評価基準が有効である。この基準では、サービス利用率及びサービス供給構造の二点から、サービス供給の過程を評価する。サービス利用率の指標は、（1）サービスはニーズのある高齢者に利用されているか、（2）サービスは計画通

りに利用者に提供されているか、(3) サービス開始後、利用者サービス供給システムからドロップアウトしているかを含む。サービス供給システムには、整合性 (integration)、説明責任を遂行する仕組み (accountability)、アクセシビリティ (accessibility) が求められる。これに基づいて、台湾の現行のサービス供給システムを検討すると、以下の課題が指摘できる。(1) サービスシステムの不連続性である。高齢者ケア管理センターは高齢者ケアに関わる統一窓口と位置づけられているとは言え、各県市の高齢者ケアセンターと急性医療サービス機関との連携がないので、急性期後の (post-acute) 患者をタイムリーに高齢者ケアセンターにつなげることができない。また高齢者ケアセンターでは、外国人介護者の利用を申請する人にも本国籍員の介護サービス者を紹介し、外国人介護者の審査メカニズムが国内介護サービスシステムと整合性をもって運用するように努めている。しかし、外国人介護者を申請する場合には、医療機関からの診断書が必要であり、かつ高齢者ケア管理センターには診断証明書を審査する権限を与えていないため、台湾の高齢者ケア需要の評価は二つのシステムが共存することとなり、現行の高齢者ケアセンターの仕組みでは、外国人介護者を求める利用者がサービスシステムからドロップアウトすることになる。(2) サービス供給の責任主体が不明確である (unaccountability)。ニーズのある高齢者がサービスを利用しない、またはサービス供給システムからドロップアウトする問題について、中央政府と地方政府、及び高齢者ケア担当の衛生行政、社会行政及び労働行政を含む関連部門が共同で解決方法を検討する動きが見られない。これは高齢者ケア管理センターの権利と責任が曖昧であることの証左でもある。(3) サービスのアクセシビリティが担保されていない。高齢者ケア 10 ヵ年計画中の在宅ケア、地域及び在宅リハビリ、レスパイトケアの経費は行政院衛生署が補助し、その他の項目について、内政部が予算を作成することになっている。各サービスの提供組織の現状を調べると、明らかに衛生署が担当するサービスの大半は現在の急性医療機関がサービスを開拓し、サービスはほぼ順調に提供されているようである。これに対して、社会行政システムが担当するサービスの項目の多くは、アクセシビリティを向上させる余地があり、最も安定的に運

営されている在宅サービスであっても、多数の業者のサービス時間は月曜から金曜までの午前7時から午後6時までである。少数の業者のサービス時間が午後9時までに延長し、週末の時間はサービス対象者の申請にもとづいて予約制で対応している。しかし、在宅サービスシステムは日常生活における介護サービスの主体である。また、在宅サービスの発展はその他のタイプの介護サービス（ディサービス、在宅扶養及び在宅レスパイトを含む）の推進にも役に立つので、管轄機関は新たに介護サービスの給付基準を検討する必要があろう。特に在宅サービス従事者の給与が時給制である現行の仕組みは数十年来見直しがされていないため、介護職従事者は在宅サービスの仕事を過渡的な仕事と見なし、結果として介護人材資源の蓄積が進まない。よって、管轄機関はサービス時間帯とサービス対象のニーズにより対応した介護職従事者の給付基準を設定し、サービス業者がサービス時間帯の幅を広げ、各介護サービスのアクセシビリティを高める必要がある。台湾衛生署と内政部社会司は2012年に衛生福祉部（鄧素文、2010）を統合した。将来、如何に行政機関の協調と統合を利用して台湾の高齢者ケアシステムの整合性（integration）、説明責任遂行の仕組み（accountability）、及び各高齢者ケアサービスのアクセシビリティ（accessibility）を向上させるかは、明らかに台湾が回避できない重要な課題である。

(4) 財源確保の仕組——政府補助から独立財源へ

　上記に述べたように、台湾の高齢者ケア10ヵ年計画では、医療に特化したサービスは行政院衛生署が予算を作成する。社会行政部門は、在宅及び地域サービスシステムについて、主に経常予算及び政策上の重点課題に対する補助を提供し、かつサービス対象の経済状況に基づいて異なる自己負担比率を設定する。政府予算を高齢者ケア制度の財源とし、主に「効率」と「収益」を強調し、公的資金を必要とされる課題に向けての選択的投入を強調する。通常は資産調査により給付内容または負担の程度を決めるのだが、しかし、この種類の方法の主な欠点は、資産調査により烙印（stigma）が生じ得ることと、サービスの財源を税収に依存することである。Gibson等（2003）が分析

した先進国の高齢者ケア政策の主なトレンドを顧みると、個人の通常の努力の範囲で高齢者ケアのコストを賄うことができるようにすることが、多くの国の将来の目標になっており、そのために公的資金と民間の財源を有効に組み合わせることが課題とされている。このような考え方の背景には、高齢になって介護を必要とすることは人生のノーマルリスク (Normal-life risk) だという考え方がある。また、個人の貯金で賄えない場合、社会救済システムの大きな負担となるので、個人の努力の重要性を強調しておきたいという事情もある (Brodsky, Habib, & Hirschfeld, 2003; Brodsky, Habib, & Mizrahi, 2000; Gibson, et al., 2003)。衛生福祉部が行政院審査のために提出した介護保険法案によると、保険料が介護保険の主な財源となっており、公的資金は補足的財源である。このようにして個人と公的責任のバランスを図り、保険料率と公的資金となる税についての国民負担の比率を慎重にする必要がある (鄭清霞、鄭文輝、林志鴻、林昭吟、陳正芬、2009)。しかし、政権交代により新政権は前政権が計画する高齢者介護保険法案を放棄し、高齢者ケア10ヵ年計画2.0を提出し、税収で高齢者ケアの需要を賄うようにする計画である。この方法で、台湾の人口高齢化のスピードと高齢者ケア需要の激増のスピードに対応できるのかについては、各業界が多大の関心をよせている。

3. おわりに：台湾の高齢者ケア政策の課題

　国連が2007年に更新した21世紀の高齢化検討議題 (United Nations, 2007) に基づいて、介護システムに関する重要課題を整理すると、以下の様にまとめられる。(1) 各介護サービスのアクセシビリティ、特に都市部と農村部のサービス提供の格差をなくす。(2) 介護サービス供給システムの構築、特に有効な官民ミックス (public-private mixes) 政策を重視する。(3) サービス利用者状態の変化に対応し得る介護サービスシステム (care continuum model) の構築、病院から地域、在宅までのシームレス連結。(4) 介護職従事者の人材の質と量の向上に重点を置く。(5) 在宅で介護を担う家族等の介護者の支援。(6) 介護サービスに関わる業務に従事する女性の割合及びサービス利用

の阻害要因を調べる。

　台湾の高齢者ケアシステムが「台湾の高齢者ケア 10 ヵ年計画」から「介護保険」に変わり、直近の交代によって再び「台湾の高齢者ケア 10 ヵ年計画 2.0」に戻ったことを見てみると、政策上の議論はサービス対象の選択と財源確保の方策の検討に限定され、かつ、サービス対象の選択にあたっては年齢を基準にしていることが分かる。例えば、全国民が保険に加入するか、または一部の年齢層の国民を除くかであるが、後期高齢者 (oldest-old) が必要とするサービス項目は論じられても、性別による差異は検討されていない。また、サービス利用者の状態の変化に対応する (continuum of service) という視点 (低いレベルから高いレベルまで、温度計のような連続的変化を想定する視点) からみると、高齢者のためのケアは、高齢者が健康でいる間は自分のよく知る環境に住んで、良好な状態を維持するために予防的なサービスをうけられるようにすることが望ましい。そして身体ニーズが高まったら、必要とするサービスのレベルに応じて、サービス内容も変化させる (顧燕翎、楊培珊、陳玲、張静倫、2004)。このような体制を構築するのには、台湾の高齢者ケアシステムに急性医療システムを包括し、より多くの医療機関が高齢者専門診療科を設置し、かつ亜急性期サービスを展開して、シームレスな連続的介護を提供することを提案する。この他に営利/非営利組織の別に、在宅介護システム及び急性医療システムが高齢者ケアにおいて果たす役割と機能についても議論する必要がある。特に営利組織が高齢者ケアサービスシステムにおいて果たす役割やその位置づけも無視できない課題であり、施設型サービスの領域での営利組織のモニタリングが十分にできなかったという過ちを繰り返してはならない。同時に、営利組織がサービス供給に進出しやすいような環境も整えなければならない。在宅介護システムにおいては、多様な支援サービスが必要である。例えば、外国人介護者や家族介護者の現状にもっと注目する必要がある (陳正芬、2010)。

　最後に、サービス供給のカギとなる介護の人材に対しても、安定的な雇用の実現と研修制度の導入が必要である。例えば曽慧姫等 (2010) が台湾の高齢者ケア管理センターの運営状況を検討したところ、ケアマネージャーが

業務において一番困っているのが「資源と政策」と「福祉と保障」であった。ケアマネージャーは短期雇用者と推定され、かつ高齢者ケアセンターの従業員の平均勤務年数は17.4ヶ月と短い。自ずから、高齢者ケアに関わる政策の変化と現状についての理解は十分ではない。将来如何にケアマネージャーの資格や、事前教育及び職業訓練を設定するかは政策の次の段階でとりあげざるを得ない重要課題である。また、高齢者ケアは新しく、かつ労働集約型のサービス業で、そのための人材養成は内政部、教育部、行政院衛生署及び労働委員会を含む異なる行政部門が管轄している。ただ、各機関サービスのターゲットとする対象が異なり、人材養成の理念と重点も異なるので、ケアマネージャー人材を統合して管理することができないだけではなく、ある意味では一貫した介護サービスシステムの安定的発展を妨げているとも言える。以上をまとめると、台湾の高齢者ケアシステムは過去30年の間に、システムがカバーするサービス対象とサービス項目は充実し、財務構造も介護保険制定の公表により、安定の兆しが見えた。しかし、現在また税収制に戻った。財源が何かに関わらず、サービス供給システムは連続的、かつ多元的なもので、質が担保され、及び都市部と農村部の格差もなく、性別やその他の要因に起因する偏りに修正されなければならない。そして、高齢者ケアに関わる人材の養成と維持に力を入れてこそ、高度高齢社会における介護の需要を満たすことができる。

参考資料

行政院　我国长期照顾十年计划～大温暖社会福利套案之旗舰计划. 2007.

行政院经济建设委员会　照顾服务福利及产业发展方案第一期计划执行情形总检讨报告. 2005.

行政院经济建设委员会　中华民国台湾地区民国97至145年人口推计. 2008a.

行政院经济建设委员会　照顾服务福利及产业发展方案第二期计划总结报告. 2008b.

行政院经济建设委员会　行政院卫生署.内政部 长期照护保险规划报告. 2009.

行政院劳动部　产业及社福外籍劳工人数－按行业及国籍分 取自 http://statdb.mol.gov.tw/statis/jspProxy.aspx?sys=210&kind=21&type=1&funid=q13018&rdm=Zjtqb6Kr. 2008.

吴淑琼,吕宝静,卢瑞芬. 配合我国社会福利制度之长期照护政策研究。台北：行政院研究考核发展委员会. 1998.

吴淑琼,戴玉慈,庄坤洋,张媚,吕宝静,曹爱兰,王正,陈正芬. 建构长期照护体先导计划－理念与实践. 台湾卫志, 2004, 23 (3): 249-258.

吴淑琼,陈正芬. 长期照护资源的过去、现在与未来. 小区发展季刊, 2000, 第92期: 19-31.

吕宝静　支持家庭照顾者的长期照顾政策之构思. 国家政策季刊, 2005, 4 (4):26-40.

吕宝静,吴淑琼,徐亚瑛　高龄社会的来临:为　2025年台湾社会规划之整合研究－健康与社会照顾组成果报告书. 行政院国家科学委员会研究计划. 2006.

官有垣,陈正芬. 台湾机构式长期照顾服务组织属性与政府相关政策演变之探讨. 2010.

发表于台湾社会福利学会年会暨「风险社会下台湾福利社会的未来」学术研讨会. 2010.

林丽婵　无缝式照顾服务的关键：亚急性照护. 长期照护杂志, 2010, 14 (1):1-9.

陈正芬　外籍媳妇照顾角色形成与照顾经验之初探. 发表于高龄社会的来临：为2025台湾社会规划之整合研研究南区研究成果发表会. 2010.

陈淑芬、邓素文　台湾长期照护服务体系的发展. 护理杂志, 2010,57 (4):5-10.

曾慧姬、陈静敏、李孟芬、蔡淑凤　台湾长期照顾管理中心运作现况探讨. 长期照护杂志, 2010, 14 (2):161-176.

黄源协　个案管理与照顾管理. 台北：双叶书廊. 2006.

杨志良　我国长期照护现况与展望. 研考双月刊, 2010,34 (3):86-91.

邓素文　浅谈我国长期照护机构之评鉴制度. 长期照护杂志, 2010,14 (2): 17-124..

郑文辉, 林志鸿, 陈惠姿,张宏哲,郑清霞,朱侨丽. 推动长期照护保险可行性之研究. 行政院经济建设委员会委托研究. 2004.

郑清霞, 郑文辉,林志鸿,林昭吟,陈正芬. 长期照护保险体制与收入面执行方案研议. 中央健康保险局98年度委托研究计划. 2009.

戴玉慈,张媚,吕宝静,吴淑琼. 小区式照顾管理模式的设立与初步评价. 台湾卫志, 2004, 23 (3):197-208.

顾燕翎, 杨培珊,陈玲,张静伦. 从小区到机构的服务连续体 — 台北市老人照顾服务系统规划报告. 小区发展季刊, 2004,第106期:24-37。

卫生福利部. 长照政策专区. http://www.mohw.gov.tw/cht/ltc/.

American Association of Homes & Services for the Aging & Institute for the Future of Aging Services. *The Long-Term Care Workforce: Can the Crisis be Fixed? : Problems , Causes and Options*. Washington, DC: Institute for the Future of Aging Services. 2007.

Brodsky, J., Habib, J., & Hirschfeld, M. J. (eds.). *Key Policy Issues in Long-Term Care*. Geneva: World Health Organization. 2003.

Brodsky, J., Habib, J., & Mizrahi, I. *Long-term care laws in five developed countries: A review*. Geneva, Switzerland: World Health Organization. 2000.

Care Quality Commission. *The state of health care and adult social care in England: Key themes and quality of services in 2009*. London: Care Quality Commission. 2010.

Gibson, M. J., Gregory, S. R., & Pandya, S. M. *Long-term care in developed nations: A brief overview*. Washington, D. C.: AARP. 2003.

Gilbert, N., & Terrell, P. *A Framework of Welfare Policy Analysis Dimensions of Social welfare Policy* (7th ed.). Boston: Allyn & Bacon. 2010.

Ikegami, N., & Campbell, J. C. Choices, Policy Logics and Programs in the Design of Long-term Care Systems. *Social Policy & Administration*, 36 (7), 719-734. 2002.

Ljunggren, G. Needs Assessment. In H. Nies & P. Berman (Eds.), *Case Management*. Ireland: European Health Management Association. 2004.

United Nations. *Research Agenda on Ageing for the 21st Century*. Geneva: United Nations. 2007.

第2章 韓国の老人長期療養保険制度の導入と展開

丁 炯先

梗 概

韓国では2007年4月「老人長期療養保険法」が制定されて2008年7月から「老人長期療養保険制度」が始まった。同法は制度の目的を「高齢者や加齢に伴う疾病などの理由で、日常生活を一人で遂行しにくいお年寄りなどに提供する身体活動又は家事の支援などの長期療養給付に関する事項を規定し、老後の健康増進や生活安定を図ってその家族の負担を減らすことで、国民の暮らしの質を向上させること」と記している。これを通じて病院への一方的な依存から脱却して、病院や長期療養施設との間の選択をすることになり、施設に対する依存よりは在宅サービスの活用を向上させるものと期待されている。

老人長期療養保険は「ケアの制度化」を通じて老人に対するケアを「個人や家庭」だけに任せず、「国や社会」に分担させるためのものだ。同制度の施行でサービスの提供の面では「家庭内の自足的な世話」が減り「市場ないし社会で提供されるサービス」が拡大される結果をもたらし、費用の負担の面では本人ないし家族の負担から社会保険を通じた公的負担へ移転するようになることを意味する。同制度は国庫による包括的支援方式よりは、サービスの実績による保険支払方式を基本的形態にすることになるためだ。特に、国/政府は制度のマネジャーとしての役割を果たすことになる。

1. 制度の導入

(1) 制度の背景とその意義

韓国は2000年65歳以上の高齢者が7%を超える「高齢化社会(ageing society)」に進入した。老人長期療養保険制度が作られた2000年代は、2018年に14%を超える「高齢社会(aged society)」、2028年に20%を超える「高度高齢社会(super-aged society)」に進入されることが予測される状況だった(UN、2001)。2016年からは生産可能人口(15～64歳)が36,190千人をピークに減少し始め、2018年には総人口が49,340千人をピークに減少すると予測された(統計庁、2001)。高齢化社会から高齢社会に進入するのに、フランスは115年、スウェーデンは85年、米国は75年、英国とドイツが45年かかるのと比較して、韓国の高齢化速度は世界一であることも強調されていた。図1で見られるように、こうした予測は現実に起こった。

このような速い高齢化は、脳卒中や認知症などで長期療養を必要とする高齢者の数が増えることを意味する。加齢に伴う疾患の多くは短期間に治癒されず、身体的自由を拘束するから、その対象者の世話をするための周辺の時間と労働力の投入を要する。つまり、高齢者の健康状態の問題は単純に病

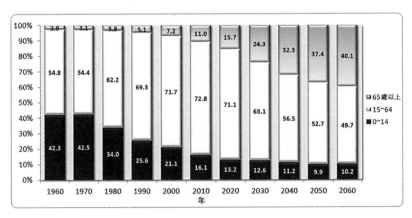

図1　韓国の人口構造の変動の推移および見通し

出典: 統計庁、"将来人口推計"、2011

気で苦しむ当事者の問題であるだけでなく、家庭の経済的・情緒的な苦痛にも応々にして繋がり、適切に対処されなければ家族の解体をもたらし、社会問題に発展しうるものである。

　一方で、女性の経済参加が増えて共働きが増えることによって家族による介護の環境はますます劣悪になっている。2000年代初めまでは中流層が利用できる療養施設は絶対的に不足していた。公的な高齢者ケアは、公的扶助を通じて、低所得層を対象に制限的に提供されるのが精一杯であった。このような状況で、一般国民を対象に、専門的かつ体系的な長期療養サービスを提供する社会システムを備えなければならないという声が次第に広まっていた。さらに、隣国の日本では長い期間の準備の末に2000年4月から介護保険制度が開始され、これが韓国には刺激であり、参考になった。

　現行の老人長期療養保険は「老化や加齢に伴う疾患によって身体・精神的機能が衰退した対象者に様々な長期療養サービスを提供することを目的とする社会保険」である。労働能力のある階層から収めた保険料を財源とする。給付の内容を介護者の有無や経済的状況によって差別しない。また、全ての国民に共通に適用される基準である「療養の必要度」を測定して等級を判定する。現行法は健康保険と同様、老人長期療養保険も国（保健福祉部長官）をマネジャーとして、国民健康保険公団を保険者として規定している。

　政府が老人長期療養保険を導入する際に打ち出した効果は、第一に、非専門的な家族療養の体系から脱却し、計画的かつ専門的な介護や看護サービスの提供を通じて高齢者たちの身体機能を好転し、暮らしの質を向上させること、第二に、家族の精神的、肉体的、金銭的扶養負担を軽減させること、第三に、長期療養の職員や療養保護士の雇用を拡大すること、第四に、福祉用具やリハビリ用具などの高齢者配慮型産業の発展及び地域の療養施設を通じて地域経済の活性化などであった。

(2) 制度の導入過程

　2001年8月15日、政府は高齢化時代に備えて老人療養保障制度を導入する計画であることを発表した。実はそれ以前から老人療養保障制度を施行す

るための準備体制の構築作業が行われていた。2000年から2002年までは「老人長期療養保護政策企画団」が活動して基礎研究を遂行したし、2003年3月から1年間は「公的老人療養保障推進企画団」が運営された。2004年3月からは再び1年間「公的老人療養保障制度実行委員会」が運営された。2005年7月から3年間3次にわたるモデル事業が進行され、これを通じて等級判定、サービス利用支援、報酬の水準などを決定するための経験と根拠資料を得ることができた。

　このような過程で、法案の名称、対象者の範囲、保険者または管理運営機関、現金給付の有無などの多様な争点についていろいろな論議が進められた。特に2次及び3次テスト事業が行われている間、制度の施行に向けた具体的な内容が決定されていった。2007年4月27日には老人長期療養保険法が制定され、その後、制度の実施に向けた下位法令が1段階（2007.10.1施行）と2段階（2008.7.1施行）にわたって作られた。同法で規定している長期療養委員会は制度の施行以前からあらかじめ加入者、供給者、公益代表で構成されて2007年12月31日制度施行初年度の保険料率および報酬水準を定めた。

　議論の初期から「保険料の負担だけがあってサービスはない」制度になりかねないという懸念が続いた。この時期は療養施設のインフラを拡充し、在宅施設への民間の参加を誘導するために努力が傾注された。療養保護士の養成のための教育が2008年2月から始まり、3月からは資格証が交付され始めた。制度の円滑な施行のためには、国民が老人長期療養保険制度が何であり、誰が申請対象であるかを知らなければならないので、広報が最も重要であった。管理運営主体である国民健康保険公団も、組織と人材の構築、電算システムの開発・教育、各地域事務所における等級判定委員会の構成・運営、長期療養センターの開所に向けた申請の受付など、実務的な準備作業を進めた。こうして2008年4月からの申込受付が始まり、ついに7月から老人長期療養保険制度による療養サービスが提供され始めた。

　老人長期療養保険制度の施行初年度の2008年の各種統計は年間流量（flow）の比較には適していない。下半期だけ適用されたので年間の資料ではないからである。また、制度の初期であるため新規申請者、対象者及び利用

者が集中している。それでも初年度の状況は様々な面で意味があるので簡単に確認してみる。2008年12月末現在、累積申請人数は376,030人で、このうち等級判定を終えた人は336,580人、その中で認定者は63.7%の214,480人であった。認定者の中で147,801人(68.9%)が長期療養給付を利用し、そのうち施設給付は56,370人(26.3%)、在宅給付は91,431人(42.6%)であった。療養施設もまた急速に増えて当時、需要をある程度満たすことができるようになった。在宅施設数はむしろ一部の地域で過剰を懸念する水準となった。療養保護士は制度施行前まで6万人以上が養成された。

表1　制度の試行の直前における在宅施設の数

(単位：ヶ所)

区分	2006	2007
訪問療養	523	767
昼夜間(デイケア)	409	504
短期滞留	113	137

表2　制度の試行の直前における療養保護士の需要及び供給

(単位：人)

区分	2006	2007
需要	62,027	62,027
供給	40,589	51,310
充足率	65.4%	82.7%

2. 制度の内容

(1) 対象者

　韓国の老人長期療養保険制度は既存の健康保険制度の枠を最大限に活用している (path-dependent)。慣れた制度を活用することにより、新たな制度の導入の衝撃を最小化しようとしたものである。適用対象は全国民であり、保険料を負担する老人長期療養保険加入者は健康保険料の加入者と同じである。長期療養の認定を申請できる者は「65歳以上の高齢者」または「65歳未

満であっても認知症、脳血管性疾患などの加齢に伴う疾病を持った者」の二つのグループに分けられる。2015年現在、1–4等級の判定を受ければ長期療養給付を受けることができ、施設の給付は2級まで、在宅給付は4級まで給付の対象である。認知症を持つ場合は5等級も需給対象者になる（**表3**）。

表3　老人長期療養保険制度の適用対象者

区分	対象者
適用対象者	全国民：老人長期療養保険加入者（健康保険と同一）＋ 医療保護制度の適用対象者
保険料を負担する者 （老人長期療養保険加入者）	健康保険料の加入者
長期療養の認定を申請できる者	65歳以上の高齢者または加齢に伴う疾患を有する65歳未満の国民
長期療養給付の認定の対象者	長期療養の申請人の中で、一人では6ヵ月以上の生活が困難な者として長期療養等級判定委員会から1～4等級の長期療養認定を受けた者

　長期療養保険は高齢や病気などで一人では日常生活の困難な高齢者を対象に療養サービスを提供することを目的とする。対象者を「見守り」や「療養」が必要な老人に限定している。しかし、高齢者の療養の必要度が主に慢性疾患から発生するため、医療との連携の必要性も高いことは事実である。2008年の制度発足の当時には、財政負担や当時の国民の認識水準などを考慮して、受給者の範囲を室内における生活が難しい重症者に制限した。これによって当初は高齢者人口の3.3％のみが対象となった。以降、軽症痴呆症など、療養の需要の大きさを考慮にいれて、対象を地道に拡大してきた結果、2014年には受給者が42.4万人で、高齢者人口の6.6％に達するようになった。2012年の第1次基本計画で定めた「2017年まで高齢人口の7％」という目標に接近した水準である（**表4**）。

　老人長期療養保険の給付を得るためにはまず国民健康保険公団に長期療養の認定申請書を提出して長期療養の受給者と判定を受けなければならない。等級の判定には1次判定と2次判定がある。1次判定は訪問調査して5つの

第2章　韓国の老人長期療養保険制度の導入と展開　45

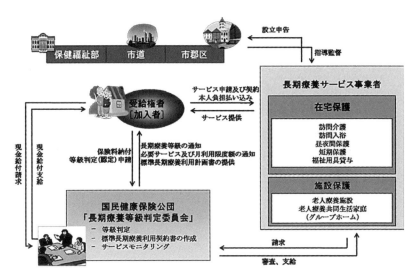

図2　老人長期療養保険制度のサービス利用の体系

表4　老人長期療養保険制度の対象者の推移、年度末基準

	2010	2011	2012	2013	2014
老人人口 (65歳以上)	5,448,984	5,644,758	5,921,977	6,192,762	6,462,740
申請者	622,346	617,081	643,409	685,852	736,879
認定者 (等級内＋等級外)	465,777	478,446	495,445	535,328	585,386
認定者 (等級内)	315,994	324,412	341,788	378,493	424,572
	67.8%	67.8%	69.0%	70.7%	72.5%
老人人口比認定率	5.8%	5.7%	5.8%	6.1%	6.6%

出典：2014老人長期療養保険統計年報

療養ニード領域別に判定した結果をコンピュータプログラムに入力して点数を算出する。2次判定は公団の各地域事務所ごとに設置された長期療養等級判定委員会で1次判定結果と医師の所見書などをもとに長期療養の等級を決定する。

(2) 療養機関数

　入所施設と在宅施設を合わせた全体療養機関数は2014年末現在、16,543ヶ所である。制度の導入初期に急激に増えてから、2010年以降横ばいの傾向を示している。入所施設だけを見ると、2008年1,717ヶ所から2014年4,871ヶ所まで毎年着実に増加している。施設の充足率は、ソウルの7割を除いては、大部分の地域で100%を超えている。在宅施設の場合、訪問療養や訪問入浴や訪問看護の機関数は減少していて、福祉用具の事業所は持続的に増加の傾向を示している（**表5**）。

表5　療養施設の推移、年度末基準

（単位：ヶ所）

	2010	2011	2012	2013	2014
機関数	14,979	14,918	15,056	15,704	16,543
在宅	11,228	10,857	10,730	11,056	11,672
施設	3,751	4,061	4,326	4,648	4,871

出典：2014老人長期療養保険統計年報

　老人長期療養保険制度の開始がされる前は療養機関の数は非常に不足した状態であった。既存の老人福祉法とは別に老人長期療養保険法に在宅療養機関の設置の根拠を設けたことは短期間に不足した療養機関を拡充するためのものであった。しかし、老人長期療養保険法によって設置された機関は財務・会計規則の作成や責任保険加入など社会福祉施設に求められる事項に対する法的義務がないため、質の管理に弱い。2014年現在、全体の在宅療養機関の86%が老人長期療養保険法による機関であり、これらは民間の営利機関に該当する。営利を追求する民間機関の急速な流入は供給インフラの拡充には貢献したが、複数面で限界を露呈している。公共機関を拡充するとともにこれらの民間機関に責任を付与して長期療養サービスの質的水準を高めることが急がれる課題である。

　長期療養サービスの提供の人材も療養保護士を中心に設計された。療養保護士には、高度なサービスの提供は求められない。2014年の長期療養の全体従事者32万人のうち、療養保護士が27万人に84.3%を占めた。短期

に人材を確保するため、初期には民間教育機関で一定時間の教育を受ければ、療養保護士の資格が付与された。結果として、療養保護士の専門性の不足などの問題が提起されるようになり、2010年からは民間教育機関の指定と、国家資格試験が導入された。しかし、多くの療養保護士が養成されたにもかかわらず実際に勤務している割合は低く、離職率も高い。年齢水準も高く、平均年齢が56歳で、50代以上のシェアが72％に達する。認識と力量を備えた人材が参入して安定的に勤務できるように、報酬などの勤務環境を改善して補習教育や職務教育を強化する必要がある。

(3) 給付の内容及び利用

給付の種類及び内容

　長期療養保険では現物給付として在宅給付と施設給付が提供されている。現金給付は原則的には給付していないが、例外的に家族の療養費が提供される。療養病院の介護費は、老人長期療養法上では支給できるように規定されているが、療養病院において非給付になっている介護費との関係や保険財政などを考慮してまだ支給していない。

　在宅給付は訪問療養、訪問入浴、訪問看護、昼夜間保護、短期保護、福祉用具貸与の5つの項目で構成されている。訪問療養は療養保護士が受給者の自宅を訪問して沐浴、排泄、トイレ利用、着替え、髪を洗うこと、炊事、生活必需品の購買、掃除、周辺整理などを支援することである。訪問入浴は入浴設備を備えた車両を利用したり、受給者の家庭を訪問して入浴を提供するものである。訪問看護は訪問看護師が医師、漢方医または歯科医師の指示によって家庭などを訪問して看護、診療の補助、療養に関する相談または口腔衛生を提供するものである。昼夜間保護は受給者を、一日中の一定の時間に長期療養機関に保護し、身体活動の支援及び心身機能の維持・向上に向けた教育・訓練などを提供するもの（通所介護）である。福祉用具貸与は受給者の日常生活・身体活動の支援に必要な用具を貸与することである。

　施設給付は療養施設入所サービスと共同生活家庭（グループホーム）入所サービスがある。療養施設入所サービスは療養施設において給食や療養、日

48

常生活に必要な便宜を提供することである。共同生活家庭サービスは共同生活を通じて家庭のような住居環境と給食・療養、日常生活に必要な便宜を提供するものである。

給付利用の現状

受給者は長期療養機関を選択して給付の利用に関する契約を締結した後にサービスを利用することになる。この時に公団からもらった長期療養認定書及び標準長期療養利用計画書も一緒に提示する。

2014年の在宅給付の利用者数や利用金額は**表6**の通りである。全体在宅給付額の1兆8,856億ウォンの中で78%に当たる1兆4,769億ウォンが訪問療養に支払われ、昼夜間保護の給付に10.4%の1,962億ウォンが支払われ、残りは微々たるものである。とくに、訪問看護は0.5%に過ぎない。

これは、在宅給付の利用が受給者の療養必要度によって行われることよりも、家事の支援を中心に行われていることを示している。地域社会内で老人の自立生活を維持して機能の低下を予防するためにも昼夜間サービスを活性化する必要がある（ちなみに、日本の場合、昼夜間保護は全体の在宅給付費の27%に、全体の給付費の17%に当たる）。また、受給者の多様なニーズに弾力

表6　在宅給付の機関数、利用者数及び利用金額、2014年

	機関数（ヶ所）					利用者数（人）	金額（百万ウォン）	
	合計	地方団体	法人	個人	その他		金額	割合
合計	11,672	120	2,242	9,245	65	298,190	1,885,610	100.0%
訪問療養	9,073	36	1,518	7,466	53	240,392	1,476,905	78.3%
訪問入浴	7,479	19	1,113	6,305	42	62,017	80,365	4.3%
訪問看護	586	6	119	456	5	7,660	8,512	0.5%
昼夜間保護	1,688	105	776	794	13	35,089	196,249	10.4%
短期保護	322	5	64	251	2	7,021	18,635	1.0%
福祉用具	1,599	0	223	1,372	4	169,896	104,944	5.6%

注：利用者数の合計は在宅サービスの種別の人数の合計から重複を排除した数字である
出典：2014老人長期療養保険統計年報

第2章　韓国の老人長期療養保険制度の導入と展開　49

的に応えるため、福祉用具の全体品目やレンタル品目を拡大する一方、長期
貸与者の場合、用具の原価を上回るレンタル料が発生しないように、レンタ
ル料を合理的に調整しなければならない。

　2014年の施設給付の利用者数や利用金額の現状は、**表7**の通りである。
施設給付額の中で87％に当たる1兆8,234億ウォンが療養施設入所サービ
スに支払われ、残りの13％の2,758億ウォンが共同生活家庭サービスに支
払われている。

表7　施設給付の機関数、利用者数及び利用金額、2014年

	機関数 (ヶ所)					利用者数 (人)	金額 (百万ウォン)	
	合計	地方団体	法人	個人	その他		金額	割合
合計	4,871	108	1,425	3,324	14	163,850	2,099,247	100.0%
療養施設	2,714	97	1,175	1,434	8	142,382	1,823,440	86.9%
共同生活家庭	2,157	11	250	1,890	6	26,542	275,807	13.1%

注：1) 機関数は長期療養機関の記号の単位で支給した機関数
　　2) 利用者数の合計は入所施設の種別の人数の合計から重複を排除した数字である
出典：2014老人長期療養保険統計年報

(4) 財源調達と財政

　長期療養保険の財政の持続可能性は対象者の規模や財源調達方式によっ
て決定される。長期療養法は、第6条で「5年ごとに対象人員及び財源調達
計画などを含む長期療養基本計画を策定」するようにしている。制度の設計
当時から健康保険と連携した保険料の賦課の構造を持って、給付の面でも重
症者を中心に制度をスタートしたのはこうした財政的持続可能性を念頭に置
いたものである。

　老人長期療養保険の財源は長期療養保険料、国家支援金、利用者本人負
担で構成される。2014年の保険財政を見ると、収入4.0兆ウォン、支出3.7
兆ウォンで3,000億ウォンの黒字を出しており、約2.3兆ウォンの累積収支
の黒字を見せている。このような累積黒字の拡大は必ずしも望ましいことだ
けではないから、認定者のニーズに基づく保険給付の拡大を通じて、累積黒

字の適正管理を図っていくべきであろう。

表8　老人長期療養保険の財源や支出の推移

	2008	2009	2010	2011	2012	2013	2014
収入(億ウォン)	8,690	20,849	28,777	32,631	35,617	38,312	41,486
(政府予算)	1,207	2,044	332	3,883	4,152	4,591	5,033
支出(億ウォン)	5,549	19,085	25,891	27,878	29,373	33,180	38,497
当期収支	3,141	1,765	2,886	4,754	6,244	5,133	2,989
累積収支	3,141	4,905	7,791	12,545	18,789	23,921	26,911
保険料率	4.1% (0.17%)	4.1% (0.17%)	4.8% (0.25%)	6.55% (0.37%)	6.55% (0.38%)	6.55% (0.39%)	6.55% (0.39%)
一人当たりの月 保険料(ウォン)		1,277	1,922	2,192	2,381	2,516	2,636

出典：2014老人長期療養保険統計年報

　長期療養保険料は国民健康保険公団が健康保険料、国民年金保険料、労災保険料とともに一括徴収し、老人長期療養保険に該当部分を配分する。老人長期療養保険制度の収入は2009年2.0兆ウォン、2011年3.2兆ウォン、2014年4.0兆ウォンと大きく増えた。長期療養保険料は2016年現在の所得の0.4%の水準で、世帯当たりの保険料の平均は6,049ウォンである。これは日本の1%、ドイツの2%に比べて低い。制度の軟着陸に向けて給付を最小化して保険料率を下げる体制で出発したことを確認することができる。

　国家は長期療養保険料の予想収入額の20%に相当する金額を負担して、かつ、医療保護の受給権者の長期療養給付費用の大半を負担する。2014年の国庫負担は5,033億ウォンで、これも2009年2,044億ウォンから急速に増えたものである。

　利用者が支払う本人負担額も、老人長期療養保険制度において重要な財源の一つを成している。施設サービスを利用する場合には20%、在宅サービスを利用する場合には15%を本人負担で支払う。施設給付や在宅給付の4種(訪問療養、訪問入浴、訪問看護、デイケア)の場合は受給者の等級(認定基準)別に設定された月の限度額の範囲内で給付を利用する。月の限度額を超過し

た費用は本人が全額を負担する。等級によって療養サービスの必要度が異なるという点で、月の限度額は等級別に差異化して定められている。

　国民基礎生活保障法による受給者は本人負担金の全額を免除され、医療保護の受給権者や所得認定額が保健福祉部長官が定めて告示する一定の金額の以下の者は、本人負担金の50%を削減されることになる。つまり、施設給付の場合10%、在宅給付の場合7.5%を本人負担として支払う。

4. 今後の改革課題

　冒頭で言及した通り、2008年に導入された韓国の老人長期療養保険制度は老人に対するケアを「個人や家庭」だけに任せず、「国や社会」が分担させるためのものであった。10年近い制度の施行を通じて韓国では、サービスの提供の面で「家庭内の自足的な世話」が緩和されて「市場ないし社会から提供されるサービス」が増えている。受給者や家族の費用負担は著しく減少した。社会構成員としての個人の保険料負担は増えたが、まだ所得の0.4%水準の微々たるものである。政府や公団は制度の運営において多様な努力を傾けており、これを通じて国民の満足度は高まっている。

　制度の導入後、施設や受給者の数はいずれも大きく増えた。療養機関の数は2008年5,576ヶ所社から2014年末現在16,543ヶ所に、サービス利用者数も年14.7万人から2014年末現在42.4万人に共に3倍になった。制度発足の当時には財政的負担等を勘案して受給者の範囲を厳しく制限した結果、高齢者人口の3.3%だけが受給者として選定された。その後、制度に対する国民の理解度が少しずつ高まり、人口が急激に高齢化しつつある現状をも反映して、軽症認知症等受給の対象を地道に拡大してきた。2014年現在、受給者は高齢者人口の6.6%に登っている。（ちなみに、これは、OECD統計にそって療養病院の1.4%およびケアサービスの0.6%を含む場合、8.6%の水準になる。）2012年の第1次基本計画で設定された2017年まで7%という目標は達成するものとみられる。これはOECD国家の平均（12.7%）よりは低いが、OECD国家の高齢化率の平均が15.7%であることを考慮すれば、基本的な

需要は充足しているものと判断されるが、高齢者実態調査、健康保険の資料などを活用した実質的療養需要の把握によって、確認する必要がある。

このように供給インフラは大幅に拡充され、制度の量的成長の面では、ある程度成果を見せているが、解決しなければならない課題は未だ山積している。受給者のニーズに合ったサービスが提供されているとは言いにくく、家庭や地域社会と施設の適切な役割分担が実現するまでの道のりは長い。長期療養サービスと医療サービスの間の乖離が縮まらず、受給者は医療サービスの利用に制約を受けている。

制度導入の初期から参加した施設や機関の相当数において、長期療養に対する理解が不足していて、その一部は過度な営利追求の行動を見せている。財務・会計基準を導入するための関連立法の過程で民間機関は、自らを私的市場の営利機関であることを強調して政府と保険者の制度改善のための介入を不要な規制と見なし、それを拒否する振る舞いを見せている。

政府は2012年第1次長期療養基本計画(2013-2017)を策定し、分野別の課題を発掘、整理し、制度改善を試みた。しかし、履行段階にまで至らなかった課題も多かった。その間ベビーブーム世代が高齢人口に達し、生産現場から引退する大きな変化が生ずるようになり、提供されるサービスにも変化が要求されている。そのため、2015年には既存の第1次長期療養基本計画を一部修正して改善案が策定された。

ベビーブーム世代が高齢化して、80歳以上の高齢人口が増加することによって、今後長期療養の受給者の規模は急激に増加することが予想される。ベビーブーマーたちは既存の高齢人口に比べて都市地域の居住者が多く、教育水準が高く、資産保有の水準も高い。したがって、これらの目線に合わせたもっと多様で差別化されたサービスが提供される必要がある。彼らが家庭や地域社会で生活できるように在宅中心にサービスを改編する必要性がさらに大きくなっている。現在の長期療養保険の財政支出規模はGDPの0.3%水準に過ぎないが、OECD国家の長期療養支出の割合を考慮する時、今後、受給者数を拡大してサービス水準を高める過程でコスト増加は避けられない。しかし、質の高いサービスと暮らしの質の向上を伴えば、ある程度の費用の

増加は受け入れられるであろう。

注)
本稿の内容は執筆時(2016年3月)の動向に基づく。

参考文献

統計庁、将来人口推計結果、ソウル:統計庁、2011.

Goh, Jung Min, 高齢化社会の到来に伴う機会と脅威、三星経済研究所 Issue paper、2002.

Jeong, Hyoung-Sun., 丁炯先、国際基準による長期療養支出統計の構築、保健福祉部・延世大学校医療福祉研究所、2010.

OECD, *System of Health Account*, 2000

OECD, *Key lessons for the system of health accounts revision from the 'Concepts, definitions and data sources for long-term care expenditure' project*, DELSA/HEALTH/HA (2007) 6, 2007.

OECD, *Conceptual framework and definition of long-term care expenditure, Document for revision of the System of Health Accounts*, 2008.

UN, *World population prospects*, United Nations, New York, 2001.

第3章　介護保険制度の創設・改革と
日本の高齢者ケアレジーム

平岡　公一

梗概

　本章では、日本における1990年代以降今日にいたる高齢者ケアの展開に関して、①介護保険制度の導入に伴う制度変化と、②その後の一連の制度改革・政策展開に伴う制度変化に分けて、それぞれの内容と経過を記述するとともに、①と②のそれぞれに関わる高齢者ケアレジームの「持続」と「変化」、および政策発展の経路依存と経路離脱という観点から制度変化の意義を検討した。検討の結果、①とともに②の制度変化も、市場空間の拡大と市場機能を犠牲にした支出抑制との同時進行、市場の型の部分的変化、自治体の計画調整機能の再強化、緩やかな地方分権化の推進、再地域化とローカル(参加型)ガバナンスの推進という点で重要な意味をもつものであることが明らかになった。しかし、高齢者ケアレジームにおける「持続」の側面も注目する必要があり、介護保険制度実施後の制度変化は、介護保険制度導入時の経路離脱により生まれた新たな発展経路に沿って進んできたと見るのが妥当である。

1. はじめに

　日本において、1990年度からの「ゴールドプラン（高齢者保健福祉推進10ヵ年戦略）」の実施によって高齢者ケアサービスの体系的整備が始まってから四半世紀余りが過ぎた。この間、ケアサービスの供給量は大幅に拡大し、ケアサービスの利用は、日本社会における高齢期の生活の一要素として定着したと言える。この間の高齢者ケアサービスに関わる制度的枠組の最も大きな変化は、介護保険法（1997年制定）に基づく2000年4月からの介護保険制度の実施であることは言を俟たない。しかし、それ以降も、介護保険法の改正による制度改革を含め、高齢者ケアに関しては多くの制度変化が生じている。さらに近年では、介護保険の給付費の増加抑制に重点をおいた政策が展開されるなど、介護保険制度創設当初との方向性の違いを感じさせる政策展開が見られるようになっている。

　しかしながら、高齢者ケアに関わる特定の主題や個別の制度改革については多くのことが論じられているものの、制度変化と政策発展の全体に関して、何らかの研究枠組に基づいて分析を行っている研究はほとんど見られない。

　本章では、このような状況を踏まえて、介護保険制度の導入に伴う制度変化と、その後の制度改革と政策展開に伴う制度変化のそれぞれについて、その内容と経過を記述し分析するとともに、国家、市場、家族、コミュニティの相互連関に着目する福祉レジーム論と、政策発展の経路依存（path dependence）と経路離脱（path departure）という視角から、それらの制度変化の意義を検討する。

2. 介護保険制度の導入による制度変化と高齢者ケアレジームの再編

(1) 制度変化における連続性と断絶

　介護保険制度の導入は、高齢者ケアの財源の変更ばかりでなく、高齢者ケア・サービス（給付）の対象、内容、提供体制の変更を伴うものであった。

そのような制度変更のなかには、方向転換といえるような大きな制度変更とみるべきものと、1990年代の政策展開・制度改革とある程度の連続性をもって実施されたものがあった。それぞれの主要なものをみていこう。

1) 大きな制度変更とみるべきもの

　それまでは社会福祉、保健、医療の各制度のもとで別々の基準に基づいて提供されていた各種のサービスが共通の枠組のなかで提供されるようになったことが、最も基本的な変化であるが、そのほかに大きく制度が変更された点は、次のようにまとめることができる（平岡、2005; 2006）。ただし、ここでは介護保険制度のスタート時点での制度を前提として記述であり、その後の制度改革による変化については、3と4で取りあげる。

①**サービスの利用方式の変更と利用者の選択権の保障**──特別養護老人ホーム入所等の福祉サービスの利用について、措置方式から契約方式へと利用方式が変更になった[1]。また、どのサービスについても、事業者を利用者が選択する権利が認められた。

②**サービスの利用要件と提供水準**──それまではサービスごとにサービスの利用要件が定められていたものが、介護保険制度においては、基本的な利用要件は、要介護度の判定結果によって統一的に決められている。主要な居宅サービスについては、サービスの提供水準（上限）が、個別のサービスごとではなく、種々のサービスの給付費の合計額（の上限）として、全国一律に定められた（ただし、市町村による給付上限の「上乗せ」は可能）。

③**エンタイトルメント化とサービス供給量拡大のメカニズム**──介護保険制度のもとでは、サービスの利用が、自治体の裁量的な判断や予算の制約によって制限されることはなく、給付が、エンタイトルメント（entitlement）という性格を持つこととなった。ただし、施設サービス[2]については、自治体は、計画目標を超える施設の指定を行わない権限をもっているために、エンタイトルメントという性格は弱められている。

④**居宅サービスへの参入自由化**──従来から居宅サービスを自治体が営利事業者等に委託することは認められていたが、その実績は少なく、委託先は

社会福祉法人が大部分を占めていた。介護保険制度の下では、営利企業や、社会福祉法人以外の非営利組織も、一定の基準を満たせば居宅サービスの事業者として介護サービスを提供し、介護報酬を受け取ることができるようになった。また利用者に事業者の選択権が与えられたため、新たに営利事業者等が参入して安定的に事業を展開できる可能性が広がった。

⑤**市町村行政の役割の変化**──介護保険制度のもとで、市町村は、保険者として、保険料の額の設定とその徴収、保険給付の実施と介護報酬の支払い、要介護認定の実施、苦情相談の受け付け、在宅介護支援センターの設置・運営等の役割を担うことになった(事業所の指定と指導監督は都道府県の役割)。しかし、要介護認定の手続きと基準、サービスの種類と給付の上限、保険料と利用者負担の基準、介護報酬の基準等は、国によって定められており(前述の「上乗せ」のほか、「横出し」と言われるサービスの種類の独自の追加は可能)、基本的な制度設計に関して自治体が独自性を発揮できる余地は少ない。在宅・施設サービスの提供も、ケアマネジメントの実施も、すべて民間の事業所に委ね、サービスの利用過程に市町村が一切関与しないことも可能となった。自治体の判断によっては、サービスの基盤整備(施設整備や人材養成等)や事業者間の調整、利用者の保護やサービスの質の確保等などに積極的に関わることも可能であり、そのような取組みを行う自治体も少なくなかったが、全体としては、サービス提供体制に関わる計画調整機能を弱める制度設計が採用されたといえる。

2) 連続性をもった制度変化

①**サービス利用における家族要件の撤廃**──1980年代から90年代にかけて、介護に関わる高齢者福祉サービスの基本原則は、「家族介護優先」から「家族介護支援」へ、そして「介護の社会化」へと変化した(平岡、1998;藤崎、1993)。介護を担える家族がいないか、いるとしても介護を担うことが困難な状況にあることをサービス利用の前提条件とする「家族要件」は、次第に緩和され、あるいは撤廃された。介護保険制度では、基本的に要介護度のみでサービスの利用の可否が決まる仕組みとなり、「介護の社会化」原則が徹

底された。

②在宅ケアへのシフトと中間的なサービスの供給拡大——1990年代には、ゴールドプランにより、特別養護老人ホームの利用定員の拡大は、高齢者数の増加（と入所待機者への対応）の範囲にとどめる一方で、長期的な施設利用の抑制につながる老人保健施設の整備と居宅サービスの量的拡大に重点をおくという方法により、施設ケアから在宅ケアのシフトが推進された。介護保険制度が導入されてからは、施設サービスの利用定員の拡大を、都道府県の計画目標の範囲内に抑えることを可能にする一方、居宅サービスについては、原則として、自治体による供給量のコントロールを排除し、（要介護度別に定められた給付上限の範囲内とはいえ）サービスの需要（利用希望）に応じてサービス供給が拡大する仕組みを導入することで、施設ケアから在宅ケアへのシフトが推進された。

認知症高齢者グループホームは、1997年に制度化されたが、介護保険制度上は、有料老人ホームと同様に、そこで提供されるサービスが居宅サービスとして位置づけられた。そのことは、需要の増加に応じて、認知症高齢者グループホームの供給が拡大するメカニズムが組み込まれたことを意味する。これにより、従来型の入所施設と在宅との中間的な性格のサービスの急速な供給拡大が図られたのである（ただし、後述のように、2005年の介護保険法改正に伴う改革により、認知症高齢者グループホームの供給拡大に歯止めが掛けられることになった）。

③総合相談機関の設置とケアマネジメントの推進、相談援助機能の外部化——「ゴールドプラン」においては、サービスの大幅な量的な拡大とともに、住民がアクセスしやすい相談窓口としての機能と、サービスを提供する諸機関の連携・調整の機能を有する在宅介護支援センターを全国に1万ヵ所整備する計画が盛り込まれた。そして、在宅介護支援センターにおいては、ケアマネジメントが導入されるようになっていった。介護保険制度が実施されてからは、引き続き在宅介護支援センターの整備が図られるとともに、居宅介護支援事業所（ケアマネジメント機関）において、希望するすべての介護サービス利用者にケアマネジメントが提供されることとなった。在宅介護支援セン

ターは、社会福祉法人のほか営利事業者にも運営を委託することが認められており、居宅介護支援事業所はほとんどが民間の営利・非営利の事業者による運営であるため、自治体の相談援助機能の外部化が継続的に進展したとみることができる。

(2) 高齢者ケアレジームの変化

それでは、以上見てきた制度変化は、高齢者ケアレジームにとってどのような意味をもつものだったのか。

第一に、介護保険の導入に伴ってサービス利用における家族要件が完全に撤廃されるとともに、広範な介護サービスがエンタイトルメントとして利用できるようになったことは、日本の高齢者ケアレジームが、脱家族化効果 (defamilializing effects) をいくらかなりとも発揮できるようになったことを意味している[3]。

第二に、介護保険制度の導入に伴うサービス提供体制の再編は、市場化 (marketization) という性格を伴うものであったことは間違いない。ただし、価格に関しては、介護報酬の額も、利用者負担の割合も基本的に政府が決めるいわゆる公定価格制[4]であり、原則として価格競争を伴わないという点では市場の機能に相当な制限が加えられている。ただ、「サービス購入型」と「利用者補助型」という筆者が提唱してきた準市場の類型論 (平岡、1998; 2013) でみると、利用者が事業者を選んで直接、契約を結ぶ「利用者補助型」に属しており、その面からみれば、「利用者補助型」よりも、利用者の選択に基づく事業者間の競争が起きやすい仕組みである。

第三に、政府間関係の観点からみると、スタート時点の介護保険制度は、基本的な制度設計において地方自治体 (地方政府) の独自性が発揮しにくい仕組みとなっており、高齢者ケアレジームにおける国 (中央政府) の権限を強める改革であったとみるのが妥当であろう。ただ、日本では、1990年代から行政システム全般に関わる地方分権改革の動きが本格化し、その動きは今日まで続いており、介護保険制度実施以降の改革には、次第に、地方分権改革の影響が及ぶことになる。

(3) 政策発展の経路依存と経路離脱

（1）でみてきたように介護保険の導入に伴う高齢者ケアサービスの制度の諸変化には、方向転換といえるような大きな制度変更といえる性格のものと、連続的な変化とみることができる性格のものの双方が含まれていた。しかし、高齢者ケアシステムに関わる政策発展の経路という、より大きな枠組からみると、介護保険制度の導入は、次の３つの点で、政策発展の方向性を大きく変えたのであり、経路離脱という性格が強いとみるべきである。

第一に、介護サービスの市場化が実現したことは、介護サービスを提供する事業者、サービス提供に関わるケアワーカー等の労働者、サービスの利用者等の行動様式や意識に相当程度の変化を引き起こしたと考えられる。また市場化が、新たに市場に参入し定着していった事業者に既得利益をもたらした点という点も重要である。このような変化のある部分は、実際上、不可逆的とも考えられる。例えば、利用者の選択権や「介護の社会化」の原則を全面的に否定したり、営利事業者を市場から閉め出すような制度改革を行うのは、政治的に困難と考えられる。

第二に、受益と負担の関係という点でも、介護保険の実施は、利害関係構造の再編成をもたらした。被保険者となった中高年者と、「支払い側」に位置づけられた労働組合は、給付の改善とともに、給付費増による保険料負担の増加の抑制にも関心をもたざるを得ない状況に置かれることとなった。

第三に、費用（給付費）増加を引き起こすメカニズムが変わった。予算額の増加の範囲内でサービス供給量が増加するのではなく、居宅サービスに、サービスの利用量の増加が給付費増を引き起こすメカニズムが導入された。

この第二点と第三点は、高齢人口の急速な増加が進む状況では、制度改革を引き起こす制度内在的要因となる。第三の点からみると、高齢人口の増加は、給付額の急速な増加をもたらし、それに伴う負担増を政府、企業、あるいは被保険者（中高年者）が受け入れがたいと判断すれば、給付費増加の抑制や財政構造の再編を伴う改革を、積極的に推進するか（主として政府・企業の場合）、あるいは、やむを得ないものとして受け入れる（主として被保険者の場合）ことになる可能性が高いと、考えられるのである。

3. 介護保険制度実施後の制度改革と政策展開の概観

2000年4月の介護保険制度の実施以降、今日にいたるまでさまざまな制度変化が起きている。それらについて、以下では、主要な介護保険法改正に基づく制度改革と、その他の制度変化に分けて、その主なものを概観する。

(1) 介護保険法改正に基づく制度改革

1) 2005年の介護保険法改正に伴う改革

介護保険制度実施後の制度改革のなかで、この改革が、改革内容が最も広範にわたるものであり、その後の政策発展の方向を最も大きく左右した改革と考えられる。

この改革の内容は、支出(給付費および国の財政支出)の抑制を求める強い圧力、制度実施以降数年の間に顕在化してきた問題への対応、新たなプログラムの開発やサービス体系の高度化を目指す動き、という3つの流れが交錯するところで決定されたとみることができる(平岡、2006)。

給付費増加の抑制のための対策としての性格が最も明確なのは、利用者負担の引き上げであった。

また、予防重視型システムへの転換という方針の明示は、心身機能の維持・向上をめざす介護実践と研究の成果の反映といえるものでもあるが、同時に、支出抑制の狙いをもつものでもあった。すなわち、「予防重視」により、長期的には、心身機能の低下の防止による支出削減効果が期待されていた。より短期的には、「要支援」の高齢者の一部を、利用サービス量が従来よりも制限される「新予防給付」へ移行させて給付費を削減することが意図されていた。また要介護・要支援状態に陥るのを予防するためのプログラムを、税財源ではなく「地域支援事業」の一環として介護保険の財源で実施することで、国の財政支出を削減することも意図されていた。

「地域密着型サービス」という新たなサービスのカテゴリーの創出は、支出抑制という観点とともに、介護保険制度のもとでのサービス提供体制に、次のような修正を加えるという点で重要な意味を持つものであった。

第一に、この「地域密着型サービス」については、地域の実情にあった独自の運営がなされるよう市町村に事業者の指定や指導監督および介護報酬に関する基準の設定に関する一定の権限が与えられた。分権化という性格の制度変更である。

第二に、この「地域密着型サービス」には、市町村が、サービス供給の総量をコントロールする仕組み（総量規制とも呼ばれる）が組み込まれている。このカテゴリーに属するサービスとして夜間対応型訪問介護、認知症対応型通所介護、小規模多機能型居宅介護などが新たに設けられたが、それまでは「居宅サービス」に含まれていた認知症対応型共同生活介護（認知症高齢者グループホーム）も、「居宅サービス」から「地域密着型サービス」へ移行した。このことにより、市町村は、介護保険事業計画で設定した利用定員の目標値を超える認知症高齢者グループホームの「指定」を拒むことができることとなった。この制度変更は、支出抑制とともに、サービスを提供する事業者への行政の関与を強めるという意味をもつものであった。

第三に、この「地域密着型サービス」の創設の前提となる考え方は、市町村あるいはそれより狭い住民の生活圏において、すべての必要なサービスが完結的に提供されるようサービス提供体制を整備していくということである。このような考え方は、2011年の法改正に基づく改革以降は、「地域包括ケアシステム」の構築の課題として、より明確に示されるようになっていくが、この改革においても、このような地域のサービス提供体制の中心を担う機関として、（実質的には、それまでの在宅介護支援センターの機能を拡充強化する形で）地域包括支援センターを設置する方針が示された。そして、この地域包括支援センターは、①総合的な相談支援、②虐待の早期発見・防止等の権利擁護、③包括的・継続的ケアマネジメント支援、④介護予防ケアマネジメントの4つの機能を担うこととされた。

2) 2008年の介護保険法改正に基づく改革

この改革は、介護分野の最大手の企業であった（株）コムソンにおける多数の法令違反の発覚等の問題への対応のために、事業者への規制の強化、お

第3章　介護保険制度の創設・改革と日本の高齢者ケアレジーム　　63

および規制手続きの改善を主な内容とする改革であった。

3) 2011年6月の介護保険法改正に基づく改革

　この改革は、地域包括ケアシステムの実現に向けた取組みを進めること
をねらいとするものであると説明されている。

　ただし、このシステム実現のための具体的な制度の創設・変更は必ずし
も多くはない。その主なものは、地域密着型サービスというサービス・カテ
ゴリーに含まれる新たなサービスとしての、定期巡回・随時対応サービス
(定期巡回・随時対応型訪問介護看護)、および複合型サービスの創設であった。
前者は、24時間対応の訪問介護と訪問看護を普及させ、要介護度の高い高
齢者の在宅生活の維持を可能にするという意図をもつものである。複合型
サービスは、複数の居宅サービスを提供する事業所を創設するという内容の
ものであるが、具体的には、小規模多機能型居宅介護と訪問看護の双方を提
供する事業所がまず認められた (2015年度介護報酬改定以降は、看護小規模多機
能型居宅介護という名称が使われている)。

　さらに、市町村の計画調整機能を強める改革として、地域密着型サービ
スにおける事業者指定における公募制の導入(指定事業者を公募して選考を行う
ことができるようになった)、地域密着型サービスの介護報酬における市町村
独自の基準設定の手続き簡素化(厚生労働大臣の認可が不要に)、地域包括支援
センターの機能強化(事業者・医療機関・民生委員・ボランティア等との連携につ
いての努力義務等)といった内容の改革が行われた。

　「予防重視」の流れのなかでの改革としては、「要介護」と認定されるには
至っていない「要支援者」「二次予防事業対象者」向けのサービス等を総合的
に提供するための「介護予防・日常生活支援総合事業」も新たに創設された。

4) 地方分権のための第1次一括法・第3次一括法による介護保険法改正に基づく改革

　2011年4月に成立した地方分権のための第1次一括法(「地域の自主性及び
自立性を高めるための改革の推進を図るための関係法律の整備に関する法律」)に

よって、老人福祉法および介護保険法において定められている施設・事業所に関して、人員・設備・運営に関する基準の設定に関する権限が、市町村（地域密着型、および同予防サービスの場合）または都道府県（その他の居宅サービス、介護施設等の場合）に委譲される（条例で定める）こととなった。ただし、人員配置基準、居室面積基準、適切な処遇・安全確保・秘密保持等に密接に関連する基準については、国が「従うべき基準」を定めることとされているなど、実際の権限の委譲は限定的である。また、2013年6月に成立した第3次一括法において、居宅介護支援事業所、介護予防支援事業所、地域包括支援センターの人員及び運営に関する基準について同様の権限委譲が行われることとなった。

5) 2014年の法改正に基づく改革

　2014年6月の介護保険法改正は、消費税引き上げを含む「社会保障・税一体改革」における社会保障制度改革の実施のための工程表を定めた「社会保障改革プログラム法（持続可能な社会保障制度の確立を図るための改革の推進に関する法律）」に基づく「医療介護総合確保推進法（地域における医療及び介護の総合的な確保を推進するための関係法律の整備等に関する法律）」の成立に伴って行われた。

　この法改正に基づく制度改革については、地域包括ケアシステムの構築を目指すものであることを政府は強調しているが、改革の内容をみると、介護サービスの支出の抑制に相当な力点がおかれている。支出の抑制につながる主な改革内容としては、次のものがある。

　第一に、介護サービス利用に伴う利用者負担が、原則1割であったものが、一定以上の所得のある高齢者については2割となった。

　第二に、低所得者に対する利用者負担の軽減（「補足給付」の受給）に、資産（預貯金の額）による制限が設けられるようになった。

　第三に、特別養護老人ホームの利用資格が、原則として要介護度3以上の場合に限定されることになった（ただし、常時の見守り・介護が必要な認知症高齢者などの場合は例外的に入所が認められるものとしている）。

第3章　介護保険制度の創設・改革と日本の高齢者ケアレジーム　　65

　第四に、「要支援者」の訪問介護・通所介護が、介護保険の個別給付の対象から外され、再編された「介護予防・日常生活支援総合事業」（「新総合事業」と呼ばれる）の枠内で、これらのサービスが提供されることとなった。なお、この改革により、「要支援者」にとって、これらのサービスの利用は、エンタイトルメントとしての性格をもつものではなくなり、これらのサービスは、市町村が定めた基準に基づいて、その予算の範囲内で提供されるという性格のものとなった。

　ただし、この「新総合事業」の制度設計に関しては、このほかの点で、新たな政策展開の方向を示すような特徴が含まれている点に注目する必要がある。この事業について、厚生労働省は、地域の実情に応じて実施されるべきものであるという立場をとり、運営の基準や介護報酬単価は市町村が定めるものとされ、厚生労働省の関与は、そのための指針の提示にとどめられている。そして、この事業の目的について、厚生労働省は、「介護予防・日常生活支援総合事業のガイドライン」において、次のように説明している。

　　　「市町村が中心となって、地域の実情に応じて、住民等の多様な主体
　　　が参画し、多様なサービスを充実することにより、地域の支え合いの
　　　体制づくりを推進し、要支援者等に対する効果的かつ効率的な支援等
　　　を可能とすることを目指すものである。」（厚生労働省、2015）

　そして、「多様な主体」の「参画」による「多様なサービス」の実現を図るために、このガイドラインにおいて、従来の「要支援者」への訪問介護、通所介護に代わる「訪問型サービス」「通所型サービス」に関して、従来型のサービスの類型とともに、ボランティアを主な担い手として想定した「住民主体による支援」の類型が設定されている。

　このように地域住民のボランタリーな活動を公的なサービスの提供体制に組み込む仕組みをつくろうとしている点は、福祉・介護サービスの諸分野でも従来見られなかった点であり、新たな政策展開の方向を示すものとして注目に値する。

さて、2014年の法改正に基づく改革では、地域包括ケアシステムの構築に向けての新たな制度の創設や拡充等の多くの措置がとられている。その主なものは、在宅医療・介護連携支援に関する相談窓口の設置、生活支援コーディネーター（地域支え合い推進員）の配置、認知症地域支援推進員の配置、地域支援事業の一環としての地域リハビリテーション活動支援事業の創設などである（長谷・石山、2015）。

(2) その他の法律の制定・改正に伴う制度変化

特に注目すべき制度変化は、次の2つのものである。

その一つは、2008年の「介護従事者等の人材確保のための介護従事者の処遇改善に関する法律」の制定と、それに基づく2009年10月からの介護職員処遇改善交付金制度の導入である。この交付金は、一人あたり月15,000円の賃金引き上げを目指すものであるとされ、また、キャリアパスの策定等に関する要件を加えることにより、雇用管理の改善が目指された。交付金制度は2011年度で終了となったが、2012年度からは、介護報酬における処遇改善加算として、介護保険制度の財源の枠内での処遇改善が進められることになった。なお、2014年には、上記の法律に代わるものとして、「介護・障害福祉従事者の人材確保のための介護・障害福祉従事者の処遇改善に関する法律」が制定された。

もう一つの重要な制度変化は、高齢者住まい法（高齢者の居住の安定確保に関する法律）の2001年における制定と、2011年における改正である。特に2011年の改正によりサービス付き高齢者向け住宅制度が創設され、地域包括ケアシステムの一環としてのその供給の拡大が推進されることになった。その供給の大部分は民間の事業者による供給となるが、国土交通省では、2020年までに600,000万戸まで供給を拡大する方針であり、2016年7月末現在、203,783戸がサービス付き高齢者向け住宅として登録されていた（サービス付き高齢者向け住宅情報提供システム、2016）。

第3章　介護保険制度の創設・改革と日本の高齢者ケアレジーム　　67

(3) 法律の制定・改正を伴わない制度変化

1) 介護報酬改定

　介護報酬の基準は、原則として、介護保険事業計画の策定の時期に合わせ、3年ごとに改定される。介護報酬の額自体は、制度というより、制度運用のパラメーターというべきものであるが、介護報酬の基準やその改定を決定する際の原則や枠組みは、高齢者ケアのシステムのあり方に影響を及ぼす重要な制度的要因といえる。

　介護報酬は、サービスの提供に実際に必要な経費をもとに決定されるが、利益率が高いサービスについては、改定時に報酬単価が引き下げられることが多い。また介護保険と国の財政状況、政治的判断によって報酬の引き上げが抑制され、あるいは引き下げが推進されることもある（**表1**参照）。このような点は、介護サービスの市場を、一般の商品・サービスの市場とは異なる性格のものとする主要な要因となっている。

表1　介護報酬改定の経緯

改定時期	改定にあたっての主な視点	改定率
平成15年改定	○自立支援の観点に立った居宅介護支援（ケアマネジメント）の確立 ○自立支援を指向する在宅サービスの評価 ○施設サービスの質の向上と適正化	▲2.3%
平成17年改定 （H17.10施行）	○居住費（滞在費）に関連する介護報酬の見直し ○食費に関連する介護報酬の見直し ○居住費（滞在費）及び食費に関連する運営基準等の見直し	
平成18年改定	○中重度者への支援強化 ○介護予防、リハビリテーションの推進 ○地域包括ケア、認知症ケアの確立 ○サービスの質の向上 ○医療と介護の機能分担・連携の明確化	▲0.5%[▲2.4%] ※[ ]は平成17年 10月改定分を含む
平成21年改定	○介護従事者の人材確保・処遇改善 ○医療との連携や認知症ケアの充実 ○効率的なサービスの提供や新たなサービスの検証	3.0%
平成24年改定	○在宅サービスの充実と施設の重点化 ○自立支援型サービスの強化と重点化 ○医療と介護の連携・機能分担 ○介護人材の確保とサービスの質の評価	1.2%

出所：社会保障審議会介護給付費分科会第100回（H26.4.28）資料2「介護保険制度を取り巻く状況」
（http://www.mhlw.go.jp/stf/shingi/0000044891.html、2017.6.24アクセス）

介護報酬は、国が普及を図りたいサービスの供給の拡大や、事業所の人員配置や運営などの改善への経済的インセンティブを付与することを意図して決定されることも多い。**表1**は、これまでの主要な介護保険改定における「介護報酬の改定にあたっての視点」と、改定率を示したものであるが、この限られた記述からも、介護報酬の改定が、法改正に基づく制度改革の実施をはじめとするその時点での重要な政策課題への対応のための政策手段として利用されていることをうかがい知ることができる。

2) 介護保険事業 (支援) 計画の指針の改定

介護保険制度のもとで、3年ごとに市町村は介護保険事業計画を、都道府県は、介護保険事業支援計画を策定することとされているが、国は、その際に、「介護保険事業に係る保険給付の円滑な実施を確保するための基本的な指針」(厚生労働省告示) を示している。近年、限定的であっても介護保険に関わる国から地方自治体の権限委譲が進んでいること、後述のように、国の政策としても自治体の計画調整機能の強化が重視されるようになっていること、また、介護保険事業 (支援) 計画の課題が、サービスの量的拡大から、サービス提供体制の整備やサービスの質の維持・向上へと移ってきていることから考えても、この指針の意義は増しており、この指針の改定は、一つの重要な制度変化としての意味をもつものと考えられる。

例えば、第6期の計画 (2015 〜 2017年度) に向けて改正された指針の内容をみると、制度の創設や事業の改変などの政策手段によっては実現できない「地域包括ケアシステム」の構築に向けての自治体の取り組みの方向性が具体的に示されている。

(4) 地域包括ケアシステムについて

以上で見てきた制度変化の内容は多様なものであるが、2011年の介護保険法改正による制度改革以降、地域包括ケアシステムの構築が、制度改革の主要な目標として掲げられるようになっている。

1) 概念の理解の多様性

　この地域包括ケアシステムの概念は、社会保障改革プログラム法第4条において、次のように法律上初めて定義され、この定義は、ほぼそのまま医療介護総合確保推進法に受け継がれている。

　　　「地域の実情に応じて、高齢者が、可能な限り、住み慣れた地域でその有する能力に応じ自立した日常生活を営むことができるよう、医療、介護、介護予防(要介護状態若しくは要支援状態となることの予防又は要介護状態若しくは要支援状態の軽減若しくは悪化の防止をいう。次条において同じ。)、住まい及び自立した日常生活の支援が包括的に確保される体制をいう。(以下略)」

　しかし、地域包括ケアシステムの概念は、あいまいであり、論者によってそのとらえ方が多様であるという指摘が少なくない。上記の定義は、このシステムの構築によって実現されるべき高齢者の生活のあり方は明確に示しているものの、このシステムの作動メカニズムや構成要素などについて政府も一貫して説明を行っているとはいいがたい。政府関連文書や法令における「地域包括ケアシステム」のとらえ方について綿密に検討を加えた二木立によれば、このシステムにおける医療の位置づけも、時期によって変化している。政府関連文書に初めてこの概念が登場した2003年の高齢者介護研究会(厚生労働省老健局長の私的検討会)の報告書では、医療サービスの役割について言及されていたものの、「地域包括ケアシステムはあくまで介護保険制度改革と位置づけられ、介護サービスが「中核」とされ」ていた(二木、2015: 23)。その後、2009年と2010年に発表された「地域包括ケア研究会報告書」(厚生労働省の老人保健健康増進等事業によって実施)における「地域包括ケア」のとらえ方が、このシステムについての厚生労働省の考え方を示すものとして理解されるようになっていくが、そこでは、このシステムにおける医療の位置づけは、主として診療所レベルのものを想定していて(二木、2015: 29)、病院を含む医療制度全体の改革の課題としては位置づけられていなかったの

である。

　ところが、社会保障改革プログラム法では、介護保険制度の改革の課題を示した第5条とともに、医療制度改革の課題を示した第4条において、地域包括ケアシステムの構築が、「効率的かつ質の高い医療提供体制」の構築と並ぶ制度改革の目標として掲げられている。地域包括ケアシステムは、介護保険改革とともに、病院の機能分化の促進をはじめとする医療制度改革によって実現されるべきものとされているのである。

　このような動きの一方で、地域福祉研究者を初めとする一部の論者は、地域包括ケアシステムを、高齢者の介護・福祉分野に限定せず、支援を必要とするすべての人を地域で支える仕組みとする方向で展開していくという問題関心を持っている。このような問題関心は、厚生労働省内でも共有されるに至っており、2015年9月には、省内に設置されたプロジェクトチームにより、地域包括ケアシステムを、「全世代・全対象型地域包括支援」に拡大することを提唱する報告書が発表されている（厚生労働省PT、2015; 二木、2016）。

2) 「地域包括ケアシステム」における、「包括」性・「システム」性・「地域」性

　このように地域包括ケアシステムの理解に関しては、単にその時々の政府の公式見解をそのまま受け入れるのでないとすれば、医療制度改革の流れのなかでの理解、あるいは地域福祉推進の流れのなかでの理解もあり得るのであり、多様化せざるを得ない。しかし、ここでは、高齢者ケアに関する政策展開の流れに即して、日本における地域包括ケアシステムの構築を巡る政策展開をみていこうとするのであれば、次の点の理解が基本になるということを指摘しておきたい。

　まず、「地域包括ケアシステム」が、「包括」的であるためには、高齢者の生活に必要な医療、介護、介護予防、住まい、生活支援に関するサービスが、総合的に提供される必要がある。ここでは「包括」は、「総合」であるという理解になる。

　しかし、「地域包括ケアシステム」における「システム」性が強調されると

すれば、「包括ケアシステム」は、国際的にその実現が追求されてきた「統合的ケアシステム (integrated system of care あるいは integrated care system)」の日本的表現であると理解するのが妥当であろう[5]。介護保険創設時における介護に関わる福祉・医療・保健サービスの一元化、ケアマネジメントの導入、そしてその後に開始された地域包括支援センターを中心とした連携のネットワークづくりの取り組みなどは、「統合的ケアシステム」形成に寄与するものであったといえる。

「包括ケアシステム」を「地域」的なものにしていくために現実に展開されてきた政策の流れには二つのものがある。

一つは、コミュニティケアの高度化、すなわち脱施設化を目指す政策の流れである。

筆者は、最も高次(第三段階)のコミュニティケア──これは「脱施設化」と言い換えてもよいものであるが──の構成要素は、第一に、障害などの生活問題の性格や程度に応じたさまざまなタイプの住居の社会的整備、第二に、集中的な在宅サービスの提供体制の確立、第三に、コミュニティとのつながりの維持ととらえている(平岡ほか、2011: 450-451)。1990年代以降の高齢者ケアに係わる政策展開の一つの次元は、この高次のコミュニティケアへの移行に向かう動きであった。

施設ケアから在宅ケアへのシフトの推進は、「ゴールドプラン」の目標設定の時点から一貫して進められてきたのであるが、さらに、従来型の「施設」と「在宅」の中間的な性格の「住まい」の整備が、グループホーム、個室・ユニットケアの導入などを通じて取り組まれ、その延長線上で、サービス付き高齢者向け住宅の整備が今日、重要な政策目標となっている。また集中的な在宅ケアの提供についてみると、24時間巡回型ホームヘルプの試行は1990年代半ばに始まったのであるが、その後、介護保険制度の訪問介護サービスの枠内での夜間等のサービスの提供を経て、今日では、定期巡回・随時対応サービスなどの枠組に基づいて提供されるようになっている。

第二の流れは、地域における住民の相互扶助やボランティア活動、NPO活動等を推進する政策の流れである。

社会福祉の分野では、90年代の「参加型福祉」の推進、社会福祉法における地域福祉に関する規定の導入、地域福祉計画の法定化などの流れのなかでこのことに関わる政策が展開されてきたが、介護保険制度においても、特に2005年の法改正に伴う改革で地域福祉の観点が取り入れられている。そして地域包括ケアシステムの構築が明確に政策目標として位置づけられるのに伴って、この観点はより明示的になってきている。2011年の法改正に基づく第5期(2012～2014年度)介護保険事業計画の基本指針(第5期介護保険事業計画策定に向けた「介護保険事業に係る保険給付の円滑な実施を確保するための基本的な指針」の改定)では、日常生活圏域のサービス提供体制における近隣住民、地域ボランティアなどのネットワークを、計画のなかに位置づけるよう求めている。さらに第6期(2015～2017年度)介護保険事業計画の基本指針では、「基本的事項」の一つに「地域包括ケアシステムの構築を進める地域づくり」が位置づけられており、「地域住民による多様な活動の展開を含む」保健医療・福祉サービスの総合的整備と、地域包括支援ネットワークの構築に取り組み、それを「まちづくり」の一環として位置づけていく視点を明確にすることを求めているのである。

4. 介護保険制度実施後の制度変化と高齢者ケアレジーム

(1) 高齢者ケアレジームの持続と変化

　それでは、前節で概観してきた介護保険制度実施後の制度改革と政策展開は、高齢者ケアにかかわる国家、市場、家族、コミュニティの相互連関の構造にどのような影響を与えているのか。以下では、5つの論点に即して検討する。

1) 高齢者ケアに係わる市場空間の拡大、市場機能を犠牲にした支出抑制

　これまでの制度変化のなかで、高齢者ケアに係わる市場空間は、ある部分では拡大している。このことは、要介護高齢者の「住まい」の部分において顕著な動きといえる。整備が抑制されている特別養護老人ホームの設置主

体は地方自治体のほか社会福祉法人等に限定されているに対して、サービス付き高齢者向け住宅の供給の大部分は民間事業者によるものだからである。また「要支援者」のサービス利用の抑制や、2014年度の法改正による特別養護老人ホーム入所要件の厳格化は、私費によるサービス利用のいくらかの拡大を通して、市場空間の拡大に結びつくであろう。

　しかし、総量規制は、(需要が供給を上回る限り)利用者の事業者選択の幅を狭め(場合によっては、選択を不可能にし)、事業者間の競争を減らす(あるいは、なくす)ことから、市場機能を弱めることになる。このことから、総量規制が、介護保険制度のスタート時点では、施設サービスに限定されていたのに対して、認知症高齢者グループホーム、地域密着型サービスに含まれるその他のサービス、有料老人ホーム等に拡大してきたことは、市場機能を犠牲にしてでも支出抑制をはかることを目指す政策の一環とみることができよう[6]。

2) 市場の型の変化？

　2(2)で紹介した準市場の類型論に即してみると、介護保険制度のスタート時点での介護サービスの準市場は「利用者補助型」であったし、このことは、今日でも基本的には変わっていないとみるべきである。しかし、「総量規制」が行われる「地域密着型」等のサービスでは、市町村が事業者を選定し、実質上、利用者に選択の余地がない場合もある。また、政府は、介護サービスの質の確保策として、介護報酬における加算等による経済的インセンティブを利用する傾向が強まっており、その場合、加算等の基準を満たすかどうかについての政府の判定が、事業者にとって、利用者による選択と同等以上の重要性をもつこともあり得る状況になっている。膨大な待機者の存在により、特別養護老人ホームについては、利用者による選択の機会が大きく制限されてきたことも考えると、利用者と事業者の間での契約に基づいてサービスが提供されるという点で基本は「利用者補助型」であるとしても、現在の介護サービスの準市場には、「サービス購入型」の要素が含まれるようになっているとみるべきであろう。筆者の準市場の類型論は、国家の市場への介入のあり方に着目した類型ともいえることから、このことは、高齢者ケアレジー

ムのある部分の変化を意味するものとみるべきであろう。

3) 自治体の計画調整機能の (再) 強化

　「地域密着型サービス」の創設と拡充、地域包括ケアセンターの創設と機能強化などの政策展開の中で政府が志向してきたのは、自治体、特に市町村の計画調整機能の強化であった。ただし、それは、むしろ「再強化」とみるべきものともいえる。というのも、1990年の社会福祉関係八法改正を経て、1990年代初頭から半ばにかけて、政府が追求してきたのは、サービス供給の多元化を図る一方で、社会福祉各分野の事業の実施主体を市町村に一元化し、高齢・障害・児童の分野ごとの計画の策定・実施を通して、市町村が中心となるサービス提供体制を構築することであったからである (平岡ほか、2011:174-178)。そこでは、サービスの直接供給の面での自治体行政の機能は低下するとしても、計画調整機能は強化されることが期待されていたのである。

　ところが、高齢者介護・福祉分野に関していえば、本章の2 (1) の1) でみたように、2000年からスタートした介護保険制度は、サービス提供体制にかかわる自治体の計画調整機能を弱める制度設計になっており、自治体の計画調整機能の強化を目指す政策展開は、いったんストップしたかのようにも思われる状況が生じていた。この時期には、平岡 (2003) において指摘したように、サービス供給ばかりでなく、民間のケアマネジメント機関への依存という形で、自治体の相談援助機能も外部化されたため、介護保険導入が、自治体福祉行政の空洞化の引き金になるのではないかという懸念が表明されることもあったのである。

　2005年の法改正に基づく制度改革は、自治体の計画調整機能の強化を目指す政策展開の再スタートという意味をもつ改革であったのであり、この政策展開の方向性は、その後の制度改革においても引き継がれているとみるのが妥当である。

第3章　介護保険制度の創設・改革と日本の高齢者ケアレジーム　75

4) 緩やかな地方分権化の進展

　このような自治体の計画調整機能の強化の前提条件が、自治体への権限委譲であることは、多くの論者が指摘するところである。前節で見てきた制度変更を通して、支出抑制に関する政府の力は強まっているとみることができるが、事業者規制や介護報酬の設定等についての市町村への権限委譲は徐々に進展している。また、「要支援者」のための「新総合事業」において、運営基準や介護報酬単価の決定が市町村に委ねられ、厚生労働省が、地域の実情の応じた多様な実施方法を認めていることは、本章3 (1) 5) で見たとおりである。

5) 「再家族化」と「(再) 地域化」

　一部の先進諸国では、介護・保育等における家族の役割を再強化し、社会サービスの費用を抑制することを目指す政策が展開されている。このような動きは、「再家族化 (refamilialization)」と呼ばれる[7]。日本の介護保険においても、支出の増加抑制を目指す制度変更が行われてきたことから、そのことが結果として、多かれ少なかれ介護における家族の役割の強化、負担の増加につながっていることは間違いないであろう。このことは、前節でみてきた制度改革と政策展開が、「再家族化」的な性格をもつことを意味している。しかし、再家族化を進める最も有力な手段と考えられる介護保険における現金給付の導入には至っておらず、介護保険の制度改革に関わる政府関連文書をみても、再家族化に向けての議論は行われていない。

　近年の制度改革・政策展開のなかで浮上してきたのは、地域における住民の相互扶助、あるいはボランタリーな活動の役割を重視し、そのような活動を公的なサービスのシステムに組み込もうとする「(再) 地域化」というべき動きである。この「地域化」が「再地域化」とも言えるのは、前節 (4) でみたように、このような方向の政策の流れは1990年代から存在しており、全国的な介護保険の実施体制の整備や介護サービスの市場の整備に政策の重点が置かれていた介護保険制度のスタート前後の時期に、このような流れがいったんストップしたためである。

もっとも、従来から、政府関連文書において、地域における住民の相互扶助、あるいはボランタリーな活動の役割が論じられることは必ずしも珍しいことではなかったといえる。しかし、2014年の介護保険法改正の方向を定めた社会保障改革プログラム法第2条2は、「政府は、住民相互の助け合いの重要性を認識し、自助・自立のための環境整備等の推進を図るものとする」として、「住民相互の助け合いの重要性」の認識に対して、社会保障制度改革の前提というべき重要な位置づけを与えている。また、医療介護総合確保推進法の第1条においても、法律の目的が、「高齢者をはじめとする国民の健康の保持及び福祉の増進」を図るとともに、「国民が生きがいを持ち健康で安らかな生活を営むことができる地域社会の形成に資する」ことであると規定されている。本章3 (1) 5) で見た改革の具体的な内容と合わせて考えれば、（今後の持続可能性をどう見るかは別にして）少なくても現在までの時点では、「(再)地域化」という政策の方向性は明確であるように思える。

なお、これとの関連で、地域密着型サービスや「新総合事業」をめぐる政策展開のなかでは、サービス提供機関や、地域社会のケアシステムの運営管理に対して、関係機関や地域住民の参画を促進するという点で、「ローカル・ガバナンス」志向、あるいは「参加型ガバナンス」志向とも言える動きがあることに注目しておきたい。

具体的には、認知症高齢者グループホームや小規模多機能型居宅介護等の地域密着型サービスについては、利用者、利用者家族、地域住民代表、市町村職員、地域包括支援センター職員等で構成される運営推進会議の設置が義務付けられている。また、「新総合事業」においては、市町村、地域包括支援センター、生活支援コーディネーター、地域の福祉関係者で構成される「協議体」を設置し、情報の共有、連携強化を行うとともに、地域ニーズの把握、企画・立案・方針策定・地域づくりにおける意識の統一をはかるものとされている (長谷・石山、2015:24-25)。

(2) 経路依存と経路離脱

さて、政策発展における経路依存と経路離脱という観点からみたときに、

第3章　介護保険制度の創設・改革と日本の高齢者ケアレジーム　77

介護保険制度実施後の制度改革と政策展開は、どのような性格のものであったと考えられるのか。

　まず言えることは、2005年の介護保険法改正に基づく制度改革以降の制度変更のなかには、政策展開の方向性の変更につながる要素がかなり見られるということである。

　(1)で見たように、2005年の法改正に基づく制度改革以降のいくつかの制度改革は、介護サービス市場の機能の制限と、自治体の計画調整機能の(再)強化、(再)地域化という方向で、政策発展の方向性の修正を図るものだったと見ることができる。利用者によるサービス・事業者選択の制限や、サービス利用のエンタイトルメント性の喪失につながる制度変更は、介護保険制度のもとでのサービス提供体制の基本原則の一部修正ともいえるものである。

　しかし、このような政策発展の流れのどこかの時点で、明確な経路離脱が生じたといえば、そこまでの大きな発展の方向性の変更は起きていないとみるべきであろう。さまざまな制度変更にもかかわらず、保険者、被保険者の範囲、給付の形式や報酬支払いの仕組み、費用負担の基本原則、要介護認定の手続きなどの介護保険の制度構造の最も基本的な部分は変わっていない。「新総合事業」では、サービス提供体制の基本原則の修正は顕著であるが、支出額の面でみると、介護保険制度全体のなかでの「新総合事業」のウェイトは極めて低い。「地域包括ケアシステム」の構築に向けて現実に追求されてきた4つの目標——包括的なサービスの供給、「統合的ケアシステム」の構築、コミュニティケアの高度化、地域における住民の相互扶助やボランタリーな活動の推進——は、いずれも、近年になって始めて追求されるようになったものではなく、1990年代あるいはそれ以前から、政策的に追求されてきたものである。

　本章2の(3)では、介護保険制度の導入が、①事業者・労働者・利用者等の行動様式や意識の不可逆的ともいえる変化、②受益と負担をめぐる利害関係構造の再編、③サービス利用増が給付費増をもたらすメカニズムの導入、という3点において、経路離脱を引き起こしたことを指摘した。介護保険制

度実施後の制度改革と政策展開は、基本的には、この経路離脱により生まれた新たな発展経路に沿って進められてきたといえるのではないだろうか。

5. おわりに

　本章では、介護保険制度の導入に伴う制度変化と、その後の制度改革と政策展開に伴う制度変化に分けて、それぞれの内容と経過を記述するとともに、高齢者ケアレジームの持続と変化、および政策発展の経路依存と経路離脱という観点から、それらの制度変化の意義を検討した。

　最後に、以上の記述・分析の限界に関して、二点を指摘しておきたい。

　第一に、本章における介護保険制度の分析は、サービス提供体制に着目したケアレジームという観点からの分析が中心であって、所得分配的側面、あるいはサービスの内容の側面からの分析は行うことができていない。後者（サービス内容）に関していえば、「介護予防」の視点が浸透してきたことの意味や、「予防サービス」固有のサービス提供体制とその変容などの主題は、本章の内容と密接に関連するものであるが、今回は取り扱うことができなかった。これらの側面については、別の機会に検討することにしたい。

　第二に、本章で行ったのは、あくまで国のレベルでの制度変化に着目した記述・分析である。地方自治体のレベルに視点を移すと、本章で示したのとは違った制度変化の様相が立ち現れてくることも十分に考えられる。地方自治体レベルは、第2部の課題である。国レベルと地方自治体レベルの記述・分析の双方が揃って、始めて介護保険制度に関わる制度変化と政策発展の全体像が明らかになるものと考えている。

注

1　介護保険制度の導入によって、「措置から契約」への変化が生じたといわれるが、保健、医療サービスについては、もともと措置制度というものはなかったのであるから、このような変化が生じたのは、福祉サービスについてのみである。

2　ここでいう「施設サービス」「居宅サービス」は、介護保険制度上のサービスの区分であり、施設サービスに含まれるのは、介護老人福祉施設（特別養護老人ホー

ム)、介護老人保健施設、介護療養型医療施設 (療養型病床群) のみである。有料
老人ホームや認知症高齢者グループホームも一般的な意味では「(入所) 施設」と
みることができるが、ここでは、「施設サービス」に含めていない。

3 脱家族化について、ジェンダー・アプローチの比較社会政策の古典的著作におい
て、Sainsbury (1997: 39) は、「成人個人が、有償労働を通してであれ社会保障
給付を通してであれ、家族関係とは関わりなく、社会的に受容可能な生活水準を
維持できる程度」というリスター (R. Lister) の定義を引いているが、これは、
もっぱら所得保障・雇用に着目した定義である。ここでは、高齢者ケアに関して、
脱家族化を、「要介護高齢者が、家族関係とは関わりなく、社会的に受容可能な
水準のケアを受けられる程度」と定義しておく。

4 定められた基準を超える利用者負担 (料金) を請求することは認められていない。
利用者負担の割引は、所定の手続きをとれば認められるが、さまざまな制約があ
る。

5 「統合的ケア」に関する国際的な研究と実践の動向については、(筒井、2014) が
詳しい。

6 2016年9月現在、総量規制の対象となっているのは、施設サービス (介護保険
3施設) のほか、特定施設入居者生活介護 (有料老人ホーム等)、認知症対応型共
同生活介護 (認知症高齢者グループホーム)、地域密着型特定施設入居者生活介護、
地域密着型介護老人福祉施設である (厚生労働省、2016)。

7 諸外国における再家族化をめぐる政策動向と議論については、(新川、2015) が
参考になる。

引用文献

厚生労働省 介護予防・日常生活支援総合事業のガイドライン. 厚生労働省, 2015.
厚生労働省 サービス供給への関与のあり方 (社会保障審議会介護保険部会 (第64回)
参考資料3), 2016.
厚生労働省PT (新たな福祉サービスのシステムのあり方等検討プロジェクトチーム)
誰もが支え合う地域の構築に向けた福祉サービスの実現――新たな時代に対応し
た福祉の提供ビジョン, 厚生労働省, 2015.
サービス付き高齢者向け住宅情報提供システム サービス付き高齢者向け住宅の登録
状況 (H28.7末時点). http://www.satsuki-jutaku.jp/doc/system_registration_01.
pdf, 2016.8.8アクセス.
新川敏光編 福祉レジーム. ミネルヴァ書房, 2015.
筒井孝子 地域包括ケアシステム構築のためのマネジメント戦略――*integrated care*
の理論とその応用――. 中央法規, 2014.
二木立 地域包括ケアと地域医療連携. 勁草書房, 2015.
二木立 地域包括ケアシステムから「全世代・全対象型地域包括支援」へ. 文化連情報
2016, 457:16-22.
長谷憲明・石山麗子 わかりやすい介護保険制度改正の概要～平成27年度制度改正

のポイント～, 公益社団法人東京都福祉保健財団, 2015.

平岡公一　介護保険制度の創設と福祉国家体制の再編——論点の整理と分析視角の提示. *社会学評論* 1998, 49 (2):286-303.

平岡公一　介護保険制度と自治体の役割の変化. *高齢者福祉における自治体行政と公私関係の変容に関する社会学的研究*; 平岡公一編; 平成12年度～13年度科学研究費補助金(基盤(B) (1))研究成果報告書; 2003; pp.11-24.

平岡公一　社会福祉と介護の制度改革と政策展開. *社会保障制度改革——日本と諸外国の選択*; 国立社会保障・人口問題研究所編; 東京大学出版会; 2005; pp. 287-317.

平岡公一　岐路に立つ日本の介護保険制度. *福祉レジームの日韓比較——社会保障・ジェンダー・労働市場*; 武川正吾・イ・ヘギョン編; 東京大学出版会; 2006; pp.123-145.

平岡公一・杉野昭博・所道彦・鎮目真人　社会福祉学. 有斐閣, 2011.

藤崎宏子　老人福祉サービスの家族要件にみる家族政策のゆくえ. *家族社会学の展開*, 森岡清美編; 培風館; 2013; pp.262-285.

Sainsbury, Diane. *Gender, Equality and Welfare State.* Cambridge University Press. 1996.

第2部
地方自治体：制約と強制された自律

第4章　台湾における高齢者介護サービスと
　　　　地方自治体
　　　　台北市と新北市における居宅介護サービス組織の比較

第5章　韓国における高齢者介護システムの再編と
　　　　自治体の対応

第6章　日本における地域包括ケアシステム構築に
　　　　むけた自治体の対処と戦略

第4章 台湾における高齢者介護サービスと
地方自治体
台北市と新北市における居宅介護サービス組織の比較

陳　正芬・官　有垣

梗　概

　台湾では1990年代から、施設サービスから在宅サービスへの移行が進み、それとともに多元的サービス供給システムも導入された。政府の居宅介護サービス予算が増加し、政府の委託事業が多様な領域に及ぶようになるにつれ、居宅介護サービス事業者は政府の政策動向の影響を受けやすくなった。それゆえにまた、サービス事業者は、政府の政策動向にいっそう敏感になり、自身の戦略と資源を活用して政策変化に対応することを学習し、そのことが翻って、地方自治体の政策に影響を及ぼしている。

　本章は、新制度学派の視点から、居宅介護サービスの体制が比較的整っている台北市と新北市を比較し、居宅介護サービス組織が活動地域を選定したり、広域経営の方針を定める過程に、地方自治体の委託条件の変化や他のサービス組織との競争状態がどのような影響力をもつのかを検討した。

1. はじめに

1993年、我が国（台湾）は高齢者人口（65歳以上）の割合が高齢化社会（aging nation）の基準である7%を超え、2006年には高齢者人口の割合が9.9%に上昇した。人口高齢化は第二次世界大戦後に出生したベビーブーム世代が老年に達することで加速し、高齢者人口は2014年の273万人（11.6%）から2021年には392万人（16.54%）に増加する。さらに2025年には我が国の人口の5分の1が高齢者となることが予測されており、高齢者人口の割合はイギリス、フランス、アメリカなどの先進国とほぼ同じとなる（行政院経済建設委員会、2005）。

高齢人口の増加の背景には、医療技術の進歩により、高齢者の寿命が延びたことがあげられる。以前は助からなかった病気を治療して生き続けることができるようになったのだが、そのことは、日常生活を送る上で、支援を必要とする高齢者が増加したことを意味する。病いに伴う身体的な衰えに加えて、加齢による心身の変化も進み、これに対応するための高齢者介護サービスの充実は、重要な社会問題となっている。

このような状況は他の先進諸国に共通しており、これを受けて各国では近年、公的介護サービスの重点を従来の施設入居によるものから、地域に住み続けて必要な支援を受ける居宅介護支援（Community-Base Home Supportive Care）に転換する動きが広がっている。「自分の居場所で年をとる」（aging in place）という理念の普及と定着である。その中で、デイサービスセンター、レスパイトサービス、在宅介護、訪問リハビリテーション、居宅サービスなど、さまざまな居宅介護サービスが展開されてきた（OECD, 2005a, 2005b）。

施設入居から居宅介護サービスへの転換は、サービスの対象者の増大をも意味する。こうして、必要な居宅介護サービス供給量をいかに確保するかが次の重要な政策課題となり、一定のサービス供給量を確保する方策のひとつとして、非営利および営利の多様な団体がサービス供給に参入することを奨励するに至った（Gibson, Gregory, &Pandya, 2003; Pavolini & Ranci, 2008）。台湾では、営利組織がすでに数多く参入している入居施設の状況とは異なり、

居宅介護サービスは非営利団体が政府と協働して提供にあたってきた。その始まりは、台北市政府が1990年に政府人員削減計画に対応して、居宅介護サービス事業を民間の非営利団体に委託したことに端を発する（陳淑君、荘秀美、2008）。その後、1997年に改正された「老人福祉法」の中での「福祉サービス」に関する章では、加齢に伴う心身の衰えのゆえに日常生活において支援を必要とする在宅高齢者をサービスの対象と定め、サービスの提供にあたっては、地方政府が自らそれに従事するか、あるいは民間組織と連携してサービス提供にあたるという、官民協働の仕組みを明文化している。

　その後、行政院は1998年に、「高齢者介護サービス推進計画」を可決し、その中で、「各地方政府はすべての郷・鎮、区・里にあまねく地域居宅サービス支援センターを設置し、居宅サービスを提供し、400箇所のサービス拠点を設置する」ことを目標として定め、さらにその目標達成を各地方政府に強く求めた。これに対して多くの地方政府は、台北市政府のやり方を参考に「サービス購入契約」の形で居宅介護サービスの提供を開始し、民間非営利組織への委託が進んだ（官有垣、陳正芬、1999）。この間、居宅介護サービスの利用者の費用負担を軽減するため、行政院は2002年に公布した「介護サービス福祉および産業発展計画」（以下「介護サービス産業」と略称）に「低所得層以外の要介護者を適度に補助する」と明記し、内政部は当介護サービス産業発展計画に合わせて同時期に「中・低所得層以外の要介護高齢者および心身障害者の居宅サービス利用補助試験事業計画」を立ち上げ、一般家庭の要介護高齢者を居宅サービスの補助対象に組み込んだ。これらの努力の結果、居宅介護サービスの利用も供給量も比較的短期間で増大した（陳正芬、2011；陳正芬、王正、2007）。2007年に行政院の可決した「中華民国高齢者ケア10ヵ年計画」においても、居宅介護サービス経費補助の原則は継続されるとともに、サービスメニューも追加され、さらに多様なサービスが受けられるようになった。

　こうして、台湾政府が全力を注いで居宅介護サービスを推進したことにより、2013年6月30日までに、全国の居宅サービス事業者は既に160を超えた（衛生福利部、2014）。居宅サービスの発展が最も早かったのは台北市

で、居宅サービス事業者の数は1991年の1から2012年には15に増えた。隣接する新北市の居宅サービス事業者の数も1998年の2から2012年には14に増えた。このうち、両市で同時に居宅介護サービス事業を展開している組織がいくつか存在し、両市をまたぐことで事業規模を拡大している。

　以上の動向は同時に、民間非営利の居宅サービス事業者に政府から投入される資金が増大することをも意味し、居宅介護サービス事業に従事する非営利団体の位置づけや、それらの組織と政府との関係、および居宅介護サービス事業者同士の関係性も変化してきている。言い換えると、政府の居宅介護サービス予算が増加し、政府の委託事業が多様な領域に及ぶようになるにつれ、居宅介護サービスに従事する団体は、居宅介護サービス事業のみに専念する団体と、行政委託事業の多様化にあわせて自らの事業を複合化・多様化させた高齢者向け関連サービス提供事業団体に分かれつつある。さらに、居宅介護サービス事業が充実し、政府からの委託金への依存度が高まるに従って、事業を請け負う居宅介護サービス事業者は、当初の寄付収入に依存する非営利団体（Donation-type Nonprofits）から、事業を請け負うことで得られる委託金に依存する事業型非営利団体（Commercial-type Nonprofits）に変容しつつある。その結果、居宅介護サービス事業者は政府の政策動向にいっそう敏感になり、また、その影響を受けやすくなった。「組織の規模」（size）も、考慮すべき要因である。複合化、多様化した高齢者向け関連サービスを提供する団体は、おしなべて中規模から大規模な団体で、一方の居宅介護サービス事業のみに専念する団体の多くは、資源を求めて居場所を決めなければならない小規模な団体であるため、政策変化の影響をより大きくうけることが予想される。とはいえ、サービス事業者は、政府からの影響を受けるだけではない。サービス事業者自身の戦略と資源の多寡の差も、地方自治体の政策に影響する。

　本研究は、居宅介護サービスの体制が比較的整っている台北市と新北市において、地方自治体の政策と居宅介護サービス事業に従事する非営利組織の相互作用を、新制度学派の視点から、とりわけ「時間」（time）と「組織変容」（transformation）に着目して検討する。

2. 理論的視点

1) 新制度学派

1980年代以降、「新制度学派」が学術界を席巻し、より幅広く多様な視点から社会制度の研究に従事することが提唱された。新制度学派は、従来の制度主義の研究が政治体制と法の枠組を過度に重視し、描写的な論述に過剰に力を入れ、その静態的視点は制度の動態的側面を無視するものであると考えた。1984年、MarchとOlsenが「The New Institutionalism: Organizational Factors in Political Life」を発表し、本格的な新制度主義政治学の研究の序幕が開かれた。彼らは、政治制度には自主性があり、政治体制そのものが自らの利益を追求する集団行為者であり、政治活動に影響を及ぼすことができ、したがって、政治体制は純粋に社会各方面の勢力を反映したものではないと力説した。具体的に言うと、新制度学派は、従来の制度主義と行動主義の2つの志向を結びつけ、その中から従来の制度主義が構造的要因と歴史的要因を視野におさめているという長所を取り入れつつ、同時に、従来の制度主義の過度に総花的かつ静態的な研究志向を修正し、さらに、行動主義が重視する動態的科学的視点を取り入れようとしたのである（March & Olsen, 1989; Peters, 1999）。

ただし、新制度学派は統一された1つの理論体系にもとづくものではない。Hall and Taylor（1996）によると、新制度学派は、歴史的制度学派（Historical Institutionalism）、合理的選択制度学派（Rational Choice Institutionalism）および社会学的制度学派（Sociological Institutionalism）の三大学派に分類される。制度がいかに安定を維持し、持続し、変遷するかについて、三大学派はそれぞれ持論があり、特に制度の構造（structure）と行為主体（agency）の影響力との関係の理解には違いがある（Hall& Taylor, 1996; 何俊志、2002；郭棨堯、2011；蔡相廷、2010）。

歴史的制度学派は、歴史を人類の制度の発展を理解するための1つの主要な経路であると見なし、国家および社会制度の全般に注目し、制度がいかに政治の行為主体の利益選好に影響し、彼らとその他の団体との権力関係を構

築するかに着目する。たとえば、選挙制度、政党制の構造、異なる部門間の職務および労働組合といった経済活動の集合体は、すべて制度の概念に包含される。言い換えると、歴史的制度主義は、単に法律あるいは体制の構造だけを制度と見るのではなく、制度の概念を拡大し、組織の構造、非公式の規則を制度の範疇に組み入れ、それを研究の中心とする。こうした制度の考え方により、個人の役割や行為も、制度という視点に含まれることとなる。

　歴史的制度学派が制度の変遷を分析する際の最も重要な論点の1つが「経路依存性」(path dependence) である。ひとつ前の段階における政策決定は、往々にして次の段階の政策に影響するので、この経路依存性が継続する限り、制度に大きな変化は無いはずである。しかし、制度に重大な変化が生じることは実際にある。そこで歴史的制度学派は、制度上の大きな変化が生じた「歴史的節目」(historical juncture) に焦点を当てる。歴史的制度学派の主張は、制度の変化は何らかの歴史的節目の産物であると考えられるので、制度の研究は、その制度が生まれた条件にさかのぼって行うべきであるというものである。すなわち、制度が変遷したのは、それまでの制度が何らかの危機に直面したためであり、危機の生じた原因は、制度の内部に矛盾が発生したか、あるいは外部の環境の変化が臨界点に達したことによると推測される。そして、新たな環境に順応するために制度の変遷が促され、制度が変わった後は再び落ち着いた安定期に入る。これを、「一時的均衡」(punctuated equilibrium) という。歴史的制度学派は、こうして時系列をさかのぼって制度が段階的に変遷するプロセスを検討し、さらに行為者と制度の相互作用の過程で生じる意図的および非意図的な展開を重視する。

　いっぽう、合理的選択制度学派の基本的な考え方は経済学に由来する。行為者は合理的利己主義者であるとの前提にもとづいて、個々の行為者の行為が研究される。その基本的枠組は以下の通りである。(1)制度を行為者の合理的な意思決定を制約する「ゲームのルール」であると定義する。(2)制度の形成は、多数の行為者の選好またはニーズに基づき、合理的行為を通じて確立され、つまり、契約あるいは取引のプロセスを通じてなされる。(3)制度の役割は、行為者の行為と選択を制約することを目的とし、制度は行為者

に必要な情報と実行のための仕組を提供し、その一方で懲罰の規則を通じて関係する行為者の方策の選択を制約あるいは制限し、集団行為の難問（集団の不合理性あるいは便乗行為）を解決し、「構造的に誘導された均衡」（structure induced equilibrium）に達する。(4)制度が持続するのは、それによって大多数の行為者が大きな利益を得るからであり、将来の不確定性や情報の不完全性あるいは制度変更の取引コストが高すぎる場合も、制度の維持が求められる場合が多い。(5)制度の機能がしだいに失われ、行為者のニーズを満たせなくなると、個々人はコストパフォーマンスを計算し、既存の制度を修正する(Hall & Taylor, 1996)。要するに、この学派は、制度を一種の「意思決定の仕組み」と位置づけ、人々はこれを用いて誰がその課題に関わる意思決定領域に入る資格を有するのかを決め、どうやって情報を処理するかを決め、どんな状況においてどんな行動をとるか、およびどんな順序で行動するかを決めるのである。合理的行為者が、自らの行為が制度によって制約されるのを進んで受け入れるのは、自分以外の行為者も同じように制度によって制約され、それゆえ好ましい制度は大衆の利益に合致する政策を生み出すだけでなく、集団の効用を破壊する恐れのある個人の効用を最大化させるような行為を制約することができると知っているからである。そのため、制度そのものの構想と変遷は、すべて行為者が利益を計算した結果であり、市場の取引コストを低減するだけでなく、制度そのものが集団的な意思決定の過程を経た政治体制でもあり、したがって、好ましい制度は行為者のニーズを満たすことができると考えられる(Peters, 1999)。

　合理的選択制度学派によると、非効率的な制度は効率的な制度に取って代わられる。しかし、現実の生活においては、なお多くの非効率的な制度が存在する。社会学的制度学派が打ち出した文化的視点は、このような非効率性の存在を理解するのに役立つ。この学派の考えによると、制度は公式あるいは非公式の法律や規則だけではなく、文化的に意味のある枠組、たとえばシンボル・システム(symbol systems)、認知パターン(cognitive scripts)、モラルの枠組(moral templates)などが含まれる。つまり、文化的なシンボル、価値観や意識構造などによって制度は規定されると想定した(Peters, 1999)。

行為者と組織が、制度を規定する文化・価値・意識構造などに合致する「社会的妥当性」(social appropriateness) と「正当性」(legitimacy) に準拠していることが、制度持続の要件である。また、何によって制度が妥当性や正当性を獲得するかは、妥当性や正当性を付与する権威の出所と関係する。権威の出所は国の教育システムかもしれないし、仕事関係の労働組合や団体かもしれない。たとえばある技術領域が専門化の方向に発展すると、何らかの文化的権威を有する職業共同体となる。たとえ制度が変遷しても、特定の文化の期待に合致し、行為者と組織の社会的妥当性と正当性が向上すれば、社会の共感を得て、資源と生存能力を増大させることができるが、この目的の総体は効率の追求ではなく、正当性や妥当性の確保であることに注意を要する (Hall & Taylor, 1996; 郭榮堯、2011)。

　つまり、以上3つの新制度主義の学派は、いずれも制度は変遷するものだとするが、制度の変遷する要因の解釈にやや違いがある。合理的選択制度学派の理論では、制度が安定、関連情報、契約履行の仕組みと違反への処罰を提供すれば、行為者は既存制度の「均衡」の上に留まり、個々の行為者の利益は最適な状態におかれる。そして、この均衡状態が崩れると状態が悪化するという認識が共有されている限り、均衡状態を壊して自らの利益を損ねようとする行為者はいない。そのため、制度の変遷は往々にして制度以外の重大事件が元になり、たとえば科学技術あるいは人口の変化によって、制度の変化が促されることとなる。同様に、歴史的制度学派は、制度の変化を制度以外の重大事件、たとえば軍事衝突あるいは経済危機に帰結させ、行為者が危機に対応するために方策を講じる結果、制度は経路依存性から外れて変化することになると考える。言い換えると、合理的選択制度学派は、行為者同士の相互作用を独立変数、制度を従属変数とし、行為者が制度を規定すると考える。反対に、歴史的制度学派では、制度を独立変数、行為者の行為を従属変数とし、制度の行為者への制約あるいは影響を強調する。両学派の分析方法は異なるが、いずれも「外部的要因」(exogenous factors) から制度の変遷を解釈する点で共通している。逆に、社会学的制度学派は、「内部的要因」(endogenous factors) から制度の変遷を解釈し、つまり、行為者の認知パター

ンに変化が生じると、既存制度下で異なる行為が発生するようになり、そういった行為者と制度の間の相互作用の結果として制度が変遷すると考える（Peters, 1999; Scott, 2001; 謝易宏、2012）。

　このように新制度学派の諸理論は、制度を政策研究の主要な地位に戻すことに力点を置き、ミクロ的、マクロ的経路に両極化した既存の議論の難点を克服し、制度を中心とした「中間理論」を確立し、行為者と体制を結びつけようとするのである。すなわち、制度は独立変数にも従属変数にもなり、制度が独立変数である場合、制度が個々の行為者の行為の動機と方策に及ぼす影響を研究すれば、制度の運用が社会構造に及ぼす影響を解釈することができる。制度が従属変数である場合、個々の行為者と社会の構造が制度の形成と変遷にどのように影響するか研究することができる。新制度学派はメゾレベルの視座をもって個々の行為者－制度－社会構造の三者の関係を検討し、ミクロ的、マクロ的理論の難点を回避し、「木を見て森も見る」境地に達しようとするのである。

　本研究は歴史的制度学派の「節目」という概念を採用するとともに、行為者については、合理的選択制度学派による「自己利益を求める合理的行為者」を想定し、さらに社会学的制度学派が強調する「社会的妥当性」と「正当性」の視点も論点に含めつつ、台北市と新北市における居宅介護サービス事業の展開を検討する。

2) 非営利団体の分類と属性の転換

　台湾の初期の居宅サービスでは、サービス提供事業者を非営利団体に制限していたが、本研究が注目するのは、非営利団体が政府の委託事業を引き受けるようになって、自らの位置づけや経営方針をいかに修正または調整するかについてである。非営利部門に適用されるあらゆる経済学的理解は、アダム・スミス（Adam Smith）的視点によっている。すなわち、労働を、物品の価値を増大させる生産的労働と、物品の価値の増大には結びつかない非生産的労働に分類した（Ott, 2001）。そしてボランテイアや非営利の活動は「非生産的」であるため（Lohmann, 2001）、それらの活動は経済学の範疇の外に

あると長らく考えられてきた。

　近年は、非営利の活動も経済学的議論の対象に含まれつつあるが、それ
ら諸活動の分類方法は未だ統一されていない。たとえばHansmann (1987)
は、非営利の活動を(1)収入源と(2)管理(支配)方式の視点から分類した。
その活動を担う非営利組織の大半の収入源が寄付であれば「寄付収入依存型
非営利組織」(donative nonprofits)、収入源が主に商品あるいはサービスの販
売であれば「事業型非営利組織」(commercial nonprofits)と分類し、さらに前
者のスポンサーを「寄付者」(donor)、後者のスポンサーを「顧客」(customer)
と称した。管理(支配)方式については、スポンサーが主体となって運営して
いる組織は「互助型非営利組織」(mutual nonprofits)、理事会が主体となって
いるのであれば「起業型非営利組織」(entrepreneurial nonprofits)と分類される。
そしてこの2つの視点を交差させて、**表1**に示すような4つの類型を導いた。
ただし、この4類型は理念型であり、現実の相互の境界は曖昧である(表1を
参照)(官有垣、2003)。

　Anthony (1987)の分類はHansmannのそれと一部類似している。非営利
組織を収入源にもとづいて「Aタイプ」と「Bタイプ」に区分し、前者は
Hansmannの提起した事業型と起業型、後者はHansmannによる寄付収入
依存型と互助型に該当する(出典Lohmann, 2001：202)。

　非営利組織には特定の設立趣旨があり、おそらくはその関係者の意識や
信条、価値観にも固有のものがあり、それらに基づいてサービス対象の選択

表1　非営利団体の分類

タイプ	互助型	起業型
寄付収入依存型	米国の例：オーデュボン協会 (National Audubon Society)	米国の例：国際ケア機構 (CARE)
	台湾の例：荒野保護協会	台湾の例：永齢教育慈善基金会
事業型	米国の例：アメリカ自動車協会 (American Automobile Association)	米国の例：ナショナルジオグラフィック協会 (National Geographic Society)、病院
	台湾の例：中華民国消費者文教基金会	台湾の例：財団法人の病院

資料出典：Hansmann, 1980；官有垣修正，2003。

や優先順位も設定されていると思われる。しかし同時に、そのような意思決定過程は、折々の政策やその他の競争環境要因からの影響をも受けるであろう。たとえば、イギリスの学者Billis (1989, 1993) は、異なる組織の境界はそれほど明確なものではなく、日増しに複雑化する社会や政治環境に適応するために、既存の組織は異なる組織との境界を越えてハイブリッド的な要素を増すという。たとえば行政追従型の市民組織 (government-oriented associations) や収益志向の強い市民組織 (profit-oriented associations)、あるいは起業的市民組織 (entrepreneurial associations) などがその例である (Billis, 1993)。さらに、ドイツの社会政策学者Bauer (Bauer, 1991; Bauer & Hansem 1998) は、Billisの視点をさらに進め、非営利組織がハイブリッド的要素を強めるにつれて、組織内部の構成員の役割認識も変容し、ハイブリッド的要素を強めると考えた。たとえば、組織内に関わるボランティアは慈善的な動機で活動に参加しているかもしれないが、行政委託などを通じて行政との関わりが多い理事会メンバーは、行政的発想を持つようになるかもしれない。それと同時に、組織内の専従スタッフは、同様のサービスを提供している他の営利組織と競争するうちに、事業型の経済効率性を重視するようになるかもしれない (官有垣、2003:190-192)。実際にGuo (2006) は、アメリカにおいて、非営利組織が商業的競争にまきこまれ、経済効率性を高めるプレッシャーにさらされると、営利組織と同様の行動を取るようになり、非営利組織としての当初のミッションからは乖離していくことを指摘した。いっぽうSuda (2011) は、日本の介護保険制度下でサービスを提供する営利および非営利組織を比較して、営利組織が非営利組織的要素を強めていることを報告している。そしてその理由を、介護保険制度の包括性と規制の厳格さに求めている。

　Wagner (2000) が指摘した通り、非営利か営利かといった法人格や、官−民の異なりに関わらず、あらゆる組織は、その生成過程や発展・継続において制度や環境の影響を大きく受ける。社会システム (social system) の推移は、その中の各部門あるいはサブシステムの長期にわたる相互作用の結果である。にも関わらず、特定の側面のみに着目してその特質を強調し、その他の制度や環境の果たす役割を無視しては、現象の真の因果関係を見出して解釈する

ことはできない。したがって、本研究のテーマについても、行政、非営利および営利組織等の相互関係に着目し、その文脈においてそれぞれが果たす役割を検討する必要がある。本研究は、新制度学派がメゾレベルの視点にもとづいて、個々の行為者－制度－社会構造の三者の関係を視野におさめ、「木を見て森も見る」ことを試みていた点に注目する。そして地方自治体の居宅介護サービスに関する政策とサービスを実際に提供する非営利組織との相互関係の視点から、地方自治体における台湾の高齢者ケアについて検討する。

3. 方法

　研究者がその研究問題を適切に解決しようとするなら、研究テーマに基づき慎重に研究方法を選んで実証データの収集と分析を行わなければならない。本研究は、居宅サービス事業者と委託者との間の相互作用の状況、および居宅サービス事業者間の競争あるいは連携関係を理解するため、居宅サービスの発展が比較的成熟した台北市と新北市を選んで分析を行った。居宅介護サービス組織が活動地域を選定したり、広域経営の方針を定める過程に、地方自治体の委託条件の変化や他のサービス組織との競争状態がどのような影響力をもつのかを検討する。

　上記の課題にアプローチするにあたり、本章では、政府とサービス組織の関係を分析する理論的な視点を定めたのちに、行政が保有するデータの二次分析を行い、さらに、台北市と新北市でのインタビュー調査等にもとづく実証的な検討を行う。本章は新制度学派の理論に依拠するものであり、当該理論の「制度」の考え方に基づき、制度の範疇には法律と制度に加えて、公式・非公式の規則も含む。このため、検討の対象としたデータには、中央政府、台北市および新北市政府の公布した法規、補足条例、業務契約および双方の関与した業務連絡会の記録なども含まれる。

　次に、検討の対象と調査の時期については、以下の事柄を配慮した。2003年に行政院経済建設委員会は、「介護サービス福祉・産業発展計画」第一期回顧報告（行政院経済建設委員会、2005）を公表した。当時、地方政府の

委託する居宅サービス提供事業者は非営利団体に限られており、小規模かつ単独経営の居宅サービス団体は合法的に業務を請け負うことができなかった。このため、中央政府は各直轄市を、県市政府は農民協会、共同組合、社会福祉団体などを、居宅サービスの入札参加有資格者の列に加えた。さらに2008年公布の「老人福祉サービス提供者資格要件および業務準則」では、居宅サービス事業者を公益社団法人、財団法人、社会福祉団体、介護サービス労働共同組合などの組織に限っていた規制を緩和し、医療機関、介護機関、医療法人、高齢者福祉施設および心身障害者福祉施設[1]などにも参入の門戸を開いた。結果として、医療機関と高齢者福祉施設が、台北市と新北市の居宅サービス提供事業に積極的に進出した。これにより、台北市の居宅サービス団体は1991年の1件から1998年には6件、2005年には10件、2011年には15件に増加した。隣接する新北市の居宅サービス事業者は、1998年の2件から2002年には5件、2005年には10件、2011年には14件に増加した（ただし一部の事業者は、この論文の執筆時には事業から撤退している）。本研究の実施期間は2010年8月から2012年7月までで、研究対象は2012年時点で台北市と新北市で居宅サービスの提供を続けている団体とした。

居宅サービス事業者の意思決定者がサービス地域を選択、評価するための戦略を理解することを目的に、本研究では居宅サービス事業者の責任者へのインタビュー調査を行い、台北市の居宅サービス事業者計15件、新北市の居宅サービス事業者計9件のうち、台北市で計14件（回答率93%）、新北市で計9件（回答率100%）から回答を得た。さらに、台北市と新北市の居宅サービス業務部局の責任者にも聞き取り調査を行い、政府機関の推進する居宅サービス政策の影響と意思決定との関係を把握した。

本研究は居宅サービス団体の発展地域とプロセスに基づき、大台北地区（台北市＋新北市）の居宅サービス団体を次の4つに分類した。第1グループは、一貫して台北市のみでサービスを提供する団体で、「A」類団体と命名し、合計8件である。第2グループは、当初は台北市で居宅サービスを提供したが、新北市に地域をまたいだ団体で、「AB」類団体と命名し、合計5件である。第3グループは、新北市のみでサービスを提供する団体で、「B」類団体と命

表2 サービス地域による大台北地区の居宅サービス団体の分類

台北市		新北市	
台北市でのみサービスを提供 A	台北市から新北市にサービスを拡大 AB	新北市のみでサービスを提供 B	新北市から台北市にサービスを拡大 BA
A1	AB1	B1	BA1
A2	AB2	B2	BA2
A3	AB3	B3	
A4	AB4	B4	
A5	AB5	B5	
A6		B6	
A7		B7	
A8			
8件	5	7	2
取材軒数：7	5	7	2
アンケート回収数：6	4	6	2

名し、合計7件である。第4グループは、当初は新北市で居宅サービスを提供したが、台北市に地域をまたいだ団体で、「BA」類団体と命名し、合計2件である（**表2**）。

　政府の大台北地区居宅サービス委託費が組織の総収入に占める割合の変化を把握するために、郵送法によるデータ収集も行った。台北市の居宅サービス事業者からのアンケート返送数は10部で、回収率は76%、新北市からのアンケート返送数は8部で、回収率は88%であった。分析結果は**表3**を参照されたい。政府の委託経費の割合に基づき、組織のタイプは次の4つに分類した。(1) 政府の居宅サービス委託費が組織の総収入に占める割合が「25%以下」は「寄付収入依存型NPO」（D-NPOと表記）、(2) 総収入に占める割合が「26%-50%」は「混合型NPO」（M-NPOと表記）、(3) 総収入に占める割合が「51%-75%」は「事業型A型NPO」（CA-NPOと表記）、(4) 総収入に占める割合が「75%以上」は「事業型B型NPO」（CB-NPOと表記）。以下、各段落にて居宅サービス団体の属性の変化について分析する。

第4章　台湾における高齢者介護サービスと地方自治体　97

表3　政府の大台北地区居宅サービス委託費が組織の総収入に占める割合の分析

居宅サービスの割合	1992年以前	1992-2002年	2003-2007年	2008-現在
25%以下 寄付収入依存型 （D-NPO）	BA1	–	B3 AB4	A1 A8 AB5 B3
26-50% 混合型NPO （M-NPO）	A1 A2	A1 A4 A5 AB1 AB2 B2	A1 A4 B2	A4 AB4 B2 B4
51-75% 事業型A型NPO （CA-NPO）	–	BA1 A2	A5 AB1 AB2 B1 B5	A7 AB1 B1 BA1
75%以上 事業型B型NPO （CB-NPO）	–	–	BA1 A2	A2 A5 AB2 B5 B6 BA2
A	2	4	4	6
B	–	1	4	6
AB	–	2	3	4
BA	1	1	1	2
合計軒数	3	8	12	18
当該時期の主力 NPOのタイプ	M-NPO D-NPO	M-NPO	CA-NPO M-NPO	CB-NPO CA-NPO

注1：A3、A5、A6、B6、BA2は、いずれも政府の委託のみ引き受けて居宅サービスを提供し、その他の資金は寄付収入に依存する。
注2：A4、A8、B4、B5、B7、AB4、AB5は、母体組織の主要業務を施設型高齢者サービスとする。
注3：A2は居宅サービス業務以外に、政府部門から女性福祉サービスセンターを受託する。
注4：A1、A7、B1、B2、B3、AB1、AB2、AB3、BA1は、居宅サービス以外に、政府からさまざまな高齢者福祉事業を受託する。
注5：NPOはNot-for-profit organization（非営利組織）の略。

4.　台北市と新北市の居宅介護サービスの地域区分と居宅介護サービス組織の位置づけ

前記の通り、台湾の地方政府の中で、最も早く非営利組織に委託して居

宅サービスを提供したのは台北市である。中央政府は2002年に公布した
「介護サービス福祉および産業発展計画」に「低所得層以外の要介護者を適度
に補助する」と明記し、地方政府がいっそう多くのサービス団体に委託して
サービスの量を向上するよう促した。行政院が2007年に可決した「中華民
国高齢者ケア10ヵ年計画」では、同様の居宅サービス補助の原則を継続し
たが、台北市と新北市は、日増しに成熟するサービス供給市場についてまっ
たく異なる委託管理方式を採用した。そこで、本研究では居宅サービスの発
展を3段階に分け、1991-2002年を慈善利他型非営利組織の連携分担期、
2003-2006年を慈善利他型と事業型組織の共存期、および2007年以降を
事業志向型非営利組織主導期として検討を行った。

1) 1991-2002年：慈善利他型非営利組織の連携分担期

　台湾の高齢化政策の出発点を振り返ると、1980年に公布・施行された「老
人福祉法」は、長期ケアの対象選定基準を限定しており、国の責任の範囲は
明らかに選別主義 (selectivism) に基づいて定められていた。高齢者の介護は
基本的には家庭の責任であると見なされ、政府は高齢者が経済的に困窮した
状況または家庭の介護資源が乏しい状況においてのみ、資産の調査を経て社
会的救助システムを用いて介護資源を提供した。たとえば、老人福祉法第7
条で、養護施設のサービス対象は、「扶養義務のある親族がいない、あるい
は扶養義務のある親族に扶養能力のない高齢者」に限定された。1990年代
以降、台湾の要介護高齢者の割合は、高齢化のスピードと共に上昇し、さら
に女性の就業率の上昇、親子の同居率の低下という要因が影響し、高齢者介
護政策は普遍主義 (universalism) の方向に動きはじめ、サービスの対象はし
だいに一般家庭の高齢者にまで拡大した。序文で触れた通り、1997年に改
正された「老人福祉法」の「福祉サービス」の章では、加齢に伴う心身の衰え
によって日常生活で支援を必要とする在宅高齢者はすべてサービスの対象と
され、低所得層あるいは中・低所得の高齢者に限定されなくなった。

　高齢者ケアの対象に関する上記のような政策の転換は、地方政府が民間
事業者に委託してサービスを提供する道筋にも影響した。台北市は、1991

年から民間事業者に委託して居宅介護サービスを提供しはじめ、翌年は4件の事業者が居宅介護サービスを提供し、この委託数は7年間維持され、1998年になってようやく2件の事業者がサービス事業に参入し、2001年にはさらに2件が加わった。一方、新北市の居宅介護サービス委託業務は1998年に始まり、当初は2件の事業者に委託してサービスを提供し、4年後になってようやく1件が加わった。台北市と新北市の政府居宅介護サービス委託事業に、競争市場が存在しなかったのは明らかである。王篤強ら(2010)および劉淑瓊(2008)が指摘したように、地方政府の多くは社会福祉経費の不足、サービス量の低迷、地元民間団体の欠乏という苦境に直面し、しばしば事前に特定の地元または外部の県市の民間組織とひそかに入札あるいは補助条件の調整を行っていた。たとえば、某居宅介護サービス事業者の責任者は、居宅介護サービスを提供することにしたそもそもの動機について、政府部門からの「依頼」[2]であったと振り返る。台北市から新北市に事業を拡大した別の居宅介護サービス事業者の責任者も、「新北市社会局の長官から電話があり、我々に手伝わせた」と振り返った(インタビュー、AB2)。また、新北市から台北市にサービスを拡大した事業者の責任者も、「台北市から依頼があった時、我々は新北市の自治体の担当者に了解を得てほしいと言った。なぜなら、人民団体法の決まりで、地元(立案した県市政府)が同意すれば、複数の地域で事業を行ってもOKだからだ」(インタビュー、BA1)。

　1998年に「政府調達法」は、行政から民間への業務委託をさらに促したが、多くの地方自治体は、「公開入札」ではなく、最低価格落札方式を採用して受託する「限定入札」によって委託先の民間組織を決定した。ここで決定的であったのは、居宅介護サービスが労働集約型の事業だということである。つまり、居宅介護サービスの経費は人件費が主体であるが、政府が委託にあたって設定した価格は時給180元(約660円)と低額で、しかも居宅介護サービスを提供するための介護者の移動時間は時給計算に含まれず、交通費も支給されない。結果として、社会的に不利な立場にある女性のための就労機会の創出など、居宅介護サービス以外の目的を持っているか[3]、あるいは居宅介護サービスの提供に強いアイデンティティをもっている民間組織でなけれ

ば政府に協力しようとしなかった（王綉蘭、2007；呉玉琴、2004）。

　居宅介護サービス市場にも吸引力がなかったため、政府の初期のサービス契約は、事業者のサービス提供時間や品質についての規制もゆるやかであった。台北市は12行政区、総面積わずか271.8平方キロメートルであるが、新北市には29の郷・鎮・市があり、全市の面積は2,052平方キロメートルである。両者の面積の差は10倍近くあり、市域の差が大きいことから、居宅介護サービス事業者はそれぞれ異なる理由でサービス地域を選定していた。たとえば早くから台北市に居宅介護サービスを提供する某非営利団体は、当時地域を選択した主な要因として、組織の所在する行政区であったことをあげた。責任者は、「我々は母体組織が所在するところでサービスを提供する地域密着型の事業を行うことを望んだ。当初は4件の居宅介護サービス事業者しかなく、東西南北に1つずつとし、後から入った事業者は、まだサービスが提供されていない行政区を選んだ……」と語った（インタビュー、AB2）。別の非営利組織の責任者は、「数年前に高齢者福祉施設の設立・運営を請け負ったので、その施設のある地域で居宅介護サービスも行うことにした」と話した（インタビュー、A1）。

　新北市は台北市に6年遅れて、居宅介護サービスの民間事業者への委託を開始した。開始直後に受託した2件の事業者に、全行政区への居宅介護サービスの提供を求めたために、後に新規事業者が参入するたびに、その2件の事業者はサービス担当地域を明け渡さなければならなくなった。台北市と新北市で同時に居宅介護サービスを提供する事業者の責任者は、「面積が広すぎて指導員が追いつかない……いっそ、（サービスの）エリアが狭いという問題のほうが対応しやすい。範囲が広くて（サービスの）量が少ないのが一番悲惨だ。後から新規事業者が参入した時、もともといた事業者は、出て行きたい地域を譲って出て行けるのだが、実際には（地域を）出たいと思っても出られないこともあり、「調整」が必要なのだ」（インタビュー、BA1）。

　もう1つの特徴として、台北市の四方はすべて新北市に接しており、言い換えると、面積の広い新北市の全域が台北市を取り囲んでいるということである（図1、図2）。このような両市独特の地理的な関係も、後に居宅サービス

第4章　台湾における高齢者介護サービスと地方自治体　101

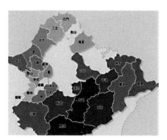

図1　台北市行政区　　　　図2　新北市行政区

事業者が広域サービスを選ぶようになったことに影響する。

　この時期の台北市と新北市における居宅介護サービスの発展の経緯を振り返ると、最初に地方自治体の委託を引き受けて居宅介護サービスを提供したのは、すべて寄付収入依存型非営利組織（Donative Nonprofits）で、制度学派が予想するところと一致する。当時は、政府部門と一般大衆は、非営利組織が社会のニーズに対応することを期待しており、非営利組織はそのような文化・理念的な文脈にそって役割を果たしたのである。表3を見ると、この時期に居宅介護サービスを提供した8件の団体のうち、6件は居宅介護サービス委託費が総収入に占める割合が50％以下である。言い換えると、これらの事業者は収益のために委託を引き受けるのではなく、一般通念として期待される役割を遂行するためにサービスを受託し、それゆえに社会の共感を得て、資源を安定的に確保し、かつ、生き残りをはかることができたのである。

2) 2003-2006年：慈善利他型と事業型組織の共存期

　高齢化が進み、1998年には独居高齢者の死亡事件が多発した。これを受けて行政院は、「高齢者介護サービス推進計画」を可決し、「各地方政府はすべての郷・鎮、区・里にあまねく地域居宅サービス支援センターを設置し、居宅サービスを提供し、400箇所の設置を予定する」との政策目標を定めた。台北市政府は1998年から一般家庭の中度要介護高齢者をサービスの対象に組み入れ、毎月16時間無料で居宅介護サービスを提供した。翌1999年のサービス利用者の成長率は100％、サービスの延べ人数および補助時間の成

長率は約45％に達した。この結果は、台北市の居宅介護サービスの供給量が急上昇したことの表れである。居宅介護サービス量の増加に従って、市政府の予算も比例して増加し、たとえば社会局の居宅介護サービス補助経費は、1999年度の2,800万新台湾ドルから2000年度には1億新台湾ドルに増加した。2002年には、国家レベルで産業政策を主導する経済建設委員会が、一般家庭にむけての居宅介護サービスの無料利用のための補助拡大政策を展開した。目的は、介護ニーズを満たすのみでなく、介護職の雇用機会創出によって失業率を引き下げることにあり、「中・低所得層以外の要介護高齢者および心身障害者の居宅サービス利用補助試験事業計画」（後に「要介護高齢者および心身障害者居宅サービス利用補助試験事業計画」、略称「居宅サービス試験事業計画」と改称）として定着した。これによって、要介護基準を満たす国民がヘルパーによる居宅介護サービスを無料で利用できるようになり、そのための1年目の経費は行政院労働委員会の「就業安定基金」が予算計上した2億新台湾ドルをもって賄い、2年目からは、内政部が地方自治体から提出される計画に基づいて単年度ごとに予算措置をして、居宅介護サービスの経費を補助することとなった。ただし、各地方自治体は、それぞれの行政レベルに応じた比率で自己資金を計上しなければならず、直轄市は最低15％、台北県、桃園県および省轄市は最低10％、その他の各県市は最低5％[4]の自己資金を計上し、全国各県市の居宅介護サービスを支えなければならなくなった（行政院経済建設委員会および内政部、2003；覃玉蓉、2013）。

　この「居宅サービス試験事業計画」が、居宅介護サービス事業者数の増加と活動地域の拡大の節目であったと思われる。当該制度は、一方で一般市民に居宅介護サービスの無料利用を開放し、その一方で医療機関、高齢者福祉施設および心身障害者福祉施設に居宅介護サービスへの参入を可能にした。行政が内々に特定の非営利組織と調整してサービス供給を委託していたそれ以前の方法から、サービス事業者間が競争して利用者を獲得する市場に転換したのである。2003年以降に居宅介護サービスに参入し、24時間型入所施設をも運営する組織の責任者は、「我々には、地域に高齢者が住みつづけるうえで必要なサービスを提供するという明確な目標があり、そのためには

ニーズをほりおこし、市場を作り出し、サービスを提供する機会を増やし、そして求められるサービスを提供する」と語った（インタビュー、A8）。政府は収益の追及を目標としているような営利の事業者の参入をも奨励したが、それによって、サービスを必要としている対象者にアウトリーチをする効果もあったのである。

その一方で、台北市が開発した居宅介護サービスの補助および審査システムでは、もともと社会局直属の社会福祉センターのソーシャルワーカーがニーズ判定を行っていた。しかし、居宅介護サービスを利用する高齢者の数が増え、さらに台北市社会局が地域のサービス拠点を拡張するために公設民営方式で次々と各種社会福祉組織に委託をして高齢者サービスセンターを設立するに従って、居宅介護サービスの判定員が不足するようになった。その結果、事業委託あるいは公設民営方式を通じてサービスを提供する民間組織が判定に関わるようになり、「選手兼審判」ともなりかねない事態が生じた。さらに、台北市の居宅介護サービス事業者は、認可されたサービス対象へのサービス時間を20％調整する権限を有し、たとえば認可が50時間であれば居宅サービス事業者は、サービス対象の実際のニーズに応じ、10時間の補助時間をフレキシブルに調整することができた。しかし、台北市政府は1996年にプロジェクトチームを立ち上げ、当時の介護サービスシステムの効果を見直すために事業者のコストパフォーマンスを分析したところ、過去6年間に予算は安定的に増加しているにもかかわらず、サービス利用者の数は増加していないことがわかった。その理由は、高齢人口の5％を占める低所得または中所得の高齢者が、居宅介護サービス利用者の40％以上を占め、これを居宅介護サービス時間数の点からみると、サービス提供総時間の3分の1以上がそれらの高齢者に集中しているという、資源の過度の集中によることがわかった。これをうけて、サービス時間の上限を1日8時間から段階的に1日4時間に減らし、最終的に週あたりの利用可能なサービスの上限を12時間まで削減することとした。さらに、居宅介護サービス事業者が裁量をもって増やすことができるサービス時間の上限も一月に4時間以内とし、これを超える場合には、高齢者サービスセンターの許可が必要になった（王

増勇、1997、2004；王齢儀、2012）。

　上記の制度改訂が、台北市と新北市の居宅介護サービス事業者に及ぼした影響は、次の3つにまとめられる。

　第一に、居宅介護サービス事業者が新規参入することで、台北市の各行政区に複数の居宅サービス事業者が存在することとなり、つまり1つの事業者がその地域のすべてのサービス利用者を引き受けるという現状が破られ、もともとその地域にいた居宅介護サービス事業者は、新規サービス利用者が現れた場合には、新たに参入した事業者と均等に分けなければならなくなった。第二に、居宅介護サービスが低所得以外の一般家庭まで拡大され、一般家庭の要介護高齢者も、要介護状態に応じて8–16時間の居宅介護サービスを無料で利用できるようになったが、ほとんどの一般家庭は無料分の時間しか利用せず、無料サービスが「お試し」効果をもってさらなる利用を誘発するというサービス事業者の期待した効果は現れなかった（曽淑芬、荘坤洋、陳正芬、葉乃禎、呉淑瓊、2004）。第三に、台北市が管轄区域内の低所得世帯および低所得高齢者の居宅介護サービス時間の上限を引き下げたことで、サービス対象を主に低所得または中所得とする居宅介護サービス事業者が大きな打撃を受けた。居宅介護サービス委託事業を最も早く発展させた台北市政府が1998年から上記の制度改正に乗り出すと、地理的に隣接する新北市も居宅介護サービスを大いに開拓しはじめ、台北市の政策推進力と新北市のサービス吸引力により、もともと台北市だけで居宅介護サービスを提供していた非営利組織が、県市を超えてサービスの規模を拡大しはじめるとともに、単一政府の政策の影響度が低下していった。

　実際に、台北市と新北市の居宅介護サービス委託契約の条件を分析すると（表4）、両市の委託条件の最大の違いは「居宅介護サービス行政費」であり、台北市は1時間あたり180新台湾ドルのサービス費を提供する以外に、50新台湾ドルの行政費を提供し、合計で1時間230新台湾ドルである。新北市の行政費は回数が単位で、1回あたり100新台湾ドルである。仮に居宅介護サービス事業者がヘルパーを派遣して居宅介護サービスを2時間提供したとすると、両市のサービス費の合計は、いずれも460新台湾ドルとなるが、4

表4 台北市と新北市の居宅サービス委託契約の条件の比較

項目	台北市	新北市	相違点
居宅サービス費	1時間180新台湾ドル。ヘルパーへの賃金支給額が160ドル以上であること。	1時間180新台湾ドル、1日最長8時間まで補助。ヘルパーへの賃金支給額が150ドル以上であること。	1.時間：新北市は1日最長8時間まで補助。2.台北市のヘルパーの賃金が10元高い。
居宅サービス指導費	1案件につき1か月500新台湾ドル。	1案件につき1か月500新台湾ドル。	なし
居宅サービス特別事業管理費	乙が照合した案件のサービス費および指導費の合計の5%で計算。	乙が照合した案件のサービス費および指導費の合計の5%で計算。	なし
居宅サービス行政費	1時間50新台湾ドル。	1回100ドル。乙のヘルパーが連続する時間内に同一家庭の2人以上の顧客に連続してサービスする場合のみ、行政費を1回計算。	1.通勤時間が短く、回数が多ければ、新北市の行政費が高い。2.時間が長く、回数が少なければ、台北市の行政費が高い。

注1：契約データは2009-2010年、2011-2013年。
注2：乙はサービス提供事業者。
注3：全国各県市の居宅サービス事業者の「専門サービス費」、「事務所賃料」、「事務所施設・設備費」、「山地、離島、遠隔地区ヘルパー交通費」および「雇用主の負担する労働保険、健康保険料、退職準備金」などの5項目は、すべて衛生福祉部が毎年取り決める「社会福祉推進補助経費の補助申請項目および基準」に従って申請し、台北市と新北市で地域による差はない。
注4：居宅サービス行政費には交通費、食費、労働、健康保険料あるいは傷害保険料が含まれる。

時間サービスを提供した場合、台北市の居宅介護サービス費は920新台湾ドルになるが、新北市は820新台湾ドルで、100新台湾ドルの差が生じる。しかし、サービス時間が1時間だけの場合、新北市は280新台湾ドルで、台北市の230新台湾ドルよりも多い。1回のサービス時間は長期介護管理センターが決めるものであるが、居宅介護サービス事業者にとっては時間の長さは収入を左右するポイントである。台北市が長時間サービスを利用するクライエントの条件を引き上げた場合、サービス組織は、それによって減少した収入を補うために、新北市で短時間サービスを利用するクライエントをみつければよいということになる。

　第二に、両市の間には、事業者にサービス地域を選択させる方法にも違いがある。既に述べた通り、台北市の居宅介護サービス事業者の担当地域の区分は、各居宅介護サービス事業者の立地や母体組織の事業目標によって規

定されるが、受託するサービス量が不足する場合は事業者間で協議をして調整することとなる（A県市責任者取材記録）。単一の行政区に複数のサービス事業者が存在する場合も、このルールが適用される。新北市は面積が広大で、始めからわずか2つの事業者に29の郷・鎮・市を均等に分けるよう求め、新規事業者が参入しても、新旧事業者の引き受ける地域は、すべて「市郷ワンセット」の原則に合致しなければならない。つまり人口密集地（市）と遠隔地（郷・鎮）をセットにし、遠隔地にサービスを提供する事業者がない状態になるのを回避する。

　第三に、台北市が数年来公布した「台北市社会局居宅サービス委託処理・居宅サービス実施計画」を確認すると、その内容には委託部門が目標とする居宅サービス量が含まれている。一方の新北市は、実施計画に目標とするサービス量を明記しておらず、白地小切手のようなもので、サービス提供量に上限がないように思えるのが利点である。同時に、サービス量が市政府の予算を超えると、委託部門が実際のサービス費を支払ってくれるのかどうか、サービス提供者を不安にさせるのが欠点である。

　各サービス事業者の居宅介護サービスの利用者数と母体組織の業務を比較すると、母体組織の主要業務を居宅介護サービスとする事業者は、台北市と新北市における経営戦略を策定し、どちらかの市で政策変更があっても、それによるサービス利用者数への影響を最小限におさえる工夫をしている。たとえばサービスを提供する地域は、極力台北市と新北市に隣接する地域を選び、遠隔地の利用者にはヘルパーを鉄道で通勤させるか、または利用者が居住する地域の住民をヘルパーに養成して担当させるようにしている。

　台北市から新北市に事業を拡大したある居宅介護サービス組織の責任者は、次のように述べた。

　「（事業拡大を）行った理由は、台北市の政策がしょっちゅう変わり、補助のシステムが一定でないことがあり……（サービスの）利用者がどんどん増えても、台北市の予算は限られているので、評価が厳しくなったり、甘くなったりで、我々がヘルパーにオファーする仕事量にも影響した。」（インタビュー、

AB2）。

　台北市と新北市でサービスを提供する別の事業者の責任者も、「最初は市政府に頼まれて事業を拡大したのだが、居宅介護サービスは一定の（サービス）量がなければ損益分岐点に達しないので、可能な事業者は、台北市と新北市の両方でサービスを提供するようになった」と話したす（インタビュー、BA1）。

　このように、広域でサービスを提供することによって比較的安定した収入を確保するだけでなく、組織が個々の政府の政策修正により受ける打撃を軽減するのにも役立つことがわかる。

　しかし、サービス地域は「市郷ワンセット」の原則に一致することとの新北市の要求は、母体組織の主要業務が入所施設であったりその他の福祉サービス事業である場合に、参入を躊躇させることとなった。たとえば、一度は台北市と新北市でのサービス提供を行いながら、台北市内のみの運営に戻った事業者の責任者は、次のように述べた。

　「以前は台北市と新北市を引き受けていたが、地域を縮小してからは、ヘルパーもそれに慣れてしまったと思う。ヘルパーは遠い地域は担当したくないし、ひとつの案件から次の案件へ行く足も考えるだろうから、もしまた新北市で事業を再開するとしたら、ヘルパーにとっては厳しいものになると思う。」と語った（インタビュー、A5）。

　その一方で、母体組織の中心業務が広域的であるかどうかも、居宅介護サービス量を拡大するかどうかを決める要因となる。たとえば、母体組織が多様な高齢者福祉サービスを引き受けているような事業者の責任者は、「我々は1つのサービス（居宅介護サービス）に集中しているのではなく、多様なサービスを提供している。軽度（要介護）の高齢者を対象とする居宅介護サービスから始まって、入所型の24時間ケアを提供するに至っている」と話した（インタビュー、A7）。

　多種のサービスを提供しつつ、地域密着型の活動に重点を置く事業者は、新北市の求めるサービス地域だけでも手が回らないのに、台北市まで行くなど不可能だとし、その責任者は、「最初は我々も『市郷ワンセット』だったが、

運営してみると、とても『市』を負担することはできないと思い、あそこ(の地域)はいらないと言って、うまく話がまとまってサービス事業者で地域を交換し、サービスを継続できるようになった。」と話した(インタビュー、B1)。

　台北市と新北市の居宅介護サービス事業の1998年以降の発展、および居宅サービス事業者の取った対応策を振り返ると、制度学派が制度の変遷を分析する際に重視する「経路依存性」の視点と合致することがわかる。すなわち、1つ前のステップにおける政策の選択は往々にして次のステップの政策の構想を決定および左右するが、政策がずっと経路依存性という状況の下で微修正を行うとしたら、歴史に重大な制度の変遷が出現することはない。最も早く居宅介護サービス事業の委託をはじめた台北市政府が、そもそも低所得と中所得の高齢者の1日のサービスの上限を削っていなかったら、台北市の居宅介護サービス事業者が外へ出て行く「推力」にはならなかったであろう。また、内政部が2003年から推進する居宅介護サービス試験事業計画も、新北市がその他の県市の居宅サービス事業者を呼び込む重要な「牽引力」となった。この2つの制度の転換が、台北市と新北市の居宅介護サービス発展の「歴史的節目」(historical juncture)であると言える。言い換えると、台北市にとっては、居宅介護サービス予算が絶え間なく上昇するのに、個別のサービス量があまり成長しないのは危機であり、そのため、制度を修正して危機を取り除く必要があり、しかしその危機によって政策の転換が促され、その結果、制度内に埋め込まれていた行為者も、これに対応する行動をとって制度の外(新しいサービス地域)に出なければならなくなったのである。

　ただし、個々の行為者のとった行動戦略を分析するには、合理的選択主義の理論がいっそう適合する。合理的選択制度主義者は、制度を行為者の合理的な意思決定を制約する「ゲームのルール」であると定義し、制度は行為者の行為と選択を制限することを目的とし、制度が行為者に必要な情報と実行する仕組みを提供し、一方で懲罰の規則を通じて関係する行為者が方策を選択するのを制約あるいは制限することで、集団行為の難問を解決し、「構造誘導均衡」に達すると考える。

　台北市と新北市の4つのタイプの居宅介護サービス事業者が、広域サービ

スを選択するか否かを規定する要因を考えると、最初に政府の依頼を受けて居宅介護サービスに参入した非営利組織は、寄付金に頼る寄付収入依存型非営利組織から居宅介護サービスを売る事業型非営利組織へと変容し、この段階のサービス対象の選択は、もはや経済的弱者の低所得層の要介護高齢者に限定せず、サービス対象の選択権は顧客（委託部門）が決定する。表3によると、この時期には、既に6割以上の組織で居宅介護サービス委託費が総収入に占める割合が50％を超えている。言い換えると、「経済規模」あるいは「委託条件の変更」などのコストパフォーマンスに関係する政策のあり方は、すべて組織の生存を左右し、もともと「非営利」の価値を重視していた既存の居宅サービス事業者も、制度の変遷により合理的利己主義の経営方向に修正しなければならなくなったといえそうである。こうして事業型非営利組織は、資源への依存と制度による誘導の結果、サービスの主な対象を当初設定していた経済的弱者ではなく、一般家庭にシフトした。注目すべきこととして、少数ながらも寄付収入依存型の維持に努めていた組織は、この段階で地域を交換する方法によって、小規模な生存形式を維持した。その一方で、2003年から居宅介護サービス試験事業が推進され、居宅介護サービスへの参入が許可された医療機関、高齢者福祉施設および心身障害者福祉施設の事業者にとっては、制度は一種の「意思決定規則」として機能している。

　制度は、誰が意思決定領域に入る資格を有するのかを決め、どんな状況でどんな行動をとるかを決定すべきかを規定する。これに対して新規参入組織は、「顧客群の開拓」あるいは「サービス領域の占拠」といったそれぞれの目論見を抱いて、制度を利用してサービスに参入する。制度の構想と変遷は、行為者との相互作用の結果であると言える。

3) 2007年以降：事業志向型非営利組織主導期

　居宅介護サービス試験事業の推進からしばらくして、台北市と新北市の居宅介護サービス委託制度は安定期に入った。つまり制度学派の主張する「一時的均衡」(punctuated equilibrium)である。しかし、居宅介護サービス事業者数が増えるのに従って、台北市と新北市の制度の修正が再びなされた。

既に述べた通り、新北市は居宅介護サービスを普及させ、かつ、確実に
サービスが提供されることを目的に、サービス提供事業者が地域を選択する
際には「市郷ワンセット」の原則を求めた。しかし、2011年に新北市が居宅
介護サービスの契約について公布した「居宅介護サービス実施計画」では、
「市郷ワンセット」の原則が崩されている。つまり、サービス地域は16区に
分けられ、5つの旧地域は2区に分けられたが、残る1つのサービス地域は
分割されることなく1区として残った。そして、委託部門は「一部の地域区
分に疑義のあるサービス提供事業者は、まずはその他の事業者とコミュニ
ケーションをとり、その他の事業者に疑義がなければ、本政府は公平性の原
則の下、担当地域の区分方法の変更に同意する」と説明する。実際に、一部
の事業者は過去のゲームのルールに従い、話し合いにより互いに目をつけた
サービス地域を交換した。しかし、その時は4つの事業者が2つのサービス
地域の区分について重大な異議を唱えたから実現したことであり、一般に区
分の変更は容易ではない。既存の事業者は従来のサービス地域が分割される
のを望まず、一方で新たにサービスに参入する事業者は、サービス地域の分
配を求める。利害が一致しないのである。そこで政府部門は、サービス事業
者の話し合いでは決着しない場合は、地域の区分にあたり、各事業者が提出
するサービス地域意向調査表の他に、事業評価を行い、評価の高い事業者が
先に地域を選ぶことができるが、既存事業者は新規事業者参入後もそれまで
の地域に留まり、従来のサービス利用者にひきつづきサービス提供を継続で
きることとした。しかしこの追加配分の原則も既存サービス事業者の反感を
買った。これまでのサービス提供事業者同士が話し合ってサービス地域を交
換するというルールを壊すのみならず、しかもこの新しい配分原則が事前に
公表されていなかったからである。ある事業責任者は次のように話した。
　「新北市政府は、地域の再区分と入札募集を組み合わせて計画した。だが
実際には、自分たちに新たに配分された区にはサービスニーズはきわめて少
なく、再区分以前から存在していた事業者に加えて新規事業が参入したら、
既存の事業者は事業を継続できなくなってしまうという状況が生じた。新北
市のもうひとつの目論見は、事業者の規模を一定水準以下にとどめようとす

るもので、地域を再区分して新規事業者を参入させることで、一事業者あた
りのサービス利用者数を等分にしようとした。」(インタビュー、BA1)

　新規事業者がサービス地域を選択する際の検討要因にも大きな違いが現
れた。2軒の新規事業者は、極力既存事業者との競合を避け、「我々はしょ
せん新規事業者だということを考えた。あちらはあんなに長く経営している
のだから」(インタビュー、BA2)、「我々は自発的に遠隔地を選んだのだ」(イ
ンタビュー、B6)と話した。だがサービス組織は互いに競争するのが正常な
状態だと考える経営者もおり、「誰でも案件が一番多い最も注目されている
区が欲しいのだから、競争は必ず存在する」(インタビュー、B5)、「最初に示
された新しい配分では、我々はヘルパーをまったく養うことができないと
思った。どうやって生きていけというのか。だからあの時は理詰めで争い、
議員まで尋ねて、それでやっとあちら(既存事業者)は我々に担当区のいくつ
かを分けることに同意した……」(取材記録、AB4)と話した。

　新北市のサービス事業者とサービス区域の配置関係を見ると、中央政府
が2007年に導入した「高齢者ケア10ヵ年計画」と密接に関連していること
は明らかである。高齢者ケア10ヵ年計画における居宅サービス事業の最大
の変更点は、サービスの無料試用時間を取り消し、1時間ごとの補助に改め、
一般家庭の居宅介護サービスの利用が無料サービスのみにならないようにし
た。その結果、2009年から2011年のサービス量は、いずれも上昇傾向を
呈している。新北市ではサービス量の上限を設定していないことが、サービ
ス利用者の開拓に寄与しているようである。この政策変更により、居宅介護
サービスの利用者がこれまでの経済的弱者から一般家庭まで広がることが促
され、また経済規模を重視する居宅サービス事業者がサービス地域を人口集
中区に狙いを定めるようにもなり、新旧サービス事業者間の競争が激化した。

　注意すべきなのは、居宅介護サービス事業者のすべてが経済規模を拡大
したいと思っているわけではなく、小規模なサービス提供スタイルを維持し
たいと思う事業者もある。しかしそのことは、委託部門の期待に合致しない。
たとえば、新北市の遠隔地区の事業者の2人の責任者は、同じような疑問を
投げかけた。

「我々は最も競争の激しい人口区には行かず、郷を守っているので、他の事業者が欲しがるような場所も欲しいとは思わず、衝突はあまりない。しかし、心配しはじめているのは、仮に我々が高齢者をきめ細かくケアしようとしていても、大規模で戦略的に経営している事業者にいずれは吸収されてしまうのではないかと心配である（インタビュー、B1)。」

「我々が担当している地域のサービス量は、全事業者の中で後ろから2番目か3番目くらいの少なさである……だが市政府は、我々が（サービス）量をわざと少なく見積もっていると思っているようだ（インタビュー、B2)」。

新北市と台北市のサービス提供事業者と地域区分の原則を調べたところ、地方自治体ごとに、サービスに対する考え方が異なっていた。台北市は「複数落札入札制」を採用し、複数の組織に居宅介護サービス事業を開放し、それから各サービス事業者がサービス地域について話し合い、原則として1つの行政区に1つの「担当事業者」と数軒の「支援事業者」を置き、担当事業者がサービスを提供することができない時は、支援事業者が協力し、当該地域にサービスを提供することのできる事業者がない場合、政府部門が協議会を開いて検討することになっている。新北市も「複数落札入札制」を採用するが、サービス事業者は入札する前に、あらかじめサービス地域を選択しなければならない。つまり、新北市は29の郷・鎮・市を複数の「担当区」に分割しているが、1つの担当区は1つの事業者だけでサービスを提供し、当該地域のサービス量が多すぎる場合は、もとの地域を2つの小区に切り離し、2つの事業者がサービスを提供することとなる。両者のサービス方式にはそれぞれ長所と短所があるものの、新北市のサービス地域の区分は、地域を平等に分けることで各地域のサービスの形式的平等を果たそうとしていることは明らかで、「介護の質」という価値を重視する非営利組織の発展に不利であるだけでなく、経済規模の拡大を目指す居宅介護サービス組織にとっては、サービス地域の切り離しはヘルパーの仕事が失われることを意味しており、居宅介護サービスの特性とサービス地域の区分方式のさらなる検討が待たれる。

さらに、当初政府の依頼によりサービスに参入した非営利組織は、母体組織のサービス拠点に基づいてサービス地域を選択することが多く、後から

参入したサービス事業者も「先着順」という暗黙のルールを踏襲し、新規参入組織は既存組織が既にサービスしている地域を尊重して、まだサービスの提供されていない地域を選択する。しかし、この暗黙のルールも政府が制度を変更し、新規事業者が参入できるようになった。一部の新規事業者は、地域を選択する条件として人口集中度をも考えるが、こうした「縄張りの横取り」行為をする事業者は、既存事業者や暗黙のルールを尊重しようとする新規事業者によって排除される。以上から、非営利組織は、制度の変更にあわせて合理的利己主義的な生存競争にも適応できるように調整しなければならない。ただし、あまりに競争を強調した商業行為は、他の非営利組織によって排除される。競争と利益最大化などの事業論理を主張する新規事業者の数が増加の一途をたどるなかで、単一地域で経営し、「寄付収入依存型」のスタイルを堅持しようとする小規模な非営利組織も、サービス地域を占領される危機を感じはじめている（p.112, B1およびB2インタビューを参照）。

　その一方で、台北市の制度は複数の事業者が共同で1つの行政区を経営することを認めており、そのため、1つの事業者に対して必ず期限内にサービスを提供するよう要求しておらず、契約にも違約金の規定がない。集団意思決定体制が機能的に個々の行為者のニーズに合致する状況においては、制度そのものが均衡を維持するだけでなく、双方の信頼関係も取引およびコミュニケーションの費用を低減することができるのが明らかである。その一方、台北市は政治の首都として、多くの非営利組織がここに置かれている。双方はコミュニケーションと対話の経験を豊富に積み重ね、制度の構想と修正は、サービス提供事業者に参入ルートを開放するだけではなく、単一地域で複数の目的を持つサービス方式も、小規模な事業者に生存を維持する空間を与えることができるのである（陳正芬、官有垣、1997；劉淑瓊、2000、2005、2011）。

5. 結論と提言

　新制度学派はメゾレベルの視点から個々の行為者、制度、社会構造の三者の関係を視野におさめ、ミクロ的、マクロ的理論の欠点を回避し、「木を

見て森も見る」境地に達しようとする。本研究は、制度学派の「節目」（critical juncture）という概念を採用し、合理的選択制度学派の設定した「自己利益を求める合理的行為者」（rational self-interest maximizer）および社会学的制度学派の強調する行為者の「社会的妥当性」（social appropriateness）と「正当性」（legitimacy）という概念を補足的に使い、台北市と新北市の居宅介護サービス団体の広域サービスが「いつ」、「どのように発生したか」という課題を検討した。

　台北市と新北市の居宅介護サービス組織の形態を分析すると、1992年当初は寄付収入依存型NPOが中心で、1992年から2003年にかけて変化が生じ、混合型NPOが最多となり、2003年から2007年までの間に、6割以上の団体が事業型NPOとなり、2008年から現在までに、3割を超える居宅サービス組織が事業B型（優勢）NPOへと転換した。注意すべきなのは、2003年から現在まで、広域サービスを提供するNPOは、すべて「事業型NPO」に属し（すなわちCA-NPOとCB-NPO）、2008年に新たに加わったAB5型だけは例外で、D-NPOに属する。これは当該団体の母体組織の業務が施設型介護サービスで、居宅介護サービスは後から追加したサービス項目であるため、居宅介護サービスが母体組織の総収入に占める割合が低いのである。さらに、広域サービスを提供する組織は、2003年から現在までに、台北市から新北市に来たか（AB）あるいは新北市から台北市に来たか（BA）にかかわらず、大部分が既に「事業型NPO」に転換しており、「経済規模」と「組織規模」の拡大が事業型NPOの主な生存の法則であることがわかる。ただし、すべての広域サービスを提供する「事業型NPO」のうち、数の点では、当初台北市だけで居宅サービスを提供し、後に新北市へ進出したNPO（AB）は、当初新北市だけでサービスを提供し、後に台北市へ進出したNPO（BA）より明らかに多く、当初新北市で設立された非営利組織の方が、より地域化に力点を置き、地方のニーズに合致していたことは明らかである。取材に応じたB1とB4の責任者は、いずれも、組織を設立したのは地元民のニーズをかなえるためであり、新規事業者の参入によって居宅サービスの収入が減少したとしても、台北市と新北市の境界をこえて居宅介護サービスを提供す

るつもりはなく、政府のその他のサービス事業(たとえばデイサービスや配食サービス)を請け負って地元の人にサービスするだろうと語った。

上記の台北市と新北市の居宅介護サービス組織の変遷経路を振り返ると、中央政府が2003年から推進する居宅サービス試験事業計画、および2006年から推進する高齢者ケア10ヵ年計画とはっきりと一致する。制度によって居宅介護サービス制度が段階的に確立したという点で、制度を独立変数に位置づけると、制度によって、もとは寄付を主な収入源とする非営利組織が、居宅介護サービス委託費を主な収入源とする事業型非営利組織に転換したと見ることができる。広域経営のサービス発展戦略をとるのは、サービス地域を拡大することにより、居宅サービス組織自身に単一地方政府の政策規定の調整に屈しない対応能力を持たせるためであり、すなわち、1つの地方政府資源への依存度を下げ、居宅介護サービス組織が完全に新北市あるいは台北市政府の「圧力と規制」の通りにはならず、組織自身の望む地理分布のパターンを維持することができるようにしたのである。

一方、制度を従属変数とすると、初期の非営利組織は地方政府の委託を受けて居宅サービスを提供しており、社会学的制度学派の言う文化・理念的文脈に沿って、政府部門と一般大衆の期待する役割を非営利組織が果たしていたと見ることができる。しかし政策が変化し、サービス提供事業者が増加すると、台北市と新北市の居宅サービス制度およびサービス地域の発展と変遷のプロセスは、合理的選択制度主義者の主張と一致するようになる。すなわち制度変遷の主体は、効用最大化を追求する個々の行為者、利益団体および政府部門であったといえる。さらに、福祉サービスの委託方式においては、委託部門が一方的に入札基準と経費の限度額を定め、サービス事業者は参加するか否か選ぶことしかできず、いったん参加したら、委託部門はサービスの提供、審査および評価のすべてに対して委託部門が支配的権力を有する(紀金山、劉承憲、2009)。たとえば新北市が2004年に公表した「台北県政府介護サービス補助契約書」では、居宅介護サービス提供事業者に対する要求が追加された[5]。新北市が上記の契約に基づき、期限内にサービスを提供しなかったある事業者を処罰すると、当時の新北市のすべての居宅介護サービ

ス事業者の危機意識が高まり、自分たちが次に処罰される事業者になるのを恐れ、当時の新北市のすべての居宅サービス組織は、共同で新北市居宅サービス協会を結成し、共同で事業者の見解を業務連絡会報を通じて表明した（取材記録、BA1）。居宅介護サービス組織の行為が委託方式の変化にどのように影響するかについても、明らかに合理的選択制度主義の視点と一致する。すなわち、制度は、すべての行為者が計算と妥協を経て獲得した結果であり、行為者は利益を得るために他者と協力して制度の導入を求め、その制度が変わることは、関係する行為者間の信頼と相互作用のあり方に影響する。

　その一方で、営利を目的とする組織がサービスに参入し、市場競争の思考が持ち込まれ、実践されると、表3に示した通り、A2は1992年の「混合型NPO」から、しだいに「事業型B型NPO」へと転換し、A5とAB2の2団体も、当初の「混合型NPO」から「事業型B型NPO」へと転換した。同様のサービスを提供する事業者間の競争関係、すなわち「事業型B型NPO」（B6とBA2)がサービスに参入したことで、多くの団体が効率とコストパフォーマンスの理念を参考にし、学習するようになった。さらに、表3の通り、約3割の団体で、居宅サービス委託費が組織の総収入に占める割合が年々上昇し、政府の委託予算が毎年少しずつ増えるのに従って、この3割の団体の居宅サービス費が組織の総収入に占める割合は75%にも達した。しかし、居宅サービス業務を引き受けても、政府の委託費を主な収入源にするつもりのない寄付収入依存型非営利組織にとっては、ますます競争へと向かう環境の中で、いかに一般大衆の期待する公益活動を維持するかは、難しい課題である。

　居宅介護サービス地域の区分が「地域独占」か他事業者との「共存」に向かうかは、居宅介護サービス事業者の経営理念と競争力に対応する。居宅介護サービス事業者には、「居宅サービスの提供に専念する組織」と「複合化、多様化した高齢者向け関連サービスを提供する組織」が存在する前者はサービスを提供する地域を拡大することによってサービスの規模を拡大し、後者はさまざまなサービスを提供することで、一定の地域でサービスを発展させることができる。政策立案者は、多様な福祉システム相互の関係を改めて熟考

し、サービス提供事業者が競争し合うのを放置するのではなく、特定のサービス範疇のサービス供給部門の相互作用の密度と強度が、一種の融合効果に達するよう努めなければならない。なぜなら、サービスが無計画的な介入と営利組織の強引な値引き競争下で供給されるとしたら、多様な福祉組織の集まりが「相乗効果」を発揮するとは思えないからである。そこで、本研究は、政府が「サービスを整理統合、標準化および刷新」する役割を果たすことで、いっそう多様なサービスの選択肢を提供し、より多くのサービス提供組織のサービスへの参入を奨励し、その一方で非営利組織がサービスを提供する中で果たす役割と機能を改めて位置づけするべきであると考える。こうした新しく柔軟性のある方式であってこそ、サービス利用者の多様なニーズをかなえ、同時に市場メカニズムによる競争と効率が生まれるのである。また、居宅サービスを提供する非営利組織については、いかに自らを位置づけ、日増しに競争が激化する環境において組織の使命、自らの役割と機能を維持するか熟考することが、組織の経営を永続させるための差し迫った課題である。

注

1 医療機関、介護施設、医療法人は非営利組織、老人福祉施設と心身障害者福祉施設は規模の大きさにより属性が異なる（50床規模以上は財団法人の登記が必要で、49床は不要）。

2 「政府に依頼されたのは居宅サービスの試験的事業がはじまった時で、政府はいくつかの高齢者福祉事業者を誘って（サービスを）やった」（インタビュー、B2）

3 「我々はこれ（居宅サービス）を弱者である女性の再就職のチャンスであり、道筋であると考えた。実際、確かにこれは多くのこうした女性の助けとなった」（対談記録、A2）。「我々は、我々の育成したヘルパーとニーズのある家庭をマッチングさせ（居宅サービス）、あとは必要な時に彼らを指導する」（対談記録、AB1）。

4 中央政府と地方政府の居宅サービスの分担比率は毎年微調整を行い、たとえば、2011年度は、台北市は最低15％の自己資金が必要で、新北市、台中市、高雄市および桃園県は最低10％、その他の各県市は最低5％であった。

5 契約第九条規定：「顧客の責めに帰すべき事由を除き、乙は、甲が案件を委託してから14営業日以内にサービスを提供することができず、あるいはサービスの提供を14営業日以上中断した場合、甲は、期限を限りサービスを提供するよう通知し、期限を過ぎてもなおサービスを提供することができない場合、甲は、期限満了の翌日より、乙がサービスの提供を開始するまで、遅延1日につき、乙に当該補助案件の毎月のサービス費の100分の1の懲罰的違約金を請求することが

できる。」

編者注
台北市と新北市の政治的・財政的条件については第8章を参照されたい。

引用参考文献

王綉蘭　地方政府老人居家服務方案委託政府採購評選過程之評估；多元競合模式的初
　　　步建構　東海大學社會工作學系博士論文. 2007.

王增勇　殘補式或普及式福利？；臺北市居家照顧政策的抉擇. 社區發展, 1997,
　　　80:213-232.

王增勇　透視專家權力：以臺北市居家服務為場域的行動研究. 應用心理研究, 2004.
　　　23:51-77.

王篤強, 高迪理, 吳秀照　台灣社會福利民營化的未預期後果；地方政府相關人員「官僚自
　　　主性」的初步闡釋. 社會政策與社會工作學刊, 2010, 14 (2): 91-146.

王齡儀「失能老人製造？」居家服務評估之建制民族誌研究. 國立陽明大學衛生福利所碩
　　　士論文, 2012.

行政院經濟建設委員會　照顧服務福利及產業發展方案第一期計畫執行情形總檢討報告.
　　　行政院經濟建設委員會, 2005.

行政院經濟建設委員會、內政部　照顧服務福利及產業發展方案. 行政院經濟建設委員
　　　會, 2003.

何俊志　新制度主義政治學的流派劃分與分析走向. 國外社會科學, 2002, 2:8-15.

吳玉琴　台灣居家服務的現況與檢討. 社區發展季刊, 2004, 106:132-140.

吳玉琴　臺灣老人福利百年軌跡；老人福利政策及措施之省思與展望. 社區發展季刊,
　　　2011, 133: 139-159.

官有垣　第三部門的理論：非營利組織與政府・企業・非正式部門之間的互動關係. 國
　　　科會研究計畫成果報告：臺北, 科技部. 2003.

官有垣、陳正芬　我國居家服務購買服務契約體系運作之初探. 社區發展季刊, 1999,
　　　98:170-182.

紀金山・劉承憲　台灣長期照顧服務政策與治理：以「居家服務」為例第一屆發展研究論
　　　文年會, 2009年11月28-29日. 舉辦地點：臺北市.

郭棨堯　傳統制度主義、新制度主義與Douglas North制度變遷觀點之比較研究. 國立
　　　中山大學政治學研究所碩士論文. 2011.

陳正芬　我國長期照顧政策之規劃與發展. 社區發展季刊, 2011, 133:197-208.

陳正芬・王正　臺北市居家服務方案論時計酬適切性之研究. 台灣社會福利學刊, 2007,
　　　6 (1):93-129.

陳正芬・官有垣　政黨競爭、地方自主性與社會福利：以民進黨執政的臺北市為例. 中
　　　國行政評論, 1997, 7 (1):57-98.

陳淑君・莊秀美　臺北市居家服務實施現況與相關議題探討. 社區發展季刊, 2008, 122:

183-199.

曾淑芬・莊坤洋・陳正芬・葉乃禎・吳淑瓊　給付標準的設定會引導民眾對社區式服務的利用嗎？；以居家服務為例. 台灣公共衛生雜誌, 2004, 23 (3):209-220.

覃玉蓉　地方治理與居家服務：比較南投縣與新北市的經驗. 國立台灣大學社會科學院政治學系碩士論文. 2013.

劉淑瓊　浮士德的交易？論政府福利機構契約委託對志願組織之衝擊. 在蕭新煌與林國明; 台灣的社會福利運動. 巨流. 2000: 503-538.

劉淑瓊　精明的委外：論社會服務契約委託之策略規劃. 社區發展季刊. 2005, 108:120-134.

劉淑瓊　競爭？選擇？論臺灣社會服務契約委託之市場理性. 東吳社會工作學報, 2008, 18:67-104.

劉淑瓊　理想與現實：論台灣社會服務契約委託的變遷及課題. 社區發展季刊, 2011, 133: 462-478.

蔡相廷　歷史制度主義的興起與研究取向; 政治學研究途徑的探討. 臺北市立教育大學學報, 2010, 41 (2):39-76.

謝易宏　台灣立委選制變遷的新制度論解釋. 臺灣民主季刊, 2012, 9 (1): 81-141.。

衛生福利部　居家照顧服務提供單位　資料檢索日期：2014年6月30日. 網址：http://www.sfaa.gov.tw/SFAA/Pages/Detail.aspx?nodeid=361&pid=693.

Bauer, B. Voluntary welfare associations in Germany and the United States: theses on the historical development of intermediary systems. *Voluntas*, 1991, 1(1): 97-111.

Bauer, B., & Hansem, E. Quality Assurance of Voluntary Welfare: A Question of Morals, Law, Contract or Participation. In G. Flosser & H.U. Otto (Eds.), *Towards More Democracy in Social Sercices: Models and Culture of Welfare*. Berlin: de Gruyter. 1998.

Billis, D. *Organizing Public and Voluntasy Agencies*. London: Routledge. 1993.

Gibson, M. J., Gregory, S. R., & Pandya, S. M. *Long-term care indeveloped nations: A brief overview. Washington*, D. C.: AARP. 2003.

Guo, B. Charity for Profit? Exploring factors Associated with the Commercialization of Human Services Nonprofits. *Nonprofit and Voluntary Sector Quarterly*, 2006, 35(1), 123-138.

Hall, P. A., & Taylor, R. C. Politic Science and the three new institutionalisms. *Politics Studies*, 1996, 44(5), 936-957.

Hansmann, H. Economic Theories of Nonprofit Organization. In W.W. Powell (ed.), *The Nonprofit Sector: A Research Handbook*. New Haven: Yale University Press. 1987.

Lohmann, R. A. And Lettuce Is Nonanimal: Toward a Positive Economics of Voluntary Action. In O. J. Steven (ed.), *The Nature of the Nonprofit Sector*. Boulder, Colorado: Westview Press. 2001: 197-204.

March, J., & Olsen, J. Rediscovering Institutions: *The Organization Basis of Politics*.

The Free Press. 1989.

Ott, J. S. *The Nature of the Nonprofit Sector*. Boulder, Colorado: Westview Press. 2001.

Pavolini, E., & Ranci, C. Restructuring the welfare state: reforming in long-term care in Western European countries. *Journal of European Social Policy*, 2008, 18(3), 246-259.

Peters, B. G. *Institutional theory in political science: The new institutionalism*. London: Pinter Press. 1999.

Scott, R. W. *Institution and Organization*. Los Angeles: Sage Publications. 2001.

Suda, Y. For-Profit and nonprofit Dynamics and Providers' Failures. *Public Management Review*, 2011, 13(1), 21-42.

Wagner, A. Reframing "Social Origins Theory": The Structural Transformation of the Public Sphere. *Nonprofit and Voluntary Sector Quarterly*, 2000, 29(4), 541-553.

第5章 韓国における高齢者介護システムの再編と自治体の対応

金 智美

梗 概

韓国では、2000年代半ば以降、市場化や分権化の流れのなかで、高齢者介護サービスの提供体制が、従来の公的扶助から社会保険方式へ転換し、またサービスの提供にバウチャー方式が導入されるなど、高齢者介護の普遍化に向けて政策的介入が次々と施された。と同時に、韓国では、高齢者介護サービスに社会保険事業やバウチャー事業が導入されたことで、高齢者介護システムが、自治体による「老人ドルボムバウチャー事業（老人ドルボム総合サービス）」と「国民健康保険公団」による老人長期療養保険サービスとに「二元化されたサービス体系」へ再編されることとなった。本章では、こうした、近年の韓国における高齢者介護システムの再編過程を踏まえて、広域自治体である慶尚南道下の2つの自治体をとりあげ、自治体レベルにおける高齢者介護への対応の様相を分析し、国と自治体（及び民間団体）との関係に生じた変化を明らかにする。

1. はじめに

　韓国の場合、従来の高齢者介護に関わるサービスは、1981年に制定された老人福祉法に基づいて、生活保護制度(2000年以降は「国民基礎生活保障制度」)の受給者など、ごく一部の低所得層を対象として国や自治体が公的扶助方式によって提供してきた。それゆえ、韓国における高齢者介護サービスは、極めて残余的な機能しかもっておらず、大半の高齢者の介護はもっぱら家族に委ねられてきたのである。

　しかし、こうした流れは、2000年に韓国が高齢化率7％以上の高齢化社会に入ってから大きく揺れ動きだした[1]。2000年代以降、韓国社会は少子化・高齢化が同時進行するとともに、それまで「家族介護」を担ってきた家族のあり方などが大きく変化していくなかで、高齢者の社会的扶養の問題が浮き彫りになってきたのである(キム・ジミ、2013:135)。このようななかで、高齢者介護の社会化が政策の場において本格的に議論され、2001年8月15日(国民の祝日)の「大統領慶祝辞」のなかで「公的老人療養保障制度」の導入が言及されたことや、それが2002年の大統領選の公約の1つとなったことで、一気に制度化に向けて動き出した(国民健康保険公団のホームページによる)。2003年の「公的老人療養保障推進企画団」の設置をはじめとして、2004年には「公的老人療養保障制度実行委員会」が設置され、2005年には「老人療養保障法案」の立法化が予告された。さらに、2005年には「低出産・高齢社会基本法」による「第1次低出産・高齢社会基本計画」(2006～2010)が策定され、同計画に基づいて2007年に「老人長期療養保険法[2]」が制定され、翌年7月から施行される運びとなった(大韓民国政府、2005:177-179)。と同時に、2007年4月からは、老人長期療養保険サービスの給付対象にはならないが介護ニーズがある高齢者のための対策として、保健福祉部[3](日本の厚生労働省のようなもの)による「社会サービスバウチャー事業」の一環として「老人ドルボム[4](バウチャー)事業」がスタートすることとなった(保健福祉家族部、2009a)[5]。

　このように、韓国では、2000年代半ば以降、高齢者介護サービスの提供

体制が、従来の公的扶助から社会保険方式へ転換し、またサービスの提供に
バウチャー方式が導入されるなど、高齢者介護の普遍化に向けて政策的介入
が次々と施された。が、ここで注目すべきなのは、こうしたドルボムバウ
チャー事業や社会保険事業が、高齢者介護サービスに市場メカニズムを導入
することで多様な供給主体を参入させ、供給主体間に競争を引き起こして
サービスの質や効率性を高めるとともに、利用者の選択権を保障しようとす
る制度改革であった、ということである(公的老人療養保障推進企画団、2004；
キム・ジミ、2016:112)。つまり、韓国では、高齢者介護サービスの拡充整備
に向けて「市場化」が図られることになったのである。なお、高齢者介護サー
ビスにドルボムバウチャー事業や社会保険事業が導入されたことで、高齢者
介護システムが、地方自治体による「老人ドルボムバウチャー事業(老人ドル
ボム総合サービス)」と「国民健康保険公団」による老人長期療養保険サービス
とに「二元化されたサービス体系」へ再編されることとなった[6]。

　本章では、以上のような、近年の韓国における高齢者介護システムの再
編過程を踏まえて、特に自治体レベルにおける高齢者介護に着目し、その
サービスの提供体制と自治体行政をめぐる政策展開を分析する。以下ではま
ず、2000年代半ば以降の韓国における高齢者介護サービスの制度改革が、
当時の地方分権化政策のなかで国と自治体の関係にどういう影響を与えたか
を検討する(第2節)。その上で、広域自治体である慶尚南道下の2つの自治
体をとりあげ、自治体レベルにおける高齢者介護への対応の様相を分析し、
国と自治体(及び民間団体)との関係に生じた変化を明らかにする(第3節)。最
後に、本章での分析結果をもとに、韓国の自治体レベルにおける高齢者介護
サービスの課題について考えてみたい(第4節)。

2. 地方分権化のなかの高齢者介護システムの「中央集権的」再編

　自治体レベルに眼を向ければ、2000年代半ば以降の高齢者介護システム
の再編にはどういう意味があるのか。本節では、市場化による高齢者介護
サービス拡大の一方で、当時、社会福祉分野において推し進められた地方分

権化政策の意図せぬ帰結として、高齢者介護システムが「中央集権的」に再編されたこと、それが国と自治体の関係に与えた影響を検討する。

(1) 韓国の社会福祉行政における地方分権化

　まず、韓国の社会福祉行政における地方分権化の展開過程を概略的に捉えておこう。

　これまで、韓国における社会福祉サービスは、国による福祉行政を軸として、具体的な行政事務についてはサービスの受け手たる市民に身近な行政体である自治体により実行される仕組みであった。とはいっても、地方自治制度の施行が遅れた韓国の場合、自治体は、国の福祉行政を地方レベルで実行するための単なる実施主体の1つとして位置づけられていた。しかし、1991年の地方議会の成立をはじめとして、1995年には地方団体の長を公選で選ぶこととなり、それ以来地方自治制度が本格的に展開されていった。そのため、韓国の社会福祉行政においては、「地方自治原則」との関わりで福祉事務の国と自治体との分担関係が生じてきたが、自治体における福祉行政の多くは国の委任事務として、かつその必要な経費は国の補助金を中心として実施されてきた。

　こうした韓国の社会福祉行政は、強度に中央集権的であり、国の自治体へのコントロールが非常に強かった。さらに、自治体レベルの福祉行政をコントロールしてきた国の行政機関は、社会福祉業務を所管する保健福祉部ではなく、一般の行政業務を所管する「行政自治部」（日本の場合、総務省）であった。韓国の場合、社会福祉行政を所管する国の行政機関は保健福祉部であるが、自治体レベルにはその支部なり事務所が設けられておらず、行政自治部所属の地方組織に社会福祉業務を委託して行ってきたのである。こうしたなか、社会福祉行政における自治体は、自らが福祉サービスを企画して提供するよりは、国からの補助金を地域の民間機関へ渡すための「通路」としての役割を果たしてきた[7]。

　一方で、韓国では、2000年代半ば以降、国より推し進められた一連の分権化政策によって、社会福祉行政が大きく転換の機を迎えることとなった

（カン・ヘギュほか、2006；キム・スンヨン、2014；バク・ビョンヒョンほか、2015；アン・ホンシュン、2015）。韓国では、2003年の社会福祉事業法の改正によって、社会福祉事業の実施主体として基礎自治体（市・郡・区）の役割が重視されたことから、市郡区レベルにおける「地域社会福祉計画」の策定、及び「地域社会福祉協議体」の構成やその運営が義務づけられた[8]。また、2005年には社会福祉事業の地方移譲による財政分権の推進、さらに2006年7月からは自治体の行政組織を「住民生活支援サービス体系[9]」へ改編するなど、社会福祉行政の地方分権化に向けた制度づくりが着々と進められていった。

　社会福祉事業の地方移譲による財政分権とは、それまで国が自治体に社会福祉財政を補助してきた国庫補助金制度の問題点を改善すべく、国に集中していた社会福祉予算の財政権限を自治体に「移行」することである。2003年4月に設置された「政府革新地方分権委員会」は、国庫補助金制度について、自治体をコントロールする手段として国により活用されたことで、自治体の財政運用の自律性が阻害されるなど問題があるとし、その制度改革を本格的に進めていった（バク・ビョンヒョン、2006）。その結果として、保健福祉分野では、2005年に保健福祉部が所管する138個の国庫補助事業のうち67個の事業が自治体へ移譲され[10]、かつその財源は自治体の一般財源により全額賄う仕組みとなった（政府革新地方分権委員会、2005；カン・ヘギュほか、2006:37；バク・ビョンヒョンほか、2015:350）。さらに、国庫補助事業の地方移譲に伴う財源調達のため、2005年から2009年の間は地方交付税のなかに分権交付税を限定的に導入し、2010年にはそれを普通交付税へ統合することにしていた。しかし、こうした予定は2014年まで引き延ばされ、2015年になって分権交付税が普通交付税へ統合された。

　こうして、韓国では、近年の地方分権化政策のもと、社会福祉分野における国庫補助事業の多くが自治体に移譲されたことでようやく、社会福祉行政において自治体の独自性がある程度発揮できる仕組みが設けられた[11]。しかし、国庫補助事業の自治体移譲は、これまで自治体の福祉行政が保健福祉部ではなく行政自治部のコントロールを強く受けてきた、韓国の特殊な国

と自治体との関係から、高齢者介護システムが「中央集権化」されていく、という意図せぬ結果をもたらすことになる。以下では、市場化による高齢者介護サービスの拡大と同時に進行した分権化政策のなか、韓国の高齢者介護システムが、自治体による「老人ドルボムバウチャー事業」と国民健康保険公団による老人長期療養保険事業とに再編されていく経緯を明らかにする。

(2) 地方分権化の意図せぬ帰結：高齢者介護システムの「中央集権的」再編

　韓国では、2000年代半ば以降の地方分権化政策、なかでも「国庫補助事業の自治体移譲」（以下「地方移譲」とする）が本格的に展開されていくと、保健福祉部の「自治体離れ」が前面に出てきた。当時の「地方移譲」によって、国（保健福祉部）と自治体との関係に及んだ影響は、次のとおりである。

　2005年の「地方移譲」が、国と自治体との関係に与えた何よりの影響は、国（保健福祉部）の自治体への統制力が失われた[12]、ということであろう。そこで、保健福祉部は、自治体への影響力だけは維持しながら、自治体を軸とする政策企画をなるべく避けるとともに、地域の福祉供給者に対する影響力の強化に向けた政策企画を積極的に模索しはじめた（ナム・チャンソプ、2009）。その第一歩が、当時検討を重ねていたバウチャー制度の導入を本格的に進め、その制度化を促進したことである。2000年代半ばの韓国では、社会福祉サービスを整備すべきであるという「社会福祉サービス拡充論」が叫ばれており、国としては社会福祉サービス供給量の拡大を積極的に検討していた（企画予算処・社会サービス向上企画団、2006；ナム・チャンソプ、2008；ガン・ヘギュ、2008）。保健福祉部は、社会福祉サービスの供給量を拡大せねばならないのに「地方移譲」によって自治体への統制力を失ってしまった。保健福祉部は、サービス供給量の拡大という政策的流れと「地方移譲」との間でジレンマに陥ったのである。そして、その解決策として打ち出したのが、バウチャーの導入による社会福祉サービス供給量の拡大であった[13]。と同時に、その財政支援のあり方として、自治体を単なる補助金の配分者として位置づけたまま、直接民間の供給者（非営利、営利を問わず）に財政を支援する方式を打ち出したのである（ハン・ドクスン、2007）。

さらに、国（保健福祉部）は、「地方移譲」への巻き返しとして、2008年7月から施行予定の老人長期療養保険制度の管理運営機構が国民健康保険公団に決まるように仕向けていった。もっとも、老人長期療養保険制度の導入は「地方移譲」の前に決まったのであり、これをもってその巻き返しであると一概にはいえない。しかし、老人長期療養保険制度の導入がすでに決まっていた状況の下であれば、国としては、その管理運営を日本のように自治体に任せることを検討するなり、あるいは「地方移譲」そのものに、より慎重にとりかかっていく必要があったはずである。が、「地方移譲」によって自治体への統制力を失った保健福祉部としては、老人長期療養保険制度の管理運営機構として自治体を想定する何のインセンティブもなかった。また、「地方移譲」が決定される政策空間の場においては、それと合わせて老人長期療養保険制度との関係を具体的にどうするとか、といった議論にまで踏み入ることはなかった（ナム・チャンソプ、2009）。そうしたなか、韓国では、老人長期療養保険制度を健康保険とは独立の形で制度設計はしたものの、その運営は国民健康保険公団に委ねることになった[14]。しかし、国民健康保険公団は、地方議会などに政治的責任を問う何の法的根拠も持たない。よって、老人長期療養保険による高齢者介護サービスは、自治体のコントロールの範囲を超えて存在するサービスとなった、といえよう。

　すなわち、韓国では、2000年代半ば以降、「地方移譲」の意図せぬ帰結として高齢者介護システムが「中央集権化」され、1つには自治体を介するものの、国による補助事業である「老人ドルボムバウチャー事業（＝老人ドルボム総合サービス）」と、もう1つには自治体を介さずに国の出先機関の国民健康保険公団[15]が行う老人長期療養保険サービスという、「二元化されたサービス体系」へと再編されていった（図1を参照）。たしかに、こうした再編は、ドルボム総合サービスや長期療養保険サービスの財政支援の仕組みが「利用者支援方式」として類似しており、また両方とも国による介入のほどが強いといった点からすれば、制度間の調整が容易であるようにみえるかもしれない。しかしながら、こうした再編が、国と自治体（さらには民間機関）との関係に与えた影響を考えれば、その制度間の調整・連携がそれほど簡単な問題であ

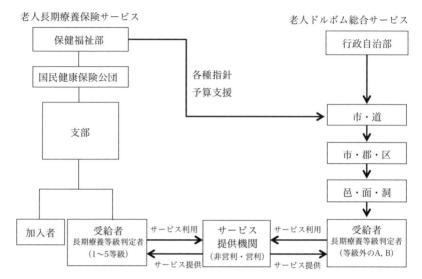

図1　現行の韓国における高齢者介護サービス体系

るともいえないのが内実であろう。

3. 自治体における高齢者介護への対応：昌原市と宜寧郡

　では、上述のとおり、「中央集権的」に再編された韓国の高齢者介護システムは、自治体レベルにおいてどのように展開されていったのだろうか。本節では、広域自治体である慶尚南道下の昌原(チャンウォン)市と宜寧(イレョン)郡(基礎自治体)をとりあげ、その高齢者介護への対応の様相を検討し、国と自治体(及び民間機関)との関係に生じた変化を明らかにしたい。

(1) 事例としての昌原市と宜寧郡
　韓国の自治体における高齢者介護への対応を検討する上で、慶尚南道の昌原市と宜寧郡をとりあげるが、その意義は次のとおりである。
　昌原市(正確にいえば「統合昌原市」)は、韓国東南部の端にある慶尚南道の中南部地域に位置し、「韓半島」(朝鮮半島のこと)の南側の海に面しているとい

う地理的条件から、かねてより輸出・港湾産業や造船・機械産業などが盛んな地域であった。特に2010年7月には、「自由貿易地域」を中心に韓国の高度成長を支えた「馬山（マサン）市」と「国家産業団地」として国によって計画的に建てられてきた「（旧）昌原市」、そして軍事・港湾都市として発展してきた「鎮海（ジンヘ）市」の三つの都市が合併し、今の昌原市となった。行政区域統合の当初は、人口数が約110万人に上ったが、ここ何年間かはやや減少傾向にあり、2014年12月現在、昌原市の人口（住民登録人口）数は1,075,168人である。人口の規模でみると、慶尚南道下の市・郡（8の市・10の郡）のなかで最大の割合（32.0％）を占めている（慶尚南道のホームページによる）。2014年12月現在、昌原市の65歳以上の高齢者数は107,030人、その高齢化率は9.9％となっている（昌原市、2015:472）。これは、全国平均（12.7％）や慶尚南道（13.4％）に比べるとやや低い水準である（慶尚南道、2015:936）。昌原市における高齢者の居住実態をみると、2013年12月現在、子どもなどの扶養者と同居している高齢者が46.9％、高齢者夫婦世帯が31.2％、1人暮らしの高齢者が21.9％の順に高くなっている（昌原市、2014:161）。こうしたなか、昌原市では、民選市長第6期目の市政のビジョンとして、先端産業の積極的誘致や観光・物流産業の集中的育成を図りつつ、「広域市」（日本の「指定都市」のようなもの）への昇格を目指して広域型都市づくりを打ち出している。そのための重点課題として、「成長と安定の共存」をかかげ、具体的には「経済、都市、市政、福祉、文化、環境」の六つの部門別課題を示している（昌原市、2015:35）。なかでも、福祉部門の高齢者福祉に関わる諸課題をみると、「老年における活発な社会・経済的活動支援、老人福祉・余暇施設の拡大、1人暮らし老人のドルボム体系の強化」があげられている（昌原市、2015:39）。

　一方、宜寧郡は、慶尚南道の中央部に位置し、かつ洛東江の本流とその支流の南江が合流する地帯に位置する地理的条件から、農業にもっとも適した地域である。その産業構造をみると、1次産業が約7割を占めており、農業を基盤産業とする典型的な農村地域となっている（宜寧郡、2015:34）。2014年12月現在、宜寧郡の行政区域は1つの邑・12の面からなっているが、

住民登録上の人口数は29,209人(慶尚南道人口の0.87%)であり、慶尚南道のどの市・郡よりも低い水準となっている(慶尚南道のホームページによる)。こうした、今日の宜寧郡の低い人口水準は、1975年以降の継続的な人口減少によるものである。宜寧郡では、その間、人口増加及び人口流入に向けた様々な施策を試みてきたが、一度減少傾向に転じた人口水準が回復することはなく、人口の過疎化が急速に進展してきた。2014年12月現在、宜寧郡の65歳以上の高齢者数は9,390人(このうち、1人暮らしの高齢者が3,709人)、その高齢化率は32.1%となっている(宜寧郡、2015:144)。これは、全国や慶尚南道をはるかに上回る高い水準といえる。こうしたなか、宜寧郡では、全国に先駆けて「1人暮らし高齢者のための共同居住制」を導入するなど、高齢者福祉に全力をあげている(宜寧郡、2015:144-147)。

　すなわち、昌原市は韓国の地方大都市としての特徴を持っている一方、宜寧郡は典型的な農村地域としての特徴を持っている。こうした、社会経済的な条件の異なる2つの自治体を取り上げることで、韓国の地方自治体における高齢者介護(さらには福祉)をめぐる政策展開の共通点や差異を明らかにすることが可能となろう。

(2) 昌原市と宜寧郡における高齢者介護サービスの展開

　現行の韓国における高齢者介護サービスは、上述の図1に示したように、二元化されたサービス体系のもとで提供されている。昌原市と宜寧郡におけるそのサービス展開の様相は、次のとおりである。

　まず、国民健康保険公団による老人長期療養保険サービスをみると、従来とは異なり高齢者の所得水準に関わりなく、高齢者の心身機能の状態を考慮した療養必要度により長期療養認定を受けた者を対象に、サービスの利用者及びその家族の選択に基づいたサービスが提供されている(国民健康保険公団、2009:3-6)。昌原市と宜寧郡では、**表1**に示すように老人長期療養保険制度の導入以来、保険給付の受給者が増加し、2015年には、制度開始時の2倍以上と大幅に伸びたことが分かる。これを、高齢者人口に占める割合でみると、昌原市の場合は2.4%から4.9%へ、宜寧郡の場合は2.8%から6.2%

第5章　韓国における高齢者介護システムの再編と自治体の対応　131

表1　昌原市と宜寧郡における長期療養保険サービス受給者数の推移

（単位：人／%）

区分／年度	昌原市		宜寧郡	
	受給者	対高齢者人口	受給者	対高齢者人口
2008	1,915 (100)	2.4	259 (100)	2.8
2009	4,166 (217)	5.0	356 (137)	3.9
2010	4,647 (242)	5.4	364 (140)	4.0
2011	4,482 (234)	5.0	404 (155)	4.4
2012	4,410 (230)	4.7	461 (177)	5.0
2013	4,746 (247)	4.8	497 (191)	5.4
2014	5,055 (263)	4.9	538 (207)	5.8
2015	5,270 (275)	4.9	581 (224)	6.2

出典：国民健康保険公団の「昌原馬山支社」及び「宜寧運営センター」の内部資料による。

注：受給者数は、在宅サービスや施設サービスの受給者数を合わせたものであり、括弧内は2008年を100とした場合の指数である。なお、各年度ごとの昌原市・宜寧郡の高齢者数は、2008年は80,024人（昌原市）・9,126人（宜寧郡）、2009年は83,297人・9,163人、2010年は86,151人・9,170人、2011年は89,079人・9,158人、2012年は93,044人・9,210人、2013年は98,000人・9,257人、2014年は103,383人・9,322人、2015年は108,450人・9,410人である（国家統計ポータルKOSISによる）。

表2　昌原市と宜寧郡における開設主体別長期療養機関数及びその割合

（単位：ヶ所／%）

区分／年度	昌原市				宜寧郡			
	在宅サービス機関		入所施設		在宅サービス機関		入所施設	
	営利	非営利	営利	非営利	営利	非営利	営利	非営利
2008	112 (63.0)	63 (35.4)	5 (18.5)	22 (81.5)	13 (76.5)	4 (23.5)	– (0)	1 (100)
2009	331	70	7	26	14	7	–	4
2010	362	72	14	30	11	5	–	4
2011	343	69	18	33	13	5	–	4
2012	307	67	16	34	16	5	1	4
2013	317	62	16	33	16	4	1	4
2014	327	61	17	34	16	6	1	4
2015	326 (84.5)	60 (15.5)	16 (32.7)	33 (67.3)	18 (75.0)	6 (25.0)	1 (20)	4 (80)

出展：国民健康保険公団の「昌原馬山支社」及び「宜寧運営センター」の内部資料による。

注：昌原市の場合、行政区域統合以前のデータは3つの都市のそれぞれのデータを合わせたものを使っている。また、表には示してないが、昌原市の在宅サービス機関のなかには「その他」の機関が2008年に3ヶ所、2009年に2ヶ所あった。

へと増加したことになる。しかし、宜寧郡では保険給付の受給者数及びその対高齢者人口が持続的に増加してきたのに対して、昌原市では2008年制度導入直後の2年間は増加傾向にあったものの、2011年以降減少傾向となり、2013年に微増した後、2014年に入ってから停滞したままとなっている。とはいえ、昌原市の場合も、2008年の制度導入当初に比べれば2015年現在で2倍以上増加したことになる。

　こうした、自治体レベルにおける老人長期療養保険サービスの利用量増加は、国（保健福祉部）が予想していたことでもあった。それゆえ、国は、その供給量を確保すべく市場メカニズムや「利用者支援方式」（いいかえれば、バウチャー方式）を導入することで、多様な民間機関の参入を図ってきたのである[16]。老人長期療養保険制度の導入以降、昌原市と宜寧郡における長期療養機関（在宅サービス機関・入所施設）数、及びそれらが長期療養事業者全体に占めている割合を開設（経営）主体別にみたものが、**表2**である。

　表2によると、昌原市と宜寧郡ではまず、老人長期療養保険制度の導入以来長期療養機関が大幅に増加したことが分かる。しかし、それを開設（経営）主体別にみると、昌原市における非営利部門の在宅サービス機関だけは当初よりやや減少したことになる。さらに、開設主体別に、それぞれが長期療養事業者全体に占めている割合をみれば、両自治体とも営利部門や非営利部門からなっているものの、その構成の割合には大きな違いがみられる。つまり、地方大都市の昌原市では、2008年当初と2015年を比べると、在宅サービス機関の場合は、営利部門が2割以上増加したのに対し非営利部門は2割ほど減少し、全体としては非営利部門の減少分を営利部門が代替したことで供給量の8割以上を営利事業者が請け負っている。入所施設の場合は、同じく営利部門が増加し非営利部門が減ってきたものの、全体としては非営利事業者が7割ほどを占めている。また、農村地域の宜寧郡では、2008年当初と2015年を比べると、在宅サービス機関の場合、その割合にはほとんど変化がみられず営利部門が約4分の3を占めている。入所施設の場合は、2008年当初は非営利部門しかなかったが、2012年に営利施設が1ヶ所建てられ、2015年の時点では全5ヶ所のうち非営利施設が4ヶ所と8割を占めている。

これらを踏まえると、韓国の自治体レベルにおける老人長期療養保険サービスの場合、在宅サービスは営利部門が、また施設サービスは非営利部門がその供給の多くを請け負っている、といえよう。もっとも、地方の都市部と農村部の自治体とでは差異もみられ、在宅サービスでは営利部門の占める割合が農村部より都市部において高くなっており、施設サービスでは非営利部門の占める割合が都市部より農村部において高くなっていることが分かる。

　一方、自治体による国庫補助事業の老人ドルボム総合サービスは、長期療養保険の認定（1–5等級）に至らなかった「等級外のA, B判定者」として、世帯所得が全国世帯平均所得の150％以下の高齢者を対象にそのサービス（主に在宅サービス）が提供されている（保健福祉部、2015a:77）。サービスの対象者にはカード式のバウチャーが発行されるが、サービス利用者は自治体に登録されているサービス提供機関のなかから利用したい機関を選択してサービスを利用する仕組みとなっている（保健福祉部、2015a:71-76）。昌原市と宜寧郡における老人ドルボム総合サービスの受給者、及びそのサービス提供機関数の推移は、**表3**に示すとおりである。宜寧郡の場合、2009年にその受給者数が急減したことがあるものの、2007年の制度導入以来2014年まではそれが漸増してきたことが分かる。2009年に急減したのは、2008年7月の老人長期療養保険制度の開始に伴い、受給者の一部が保険給付のそれへ転換されたことによるものであろう。ただし、2015年に入ってからの受給者の減少傾向については、今後のゆくえを見守る必要がある。さらに、老人ドルボム総合サービスの場合、2007年の制度開始からしばらくは非営利部門しかなかったものの、最近になり非営利事業者が停滞し営利事業者が急速に増えつつある。これには、老人長期療養保険サービスを提供している営利事業者からの要求を反映した形で、2012年8月以降サービス提供機関の市場参入の方式が当初の「指定制」から「登録制」へと転換されたことで（保健福祉部、2012）、営利部門が急増してきたためと推察される。しかしその一方で、非営利部門はほとんどそのまま停滞していたため、2015年には昌原市と宜寧郡ともに営利部門がその多くを占めることになり、結果的には老人長期療養保険サービスの在宅サービスとほぼ同様の傾向をみせている。

表3　老人ドルボム総合サービスの受給者及び提供機関数

（単位：人／ヶ所／％）

区分 / 年度	昌原市			宜寧郡		
	受給者	サービス提供機関		受給者	サービス提供機関	
		非営利	営利		非営利	営利
2007	－	4	－	58	1	－
2008	－	4	－	83	1	－
2009	－	4	－	45	1	－
2010	－	4	－	108	1	－
2011	293	4	3	114	1	1
2012	376	4	15	112	1	1
2013	404	4	15	128	1	4
2014	418	4	17	165	2	3
2015	315	4 (20.0)	16 (80.0)	108	2 (28.6)	5 (71.4)

出展：昌原市は「次世代電子バウチャーシステム」、宜寧郡は内部資料（2015年12月現在）による。

注：昌原市の場合、2010年7月の行政区域統合以前のデータは入手することができなかった。が、サービス提供機関のうち「非営利」の数は、2011年以来サービスを提供している4つの機関に対して行った調査より2007年制度導入の当初からサービスを提供してきたことが分かった。

(3) 高齢者介護サービス提供体制における行政の役割

　以上、昌原市と宜寧郡における高齢者介護サービスの展開を検討した結果、次のことが明らかになった。韓国の高齢者介護システムでは、2000年代後半に老人長期療養保険制度や老人ドルボムバウチャー事業（老人ドルボム総合サービス）の導入に際して、その財政支援のあり方が「供給者支援方式[17]」から「利用者支援方式」へと転換したことで、サービスの受給者が大幅に増加してきた。と同時に、その増加したサービスは、既存の民間非営利機関に加え、市場化政策により高齢者介護サービス市場に新たに参入してきた民間営利機関（また一部の非営利機関）によって提供されていることが分かった。だが、ここで見落としてはならないのは、こうした自治体レベルにおける高齢者介護サービスが、「中央集権的」に再編された高齢者介護システムのもと、自治体による国庫補助事業と国民健康保険公団による保険事業とによってそれぞれ提供されている、ということである。だとすれば、その制度間の調

表4　長期療養等級判定者（率）及び老人ドルボム総合サービス利用率

(単位：人/%)

区分／年度	昌原市				宜寧郡			
	等級申請者	等級判定者		ドルボム利用率	等級申請者	等級判定者		ドルボム利用率
		1-5等級	等級外A, B			1-5等級	等級外A, B	
2011	4,986	3,470 (69.6)	962 (19.3)	30.4	480	341 (71.0)	90 (18.7)	126.6
2012	4,556	3,275 (71.9)	731 (16.0)	51.4	568	406 (71.5)	116 (20.4)	96.5
2013	5,092	3,815 (74.9)	701 (13.8)	57.6	633	426 (67.3)	151 (23.9)	84.7
2014	5,055	3,805 (75.3)	623 (12.3)	67.0	606	422 (69.6)	133 (21.9)	124.0
2015	5,101	3,852 (75.5)	612 (11.9)	51.4	638	451 (70.7)	115 (18.0)	93.9

出展：国民健康保険公団への「情報公開請求（2016.03.25）」から入手した資料による。
注：「ドルボム利用率」とは「老人ドルボム総合サービス利用率」のことである。

整・連携が自治体レベルの高齢者介護サービスの提供においては何よりの問題とならざるをえず、なおかつそれは地域住民の生活と密着した行政体たる自治体の役割ともいえよう。以下では、この問題にもう少し踏み込んで国民健康保険公団（保険者）と自治体との役割分担の問題などについて考えてみよう。

　現行の韓国における高齢者介護サービス体系の制度間調整・連携を考える上ではまず、老人長期療養保険サービスと老人ドルボム総合サービスとが、どのように関連し合っているかをつかんでみる必要がある。近年の昌原市と宜寧郡における長期療養等級判定者やその判定率、及び老人ドルボム総合サービスの利用率は、**表4**に示すとおりである[18]。長期療養等級判定者やその判定率をみると、大体の傾向として、昌原市の場合は、老人長期療養保険サービスの利用者となりうる「1-5等級」は増加傾向にあり、老人ドルボム総合サービスの利用者となりうる「等級外のA, B」は減少傾向にある。宜寧郡の場合は、多少の変化はみられるものの、前者と後者の割合がそれぞれ7割と2割程度という水準を維持していることが分かる。しかし、宜寧郡はさ

ておき、昌原市では、「等級外のA, B」判定者が減少してきた分、老人ドルボム総合サービスの受給者（表3参照）が「等級外のA, B」判定者に占めている割合、つまり「老人ドルボム総合サービスの利用率」が増加してきた。とはいっても、その利用率は、全体として昌原市に比べて宜寧郡のほうが遥かに高い水準となっている。これらを踏まえれば、老人ドルボム総合サービスの死角地帯（つまり、サービスによる保護の手が届かないこと）の問題は、農村部より都市部の自治体において、より深刻であることが分かる。

　もっとも、現行では、国民健康保険公団による長期療養認定（1-5等級）に至らなかった「等級外のA, B」判定者は、国民健康保険公団と自治体とが情報を共有し合って、介護予防的観点から「関連サービス」と連携するシステムとなっている。具体的には、国民健康保険公団の地域支社でまず、「社会福祉統合管理網」を通して長期療養認定者や等級外の者の情報を当該市郡区の担当者に知らせる。その後、市郡区では、等級外の者に対して提供している保健福祉サービスの中身を「社会福祉統合管理網」を通して国民健康保険公団の地域支社と共有することになっている（保健福祉部、2015b:241）。そして、国民健康保険公団では、年2回にわたって地域における保健福祉サービスを全数調査して、そのうちから「等級外のA, B」判定者に必要なサービスをいくつか選び出し、長期療養等級判定の「結果通知書」を送る際にそのサービスについての案内をも行っている。しかしながら、「社会福祉統合管理網」を通じたサービス連携を行う人員が公団にも自治体にも配置されておらず、形式的なサービス連携の仕組みとなっている。現に、自治体からは、「個人情報保護」というもっともらしい理由により、地域の民間の保健福祉サービス提供機関へ「等級外のA, B」判定者の情報を与えたりすることはしない。老人ドルボム総合サービスの提供機関が、そのサービスの利用者となりうる「等級外のA, B」判定者の情報を知らないのはいうまでもないことである。こうしたなかで、「等級外のA, B」判定者は、老人ドルボム総合サービスはもとより保健福祉サービスの死角地帯に放置されているのが実情であろう。

　とりわけ、自治体における非営利の老人ドルボム総合サービス提供機関への調査からは、近年になってからサービス利用者が減っていく一方である、

という実態があらわになった。というのは、既存の利用者が死亡したり長期療養認定を受けて保険給付の受給者となった場合、その分自治体からの補助金も減ってしまうので新規に利用者を受け入れることはできないためである。さらに、自治体の関係者への聞き取り調査からは、国からの補助事業である老人ドルボム総合サービスの場合、自治体としては「予算の範囲内でしか」サービスを提供しておらず、かつその予算を民間のサービス提供機関へ「配分して交付する」といったやり方で行っていることが分かった。これらを踏まえれば、自治体による老人ドルボム総合サービスの場合、その財政支援のあり方が「利用者支援方式」へと転換されたとはいえ、実際には従来の「供給者支援方式」がそのまま維持されており、そうしたなかで、民間のサービス提供機関は従来どおりに自治体に対して「従属的な立場」におかれている、ということができよう。

　以上の分析結果を踏まえていえば、現行の韓国における高齢者介護サービス体系の制度間調整・連携において、緊急を要する喫緊の課題は「等級外のA, B」判定者への保健福祉サービス連携の問題といわざるをえず、さらには老人ドルボム総合サービスの死角地帯の問題を解消することであるといえる。こうした課題に取り組んでいくことこそ、地域住民の生活に身近な行政体としての自治体の役割であろう。しかし、自治体レベルにおける高齢者介護サービスが、「中央集権的」に再編され、かつ二元化されたサービス体系のもとで提供されている現状では、なかなか課題解決の出口がみえない。「等級外のA, B」判定者の場合、自治体からすれば、長期療養認定の5等級とほぼ変わらないので保険給付の対象者となればよいのであり、国民健康保険公団からすれば、長期療養認定の5等級は老人ドルボム総合サービスの対象となったほうが全体として予算が節約できてよい、といったふうにそれぞれ異なった立場をとっているのである[19]。「等級外のA, B」判定者をめぐる諸問題を解くカギは、高齢者介護サービス提供体制における国民健康保険公団（保険者）と自治体（及び民間機関）との役割分担のなかにあるのが韓国の実情といわざるをえない。

4. 結びに代えて：韓国の自治体レベルにおける高齢者介護サービスの課題

　最後に、本章の結びに代えて、韓国の自治体レベルにおける高齢者介護サービスの課題について考えてみたい。

　本章での分析結果を簡単にまとめれば、韓国の自治体レベルにおける高齢者介護への対応の様相は、地方の都市部と農村部の自治体とでは差異もみられるものの、第1に、現行の高齢者介護サービス体系のもとでは、自治体による老人ドルボム総合サービスと国民健康保険公団による老人長期療養保険サービスの制度間の調整・連携の問題が、自治体レベルにおける高齢者介護サービスの提供においては第一の課題となっていた。さらに第2に、現行の韓国における高齢者介護サービス体系の制度間調整・連携の問題では、「等級外のA, B」判定者への保健福祉サービス連携や老人ドルボム総合サービスの死角地帯の問題を解消することが、喫緊の課題であった。しかし第3に、自治体レベルにおける高齢者介護サービスが、「中央集権的」に再編され、かつ二元化されたサービス体系のもとで提供されている現状では、「等級外のA, B」判定者をめぐって自治体と保険者の国民健康保険公団とがそれぞれ異なった立場をとっており、なかなかその解決の糸口がみえない、ということである。

　こうしたなか、韓国の自治体行政においては、高齢者介護問題への対応が後回しにされがちであり、さらには「自治体が取り組んでいくべき問題ではない」とも受け止められているのが明らかとなった。しかし、問題への対応は、自治体の関係者たちが受け止めているように、「等級外のA, B」判定者の場合、「長期療養認定の5等級とほぼ変わらないので保険給付の対象者となればよい」という簡単なものではない。仮に、自治体による老人ドルボム総合サービスが国民健康保険公団による老人長期療養保険サービスへ「統合」されるとしても、介護予防的観点からすれば、今度は問題が自治体による「老人ドルボム基本サービス」と国民健康保険公団による保険事業との制度間調整・連携のそれへと移行するだけのことであろう。よって、韓国の自

治体行政においては、「等級外のA, B」判定者をめぐる諸問題を解くカギが、高齢者介護サービス提供体制における国民健康保険公団（及び民間機関）との役割分担のなかにあることをしっかり受け止めて、介護予防的観点から高齢者介護への対応に積極的に取り組んでいく必要があるといえよう。

＊本研究は、JSPS 科研費（#15H03427）に基づく研究成果の一部である。

注

1　なお、2015年現在、韓国の高齢化率は13.2％（高齢者数は656万9千人）へと上昇している（統計庁、2016）。

2　これは、日本の介護保険法のようなものであり、「長期療養」とは「long-term care」の意を持っている。

3　保健福祉部という国の行政機関の名称は、1994年度以来使ってきたものであるが、2008年度から2009年度の間に「保健福祉家族部」と称された。

4　「老人ドルボム」とは、高齢者ケアの意をもっている。なお、当初は「老人ドルボミ事業」と称していたが、「ドルボミ」とはサービスの担い手のことである。

5　関連していえば、上述の第1次低出産・高齢社会基本計画からは、1人暮らしの高齢者に対する保護を強化するための「独居老人生活管理士派遣事業」が2007年6月から推進されることになった（大韓民国政府、2005:183-184）。さらに、同事業は、類似した事業のサービス提供体制の効率化に向けた対策として、2009年度から「老人ドルボムバウチャー事業」と統合された（保健福祉家族部、2009b:577-579）。よって、現行の韓国における「老人ドルボムサービス」には、独居老人生活管理士派遣事業を継承するものである「老人ドルボム基本サービス」と、「老人ドルボムバウチャー事業」を継承するものである「老人ドルボム総合サービス」とがある。

6　補足すれば、韓国の老人長期療養保険制度では、保険事務を管理・運営するための機関を別に設けず、「国民健康保険法」により設立されていた「国民健康保険公団」が老人長期療養保険の保険者及び管理運営の主体となった。その経緯についての分析は、後述する「2の（2）」を参照せよ。

7　敷衍すれば、韓国の場合、これまで政府が社会福祉サービスを直接提供するのではなく、サービスを提供する民間機関への財政支援（また監督）を通して民間機関によってサービスが提供される仕組みであった。こうした構造のもとで民間機関は、政府が提供すべきサービスを政府に代わって提供する「代行者」としての機能を担ってきたのであり、かつ政府から相当の運営費支援を受けてきたため、政府に対して「従属的な立場」に置かれていた（ナム・チャンソプ、2008）。よって、韓国の社会福祉サービス供給体制においては、民間機関が政府の「従属的な代行者」として位置づけられてきた、とされている（イ・ボンジュほか、

2007:24）。

8 ただし、2015年からは、「地域社会福祉計画」は「地域社会保障計画」と、「地域社会福祉協議体」は「地域社会保障協議体」と改称された。

9 これは、自治体の一般行政体系に組み込まれていた福祉行政を分離すべく実施した、「社会福祉事務所モデル事業(2004.7-2006.6)」を踏まえて、新たなる行政組織として国が打ち出したものである。具体的には「住民生活支援サービス体系」とは、住民の行政需要が福祉をはじめとして諸領域（雇用、住宅、生涯学習、体育、文化など）へと多元化している動向を反映し、総合的な行政体系を狙って改編したものである。しかし、福祉行政が、自治体の一般行政体系に組み込まれているのに変わりはない。

10 つまり、71個の事業が国庫補助事業として維持されたが、そのほとんどは「包括支援方式」へ転換された。このようにみれば、外形の上では、社会福祉事業のうち「地方移譲事業」より国庫補助事業が多いといわざるをえない。が、「包括的補助事業」のなかで公的扶助事業に関わる予算を除けば、社会福祉予算のうち半分くらいが地方移譲事業となった、ということになる（カン・ヘギュほか、2006:38）。

11 しかし、中央政府が租税収入のほとんどを独占している財政政策を維持したままの「国庫補助事業の自治体移譲」であったため、結果的には財政分権が実現できず、韓国の自治体は相変わらず政策決定や予算編成・人員配置の面において自律性を確保しにくい状況に置かれている。

12 もちろん、「地方移譲」以前にも、保健福祉部による自治体のコントロールには限界があった。しかしこれ以降、その統制力がさらに失われることになったのである。前述のとおり、これまで韓国では、財政支援を通して民間機関によって福祉サービスが提供されてきたが、「地方移譲」によって、その財政支援の流れが変わったことから、国は財政支援を介したコントロールさえもできなくなったのである。

13 この点から、韓国におけるバウチャーは、福祉サービス供給量拡大の政策手段であるとともに、自治体と地域の民間機関への国（保険福祉部）の統制力を取り戻すための「中央化」の政策手段でもあった、とする指摘もある（ナム・チャンソプ、2008）。

14 もちろん、こうした政策決定の背景には、社会保険方式の老人長期療養保険の運営上、自治体を管理運営の主体とするのには技術的にも問題があり、国民健康保険公団に委ねることで効率化を図ろうとした政治的意図もあった。

15 なお、保健福祉部にしてみれば、これまで自治体レベルにその支部なり事務所がなかったがゆえに、国民健康保険公団が、行政自治部傘下の地方組織（自治体）とは別個の自らの地方組織として位置づけられていたとも考えられる。

16 当時、既存の老人福祉法上での「入所施設」や「在宅老人福祉サービス機関」は、別途の「指定行為」を経て市郡区庁長の指定を受けてから長期療養サービスを提供することができ、また新規の長期療養機関は、老人長期療養保険法の定める基準を備えて市郡区庁長に「設置申告」をすればサービス提供機関となった（国民健

康保険公団、2009:33-34)。

17 補足すれば、これまで韓国における社会福祉サービスの財政支援のあり方は、政府がサービスを行う民間の供給機関(主として非営利施設)に対して年間の補助金を定めて、これを定期的に分割して交付するもの(つまり「供給側補助金(supply-side subsidy)」)だったのである。

18 ただし、長期療養等級の申請の中身には、長期療養認定やその更新及び等級変更などがあり、かつ一定の期間後に再度長期療養認定を受ける場合のそれもある。それゆえ、当該年度における等級申請者のすべてが新たな介護ニーズを持っているわけではなく、長期療養認定を受けた者すべてが新規のサービス受給者となるわけでもない。また、老人ドルボム総合サービスの場合は、既存の受給者を抱えた上で長期療養認定(1-5等級)に至らなかった「等級外のA, B判定者」を新たなサービス利用者として受け入れる仕組みとなっている。よって、表4に示している「ドルボム利用率」は、実態をありのまま表しているとはいえない。にも関わらず、表4は、老人長期療養保険サービスと老人ドルボム総合サービスとの関係の一端を概略的に捉えるのには十分意味があると考える。

19 これは、宜寧郡(2016.05.30)や国民健康保険公団の「宜寧運営センター」(2015.11.27)、及び昌原市(2016.03.17)や国民健康保険公団の「昌原馬山支社」(2015.12.15)等の関係者への聞き取りによる。

引用参考文献

アン・ホンシュン(안홍순)　社会福祉事務の地方移譲による基礎自治団体の財政不均衡の緩和方案. *社会福祉政策*　2015、42(3): 77-106.

イ・ボンジュ/キム・ヨンドク/キム・ムンゴン(이봉주/김용득/김문근)　*社会福祉サービスと供給体系：争点と対案*. 図書出版コミュニティ、2007.

宜寧郡　*2015郡政白書*. 2015.

カン・ヘギュ(강혜규)　社会サービス拡大政策と地域社会の社会福祉サービス供給体系. *批判社会政策*　2008、25: 67-98.

カン・ヘギュ(강혜규)ほか　*地方化時代における中央・地方間社会福祉の役割分担方案*. 韓国保健社会研究院,2006.

企画予算処・社会サービス向上企画団　*社会サービス向上企画団 業務計画*. 2006(8月).

キム・スンヨン(김승연)　基礎自治団体の委任福祉及び自律福祉の支出に影響を与える要因. *地方行政研究*　2014、28(2): 111-135.

キム・ジミ(金智美)　韓国福祉レジームにおける女性の役割の変化：保育・長期療養政策の拡大を中心に. *女性学研究*　2013、23(1): 133-169.

キム・ジミ(金智美)　韓国における老人長期療養サービス提供体制の変化過程に関する研究. *韓国地方自治研究*　2016、17(4): 111-134.

慶尚南道　*2014慶尚南道の道政白書*. 2015.

慶尚南道　*慶尚南道：行政情報：慶尚南道統計：月間慶南人口*　http://stat.gsnd.net/

jsp/main/main.jsp

公的老人療養保障推進企画団　*公的老人療養保障体系 最終報告*．2004．

国民健康保険公団　*2009老人長期療養機関の教育資料*．2009．

国民健康保険公団　*制度紹介：老人長期療養保険：沿革*　http://www.nhis.or.kr/menu/retriveMenuSet.xx?menuId=B3100

国家統計ポータルKOSIS　*国内統計：主題別統計：住民登録人口の現況*　http://kosis.kr/statisticsList/statisticsList_01List.jsp?vwcd=MT_ZTITLE&parentId=A#SubCont

政府革新地方分権委員会　*国庫補助金整備方案*．2005．

大韓民国政府　*第1次低出産・高齢社会基本計画(補完版)：セロマジプラン2010*．2005．

昌原市　*第3期地域社会福祉計画(2015～2018)*．2014．

昌原市　*2015年市政白書*．2015．

統計庁　*2016高齢者統計*．2016．

ナム・チャンソプ(남찬섭)　韓国の社会福祉サービスにおけるバウチャーの意味と評価．*批判社会政策*　2008、26：7-45．

ナム・チャンソプ(남찬섭)　近年の社会福祉サービスにおける変化の含意と展望．*批判社会政策*　2009、28：7-49．

バク・ビョンヒョン(박병현)　社会福祉の地方分権化に対する批判的考察．*韓国社会福祉行政学*　2006、8(2)：1-31．

バク・ビョンヒョンほか(박병현・박상미・최은미・고재수)　盧武鉉政府の社会福祉財政分権：正しい政策だったのか、あるいは間違った政策だったのか．*社会福祉政策*　2015、42(3)：347-376．

ハン・ドクスン(황덕순)　社会福祉サービスの供給と市場原理の拡大．カン・ヘギュほか　*社会サービス供給の役割分担のモデル開発と政策課題：国家・市場・非営利民間の財政分担及び供給参入方式*．韓国保健社会研究院、2007．

保健福祉家族部　*社会サービス政策の主要統計資料*．2009a．

保健福祉家族部　*老人保健福祉事業案内*．2009b．

保健福祉部　*報道資料：バウチャーサービスの提供機関選択権が拡大される*．2012(8.3)．

保健福祉部　*2015年度老人ドルボムサービス事業案内*．2015a．

保健福祉部　*2015老人保健福祉事業案内I*．2015b．

文献は全て韓国語。

第6章 日本における地域包括ケアシステム構築にむけた自治体の対処と戦略

森川 美絵

梗 概

東京都内の2つの自治体に着目する。介護保険制度は規定も厳格で、地方自治体が裁量を発揮できる余地は限られていた。しかし、介護保険制度の改正とあわせて強調されている地域包括ケアシステムの構築においては、保険者である地方自治体の役割が強調されるようになった。介護保険制度の開始当初、事業者のサービス市場への参入は、規制に則ってサービスを提供する限り原則として自由であり、退出も自由であった。しかし、時間がたつにつれ、国レベルの政策認識にも変化が生じてきた。すなわち、地域で包括的なケアの仕組みを実現するうえでは、こうした事業者の行動を前提にしたサービス提供の仕組みだけでは限界があり、サービス提供主体と自治体との新たな関係が必要であるとの認識が出てきたのである。但し、地域包括ケアシステムの構築は、「再地域化」という側面があるだけに、その実態においては地域間の差異が拡大して現れると予想される。

こうしたなか、A区は、国策としての地域包括ケアシステムの構築を避けられないものとして受け入れつつも、新たな自治体と事業者・住民との関係形成にむけて大きく舵を切るというよりは、既存の介護保険制度本体の中で構築してきた事業者との関係を軸に、制度変化に対応しているように見えた。

一方、B区では、地方自治体とサービス事業者、地域の住民が協働して、長期的・安定的な関係性の中で地域包括ケアの仕組みを構築しようと、積極的な取組みを展開しているように見えた。

本章ではこうした自治体の自律的取組みの諸相を整理し、自治体間の差を捉える視点について考察する。

1. 自治体をとりまく政策環境

(1) 標準化されたシステムから地域包括ケアシステムへ

　日本では、1990年代に、高齢者の介護をもっぱら家族のみで担うことの限界が明白になり、介護サービスへのアクセスと供給をドラスティックに拡大するため、2000年から介護保険制度が開始された。その後15年を経て、高齢者ケアに関する国の最大の目標は、「地域包括ケアシステム」の構築となった（二木、2015）。

　地域包括ケアという考え方は、2000年代から国の政策形成の議論において提唱され、介護保険事業計画[1]の第3期（2006〜8年度）において市町村に包括的な相談支援の調整拠点として「地域包括支援センター」が設置された。その後、国は各自治体に対し地域包括ケアという考え方に基づいた中期的取組みを促し、2011年の介護保険制度改正においては、それが自治体の責務であることが、法律上も位置付けられた[2]。改正法は2012年4月から施行されることから、厚生労働省は2012年を「地域包括ケア元年」と位置づけている（宮島、2012）。

　なお、国では地域包括ケアを、高齢者が要介護状態になっても、可能な限り住み慣れた地域において継続して生活できるよう、「①介護、②予防、③医療、④生活支援、⑤住まいの5つのサービスを一体化して提供していく考え方」（厚生労働省老健局介護保険計画課、2011:1）とし、地域包括ケアシステムは、そうした考え方に基づく「日常生活圏域におけるサービスの提供体制」（宮島、2012）としている。

　その後、2014年の医療介護総合確保促進法第2条第1項で、「地域の実情に応じて、高齢者が、可能な限り、住み慣れた地域でその有する能力に応じて自立した日常生活を営むことができるよう、医療、介護、介護予防、住まい及び自立した日常生活の支援が包括的に確保される体制」と定義づけられた。

第6章　日本における地域包括ケアシステム構築にむけた自治体の対処と戦略　145

(2)「地域に根差したケア」に向けた自治体の自律性

　地域で実現するシステムの姿は、この法規定にもあるように、地域の実情に応じて異なるものと定義されている。

　ここで目指されているシステムの姿は、介護保険制度の開始時に目指されたものとは大きく異なっている。制度開始時は、介護サービスの準市場（quasi-market）のもとで標準化されたサービスが全国的に供給されるシステムを構築することが目指された[3]。

　これに対し、現在、政府が目指している地域包括ケアシステムは、各地域の状態や特性を反映したローカルなシステムである。

　このシステムは、統合ケア（integrated care）と地域に根差したケア（community-based care）という二つの異なる概念を融合させている。前者は、国際的にも、各国が目指す有力なケアモデルの一つであり、社会的ケア、予防的ケア、医療的ケア、リハビリテーション、住まい、といった多様なサービスを一体的に提供するという考え方である。後者は、公的な制度に基づく、いわゆるフォーマルサービスのみならず、各地域の互助的な活動等のインフォーマルな資源も含めて、高齢者の状態に適合したケア資源が、コミュニティ単位で確保・創出・調整・提供される仕組みをつくるという考え方である。国際的な統合ケアにむけた潮流のなかで、日本のケア政策の特徴は、地域に根差したケアという概念を追加して政策目標を立てた点にあるとも言われている（筒井、2014）。

　「地域に根差した」（community-based）という概念が追加された政策的背景の一つには、ケアの市場化ないし商品化の弊害が顕在化しているという政策認識があった。サービス事業者が利潤の追求を優先し、良好なアウトカムにつながらないサービスを提供することや、「必要」ではなく「需要」に基づいてケア資源が消費されることが、ケアシステムの正統性を揺るがす問題として政策立案者に認識されたのである。その反省から、ケアサービスは、単に市場で売買・消費される対象ではなく、地域の共有財産であることが再確認されるようになった（Morikawa, 2014）。

　これに伴い、自治体に期待される主な役割も、「介護サービス市場に流通

する標準化されたケアサービスの統制管理」から、「地域・コミュニティの生活状況・生活様式にふさわしいケア資源の地域での確保と運営管理、関係者の参加と調整」にシフトしつつある。自治体には、後者の役割に即して自律性を発揮することが期待されるようになった。

(3) 介護保険事業計画レベルで求められる取組み

　介護保険制度の改正においても、自治体による後者の役割を強化する内容が盛り込まれてきた[4]。第5期 (2012 ～ 14年度) および第6期 (2015 ～ 17年度) の介護保険制度の事業計画では、具体的に以下のような事項に関わり、自治体としての自律的な役割の発揮が求められた。

1) 第5期介護保険事業計画 (2012 ～ 14年度)

　国が自治体に示した第5期介護保険事業計画 (2012 ～ 14年度) の策定指針では、計画の基本理念は地域包括ケアシステムの構築とされ、今後、認知症高齢者の増加、医療ニーズの高い高齢者や重度の要介護者の増加、単身・高齢者のみの世帯の増加等に対応するため、以下の重点事項を地域の実状に応じて選択して計画に位置付けることを保険者である市町村自治体に求めた。重点事項とは、①認知症支援策の充実、②医療との連携、③高齢者の居住に係る施策との連携、④生活支援サービスの充実、である (厚生労働省老健局介護保険計画課、2011:1)。

　また、保険者である市町村の責務として、基礎自治体よりも小規模な圏域単位でケアの必要に関する調査を実施し (日常生活圏域ニーズ調査)、圏域単位のサービス整備計画を作成することも求められるようになった。

　さらに、保険者である市町村には、ケアサービスを提供する事業者が、地域に根差したケアというミッションを共有しながら協働・連携するためのネットワークの構築や、サービス提供関係者による個別ケースの検討と、その結果をふまえて地域の課題について検討する会議 (地域ケア会議) の実施も、求められた。

2) 第6期介護保険事業計画 (2015 〜 17年度)

第6期介護保険事業計画(2015〜17年度)は、いわゆる団塊の世代が後期高齢者(75歳以上)となる2025年に向け、第5期で開始した地域包括ケアの実現に向けた取組みを本格化していくものと位置づけられている。計画策定の指針(厚生労働省、2014)では、以下がポイントとして示された。

①2025年のサービス水準等の推計：計画期間中の給付費の推計や保険料の算定だけでなく、2025年までの中長期的なサービス・給付・保険料の水準の推計・記載により、中長期的な視野に立った施策の展開を図る。

②在宅サービス・施設サービスの方向性の提示：地域の特徴をふまえた、在宅、施設それぞれのサービス充実の方向性を提示する。

③生活支援サービスの整備：ボランティア、NPO、協働組合等の多様な主体による生活支援サービスを充実強化するための取組みを記載する。

④医療・介護の連携・認知症施策の推進：取組み方針と施策を示し、第6期中に取組み可能な市町村から具体的に取組みを実施する。

⑤住まい：住まいの充実の方向性を提示する。

なお、国の制度改正により、従来の要支援者への訪問および通所サービスのうち、介護予防訪問介護と介護予防通所介護は、第6期中に、保険給付の対象から外れることとなった。そして、それらのサービスは、介護保険制度の財源を使いつつも一定の予算上限のなかで市町村が自治体事業として実施する枠組み(地域支援事業のなかの「新しい総合事業」)のなかで、「介護予防・生活支援サービス」として運営されることが決まった。

自治体には、こうした制度改正への対応も求められた。新しい「介護予防・生活支援サービス」では、実施主体を介護保険サービス事業者に限定せず、多様な住民団体やNPO等の主体が参入することを想定し、運営基準も従来よりも緩和した内容で市町村が設定できる。

国が示したガイドラインでは、こうした生活支援に関して自治体が適切に事業を実施運営することを求める観点から、市町村には、事業運営に必要な資源の発見・開拓や調整を担う担当者(「生活支援コーディネーター」)の配置、

事業主体の支援・協働体制の充実・強化等を含む地域づくり・対策を積極的・計画的に進めることが「期待」されると記されていた。

(4) 自治体の相異への視座

　こうした国レベルの政策理念の転換と法制度の展開が、自治体行政にもたらす影響、自治体レベルでの地域包括ケアシステム構築の実態については、批判的に検証する余地も大きい。

　地域ごとの対応を重視した制度改革は、ケア資源のガバナンスにおいて地域・コミュニティへの直接的な負荷や、地域・コミュニティとの調整のための行政コストを高める可能性が指摘されている（猪飼、2011）。近年の地域包括ケアシステムに取組む自治体事例に関する政策研究においては、自治体の創意工夫に関わる時間と手間、それを担保する人員と財源、個人や地域との関係性構築を担う自治体職員の機能が問われており、それらを通じた自治体格差への懸念も指摘されている（所、2016；沼尾、2016；井上、2016）。

　自治体のなかには、この負荷や調整コストに戦略的に対処して新たなケアシステムの構築を進める地域もあるだろうが、そうした自治体ばかりではない。そうした負荷や調整コストへの対処戦略を立てあぐねている自治体もあろう。また、これらへの対処が自治体運営の優先課題に位置づけられていない自治体もあるだろう。また、今後、負荷や調整コストへの戦略的対処を試みたとしても、その負荷が過重になりケアの資源管理が破たんする危機に直面する自治体が出現する可能性もある。地域に根差したシステムの構築という制度改革の先に、地域間格差という問題が出現することは間違いなさそうである。

　しかし、市町村自治体が具体的にどのようにケア資源のガバナンスを行っているのか、その中でサービス事業者・関係者との関係性・調整をはかり、そのコストにどのように対処しようとしているのか、自治体比較の視点での知見は、必ずしも十分に蓄積されてはいない。

　以上から、本稿では、自治体が第6期介護保険事業計画（2015～17年度）を通じ、自律的対応として、どのように地域包括ケアシステム構築の準備・

第6章　日本における地域包括ケアシステム構築にむけた自治体の対処と戦略　149

展開を図ってきているのか、自治体比較の観点から検討する。

2.　自治体調査の概要

---

(1) 目的・対象自治体の概要

　調査では、自治体が第6期介護保険事業計画を通じ、国策として進められている「地域包括ケアシステムの構築」にむけて、どのような準備を進め、展開を図っているのか、そこでは、これまでの取組みや地域性がどのように考慮されているのか、自治体の相違を把握することを目的とした。

　なかでも、国が示した第6期介護保険事業計画のガイドラインのなかで計画のポイントとされた「生活支援サービスの体制整備」に着目し、市町村がどのような認識をもち、具体的な取組みをしつつあるのかを、自治体担当者や地域包括支援センターへのヒアリングから捉える。

　フィールドは、高齢者ケアの行政運営の枠組みや規模といった条件をある程度コントロールした分析を可能とする観点から、東京都下のA区およびB区とした。

　両区は、面積がほぼ同じであり、人口規模も比較的近く、一般会計予算の規模は同程度である。ともに住宅都市の側面をもつが、A区は比較的土地や家賃が安く中〜低所得層が多いのに対し、B区は比較的地価が高く中〜高所得層が多い。

　高齢化率をみると、2016年時点ではA区約24%、B区約21%、である。10年後 (2025年) の高齢化率 (推計) は、A区は若干増加し、B区は変わらないが、65歳以上の人口や75歳以上の人口の絶対数はほぼ同規模である。但し、今後10年間における75歳以上の絶対数の伸びは、A区の方が大きい。

　介護保険料の基準額は、第5期 (2012〜14年度) では同水準であり、第6期 (2015〜17年度) では、A区の値上げ幅がかなり大きくなっている。施設・すまいの整備状況をみると、第5期末ではA区は特別養護老人ホームの整備数が多いのに対し、B区では「特定施設」なかでも有料老人ホーム等が多い。第6期計画では、B区では特別養護老人ホームのかなりの定員増を見込むが、

全体的にはA区が特養中心、B区が特定施設中心という傾向は続く。

(2) 調査方法

A区、B区の高齢者介護・地域包括ケアの主管課および関係課に対して、2回にわたり地域包括ケアシステム構築の取組みに関するヒアリング調査を実施した (**表1**)。

第1回目は、第6期介護保険事業計画の準備中の時期 (2014年8月) に実施した。ヒアリング項目は、中央政府の政策に関する解釈、地域の特徴・介護資源の状況、ケアの基盤整備の展開、サービス事業者との関係等である。

表1　調査の概要

		A 区	B 区
第1回 (自治体)			
	実施時期	2014年8月	2014年8月
	ヒアリング先	高齢者福祉・介護・地域包括ケアの担当課 課長等2名	高齢者福祉・介護・地域包括ケアの担当課 課長等4名
	ヒアリング項目	中央政府の政策に関する解釈、地域の特徴・介護資源の状況、ケアの基盤整備の展開、サービス事業者との関係　等	
第2回 (自治体)			
	実施時期	2016年2月	2016年1月〜2月
	ヒアリング先	介護保険・地域包括ケアの担当課・関連課 課長等3名	地域包括ケアの担当課・関連課 課長、担当係長等　3名
	ヒアリング項目	第6期介護保険事業計画のポイント、地域包括ケアシステムの構築にむけた展開、地域包括支援センターの活動や運営のあり方　等	
第2回 (地域包括支援センター)			
	実施時期	2016年2月	2016年1月〜2月
	ヒアリング先	センターh センター長	センターa, b, c, d, e, f, g センター長 (他職員同席もあり) ※gは電話のみ
	ヒアリング項目	センターの運営体制、地域包括ケアシステム構築にむけた活動、センターと行政との関係 (協働、役割分担等)、活動の課題と展望　等	

第6章　日本における地域包括ケアシステム構築にむけた自治体の対処と戦略　151

　第2回目のヒアリングは、計画開始から約1年が経過した時期（2016年1〜2月）に実施した。ヒアリング項目は、第6期介護保険事業計画のポイント、地域包括ケアシステムの構築に向けた展開、地域包括支援センターの活動や運営のあり方等である。

　なお、第2回調査では、両区に設置されている地域包括支援センターにも、地域包括ケアシステム構築にむけたセンターの取組みや、区との関係についてヒアリングを行った。A区では、設置されている14センターのうち区から紹介を受けた1センターに、B区では、設置されている20センターのうち調査の了解が得られた6センターに、対面でのヒアリングを行った（ほかに、電話での回答がB区で1センターあり）。

　ヒアリングの時間は各回1時間程度、聞きとった内容は調査者がメモを作成し記録した。また、了解を得られた場合には録音し、逐語録を作成した。

3.　地域包括ケアシステムの位置づけと取組み

　A区もB区も、第6期介護保険事業計画の主要な目標に、地域包括ケアシステムの構築を位置づけ、構築の柱となる取組みを提示している。以下では、両自治体が、システム構築にむけ、何を重点事項として計画に位置づけ、2015年度にどのような取組みを実際に行ったのか、概観する。また、要支援者に対する訪問・通所サービスの自治体の地域支援事業（新しい総合事業）への移行についても、その対応について概観する。

(1) A区

　A区の第6期介護保険事業計画では、地域包括ケアシステムの柱として、「1.　総合的な介護予防の推進」「2.　在宅介護・医療連携の強化」「3.　認知症対策の強化」「4.　地域ケア会議の充実」を打ち出していた。期間中に、区内の7つの日常生活圏域の1つをモデル圏域に位置づけ、モデル圏域内の地域包括支援センターを中心に、関係機関や関係団体等の協力を得た取組みを推進している。さらに、モデル圏域では、在宅医療、住まいや地域支え合い

の実態調査を行い、A区版の地域包括ケアシステム構築にむけたモデル事業
計画を策定することとしている。

2015年度に取組んだ主な内容は、「モデル圏域（1圏域）での、地域包括支
援センターへのモデル事業（3年間）の委託」「在宅介護・医療連携の強化」
「地域包括ケアシステム構築モデル事業支援のための調査研究の委託」であ
る。それぞれの概要は以下の通り。

1）1圏域の地域包括支援センターへのモデル事業委託

2015年度は、モデル圏域として1つの圏域を設定し、圏域内の地域包括
支援センターに、第6期計画と同じ期間（3年間）のモデル事業を委託した。
モデル事業は以下の3つからなる。第一は、在宅介護・療養相談窓口の開設
である。第二は、認知症カフェの設置・運営である。運営主体別に、「地域
包括支援センター直営型」「事業所運営型」「地域住民主体型」の3タイプの
カフェを設置し、その長所や課題を検証する。第三は、介護予防サービス・
生活支援の推進である。介護予防の取組みを重点的に実施し、将来的には認
知症予防に資する介護予防の自主グループ立ち上げにつながるものとして、
「回想法教室」を設置する。

2）在宅介護・医療連携の強化

在宅介護・医療連携の強化にむけ、昨年度まで設置していた「在宅医療検
討部会」を「A区在宅医療介護連携推進会議」と名称変更し、会議を開催して
いる。また、大学の協力を得ながら多職種連携研修会を開催した。

3）「地域包括ケアシステム構築モデル事業支援」のための調査研究の委託

コンサルタントに委託し、病院、介護事業者、関係機関・団体等の地域
の社会資源情報（フォーマル、インフォーマル）の把握、人口推計等をあわせ、
どのように地域包括ケアシステムに活かせるか、その方法を検討するという
調査事業を、3か年の予定で実施する。2015年度は、区内の社会資源（在宅
医療機関、介護事業所、介護予防や生活支援の取組み等）の需給体制の抽出（二次医

第6章　日本における地域包括ケアシステム構築にむけた自治体の対処と戦略　153

療圏、自治体、モデル地区単位)、また、モデル地域の団体等へのヒアリングや高齢者アンケート等による実態把握を行っている。

4) 新たな総合事業としての生活支援サービスの準備

　介護予防・日常生活支援総合事業(新しい総合事業)は、2016年4月から開始された。

　事業では区独自のサービス基準の設定を行った。従来、訪問型サービスの報酬設定は、従来の介護予防給付であれば月単位の包括報酬であったが、今回の新事業ではサービス類型に応じた「都度払い」(実績払い)にした。その際、「身体介護＋家事援助」タイプの報酬は、従来の給付水準を概ね維持できるよう設定されているが、「家事援助」のみのタイプの報酬は、要介護の認定者に対する「生活援助中心の訪問介護45分以上」の報酬基準を準用した(結果として、報酬の単価は、「身体介護＋家事援助」タイプと比較すると低くなった)。

　こうした区独自の報酬設定にあたり、介護サービス事業者の代表と9回、10回と協議を重ね、事業者からの了解を取り付けたという。その過程で、区側は他自治体での報酬設定の例を引き合いに出し、自区の設定が「一般的」であることを提示したり、事業者と共同でサービス利用実態を調査することで、報酬設定の合理性を相互に確認したりするプロセスを経た。

　後者については、以下のようなエピソードが語られた。訪問サービスへの報酬設定を「身体介護＋家事援助」「家事援助」の2タイプに区分した際には、厚生労働省の資料を根拠にしている旨を事業者に伝えたが、全国レベルのデータを根拠に区が判断したことについて、事業者からの納得が得られなかった。事業者側からは、事業者も協力するので、A区の実態に関するデータをつくりたい旨が提案され、共同で実態調査をした。その結果、国のデータ以上に、A区では「家事援助のみ」タイプのサービスの提供割合が高いことが判明した。こうした経緯もあり、「家事援助のみ」という区分を設定することや、その報酬を上述のような基準で設定することについて、サービス事業者との合意が形成されたという。

住民主体の支援に対応したサービス種別（「訪問型サービスB」「通所型サービスB」）の実施については、計画には「検討中」との文言が記載されているにとどまる。

(2) B区

B区が地域包括ケアシステム構築に向けた取組みの「柱」と位置づけているのは、以下の5つである。すなわち、「1.関係機関と連携した地域づくりの推進、そのための地域包括支援センターの体制強化」「2.在宅サービス基盤整備の推進（在宅生活を24時間支えるための地域密着型サービス等の充実）」「3.医療・介護の連携による在宅医療の推進」「4.認知症施策の充実」「5.高齢者の施設・住まいの整備促進」である。

B区では、これらの取組みの推進にむけ、第6期計画開始の前年度にあたる2014年度までに、モデル事業を3か所の地域包括支援センターに委託して実施している。その結果をふまえ、2015年度から区全域での取組みを進めている。

モデル事業をふまえた区独自の取組みとしては、全ての地域包括支援センターに地域包括ケアを推進する人員（以下、「推進員」）を設置した点があげられる。地域包括支援センターに配置された「推進員」が中心となり、地域包括ケアシステムの構築を進めようとしている。

2015年度の主な取組みは、「地域包括支援センターの体制強化」「医療・介護の連携による在宅医療の推進」「生活支援の体制整備」である。それぞれの概要は以下の通り。

1) 地域包括支援センターの体制強化

地域包括ケアシステムの構築において、その中心的担い手を地域包括支援センターと位置づけている。取組みの体制を強化する観点から、区担当課として第6期計画期間中の「地域包括支援センター事業実施方針」を策定した。

「地域包括支援センター事業実施方針」では、委託先法人（地域包括支援センター）と区の役割を明記し、すべての地域包括支援センターに、「医療・介護

連携の推進」「認知症対策の推進」「生活支援体制の整備」について重点的に取り組むよう求めている。また、先述の通り、2015年度から全ての地域包括支援センターに配置された「推進員」は、取組みにおいて中心的役割を果たすと位置づけられている。区が「推進員」に求める役割として、高齢者の生活支援ニーズの把握、既存の社会資源の発掘、地域の人材発掘、関係者のネットワークづくり等があげられている。

2) 医療・介護の連携による在宅医療の推進

区を7つの圏域に整理し、B区医師会の協力を得ながら、圏域単位で「在宅医療地域ケア会議」を設置した。7つの各圏域で、地域包括支援センターの「推進員」や地域の主任ケアマネジャーなどが企画・準備等に関わりながら、年3回の会議を開催した。

3) 生活支援の体制整備

生活支援の体制整備について、国の方針では、第1層として「区全体という範囲」での整備、第2層として「小規模な日常生活の範囲（各地域包括支援センターの管轄範囲）」での整備を求め、具体的には関係者の協議体の設置などを求めている。

B区では、第6期計画の開始当初から地域包括支援センターに「推進員」を配置して第2層レベルの取組みに区内全域で着手していた。

また、計画1年目（2015年度）に、区全体という地理的範囲（「第1層」レベル）で、NPO、民間企業、ボランティア等のネットワーク化にむけた連絡会を試行的に設置・開催した。さらに、第1層と第2層の中間の範囲として3つのブロックを設定し、2015年度中にブロック単位での「生活支援ネットワーク連絡会」を開催した。

「連絡会」には、区の方針としてNPOだけでなく介護保険のサービス事業者や民間営利事業者で地域貢献的な活動をしている団体にも入ってもらっている。

B区は、これらの「連絡会」を、まずは地域での活動をお互いに知るとい

う目的で設置した。担当課としても、生活支援ネットワーク連絡会に参加した団体の活動を紹介するハンドブックを作成し、連絡会の参加団体に配布するなど、地域の団体がお互いを知るための支援をしている。区は、連絡会を国が求めるような「協議体」として位置づけているわけではないが、活動の充実にむけ、コアメンバーづくりなどにも担当課として取組む予定である。

4) 新たな総合事業としての生活支援サービスの準備

　介護予防・日常生活支援総合事業(新たな総合事業)については、2016年4月から開始され、区独自のサービス基準の設定がなされた。住民主体の支援に対応したサービス種別(「訪問型サービスB」「通所型サービスB」)については、第6期介護保険事業計画の期間中には実施しないこととし、「今後設置する協議体及び生活支援コーディネーター等と協議し、必要とされるサービスの整備を進める」予定である。

　以上、A、B、両区の地域包括ケアシステム構築にむけた取組みについて、第6期介護保険事業計画の記載内容および、2015年度の実施内容を中心に見てきた。それらをまとめたのが**表2**である。

(3) 2つの自治体の取組み内容の相異

　A、B、両区の取組みには、相違点がいくつかある。

　第一の点は、システム構築の手法である。両区とも、モデル事業の検証をふまえて本格的な取組みに移行させる点は共通している。しかし、モデル事業から全地域を対象とした事業への展開のプロセスは異なっている。A区は、モデル事業の範囲を1つの日常生活圏域に絞り、その圏域内部で複数のモデル事業を実施している。これに対し、B区は、いくつかのモデル事業を複数の日常生活圏域・地域包括支援センターに委託してきた。

　第二の相違点は、地域の社会資源に関する情報整理へのアプローチである。具体的には、収集整理の実施者・担い手の位置づけに関する相違である。A区では、調査時点ではコンサルタント会社への委託による全区レベルでの

第6章　日本における地域包括ケアシステム構築にむけた自治体の対処と戦略　157

表2 地域包括ケアシステム構築にむけた取組み

	A区	B区
システムの単位（日常生活圏域および地域包括支援センターの数）		
	7圏域、14か所（うち1か所は支所）（1圏域につき2か所）	7圏域、20カ所（1圏域につき3または2か所）
地域包括ケアシステム構築にむけた重点的なとりくみ事項		
	地域包括ケアシステムの柱として、以下の4つを提示。 （1）総合的な介護予防の推進 （2）在宅介護・医療連携の強化 （3）認知症対策の強化 （4）地域ケア会議の充実 　7つの日常生活圏域の1つをモデル地区として設定する。 　モデル圏域内の地域包括支援センターを中心に、関係機関や関係団体等の協力を得て、在宅介護と医療の連携推進、認知症対策の強化、介護予防サービス・生活支援の推進を図る。 　また、モデル地区において、在宅医療、住まいや地域支え合いの実態調査を行い、A区版の地域包括ケアシステム構築にむけたモデル事業の計画を策定する。	地域包括ケアシステムの柱として、以下の5つを提示。 （1）関係機関と連携した地域づくりの推進、そのための地域包括支援センターの体制強化。 （2）在宅サービス基盤整備の推進（在宅生活を24時間支えるための地域密着型サービス等の充実）。 （3）医療・介護の連携による在宅医療の推進。 （4）認知症施策の充実。 （5）高齢者の施設・住まいの整備促進。 　2014年度までに3か所の地域包括支援センターに委託して実施したモデル事業をふまえ、2015年度から区全域で取り組みを進める。 　モデル事業をふまえ、全ての地域包括支援センターに、地域包括ケアの推進を担当する人員（以下、「推進員」）を設置し、地域包括ケアシステムの構築を進める。
＜2015年度の代表的な取組み＞		
	（1）モデル圏域（1圏域）での、地域包括支援センターへのモデル事業（3年間）の委託。 　モデル事業は以下の3つ。 ・在宅介護・療養相談窓口の開設。 ・認知症カフェの設置・運営：運営主体別の3タイプのカフェを設置。「地域包括支援センター直営型」「事業所運営型」「地域住民主体型」。 ・介護予防サービス・生活支援の推進：介護予防の取り組みを重点実施（認知症予防に資する介護予防自主グループ立ち上げにむけた「回想法教室」の設置。	（1）地域包括支援センターの体制強化。 　地域包括ケアシステムの構築を加速させる観点から、区担当課として「地域包括支援センター事業実施方針（H27〜H29）」を策定した。 　方針では、各地域包括支援センターに以下の重点的な取組みを求めている。 ・医療・介護連携の推進。 ・認知症対策の強化。 ・生活支援体制整備。 ・「推進員」は、上記の取組みにおいて中心的役割を果たし、そのための高齢者の生活支援ニーズの把握、既存の社会資源の発掘、地域の人材発掘、関係者のネットワークづくり等を進めることが求められている。
	（2）在宅介護・医療連携の強化。 ・「A区在宅医療介護連携推進会議」の開催（「在宅医療検討部会」から名称変更）。 ・多職種連携研修会の開催（大学による協力）	（2）医療・介護の連携による在宅医療の推進。 ・区を7つの圏域に整理し、医師会の協力を得て、圏域単位で「在宅医療地域ケア会議」を設置し、年3回の会議を開催。
	（3）「地域包括ケアシステム構築モデル事業支援」のための調査研究の委託。 ・コンサルタントに委託し、区内の社会資源（在宅医療機関、介護事業所、介護予防や生活支援の取組み等）の需給体制の抽出（二次医療圏、自治体、モデル地区単位）、および、モデル地域の団体等へのヒアリングや高齢者アンケート等による実態把握。	（3）生活支援の体制整備。 ・日常生活圏域を単位とした、地域包括支援センターの「推進員」等によるネットワーク構築。 ・区全体を単位とし（「第1層」レベルで）、NPO、民間企業、ボランティア等のネットワーク化にむけた連絡会を設置・開催。 ・区を3ブロックに分け、ブロック単位での生活支援ネットワーク連絡会の開催を年度中に行う。 ・参加団体の活動紹介ハンドブックの作成。
介護予防・日常生活支援総合事業（新たな総合事業）について		
開始時期	2016年4月	2016年4月
独自サービス基準の設定	あり	あり
生活支援B型（住民主体のサービス）の実施	「検討中」	「今後設置する協議体及び生活支援コーディネーター等と協議し、必要とされるサービスの整備を進める」

（出典）第6期介護保険事業計画およびヒアリング時入手資料をもとに筆者作成。

関係機関の洗い出し、すなわち、第三者による客観的・全体網羅的な情報収集と分析を基盤に、今後のシステム構築の筋道を描こうとしている。これに対し、B区では、地域の社会資源の情報把握・発掘は、それぞれの地域包括支援センターが、地域とのネットワーク構築を通じて担うこととされている。それらを集約し、区全体という地理的範囲（「第1層」レベル）での生活支援に関わる体制整備につなげようとしている。いわば、地域包括支援センターを介した日常生活圏域からの情報把握という、「ボトムアップ型」のスタイルを通じ、今後のシステム構築を展望しようとしている。

　第三の相違点は、生活支援体制整備の位置づけである。A区では、地域包括支援センターが地域づくりを担い、生活支援の体制整備を行うこと等は、現時点では取組みの柱として位置づけられてはいない。A区では、地域の各種の社会資源の発掘とネットワーク化にむけた動きが無いわけではないが、それをどのように区の施策や介護保険事業計画のなかに位置づけていくか、模索を続けている。

　これに対し、B区では、第6期計画の策定準備段階ないしそれ以前から、地域包括支援センターによる地域づくりの役割が強調されていた。第6期計画においては行政の地域包括支援センター運営方針のなかで、地域の各種の社会資源の発掘とネットワーク化をセンターの活動の柱に加え、地域包括ケアの「推進員」をセンターに配置することで、生活支援体制の整備をはじめ地域包括ケアシステムの推進を図ろうとしていた。また、行政が生活支援体制に関する関係者の連絡会を開催し、区単位での関係者のネットワーク化の基盤をつくり、今後、より小地域での生活支援のネットワークと支援調整を、地域包括支援センターを中心に展開しようとしていた。

4. 自治体および地域包括支援センターの認識

　介護保険制度で自治体事業とされる地域支援事業に関わる研究では、各市町村の事業への認識が事業運営のあり方に影響することが指摘されている（永田、2016）。

第6章　日本における地域包括ケアシステム構築にむけた自治体の対処と戦略　159

　この点に着目し、以下では、A区、B区の地域包括ケアシステムの担当者が、システム構築について、特に、住民や関係者の主体的参加による運営が期待されている生活支援の体制整備について、どのような認識をもっていたのか、計画準備段階、そして、取組みを進めている最中の状況をみてみる。さらに、A区、B区の地域包括支援センターが、各自治体の取組みをどのように受け止めているのかも、みていく。

(1)A区

1) 地域包括ケアシステムのあり方

　A区での第6期計画の策定にあたり、地域包括ケアシステムについては、必ずしも具体的な取組みのイメージを区として描いていたわけではなかった。第6期介護保険事業計画の準備段階でも、地域包括ケアとは国が大々的に推進しているものであり、それへの対応は「区保険者も避けて通れない」との認識はあった（第1回ヒアリング）。第6期計画期間が始まり、地域包括ケアシステムを、「どういう風に計画に織り込むか、地域支援事業の見直しにどう対応するか、新しい総合事業への落とし込みをどうするか、検討していく」段階に進んでいる（第2回ヒアリング）。

　計画準備段階において一番工夫・苦慮したのは保険料の算定であったという。第4期計画までは、介護保険料は都内でも高い方ではなかった。低所得層が多いという地域状況を勘案し、区の積立金を取り崩しながら低く抑えてもいた。しかし、区の方針として施設整備を積極的に進めたこと、さらに、地価が安いこともあり「サービス付高齢者向け住宅」の参入が相次ぐなど、保険料の増加要因が重なり、第5期には大幅な保険料の増加となった。第6期計画でも保険料の増加が予定され、保険料の水準に関して都内での相対的順位を強く意識しつつ、「低所得層、中間層も多いので、6000円に行かないところで何とかならないか、というのが基準。この金額がギリギリ」のところで、計画策定を進めることに、大きな苦労を費やしてきたという。

2) 住民主体の「生活支援サービス」について

　地域における、住民も関わるなかでの生活支援体制の整備については、計画準備段階から、優先度の高いテーマとして意識されていたわけではない。区として、町会にすでにたくさんの事業をお願いしていることもあり、「新たにまた事業をお願いする」というアプローチは難しいと感じており、地域の人たちの活動が活発なところを上手く活用できないか、検討している最中である（第2回ヒアリング）。

　地域支援事業（区事業）の枠内で総合事業として実施される「生活支援サービス」については、第1回ヒアリング時点では、国から示される制度設計に関する資料をみて、給付費や財源、保険料といった制度運営の費用問題への関心・懸念を強くもっていた。

　当面の対応としては、要支援者への訪問介護・通所介護の予防給付が地域支援事業に移行した後も「従来のサービス事業者にお願いすることになる」と予想していた。但し、費用抑制の観点もいれれば、サービス事業者への支払いは、従来と同じ水準を維持するわけにはいかないと予想しており、区として「こうしたギリギリのところで、事業者と話し合い、意見交換しながら、支給額の水準を検討しているのが実際」であった。

　国から示された制度設計図において、とりわけ予算関連で不確定要素が多かった。そんな中、果たして事業者を確保できるのか、どこまで充実したサービスができるのか検討し、「我々はこういうなかで、給付費算定の根拠を割り出して、保険料を算出しなければならない」（第1回ヒアリング）という点に、ジレンマを感じていた。

　また、国が「生活支援B型」として推進しようとしている、サービスの担い手としてNPOやボランティアを活用するサービス形態については、懐疑的であった。「国は地域支援事業をNPOやボランティアにまかせて給付を抑えるという方向性だが、そう簡単にはいかない」、「ボランティアというのは付き合い方もかわっていくし、個人には事業を頼めない。やはり団体を想定して担い手を考えることになる。NPOは、いくつか事業展開しているものもあるが、介護事業の担い手として位置づけるという段階でもない」とい

う認識であった（第1回ヒアリング）。

　総じて、第6期計画の準備段階では、要支援者向けの生活支援の仕組みについては、「担い手を確保して単価をおさえて……一体どうやっていくのか」、国の政策方針に則った展望や有効な戦略は見出し難いと感じていた。

　第6期計画開始後は、新しい総合事業として実施する生活支援サービスについて、既存のサービス事業者によるサービス提供を想定した場合、事業者数の十分な確保が見込まれることが分かってきた。こうしたことから、「今後は、住民の団体やNPOに、家事援助部分は出来るだけやっていってもらいたいという思いもある」という声も聞かれた（第2回ヒアリング時）。そのために、「素人が家に入り家事援助に入る住民の不安や事故時の対応など、その部分を制度として整えていく必要がある」「社協が小地域福祉活動をこれまでもやっている。そうした活動も生かしながら」といった考えで、今後の検討が行われていた。

3) 地域包括支援センターの認識

　A区において、地域包括ケアシステムに関するモデル事業を受けた地域包括支援センターは、これまでも行政が事業展開を図る際の「協働者」であった。すなわち、行政との委託関係にもとづく範囲内ではあるが、センターとしての問題意識を様々な取組みにつなげ、積極的に行政への提案をしてきた。

　他方で、モデル事業を全面的に引き受けていることについて、当該センターが取り組んだことが、全面的に他地域にあてはめられるかは分からないという。この点については、区担当者も、事業の成果を他の地区に活かす方法を検討しながら、順次普及していく必要性を認識していた。

　地域単位での生活支援の体制に関して、コミュニティづくりを基盤に置くことについては、個人的な意見としつつも、多少の違和感をもつ。「東京では、そういうのから距離を置きたい人も少なくないので、単純に生活支援の体制をコミュニティだけに求めるのはいかがなものか」との感覚をもっているためである。むしろ、東京の特徴は事業所が多数ある点にあるとの観点から、「事業所を活用して、そこに住民主体での運営があわさる、そうした

形が一番いいのではないか」と考えている。但し、それを、小地域レベルで誰がどのように進めるのか、地域包括支援センターがそこにどのように関わるか、現時点で明確な図があるわけではなく、総合事業を実施していく中で検討していくことになるという。とはいえ、何もしないわけではなく、「2年後位に、『生活支援B型』のサービスができた、といった動きには持っていきたい」との思いがあり、来年度からアプローチをする予定である。

なお、地域の相談体制については、ワンストップの相談支援機能の必要性から地域包括支援センターができたと理解しているが、その後の展開として、「在宅療養相談窓口は○○が、介護の相談窓口は地域包括支援センターが、生活支援コーディネーターは△△が……」というように、個々に受託先が設定されてしまうと、住民にとってわかりにくい仕組みになってしまうのではと、心配している。また、「地域での包括的なケア」を目指すのであれば、高齢者に限らず、全年齢対象の相談窓口を置き、相談の窓口を集約していった方が良いとの思いもある。

総合相談体制のあり方について、区側としては、地域包括支援センターの対象者の拡大がセンターの業務量増加につながることを懸念している。また、センターが介護保険制度の内部に位置づけられている現状の制度的枠組のなかでは、センター業務の拡大が介護保険料の上昇につながるなど、おのずと制約があると認識している。こうしたことから、区として今後の介護保険制度の動向を注視していきたいというスタンスである。

(2) B区

1) 地域包括ケアシステムのあり方

B区担当者は、第1回ヒアリングの時点で、地域包括ケアシステムについてのイメージを具体的に語っている。

区内部で検討した結果、「医療・介護の連携を中心にした制度的なサービスの充実も必要だが、制度的サービスはスポット、スポットなので、制度的サービスだけでは不十分。さらに地域の中で安心して生活するために、地域づくりが大事だ」という結論になったとのことである。そして、システム構

第6章　日本における地域包括ケアシステム構築にむけた自治体の対処と戦略　163

築を通じて実現を目指すのは、「生活の延長として、なじみのある関係を続け、なじみのある生活関連の民間サービスを買うことができるようにする必要がある。人間関係を切らず、今まで支えてもらった人たちも切らずに、食べたいものはあそこの店で買うとか、来てもらうとか、そういうことの関係を切らないあり方」であるという（第1回ヒアリング）。

　そして、すでにモデル事業として、3か所の地域包括支援センターに、「推進員」の前身にあたる「地域づくり担当」を配置し、担当には「地域に入っていくという感覚」で、「資源を発見して、ネットワークをつくる」役割の遂行を求めていた。

　このように、B区は、地域包括ケアシステムについて、「地域づくり」を基盤に、住民の生活のなかで「関係を切らずに支える」ためのサービス・支援の仕組みを作っていく点を、区としての重要な役割と認識していた。

　そして、この認識は、一定の期間を経ても維持されるなど、一貫性のあるものである。すなわち、第2回目のヒアリングでも、以下のような言及がなされている。「介護保険により、地域の生活支援体制が寧ろバラバラになってしまった側面もある。」「介護保険に何でもあてはめるのではなく、何のためにサービスするのか、介護保険でカバーしないスキマをどう解決するか。こうしたことを、生活支援に関する会議で検討していく。」「そうした活動に、地域包括ケア推進員が絡んでいくことが望ましい。」

　但し、第6期計画の期間中の取組みについては、「20カ所の地域包括センターの担当地域の中でも、また小地域ごとに個性があり、それぞれの地域性を見ながら、どういうきっかけをつくっていったらいいのか考えている」状況であった。

　こうしたことは、第6期計画で突然打ち出されたわけではない。すでに、地域づくりという考え方・視点で、地域包括支援センターの職員に対しても研修をやってきていたという。

　また、地域づくりや制度外の住民相互の支援が強調される背景には、区として、住民活動が比較的活発である、区としてもこれまで住民の自主活動を支援してきた実績があるという認識をもっていたことも関係している。区

職員からは、第1回ヒアリングの時点で、以下のような発言が聞かれた。「もともと住民活動が活発で、場をつくれば人が集まって来る」、「これまでの介護予防の事業を通じ、活動の自主グループが立ち上がっており、体操や歩く会などは、NPO法人として事業の委託を受けられるぐらいに育っている」、「ほかにも、介護保険の1次予防事業の経費をつかい、介護予防のための居場所づくりの展開がすでにある。NPOのサロン、団地の中の認知症カフェ、商店街の空スペース、有料老人ホームのスペース、高齢者施設内の地域包括支援センター等での展開がある」。

2) 住民主体の「生活支援サービス」について

　住民活動を軸にしたシステムの構築を目指すとはいえ、それを「新しい総合事業」の「介護予防・生活支援サービス」にあてはめることについては、楽観をしていない。要支援者への訪問・通所といった生活支援サービスの継続的な提供を住民活動として実施するという、国が制度改正により市町村に求めている構想は、「とてもハードルが高い要求」であると受け止めていた。

　第6期になり、生活支援体制整備の観点から、行政から地域への定期的な情報提供、地域との連携の場をつくることを主眼として、「生活支援ネットワーク連絡会」つくった。今後は、地域の生活支援体制に関する協議体として発展すること、そこに地域包括支援センターの推進員の活動が絡んでいくことを期待している。

　また、こうした地域の支援団体・組織のネットワーク構築にあたり、参加団体の質の保証については、「これも含めて、行政だけではなく、皆でアンテナを張りながらやっていく」というスタンスである。生活支援に関与する地域資源の質保証は、行政の直接管理ではなく、地域関係者のネットワークのなかでの信頼獲得に基づいてなされるとの見解であった。

3) 地域包括支援センターの認識
①地域づくりへの関与

　地域づくりについては、いずれの地域包括支援センターでも、近年とり

わけここ2～3年は業務の柱の一つに位置付け、積極的に取り組んでいる。その中で、区によるセンターへの「推進員」の配置は、いずれのセンターにおいても好意的に受け止められていた。

「推進員」が配置されたことの効果として、以下のような声がきかれた。「今まであまり取り組めていなかった地域づくりに取り組み始めた」（aセンター）、「今まで組織内で積み上げてきたことを、組織内の職員とより積極的に共有するようになった。また、推進員の情報交換の場を区が確保しているので、取組みや課題を他センターと共有しやすくなった」（cセンター）、「地域に出ていくのはセンター長だったが、推進員にも分担してもらえるようになった」（dセンター）、「従来はセンター長業務になっていた地域づくりだが、地域包括のなかでチームとして取り組む組織体制ができた」（fセンター）。

但し、地域づくりの役割を地域包括支援センターが担うことについて、また、その比重がどんどん大きくなっていくことについて、いくつかの懸念も示された。ひとつは、業務量の観点からの懸念である。例えば、区が「推進員」の役割としている3つのテーマ（生活支援、認知症対策、在宅医療）は、「推進員1人で担当するのは負担が大きすぎるのではないか。それぞれのテーマについて、地域で今後さらに具体的、きめ細かな取組みを展開するということになれば、もたないのではないか」（fセンター）といった声もあった。

もう一つの懸念は、個別相談に応じる総合相談機関としての機能とのバランスをどう保つかという点からのものであり、以下のような声が聞かれた。

- 地域づくりは、事業活動として報告しやすいが、包括として一番時間を割いているのは個別ケース対応。しかし、ここはなかなか見えにくい（bセンター）。
- 個別の相談の質をあげていくこと、これがセンターの活動の基本。そのために、早めの相談につながる等のために地域とつながる。こうした兼ね合いで、個別相談と地域づくりのバランスをとっていく。後者の比重が大きくなりすぎても、何のための活動か分からなくなる（dセンター）。
- 地域づくりの業務を中心的に担うことは、センターの業務負担をおし上げているが、他方で、包括と住民が近い関係をつくり相談しやすい・地域

からすぐに情報が入る状態を作るのに役立ってもいる（eセンター）。

②地域ネットワーク、住民互助の仕組みの構築

地域づくりということは区の方針としてあるが、各センターの活動は、それぞれのセンターに、また地域性に応じてまかされている。そのなかで、地域とのネットワーク、「居場所・サロン」づくり、住民互助の仕組みを構築していく取組みについては、比較的スムーズに言っていると感じているセンターもあれば、難しい・苦戦していると感じているセンターもあった。

苦戦しているセンターでは、以下のような感触をもっていた。

- 担当地域には、2つの住民層があり、両者は余り交流がない。昔ながらの住民層（を中心とした自治会）は、結束力はあり、防犯や見守り等自分たちでもやっている。しかし、活動単位が大きく、包括からすればもう少しきめ細かい対応にむけて取組んでいきたい。しかし、包括の取組みとは足並みがそろわない。（fセンター）

- 地域づくりについて、どのように地域にアプローチするか、センターとしても推進員としても有効な策をなかなか見いだせない状況。国策で言われているような、互助の積極活用のパッケージをこの地域に当てはめるのは、難しい。「住民を奮起させて自主的に取組んでもらおう」などという観点ではたらきかけをしても、この地域では「ひびきにくい」。（cセンター）

- 「居場所づくり」は、立ち上げに包括がかかわりつつ、住民による自主運営を進めることが課題。区からも、自主運営化は方針として出されている。自主運営の継続は、核になる人、手伝う人の確保など、かなり難しい。（bセンター）

- 個別ケース対応として住民互助による生活支援をマッチングしていくのは、現状では難しい。個別ケースへの生活支援サービスの提供は、やはり「仕事」としてやっていかないと回らないのではないか。（aセンター）

他方で、比較的良好に取組みが進められているという感触をもつセンター

第6章　日本における地域包括ケアシステム構築にむけた自治体の対処と戦略　167

もあった。

- 担当エリアでサロンを立ち上げた。地域の方が手をあげてくれた。この1年、住民が主体的に動いてくれている。サロン立ち上げの目的は、住民が自助力、介護力をつけること。センター職員は「通い」なので24時間対応はできない。住民自身が、対処力をつけていく必要がある。実際に、サロン立ち上げを通じ、個別ケースへの24時間対応の支援において、地域の住民が支援で重要な役割を果たした例が出てきている。(eセンター)

- 自分たちがサロンを立ち上げる必要性はなく、サロンは独自に地域で立ち上がっている。町会、民生委員、NPO等が共催して立ち上げている。担当エリアでもここ2年位で増えた。「夜もやりたい」といった声まであるようだ。包括としては、そこにお便りを配布したり、相談時にサロンを紹介したり。現在は、ミニ講演・企画をさせてもらえないかお願いしている。生活支援(新しい総合事業)も、地域包括が独自に何かするのではなく、こうした既存サロンとのネットワークをつくり対応していくのが現実的ではないか。(dセンター)

③地域づくりの取組みから見出された区の役割

　B区では、地域づくりを基盤にした地域包括ケアシステムの構築を推進している。こうした、「地域づくり」を基盤にした取組みの意義は、地域包括支援センターにも共有されていた。

　他方で、センターが地域づくりの具体的業務の相当部分を担うことを区から期待されていることについて、センターからは異論も出されている。また、地域づくりを推進する区としての役割、課題についても意見が出された。

- 地域包括ケアとは、地域包括支援センターがやるというより、もっと幅広い捉え方で、いろんな分野・団体との協力・ネットワークのもとで実現するものではないか。これに対し、役所は縦割りで、個々の取組みについての役所内でのつながり・相互理解が薄いことがある。役所も横断的・包括的になって、地域での横断的な取組みをバックアップしてほしい。(dセンター)

- 地域包括ケアは、高齢者の問題だけではなく、障がい者、子どもを含め、ユニバーサルな地域の課題として取り組む必要がある。しかし、区行政のなかでは、高齢者対策という縦割りの中で展開されている印象。行政内部での横の連携をもってほしい。地域ケア会議等をやって地域の課題が抽出され、それを行政にあげても、行政が縦割りだと結局解決の道筋がみえない。行政の中で連携して、地域包括ケアの現場の取組みを後押しする環境整備も必要。(fセンター)

　また、行政と地域包括支援センターとの関係は、行政の委託事業の評価手法から一定の影響をうけていた。

　区による包括支援センターへの委託事業の評価は、一般的な委託事業の評価の仕方の延長という位置づけで、段階的評価を行っていた。区の地域包括ケア担当課としては、評価を「相互に競い合わせる、チェック・管理する」という視点で捉えていたわけではない。むしろ、相互に学び合い改善してくためのコミュニケーションツールと捉えていた。他方で、いくつかのセンターは、委託事業の評価には、委託先を競わせ、評価して質をあげるという区の目線があると捉えており、そのことへの違和感が表明され、行政とセンターとの更なる信頼構築を望む声が聞かれた。(bセンター、cセンター)

　また、地域づくりが段階的評価の対象とされることを危惧する声も聞かれた。

- 住民互助の生活支援について、この地域ではうまくいくのか。それは、地域の特性かもしれないし、包括の力量と言われてしまうかもしれない。後者となるようだと、包括としてはかなり取組みのハードルが高いと感じる。(fセンター)

　なお、その後、B区では、包括支援センターへの委託事業の評価において4段階評価を廃止するなど、評価のあり方をヒアリング時点のものから見直している。

第6章　日本における地域包括ケアシステム構築にむけた自治体の対処と戦略　169

5. 自律的運営の様相と課題

(1) 2つの自治体における自律的運営の姿と課題

1) A区

　A区では、低所得層の比較的多い地域であるという地域性への認識から、「介護保険料」がシステム運営の重要案件となっていた。また、区によるシステム運営は、都内での相対的位置が重視されており、他区と比較して特異ではない水準に収まるよう、保険料と保険給付のバランスをとることや制度運営を行っていくことが意識されていた。地域のケアのニーズを如何に充足するかという点では、「住民主体の支援体制」を不可欠な要素とみなし区としてその創出に注力するというよりも、サービス市場に参入している既存の介護保険サービス事業者と継続的な対話や共同作業を通じて一定の関係性を作り上げ、事業者の了解を取り付けながら、国から求められる制度改正への適応を図ろうとするアプローチが顕著であった。

　地域包括支援センターとの関係は、区とモデル圏域のセンターとの間に、センター主導で取組みの試行と区への提案・意見出しを行い、区がそれを施策化の判断材料とするといった一定の信頼関係が積み重ねられていた。地域包括ケアシステムの構築にむけた取組みでも、区は、こうした地域包括支援センターとの密な関係性に基づいた施策化プロセスを踏襲している。区の今後の施策は、モデル事業を受託した地域包括支援センターの視点や現場感覚を参考に、展開されていくことになろう。現場の目線が区施策に反映されやすい回路が保持されることで、現場事業者と区との信頼関係に基づくシステム構築が、今後期待される。但し、モデル事業受託センター以外のセンターから、どのように取組みの合意・正当性を獲得するかという点では不透明な要素も多く、地域内の多くの関係者を巻き込むための、区レベルでのビジョンの形成と提示が、今後は課題になろう。

2) B区

　B区では、高齢者の地域生活における社会関係の継続を重視する立場から、

従来の介護保険制度によって形成された介護サービス市場でのサービス供給・サービス購入には質的な課題があると認識した。そして、地域のなかで住民活動が比較的活発であるという地域性をふまえ、住民相互の支援関係の組織化を基盤に「生活支援体制の整備」を展開することを重視した。

　区主導で、地域包括ケアを推進する手法として明示的に「地域づくり」を掲げ、システム構築の取組み方針を定め、全地域的に地域包括支援センターを核に、既存の介護保険制度の枠組ではサービス提供主体とは位置づけられてこなかった多様な、また、潜在的な主体のネットワーク化を進めている。そして、関係者とのビジョンの共有に基づき、「地域での信頼に基づく関係」をベースにした生活支援体制を整備しようとしている。介護保険制度においては、介護サービス事業者の質の監督は、自治体の役割である。これに対し、生活支援体制に関わる団体の質・安全性に関する認証・管理については、「皆でアンテナを張りながら」との担当者の表現が端的に示すように、地域ごとの協議体単位で相互の信頼性を基準にした支援活動の運営を、区として期待している。

　こうしたB区の取組みは、国が示した地域包括ケアシステムの理念を体現しているようにも見える。

　但し、いくつかの課題もある。

　一つは、国や区のビジョンと地域の現実が大きく乖離しており、打開策を見出しあぐねている地区もあるという点である。そうした状況への対処を区としてどのように打ち出していけるのかが問われている。

　第二の課題は、信頼に基づくネットワークの構築・維持・発展にむけた調整コストを、どのような主体がどの程度、どのように担うのかという点である。調査の段階では、その調整コストが地域包括支援センターに集中する傾向があり、今後のさらなるコスト増大をセンターは危惧していた。

　第二の課題に関連して、地域の関係者のネットワークにもとづく生活支援体制整備にあたり、条件整備主体として区が果たすべき役割とは何かが、改めて問われていた。区として、「高齢者担当課」の枠を超え、地域での横断的な取組みを可能にする基盤整備のコストを積極的に引き受けていかない

第6章　日本における地域包括ケアシステム構築にむけた自治体の対処と戦略　171

と、現場機関にそれらが転嫁されてしまい、現場から「地域づくり」の正当性の合意を得にくくなるだろう。

　最後に、区と地域包括支援センターとの関係性についてである。区は、地域の関係者・事業者との関係を、包括ケアというビジョンと相互信頼を基盤にしたものとするよう、再構築を図ろうとしている。他方で、地域包括支援センターと区との関係は、行政のセンターへの委託事業の評価手法から一定の影響をうけていた。行政による既存の委託事業評価の手法と地域包括ケアを支える関係者間の関係構築のあり方との適合性についても、検討の必要が示唆されていた。

(2)「地域の実状」の理解にむけて

　以上、地域包括ケアシステム構築にむけた市町村自治体の取組みについて、東京都内の2つの特別区を事例に、既存の介護保険制度運営や地域性との関連をふまえてみてきた。

　国の「再地域化」政策は、自治体レベルで、「地域包括ケアシステム」という共通目標を掲げることを余儀なくさせた。しかし、「再地域化」に対する自治体の態度も具体的な取組みも、自治体が何を重視して介護システムの運営を行うか、また、これまでの自治体の行政運営のあり方、地域性といったことから、大きな影響を受けていた。

　これまでにも、地域包括ケアシステムが、地域の状況に応じて多様な形態となることは指摘されてきた。しかし、それがどのようにして成り立っているのか、十分には明らかにされていない。

　地域間の相異をもたらす「地域の状況」については、高齢化の状況や都市部か地方かの違い、自治体財政といったマクロ構造、自治体の意識や姿勢の重要性が指摘されてはきた。

　しかし、こうしたマクロな変数をある程度コントロールした上で自治体間比較を行った本調査からは、自治体の自律的対応の相異に関連する側面として、次のような点も考慮する必要性があることが示唆された。

　地域の住民層の所得・地価、既存の住民活動の形態やそれらに対する自

治体の関与、既存の介護保険サービス事業者と自治体との関係構築のあり方、地域内で「ネットワーク調整機能」を担う組織・主体と自治体との関係構築、介護サービスに限らない自治体の民間導入とその運営管理手法、領域横断的調整を促進する条件整備主体としての自治体の役割、等である。

「ポスト市場化」の段階として展開される地域包括ケアシステムの多様性は、単に人口的要因や地理的要因にとどまらず、自治体が、これらの側面において、これまでの経緯からどのような影響・制約を受けているのか、その制約を超えて新たな展開に持ち込む契機がどのようにつくられるのか等、ダイナミックな視点で理解していくべきものだろう。

注

1 自治体は3年間を1期とする介護保険事業計画を策定すること、また、国は、自治体の計画策定の基本指針を示すこと、介護保険法でも規定されている、(介護保険法第116条、117条)。

2 「介護サービスの基盤強化のための介護保険法等の一部を改正する法律」(2011年第177回通常国会成立)で、「国及び地方公共団体の責務」を定めた介護保険法第5条の第3項に、地域包括ケアの仕組みの構築に関する規定が以下のように設けられた。「国及び地方公共団体は，被保険者が，可能な限り，住み慣れた地域でその有する能力に応じ自立した日常生活が営むことができるよう，保険給付に係る保健医療サービス及び福祉サービスに関する施策，要介護状態等となることの予防又は要介護状態等の軽減若しくは悪化の防止のための施策並びに地域における自立した日常生活の支援のための施策を，医療及び居住に関する施策との有機的な連携を図りつつ包括的に推進するよう努めなければならない.」

3 介護保険制度開始時の国の政策のグランドデザインは、家族というケア供給部門の外側に、介護サービスの大量供給を可能にする領域を作り出すこと、そして、そのサービスが全国津々浦々に公平に流通する環境を整備することにあった。そのため、サービスの提供には、原則として民間事業者(営利事業者を含む)も参入できるようになり、市場取引として利用者と事業者の契約に基づきサービスの利用・提供がなされ、その費用を保険制度がカバーするという手法が導入された。サービス供給量の拡大のための介護サービスの市場化と同時に、政策の力点は、サービスの公平な流通という観点にも置かれ、サービスの供給方法や内容・価格については、政府の規制による標準化がすすめられた(森川、2015)。

4 ケア資源の運営管理に関わる国レベルの政策変化と展開については、本書の第3章の平岡論文も参照のこと。

参考文献

猪飼周平　地域包括ケアの社会理論への課題：健康概念の転換期におけるヘルスケア政策．*社会政策研究*　2011, 2 (3):21-38.

井上信宏　高齢期の生活保障と地域包括ケア．*社会政策* 2016, 7 (3):27-40.

厚生労働省　介護保険事業に係る保険給付の円滑な実施を確保するための基本的な指針の改正(案)について．厚生労働省，2014．http://www.mhlw.go.jp/file/05-Shingikai-12301000-Roukenkyoku-Soumuka/0000052532.pdf (2016 年 3 月12日アクセス)

厚生労働省老健局介護保険計画課　介護保険事業に係る保険給付の円滑な実施を確保するための基本的な指針の改正(案)について(第5期介護保険事業(支援)計画の策定に係る全国会議資料2)．厚生労働省，2011年7月11日．http://www.mhlw.go.jp/topics/kaigo/osirase/hokenjigyou/05/dl/kaigoshishin.pdf (2016 年 3月12日アクセス)

宮島俊彦　地域包括ケアシステムの推進について．*保健医療科学* 2012, 61 (2):73-74.

森川美絵　*介護はいかにして「労働」となったのか：制度としての承認と評価のメカニズム*．ミネルヴァ書房，2015.

永田祐　調査研究の成果と今後の課題．専門的援助と住民主体の福祉活動の協働を進めるために〜新しい総合事業における要支援者等への支援を考える(厚生労働省平成27年度老人保健健康増進事業　要支援者等への支援における専門的援助と住民主体の福祉活動の協働に関する調査研究事業報告書)；全国社会福祉協議会；全国社会福祉協議会，2016年;pp8-18.

二木立　*地域包括ケアと地域医療連*．勁草書房，2015.

沼尾波子　*社会保障制度改革と自治体行財政の課題*．社会政策 2016, 7 (3):12-26.

筒井孝子　*地域包括ケアシステムのサイエンス*．社会保険研究所，2014.

所道彦　*社会保障改革と地方自治体*．社会政策 2016, 7 (3):3-11.

Morikawa,Mie Toward community-based integrated care: trends and issues in Japan's long-term care policy. *International Journal of Integrated Care* 2014,14 (1):1-10. DOI: http://doi.org/10.5334/ijic.1066

第3部
サービス供給組織・家族・地域
：境界の再編

第7章　台湾の高齢者長期ケア政策とケアワーカー
　　　　の「内」と「外」

第8章　非営利―営利の法人格に意味はあるか？
　　　　低所得高齢者への行政支援に関する台北市と新北市の比較

第9章　韓国における介護する家族への支援事業の
　　　　推進状況と課題
　　　　認知症高齢者の家族支援を中心に

第10章　韓国の高齢者ケアサービスの供給組織

第11章　日本の介護政策における「介護の社会化」
　　　　の展開
　　　　家族介護の境界とその揺らぎ

第12章　Public-ness の再編
　　　　高齢者ケアの領域における市民・住民組織

第7章 台湾の高齢者ケア政策と ケアワーカーの「内」と「外」

陳　正芬

(訳：須田　木綿子)

梗　概

　台湾では、1992年に外国人ケアワーカーの受け入れが始まった。外国人ケアワーカーは長時間にわたる重労働をひきうけており、、それに伴う身体的心理的負担は深刻である。その結果として、ケアの質に否定的な影響が及ぶことも少なくない。本章は、ケアワーカーの出身国と働く場所によって、「台湾出身のケアワーカー」―「施設で働く外国人ケアワーカー」―「個人の家庭で住み込みで働く外国人ケアワーカー」の三つの階層が形成されていることを示す。そして最下層におかれている「個人の家庭で住み込みで働く外国人ケアワーカー」の劣悪な労働条件の背景を、二重労働市場の理論(dual labour market theory)と職位にもとづく差別の視点から検討し、今後の課題を指摘する。

1. はじめに

　高齢者の介護に従事するケアワーカーは、介護を提供する場によって以下の3つのタイプに分けられる。入所施設に勤務して看護師の監督下で介護をするケアワーカー、地方自治体や非営利組織に雇用されて高齢者や障がい者の自宅に訪問して介護を行うケアワーカー、そして、個人（家族）に雇用されて高齢者や障がい者の自宅に住み込んで介護を行うケアワーカーである（Stone, 2004）。このようなかで1990年代に入って、少なからずの先進工業諸国が高齢者を在宅のままで支援することを高齢者ケア政策の目標に掲げるようになり、在宅サービスの充実が主要な課題となった。その結果として、高齢者や障がい者が在宅のままで利用できるサービスへのニーズが急速に増大し（Bannon et al., 2007; Harris-Kojetin et al., 2004）、介護者の不足が顕在化した。そして、必要な介護人材をすぐに調達するための有効な方策として、介護人材の「輸入」が行われるようになった（Doyle and Timonen, 2009; Walsh and Shuted, 2013）。

　この話題に関する先行研究の論点は次の3つである。ひとつは、輸入された外国人ケアワーカー受入政策の現状と課題に関心をあてたもので、外国人ケアワーカーが高齢者ケア政策において果たす役割と、外国人ケアワーカーがどのように高齢者ケアの現場に供給され、いかにケアの過程に参加しているのかを検討したものである（Organization for Economic Cooperation and Development, 2005; Stone and Wiener, 2001; Yeoh and Huang, 2010）。少なからずの国では、外国人ケアワーカーはすでに高齢者ケアに不可欠の役割を担っている（Spencer et al., 2010）。たとえばCangianoら（2009）によると、英国の介護ケアワーカーの28％が外国籍であり、同様のケアワーカーがアイルランドでは32％、イタリアでは72％、イスラエルでは50％を占めるという（Colombo et al., 2011）。先行研究のもうひとつの論点は、外国人ケアワーカーと介護をうける高齢者や障がい者と雇用主（家族介護者）の関係についてである。この領域では、外国人ケアワーカーによって提供される介護の質や仕事の量および負担が重要な課題となっている（Berdes and Ecker, 2001,

2007; Timonen and Doyle, 2010; Walsh and Shutes, 2013)。たとえばAyalon (2009a, 2009b, 2009c, 2010, 2011)は、外国人ケアワーカーと介護をうける高齢者や障がい者と雇用主(家族介護者)の関係と、そこで提供されているケアの質について精密な検討を行っている。そして、外国人ケアワーカーは介護を受ける高齢者や障がい者と家族同様の関係を形成し、長時間にわたる重労働をひきうけており、この緊密でストレスフルな環境が介護する高齢者や障がい者への虐待を生み出す場合もあることを報告している。Degiuli(2007)は、住み込みで働く外国人ケアワーカーと通いで働く場合のそれぞれについて、起床から就寝までの24時間の行動を報告し、外国人ケアワーカーの労働が極めて長時間にわたることと、それに伴う身体的心理的負担の深刻さに注意を喚起している。先行研究の3番目の論点は、外国人ケアワーカーと地元のケアワーカーの関係と役割の相違についてである。この領域の検討では、外国人ケアワーカーは正規のケアワーカーの不足を補うという、補助的役割を越えていることが明らかになっている。外国人ケアワーカーは、主に介護を要する高齢者や障がい者の家族に直接雇用され(往々にしてその雇用契約は不法)、家族介護を補うだけでなく、時には代替をする役割をも果たしていることが報告されている(Anderson, 2007; Ungerson, 2004)。

　先進諸国が外国人ケアワーカーを輸入する理由を説明する理論として、当初は、労働力を増強させることが当該国の経済を活性化するという、いわゆるネオコン的な新保守主義の説明の仕方が多くなされた。しかし最近では、介護人材の不足が最も強調されている。このような中で注目されるのが、二重労働市場の理論(dual labour market theory)である。この理論では、労働者の国境を越えた移動を、労働者が国籍を有する国のプッシュ要因(給与の低さ、失業率の高さなど)によってではなく、外国人労働者を受け入れる国の経済発展の度合いや、その国の社会変化との関わりで外国人労働者が必要になった経緯に着目する(Liu, 2000; Massey et al., 1993; Piore, 1980)。その要点は以下のようにまとめることができる。すなわち、労働者が求められる「フィールド」には二種類あり、上位のフィールドは安定し、専門性も社会的評価も高く、よって給与水準も高く、労働環境は快適で、労働者を保護する規制や昇

進の機会も整えられている。しかし、一国の経済活動はこのようなフィールドだけでは成立せず、下位のフィールドの労働者を必要とするが、先進諸国では往々にして、この種の労働者が不足する。そこで、発展途上国から安価な労働力を輸入することとなる。こうして形成される下位のフィールドの労働者は低賃金で労働環境は劣悪で、雇用条件は不安定であり、規制も整えられておらず、昇進の機会には恵まれず、離職率も高い（Doeringer and Piore, 1971）。こうして、ひとつの国の中に「雇用のヒエラルキー」が形成され、それが国際的な経済活動における「職種間の（もしくは人種間の）ヒエラルキー」のモデルとして共有されるに至る（Holt, 2002; Lichtenberg, 1998; Miles, 2000）。

　これに対して England and Folbres（2003）は、介護という労働に固有の特性があるので、上記のような経済学的視点のみでは把握できない課題があり、それゆえに、介護に従事するケアワーカーの労働条件が不安定にならざるを得ないことを指摘している。その固有の事情とは、以下のようなものである。高齢者のケアニーズを女性の移民労働者で賄うことは、家族介護者にとってはケアワーカーを調達する簡便な方法として有用である。しかし同時にそれによって、ケアワークの専門性が認められることは難しくなり、よってその仕事に従事する労働者の立場も不利な状態にとどめられる。Browne and Braun（2008: 16）も同様の点を指摘したうえでさらに、介護という労働のもうひとつの特殊性として、目に見える技術では説明できない専門性（共感、辛抱づよさ、献身性など）が重要でありながら、そのような専門性が正当に評価されない点に着目している。既存の経済学理論では、需要が供給を上回ればその仕事やそれに従事する労働者の経済的価値は高まるのだが、上記のような専門性が正当に評価されない状況では、ケアワーカーの労働力としての価値は、需要が供給をうわまわったとしても、低いままにとどまるであろうと考えられている（Huan, Yeoh and Toyoda, 2012）。

　一般的には、高齢者ケアにかかわる有給の労働は二極化している。ひとつの極は、医師、看護師、作業・理学療法士、ソーシャルワーカーらの専門職などから構成される「主たる労働市場」である。そしてもうひとつの極が、実際の介護に従事する未熟練のケアワーカーによって構成される「副次的な

労働市場」で、この市場を通じて供給されるのが、実際の介護を担う看護補
助師 (nurse aide) やケアワーカーと呼ばれる人々で、支援を要する人々の食
事や排せつの補助、家事、掃除、洗濯などをひきうける。この種の労働には
最低限の教育と技術を要するのみであり、同様の領域での職業経験も往々に
して不要である。給与水準は低く、昇進の機会も少なく、社会保障制度の対
象とされていないこともある (Kane, Kane, and Ladd, 1998; McFarlane and Mc-
Lean, 2003; Duffy, 2005; Duffy, Armenia and Stacey, 2015)。結果としてこのよ
うな労働に従事するのは、教育年数の短い中高年の女性で、離職率は極めて
高い (Lu and Chen, 2009; McFarlane and McLean, 2003; Potter, Churilla and
Smith, 2006)。

　先行研究によると、副次的な労働市場を通じて供給される労働者の不足
を労働者の「輸入」によって補おうとする場合、一般的には、個人営業の外
国人ケアワーカーがそのような「輸入」の対象となりやすく、給与や福利厚
生についての保障はまず無い (Anderson, 2007; Ayalon, 2009b; Brannon et al.,
2007; Duffy, 2015)。Redfoot & Houser (2005) は、こうした高齢者ケア領域
における労働市場の二重性の検討をもとに、一国が未熟練労働者の不足を人
材輸入によって補う過程を理論化した。しかし、副次的な労働市場において
も、たとえば施設で働くケアワーカーは、訪問介護事業所や個人の家庭に住
み込んで介護を提供しているケアワーカーよりも給与やそのほかの待遇にお
いて恵まれているといった二重性が存在する。たとえば、住み込みで働いて
いるケアワーカーの中で、健康保険を有しているものは少なく、給与もほと
んどが時給制である。さらに、住み込みで働いているために仕事とプライ
ベートの境界が明確に区別されていない (Stone and Dawson, 2008; Stone and
Harahan, 2010)。実際、ケアワーカーは通常の雇用基準には当てはまらない
ような働きかたをしているために、労働基準に関わる規制の保護から除外さ
れている場合も多い (Duffy, Armenia and Stacey, 2015)。

　近年の労働理論では、労働市場の二重性という概念にはすでに修正が加
えられている。ここでは、主たる労働市場はさらに、上位と下位に分けられ、
「上位の主たる労働市場」、「下位の主たる労働市場」、「副次的労働市場」の

三層に分ける考え方が提示されている (Piore, 1975)。また、外国人労働者の輸入に着目した理論では、人種にもとづく差別の視点を加えて、労働市場の現状を検討している (Fan, 2005; Holt, 2002)。

本研究は、介護労働者間の差別的待遇に関わる議論の進展に貢献するべく、以下の二点について関心を喚起することを目的とする。ひとつは、副次的な労働市場への外国人労働者の流入が、同一職種内での差別的待遇を生み出すことについてである。そしてもうひとつは、労働者が働く場所の違いが、同一職種内での垂直的差別と水平的差別につながることである。垂直的差別とは、自国の労働者が外国人労働者よりも高位の職業階層を占めることを指す。そして水平的差別は、自国の労働者と外国人労働者が同じ労働に従事した場合に、自国の労働者が有利な立場を占めることを指す (Hakim, 2000)。本研究の最終的な目標は、副次的な労働市場に外国人労働者が流入することで同一職種内での差別待遇が生じる経緯を、制度・政策との関りにおいて明らかにすることである。本研究が強調するのは以下の点である。すなわち、台湾の高齢者ケアの労働市場はすでに、3つに分かれているのみでなく、副次的な労働市場内部にも区分があるということである。そしてこの区分の根拠は、労働者が労働基準法の適用「内」にあるのか、適用「外」にあるのかという点にある。つまり、労働基準法によって守られている労働者であるのか、そのような保護の対象外にいる労働者なのか、という区分である。

2. 台湾の外国人ケアワーカーに関する歴史と政策

台湾では1992年に雇用サービス法が施行された。この法律は、職種に関わらず、すべての外国人労働者の雇用と管理に関する規定を定めたものであるが、このように外国人労働者を一括して扱うことによって、台湾出身の労働者との分断を生み出している。行政も一般市民も、メディアも共通して、外国人労働者は「下位の労働者」と見なしているのである (Liu, 2000)。外国人労働者は、差別的な待遇を受けている。たとえば法律によって滞在期間が限られており、それぞれの業界ごとの経済規模に応じて従事できる職種にも

制限が加えられている。さらにひとたび就職すると、自分の意思で雇用主を変えたり、働く場所を変えることもできない。さらに外国人労働者は、滞在期間やその労働者が所属する業界、出身国の如何に関わらず、台湾の市民権を得ることはできない。とはいえ、いわゆるホワイトカラーの、職業階層では上位にあるような職業に従事する外国人労働者は、移民ビザこそ入手できないものの、滞在期間を延長することはゆるされている。明らかに、労働市場の二重構造に対応して、外国人労働者にも異なる政策的対応が存在している (Tseng, 2004)。労働者の国際的移動に関する先行研究は、副次的労働市場に関わるすべての職種をまとめて論じている。これに対して本研究は、台湾の高齢者ケアの領域に着目し、その領域の副次的労働市場に外国人労働者が参入した場合に直面する差別的待遇と境遇を検討し、さらに、台湾国内のケアワーカーと外国人ケアワーカーの間に存在する差別的待遇と関係性の変化をも明らかにする。台湾では1992年に、家庭内介護における人手不足に対応するための時限法が施行され、外国人ケアワーカーを副次的労働市場に迎え入れるにあたっての手続きや条件が定められた。この法律の目的は、Barthel Index（高齢者の日常生活動作能力を把握するために最も多く使用されているインデックス）で障害があると判断された個人を介護している家族のニーズに応えることであったが (Pearson, 2000)、問題は、外国人ケアワーカーが、台湾出身のケアワーカーの補助的役割を担うとみなされるにとどまっている点にある。この法律では、台湾出身のケアワーカーの雇用機会と職業トレーニングの重要性を強調し、ケアワーカーの需要と供給が釣り合っていないので、外国人ケアワーカーは補助的存在として、入所施設や個人の家庭で働いてもよいとされた。そして1999年に、入所施設が外国人ケアワーカーを正式に雇用することができるようになったが、ここでも外国人ケアワーカーは補助的存在とみなされている。

　注目すべきは、外国人ケアワーカーの間でも、個人の家庭で働いているか施設で働いているかによって、給与や職務の内容、そして労働者保護のあり方において決定的な差異があることである。ここで、主要な労働市場と副次的な労働市場を関連づけてみたい。両者の間には明確な区別があるので、

双方の議論が交わることはないが、主要な労働市場内部が上位と下位に分かれることに加えて副次的な労働労働が存在するのなら、労働市場全体は三つに分割されるということである。(Edward, 1979; Piore, 1975)。そして主要な労働市場の上位には、専門職、技術職、管理職が含まれ、これらの仕事は創造的で自律性が保持され、社会的地位も高く、異動の機会も提供されている。いっぽう主要な労働市場の下位には、事務職や、指示通りに職務をこなすことが重要視されるような技術職が含まれる。外国人労働者は、その下の副次的な労働市場に流入する。ここで興味深いのは、副次的な労働市場の内部においても、主要な労働市場と同様に、上位と下位の区分が生じているのではないかという問いである。

このような労働市場の二重構造と労働者間の区分にもとづいて、台湾での過去23年間の高齢者ケアにおける労働市場のデータを見てみると、台湾の労働市場全体はすでに、三つに区分されているようである。そしてさらに、副次的な労働市場の中でも、労働基準法の適用「内」労働者と、適用「外」労働者が存在する。個人の家庭で働く外国人ケアワーカーは「内」労働者の「補助」存在としてしか認識されておらず、適用「外」の労働者である。しかし実際には、外国人ケアワーカーは補助的存在とはいえず、もはや台湾社会におい

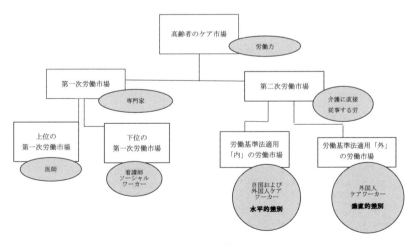

図1　概念構成

て不可欠の役割を担っている。政府がそのことを認めない限り、外国人ケアワーカーの権利や労働環境は劣悪なままであろう。(**図1**)

3. データと方法

　本研究では、様々な方法を組み合わせている。外国人ケアワーカーを雇用する家族（介護を必要とする高齢者の家族）や施設責任者と、個人の家庭に住み込みで働く外国人ケアワーカーについて情報を収集した。台湾で働く外国人ケアワーカーの出身国で最も多いのはインドネシアであり、次いでベトナム、タイ、フィリピンの順である (Ministry of Labor, 2015)。これら外国人ケアワーカーと台湾人のケアワーカーの労働市場における差別的待遇について多角的に理解するためには、複数の情報源を組み合わせる必要があった。これらのデータはとりわけ、外国人ケアワーカーが台湾の労働市場にとっての代替的役割を果たしているのか、あるいは補完的な役割を果たしているのか、さらには、台湾の高齢者ケアシステムにおける就労の機会が外国人ケアワーカーの雇用にどのような影響を及ぼしているのかを明らかにするうえで必要であった。

　具体的な情報源は以下の4つである。

　ひとつは、副次的な労働市場に流入する外国人労働者がどの国から来ているのかに関する行政資料である。ここには以下の三種類の資料が含まれている。ひとつは、台湾の労働移民局が外国人ケアワーカーの数を追跡した資料であり、本研究では、施設と個人の家庭で住み込みで働く外国人ケアワーカーの数についての二次分析を行った。もうひとつは厚生福祉局による台湾人のケアワーカーに関する資料で、訪問介護事業者から台湾人ケアワーカーの人数と待遇に関してオンライン上で定期的に収集されたデータを二次的に分析し、傾向と変化を把握した。さらにこれらの分析を行う際には、1992年以来の23年間にわたる労働市場の変化と区分に着目した。最後の情報源は労働局の資料で、副次的な労働市場の差別的待遇に労働基準法がいかに関わっているのかを、ケアワーカーの働く場所別に検討した。さらに、使用し

たデータの信頼性を高める一助として、上記の異なる情報源からのデータの相違をチェックし、整合性を維持した。

　第二の情報源は、調査で収集したデータである。施設はすべて、人手不足を補うために外国人ケアワーカーを雇うことができる。その実態に関する施設間の差異を明らかにするために、2011年秋から2013年3月に、台北市と新北市において外国人ケアワーカーを雇用している198の施設の責任者を対象とする訪問面接調査を行った。調査に先立って、既存の施設を、調査地域と施設のタイプ別に分類した結果を**表1**に示す。最初の3つのグループに分類される施設の数は比較的少数であったので、すべてを調査の対象とした。4番目のカテゴリーには316施設が分類されたので、このうちの半数にあたる159施設をランダムに抽出した。このうち、調査に回答した施設の割合は83.3%であった。

　第三の情報源は、個人の家庭で働く外国人ケアワーカーの雇用主、すなわち介護を必要とする高齢者の家族から得たデータである。個人で外国人ケアワーカーを雇用する家族リストから32件をランダムに抽出し、2011年1月から2012年3月の間に面接調査を実施した。面接調査の内容は；(a) 外国人ケアワーカーを雇用した理由；(b) 外国人ケアワーカーを雇用してみての感想；(c) 台湾人のケアワーカーを雇った経験があれば、外国人ケアワーカーとの差異について、であった。さらに、外国人ケアワーカーの給与水準や福利厚生、労働環境について理解を深めるために、台北市の訪問介護事業者15件、新北市の訪問介護事業者14件すべてを対象に、マネージャーへの面接調査を行った。回答率は台北市で93%、新北市では100%であった。

表1　調査対象：施設の種類別

	老人ホーム 病院併設	老人ホーム	高齢者ケア施設：財団	高齢者ケア施設：営利法人	合計
台北	5/6 (83.3)	2/3 (66.7)	8/9 (88.9)	55/67 (82.1)	70/85 (82.4)
新北市	8/9 (88.9)	41/46 (89.1)	7/7 (100.0)	73/92 (79.4)	129/154 (83.8)
合計	13/15 (86.7)	43/49 (87.8)	15/16 (93.8)	128/159 (80.5)	198/239 (83.3)

( ) は%

最後の情報源として、個人の家庭が外国人ケアワーカーを雇用するプロセスを理解するために、ケアワーカーの雇用にあたって提出が求められる診断書の記載をする精神科と神経科の医師、およびケアワーカー斡旋業者連絡会の代表責任者、および台湾政府の雇用・職業訓練局の職員3名への面接調査を行った。これらの面接から、外国人ケアワーカーが他の労働者と区別されるような政策が形成される過程と、その結果として職場で生じる待遇の差が把握された。

上記の面接調査はすべて、回答者の了解をえたうえで録音し、内容を書き起こしてコーディングを行った。まずは、施設と個人の家庭で働く外国人ケアワーカーから得られた情報をもとにコードを起こした。そして、質的データの分析基準、すなわち信頼性、一般化可能性、一貫性、確実性 (Guba and Lincon, 1994) に基づいて、回答者間のコードの比較・調整を行った。こうして構成したコーディングの体系を、今度はケアワーカーが働く場所やケアワーカーの出自国別に比較してコーディングの一貫性を確認したのちに、テーマ別の分析を行う過程でさらに調整を重ねた。さらに先行研究が用いた分析枠組を参考にしながら、ケアワーカーが働く場所とケアワーカーの出自国別に、共通する課題と固有の課題を同定した。

得られた結果を、以下の順に報告する。まず、外国人ケアワーカー内部の差別的待遇の存在、すなわち垂直的差別について述べる。次に、台湾出身のケアワーカーと外国人ケアワーカーの間の差別的待遇、すなわち水平的差別について報告する。そして、台湾出身のケアワーカーと外国人ケアワーカーそれぞれの内部での垂直的差別について検討する。最後に、介護にかかわる副次的な労働市場に外国人ケアワーカーが流入することが、台湾の高齢者ケアに及ぼす影響を論じる。

4. 調査結果

(1) 外国人ケアワーカーの中での垂直的差別

労働市場全体を見わたしたとき、産業間に階層性が存在する様子が観察

されるが、それぞれの産業の内部でも、仕事の内容にもとづく階層性がある。その好例が、高齢者ケアの領域である。すでに述べてきたように、台湾では外国人ケアワーカーが施設や個人の家庭の中で働いている。施設で働く外国人ケアワーカーは労働基準法が適用されるので、一定の就労時間と休養のための場所、そして十分な休養時間が保障されている。

いっぽう、家庭で働く外国人ケアワーカーの場合、介護をする高齢者の心身の衰えは一様に深刻である。何をもって障害の程度が深刻であるとするのかについての制度上の明確な規定はないが、一般には24時間のケアを必要とする場合が想定される。それに応じて個人として外国人ケアワーカーを雇用する家族は、外国人ケアワーカーに24時間の労働を求める。Chen (2011b) は、このような外国人ケアワーカーの待遇について検討し、その多くが介護を受ける高齢者と同じ部屋で寝起きし、実際に24時間体制で介護を行っていることを報告している。このよう状態であるから、医療行為以外の生活行為全般に関する世話も、外国人ケアワーカーが担うこととなる。さらに、生活行為と家事の区別は曖昧で、どこまでを外国人ケアワーカーの仕事の範囲とするかの判断は、雇用主である家族の任意である。そして通常は、家事も外国人ケアワーカーが担っている (Chung, 2010)。

外国人ケアワーカーの長時間労働について、外国人ケアワーカーを雇用している家族から表明される意見は、必ずしも共感的なものではない。「だって、(外国人ケアワーカーを雇うまでは……訳者注) 私だってずっとそうやって介護していたんですもの！」といった具合である。Wu (2006) によると、個人の家庭で住み込みで働く外国人ケアワーカーの労働時間は13時間以上に及び、労働時間に関する事前の合意も長時間労働の抑制効果を持ちはしないという。それよりも、個人の家庭で働く外国人ケアワーカーの労働時間は、外国人ケアワーカーの居場所と深くかかわる。外国人ケアワーカーが介護を受ける高齢者と同じ部屋で寝起きしている場合は、食事の世話や夜間の排せつ介助を行っていなくとも、休養のための時間を確保することは難しい。外国人ケアワーカーを雇用している家族に理解がある場合は、外国人ケアワーカーに昼寝のための時間を提供したりしているが、外国人ケアワーカーがひ

きうけている仕事量に見合う休養になっているのか、体力を回復するに十分であるのかは疑わしい。

　個人の家庭で住み込みで働く外国人ケアワーカーが、どうして労働基準法の適用外となっているのかについては、台湾固有の考え方と深く関わっている。外国人ケアワーカーは、台湾の高齢者ケアの補助的役割を担う短期間労働者であるから、労働基準法で保護する必要のない存在と位置付けられる傾向にある。そもそも、このような考え方の背景として、発展途上にあるアジアの国からの労働者の地位を低いものと見なし、また台湾に来る外国人労働者は雇用よりもお金が目当てであるという先入観が広く共有されていることが指摘できる。こうして、外国から「輸入」した労働者には、台湾市民や欧米からやってきたホワイトカラー労働者のような法的な保護は必要はないとされる (Lan, 2005)。

　加えて、同じ外国人ケアワーカーであっても、施設で働く場合は労働基準法が適用されるのに、どうして個人の家庭で働く場合には適用外とされるのか、その個別の理由にも注目すべきである。ここでもまた、一般市民の間で共有されている観念が重要な役割を果たしている。すなわち、台湾人の多くは家庭を職場とは考えない。家庭は、家族にとって最もプライベートな場所なのである (Lan, 2006)。したがって、その家庭での仕事をまかせる外国人ケアワーカーについて政府からの様々な規制がかかることは、政府が私生活に入り込み、自由を制約することと同義とうけとめられ、そういった事態はできるだけ避けようという方向で世論が形成される。これに関連して思い起こされるのは、1997年に施行された家庭内虐待防止法である。こういった法律がありながら家庭内における虐待がいまだに横行している事実は、法律の拘束力が家庭生活には及ばないことの証左である (Yu, 2014)。また、外国人ケアワーカーを雇うメリットは、家族の都合に応じて自在に働き方をあわせてもらえる点にあり、そのメリットが無いのであれば、そもそも外国人ケアワーカーではなく、台湾のケアワーカーを雇えばよいということになる。

　外国人労働者の権利を主張するアドボカシー団体は、外国人ケアワーカーにも労働基準法を適用するか、あるいは家庭内労働法を別に設定して個人の

家庭で住み込みで働く外国人ケアワーカーの労働条件を保障することを求めている。しかし、その声が政府関係者に影響力を持って届くことはなく、それどころか外国人ケアワーカーの雇用主からは、そのような動きに反対の声があがっている。台湾国内に足を踏み入れた外国人ケアワーカーを対象に、空港で支援を提供するプロジェクトがある。カウンセリングサービスやホットラインも設置しているが、その効果はほとんどあがっていない。外国人労働者自身が、自身の雇用の機会や台湾国内での移民としての不安定な立場に不利が生ずることをおそれ、声をあげることが少ないためである (Chen, 2011b)。

　個人の家庭で住み込みで働く外国人ケアワーカーの雇用にあたっては、斡旋業者は、外国人ケアワーカーが台湾にやってきた段階で家族と交わした契約書のコピーを渡し、外国人ケアワーカーの権利と責任を双方で確認することが法律で求められている。さらに、斡旋業者は外国人ケアワーカーが働く家庭を定期的に訪問して、労働条件をチェックするしなければならない。しかし、身体的もしくは性的な虐待のような深刻な犯罪行為が起こらない限りは、斡旋業者が外国人ケアワーカーの訴えに耳をかすことは少なく、長時間労働や過重負担も見逃される。外国人ケアワーカーも、契約書に定められた時間をこえて働きたいわけでは決してないが、もし長時間を理由に仕事を拒むと、それを口実に雇用主である家族が斡旋業者に外国人ケアワーカーの交代を求めるという。本研究が斡旋業者を対象に行った面接調査では、次のような報告が得られた。

　　フィリピンの外国人ケアワーカーが、雇用主である家族に、「きょうはもう8時間働いたので仕事は終わりにしたい」といったところ、雇用主の家族は驚いた。ケアワーカーがいなければ、自分たちが老親の痰の吸引をしなければならない。しかし、自分たち家族も外で終日働いて、疲れて帰ってきている。そのうえ、痰の吸引まで自分たちがしなければならないのか。その家族は怒りを露わにして、では痰の吸引以外に何ならやってくれるのか、とケアワーカーに詰め寄った。

雇われた側であるケアワーカーができることは、労働基準をまもってほしいと言うだけである。これに対して雇う側は、別のケアワーカーに交代させることによって自分たちの力を誇示することができる。雇用サービス法の第59条では、個人の家庭で住み込みで働く外国人ケアワーカーは、その家庭の成員からの求めがなければ就労に従事することができないと定めている。そして、雇用主である家族が他国に移住するか、給与を払うことができなくなるか、あるいは介護の対象者が死亡するといった事情でない限りは、外国人ケアワーカーの側から雇用主である家族を替えることはできない。雇用主である家族と外国人ケアワーカーの間のこういった力関係の不均衡ゆえに、外国人ケアワーカーは自身の自由とひきかえに、雇用の機会を守る。結果として、外国人ケアワーカーは常に被害者としての不利な立場に甘んじて、助けを求めることもできない。台湾政府の雇用・職業訓練局は、台湾国内で働く40万人の外国人労働者の状態を監督することになっているが、その任務に従事する監査職員は240人に過ぎない。こうして、少数のあからさまな不正だけが表ざたになるにとどまる。さらに、明らかな不正が発覚してもそれが深刻に受け止められることはなく、軽い処罰でさえも加えられることはまれである。多くは、何の処罰もなされない (Chen, 2011b)。

　こうして、外国人ケアワーカーの過重な労働負担は放置されている。雇用・職業訓練局から何年にもわたって「優良」と評価されている斡旋業者は、政府の対応の遅れを指摘する。その間に、台湾社会は外国人ケアワーカーの不当な扱い方を学習し、それを普及させているのである。前述の外国人ケアワーカーに8時間以上の労働を求めた家族に対して、斡旋業者が、それは罰金に値する行為であると告げたところ、その家族は次のように応答したという。「あなたはどっちの側の人間なの？（外国人ケアワーカーを8時間以上働かせることは……訳者注）誰だってやっていることでしょ！」そのときの斡旋業者にできたのは、雇用主である家族にはこれ以上事を大きくしないように、そして外国人ケアワーカーには辛抱強くあるように説得することだけだったという。Lan (2005) によると、台湾では、フィリピンのケアワーカーの雇用が減り、変わってインドネシアのケアワーカーが増えているという。斡旋

業者は、フィリピンのケアワーカーよりもインドネシアのケアワーカーの方が「従順で使いやすい」という理由で、外国人ケアワーカーの中でもインドネシアのケアワーカーを優遇し、他の外国人ケアワーカーを差別することを合理化しているという。

さらに、雇用主である家族と外国人ケアワーカーの間の「合意」が、外国人ケアワーカーの違法な労働の顕在化を阻んでいる。本研究の面接調査に応じたある幹旋業者は、外国人ケアワーカーが真夜中の介護をさせられて消耗したケースについて述べた。指摘をうけた家族は、3,000台湾ドル（約11,000円……訳者注）のボーナスを申し出た。金銭ではケアワーカーの疲弊は解消できないと幹旋業者が伝えたところ、家族は、「あの人たちはお金のために来ているんだ。お金さえやれば、文句を言うはずはない」と答えたという。この事例は、雇用主である家族がお金を使って、外国人ケアワーカーにとっては不利な「合意」をとりつけている実態を如実に示している。

以上のように、台湾の副次的労働市場が外国人ケアワーカーを受け入れたことによって、個人の家庭で住み込みで働く外国人ケアワーカーは、外国人労働者の中でも下位の立場におかれるという、垂直的差別に直面することとなった。そしてその差別は、労働基準法の適用外におかれていることに起因している。外国人ケアワーカーも、台湾の副次的労働市場が、労働基準法の適用される領域とそうではない領域に分かれていることは承知している。それではなぜ、労働基準法が適用されるところで働かないのであろうか？

その理由は、介護産業の規模に由来している。台湾で、外国人ケアワーカーを受け入れる施設の数は、2001年以来増加しているが、外国人ケアワーカーを受け入れる個人の家庭の数はそれよりもはるかに多い（**図2**）。**表2**からも同様の傾向はうかがわれ、それゆえに幹旋業者も、施設よりも個人の家庭で住み込みで働く外国人ケアワーカーを求めている。

副次的労働市場で働く外国人ケアワーカーについて、台湾国内では厳格な規制が存在することも視野におさめる必要があろう。ひとつの施設で雇用する外国人ケアワーカーの総数は、台湾出身のケアワーカーの総数の50%を越えてはならないという規定がある。また、個人の家庭で住み込みで働く

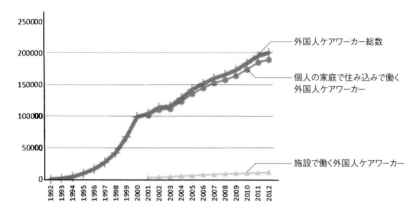

図2 外国人ケアワーカーの人数：住み込みと施設別

出典：Council of Labour Affairs and Bureau of Employment and Vocational Training
(http://statdb.mol.gov.tw/statis/jspProxy.aspx?sys=210&kind=21&type=1&funid=c13090&parm1=code1=0)

外国人ケアワーカーが逃げた場合、その家族は6か月待てば、次の外国人ケアワーカーを雇用することができるのに対して、施設で同様のことが起きた場合には、逃げたワーカーを探し出し、その出国が確認されるまで、次のワーカーの雇用を申請することができない。こうして、施設で働く外国人ケアワーカーの数は抑制され、結果として個人の家庭で住み込みで雇用される外国人ケアワーカーの数が不釣り合いに多くなるという現象が生じる。

施設の側からすると、国籍に関わりなくすべてのケアワーカーに労働基準法が適用されるので、外国人ケアワーカーを雇用する動機は弱い。本研究の面接調査で、ある施設長は次のように述べた。

> 外国人ケアワーカーに労働基準法が適用される前は、外国人ケアワーカーの給与は一律月15,840台湾ドル(58,600円……訳者注)で、超過勤務手当も不要だった。それが今では、台湾出身のワーカーとの給与の差は縮まるばかりだ[1]。それに残業を頼んでも応じてくれないこともある。もし無理強いでもすれば、当局に電話をして苦情を申し立てる。こうして人件費は上がるいっぽうだ！

表2 外国人ケアワーカーの数：個人の家庭と施設 (1992-2012)

年	外国人ケアワーカー (総数)			外国人ケアワーカー (個人の家庭)			外国人ケアワーカー (施設)		
	人数	増加数	増加率	人数	増加数	増加率	人数	増加数	増加率
1992	306	-	-				306		
1993	1,320	1,014	4.3				1,320		
1994	4,257	2,937	13.9				4,257		
1995	8,907	4,650	29.1				8,907		
1996	16,308	7,401	53.3				16,308		
1997	26,233	9,925	85.7				26,233		
1998	41,844	15,611	136.7				41,844		
1999	67,063	25,219	219.2				67,063		
2000	98,508	31,445	321.9				98,508		
2001	103,780	5,272	339.2	101,127	-	-	2,653	-	-
2002	113,755	9,975	371.7	110,378	9,251	1.1	3,377	724	1.3
2003	115,724	1,969	378.2	111,598	1,220	1.1	4,126	2,906	1.6
2004	128,223	12,499	419.0	123,157	11,559	1.2	5,066	940	1.9
2005	141,752	13,529	463.2	135,659	12,502	1.3	6,093	1,027	2.3
2006	151,391	9,639	494.7	144,238	8,579	1.4	7,153	1,060	2.7
2007	159,702	8,311	521.9	152,067	7,829	1.5	7,635	482	2.9
2008	165,898	6,196	542.2	157,416	5,349	1.6	8,482	847	3.2
2009	172,647	6,749	564.2	163,818	6,402	1.6	8,829	347	3.3
2010	183,826	11,179	600.7	174,307	10,489	1.7	9,519	690	3.6
2011	195,726	11,900	639.6	185,317	11,010	1.8	10,409	890	3.9
2012	200,530	4,804	655.3	189,373	4,056	1.9	11,157	748	4.2

出典：Council of Labour Affairs and Bureau of Employment and Vocational Training
(http://statdb.mol.gov.tw/statis/jspProxy.aspx?sys=210&kind=21&type=1&funid=c13090&parm1=code1=0).

　加えて、当局が施設評価をする場合、ケアワーカーの労働条件やシフト
の組み方も評価の対象となる。個人の家庭で住み込みで働く外国人ケアワー
カーの労働条件を評価することは困難であるが、施設には各種の規制があり、
モニタリングも頻繁になされている。こうして施設の側が外国人ケアワー
カーを雇うインセンティブはさらに抑制されるので、施設で働く外国人ケア

ワーカーのための市場は拡大しない。外国人ケアワーカーがここに参入するためには、長い待ち時間を必要とする。また、労働基準法の適用内の外国人ケアワーカーの給与は高いので、そのようなワーカーを調達する斡旋業者の報酬も高く設定されている。そういったことが、労働基準法の適用内の外国人ケアワーカーのための市場の拡大をさらに阻んでいる。

これに対して、個人の家庭で住み込みで働く外国人ケアワーカーは労働基準法の適用外で、給与も1992年以来、月15,840台湾ドル (58,600円……訳者注) に据え置かれたままである。また、外国人ケアワーカーの雇用プロセスに関わる規制も思いつき的で、往々にして方針が変わる。その中で核にある考え方がふたつある。ひとつは、外国人ケアワーカーを雇用するためには、その必要性を示すための診断書が必要なので、介護を受ける高齢者の心身の衰えが深刻でなければ外国人ケアワーカーを雇用することはできないわけであるから、外国人ケアワーカーの数は自然に規制されているはずだという前提である。しかし、介護を受ける高齢者の心身の衰えの深刻度を評価する仕組みには問題が多い。通常は、Barthel Indexを使って専門の医療スタッフが評価するのだが、その結果は、日常生活動作能力とは必ずしも一致しない。また、心身の状態は、当事者のその日の気分や環境、補助具の使用の有無等によっても変動する。家で普通に過ごしているときには弱っているようにしていながら、家族が施設への入所をすすめたとたんに自立的にふるまうようになったという高齢者の話もよくきかれる (Pearson, 2000)。ある精神科医は、高齢者の心身の衰えの評価について、次のように述べた。

　　Barthel Indexには、実際には使いにくい項目が複数あります。たとえばトイレの使用については、自分で用を足すことができるかどうかが把握できるだけです。それ以外のこと (排尿以外の動作……訳者注) に関する回答は、どのような診断を受けたいと高齢者自身が思っているかによって、いくらでも変動します。

神経科医もまた、医療関連施設の事情によってBarthel Indexによる評価

が不正確なものにならざるをえない様子を次のように述べた。

　　診察の予約は多くの場合、切羽詰まった状態でなされます。患者は
　診察室の外で待っている間も、早く診察を受けたいと、じりじりして
　います。前の患者の診察時間がちょっとでも予定をこえて長引くと、
　外でまっている患者がドアをノックしてせっつきます。家族が一緒に
　来ている場合は、患者の状態をチェックしようとしても、家族が横か
　らわりこんで患者の状態をあれこれと話して、どんな症状があってどん
　な問題があるかについて自分の見解を述べ、限られた診察時間の中
　で医師が患者とやりとりできる時間はほとんど残りません。こんな状
　態でどうやって、患者が本当に自分ひとりで食事ができるのかどうか
　を把握することができるでしょうか？　時には患者に数日入院しても
　らって観察をしてようやく、患者の状態を把握できることもあります。
　でも、すべての患者について、状態把握のためにここまで手間をかけ
　るのも現実的ではありません。

　上記の発言は、介護を必要とする高齢者が普段生活している家庭とは異
なる診察室という場面で、高齢者のニーズをBarthel Indexを用いて把握す
ることの難しさを示している。また、評価の方法が医師の観察によるのか、
あるいは自記式の質問紙法によるのか等によっても、結果は異なってくる。
さらには、評価の結果によってサービスが使えるかどうかが関わってくるの
であれば、患者がいろいろな日常動作ができないふりをするということもあ
り得る。本研究が医療専門職従事者に実施した面接の中でも、「外国人ケア
ワーカーを雇えば、常時見守ってもらうことで患者も安心するし、それに
よって私たちも気持ちが楽になるから」と、患者の過大な訴えを意図的に見
逃し、法的な規制を乗り越えたエピソードが報告された。このように、個人
の家庭で住み込みで働く外国人ケアワーカーの雇用に関わる評価の基準や根
拠は、施設で働く外国人ケアワーカーの場合とは異なってまちまちであり、
往々にして関係者の意図に左右される。結果として、個人の家庭で住み込み

で働くケアワーカーが増加し、副次的労働市場の中でも下位の市場が拡大することとなる。

副次的労働市場の外国人ケアワーカーを労働基準法の対象から排除する仕組みを温存することで、発生する社会的コストもある。それは、労働の過酷さから多くの外国人ケアワーカーが逃走することである[2](Lan, 2006; Ma and Tu, 2010)。さらに、外国人ケアワーカーを雇用する家族が虐待でもすれば、外国人ケアワーカーが提供するケアの質も低下する。本研究が行った面接調査でも、多くの斡旋業者から、外国人ケアワーカーが睡眠不足のゆえに仕事中に高いところから落ちたり、注意が散漫になるという状況が報告さられた。

国が定める外国人ケアワーカー雇用基準規定では、個人の家庭で住み込みで働く外国人ケアワーカーの雇用条件として、介護を受ける高齢者がほぼ寝たきりの状態で、常に介護を必要とする状態でなければならないとしている。そして現実に外国人ケアワーカーから介護を受けている高齢者の90%以上が内臓カテーテルを使用し、高度なケアを要する。本研究で面接を行った訪問介護事業者からの報告では、外国人ケアワーカーが、それらカテーテルのチューブを交換する場合があり、それを拒めば、家族から虐待を受けるという恐怖から、さからうこともできないという。このようななかで、尿道カテーテルが適切に装着されていないために尿道感染が起こり、その結果としての再入院が増加しているのではないかと指摘する先行研究もある(Huang et al, 2003)。全体に、外国人ケアワーカーと雇用主である家族のどちらにも介護に関する知識や技能が不足している場合、介護を受けている高齢者には褥瘡や尿道感染、肺炎等、不適切な介護ゆえの問題が多く発生する。

チューブの交換といった医療行為をケアワーカーが行うことは違法である。斡旋業者に、それに関する認識を尋ねたところ、次のような回答が得られた。「外国人ケアワーカーがひとりでそのような作業をしなければならない状況におかれていることには心が痛む。でもそうしなければ、そのワーカーは役立たずと思われてしまう。自分はいつも、外国人ケアワーカーを雇用する家族には、痰の吸引や、鼻や胃に通しているチューブの交換をさせな

いように頼んでいる。」ここからうかがわれるのは、外国人ケアワーカーを雇用する家族の多くは、外国人ケアワーカーが医療行為に従事することに伴うリスクや技能の質に問題があることを知らされてもなお、そのような行為をさせるということである。行政が、外国人ケアワーカーによる医療行為を規制しても、個人の家庭で住み込みで働く外国人ケアワーカーを監督するのは家族であり、その家族が、外国人ケアワーカーによる医療行為をさせるのである (Ayalon, 2009b)。

　以上をまとめると、施設で働く外国人ケアワーカーは、副次的な労働市場の中でも労働基準法の適用の範囲内にあり、それによって、労働基準法の適用外にある個人の家庭で住み込みで働く外国人ケアワーカーとの差異が生じていることがわかる。こうして、外国人ケアワーカーの内部に、垂直的差別が形成される。施設で働く外国人ケアワーカーは、「内側」の存在である。その給与水準も、労働時間も、福利厚生も、労働基準法によって保護されている。これに対して、個人の家庭で住み込みで働く外国人ケアワーカーは、労働基準法による保護の「外側」におかれ、雇い主の要求にすべて従うことが役割となっている。労働基準法は、雇用する側の選択や産業規模に影響を及ぼすのみでなく、外国人ケアワーカーの労働条件を直接規定する役割を果たしているのである。

(2) 台湾出身のケアワーカーと外国人ケアワーカーの水平的差別

　台湾政府は1999年に、高齢者ケア施設が外国人ケアワーカーを雇用することを認めた。その背景には、台湾出身のケアワーカーが不足し、またせっかく雇用をしても定着率が低いという問題があった。しかし、外国人ケアワーカーはあくまでも補助要員として位置づけられ、台湾出身のケアワーカーの総数の50％を超えない限りにおいて、労働基準法を適用対象とするという条件付きのものであった (Wang, 2012)。

　こうして施設では、台湾出身のケアワーカーと外国人ケアワーカーが副次的な労働市場の「内側」で働き、かつ政府の規制によって、台湾出身のケアワーカーと外国人ケアワーカーがそれぞれ職場に均等に配置されるように

なった。ここで浮かぶ疑問は、その結果として両者の労働条件は真に等しいものになるのだろうか、ということである。個人の家庭で働く外国人ケアワーカーについても同様の疑問が生じる。すなわち、個人の家庭で介護を提供する限り、それは訪問介護サービスと分類される。しかし台湾政府は何年にもわたって、訪問介護事業者が外国人ケアワーカーを雇用することを禁止してきた。つまり、台湾出身のケアワーカーと外国人ケアワーカーを意図的に区別する政策を実施してきたのである。こうして、個人の家庭で介護に従事する労働者は等しく副次的労働市場に属するものの、その中でも、台湾出身のケアワーカーと外国人ケアワーカーの間に、垂直的差別が存在する可能性が示唆される (Chen, 2011a)。このような政策は、台湾出身のケアワーカーを保護するうえで、本当に有効なのだろうか。また、そのことは台湾の高齢者ケアシステムにどのような影響を及ぼしているのだろうか。

　台湾出身のケアワーカーと外国人ケアワーカーの給与と職務内容を検討した先行研究によると、台湾政府の規制によって、台湾で働く外国人ケアワーカーの給与水準は他のアジア諸国よりも高めに設定されており、それが多くの外国人ケアワーカーを呼び寄せる要因になっているという。それにともない、高齢者ケア以外の領域で働く台湾の外国人労働者すべての最低賃金が、台湾では高めに設定されている (Fan, 2005; Lan, 2006)。

　このような中である入所施設の責任者は、本研究の面接調査に対して、ケアワーカー給与には３つのランクがあると述べた。ひとつは台湾出身のケアワーカーに適用されるランクで、月30,000台湾ドル（111,000円……訳者注）である。次が台湾人と結婚している外国人で、月25,000台湾ドル（92,600円……訳者注）であり、最後が外国人ケアワーカーで月20,000台湾ドル（74,000円……訳者注）である。しかし職務内容という点では、施設側は、外国人ケアワーカーにできるだけの仕事をこなして欲しいと考える。筆者が訪問面接調査のために施設を訪問した際には、人件費削減のために、外国人ケアワーカーに台所仕事までさせている施設もあった。台湾の介護施設設置基準規定では、施設の台所スタッフには、調理師の資格を有するものを配置することが求められており、加えて毎年最低8時間、栄養と衛生に関する研修

が義務付けられているにもかかわらず、である。さらに近年では、台湾出身
のケアワーカーの平均年齢があがっておきており、その対策にも、台湾出身
のケアワーカーと外国人ケアワーカーの区別が利用されている。すなわち、
台湾出身のケアワーカーには身体的負担の大きい業務はさせず、食事介助や
病院への付き添い等、言語を使った意思疎通が重要な仕事をまかせるように
なっている。また台湾出身のケアワーカーには、シフトの組み方にも配慮が
なされている。「外国人ケアワーカーには面倒をみなければならない家族も
いないのだから、どんな時間に働いたってかまわないはずだ」というのが、
台湾出身のケアワーカーや施設管理責任者の考え方である。こうして、若く
て健康な外国人ケアワーカーが、高齢者の寝返りや、車いすとベッドの間等
の移乗、入浴など、身体的負担の大きい作業を担当している。

　ある施設に訪問面接調査に行き、施設長に、台湾出身のケアワーカーと
外国人ケアワーカーの仕事の内容がどのように分かれているかを尋ねたとこ
ろ、「よく音をきけば、この施設の特徴がわかるでしょう？」と、と逆に問
い返された。確かに、筆者がその施設に到着して以来ずっと、施設の高齢者
の居室からは、ぱたぱた、という音が聞こえていた。施設長は誇らしげに述
べた。「だから、私の施設は良質な介護を提供していると、高く評価されて
いるんです。外国人ケアワーカーには、一日に4回高齢者に寝返りをうたせ、
そのときに毎回30分間、高齢者の背中を軽くたたきつづけるように指示し
ています。台湾出身のケアワーカーには、こんなことはさせられませんよ
……」　これらの職務を担う外国人ケアワーカーの労働時間はしばしば規定
を超過し、12時間休みなしで働くこともめずらしくない。

　このように労働時間と職務の内容で差があるのみでなく、ケアワーカー
の設置規定でもまた、台湾出身のケアワーカーが有利になるようになってい
る。前述のように、外国人ケアワーカーの人数は台湾出身のケアワーカーに
比例するため、多くの外国人ケアワーカーを確保するためには、相当数の台
湾出身のケアワーカーが必要になるが、そうして確保した台湾出身のケア
ワーカーは、必ずしも施設で働くわけではない。これら台湾出身のケアワー
カーは、名義は施設に残したまま、日給2,000台湾ドル（7,400円……訳者注）

で病院に貸し出される。貸し出されたワーカーの給与と福利厚生は、名義の
ある施設が負担する。こうして施設は台湾出身のケアワーカーの人数を書類
上は整えている。「こうしなければ、必要な外国人ケアワーカーを確保でき
ないのだから、しかたがない」と、施設長らはいう。実際、施設は慢性的な
人手不足であり、経営を成り立たせるためには安価な外国人ケアワーカーを
多く雇用し、重労働をさせなければならない。台湾出身のケアワーカーに結
果として楽な思いをさせ、そのための経費を負担してもなお、外国人ケア
ワーカーの数を増やした方が経営の助けになるのである。

　しかし、このような人手不足と重労働はまた、外国人ケアワーカーが逃
げ出す要因にもなっている (Lan, 2006; Wang, 2012)。そして結果として、ケ
アの水準は低下し、介護の受け手に不利益が生じることにもつながっている。
ある施設長は、厳しい労働条件のもとで外国人ケアワーカーのホームシック
が高まると、介護を受ける高齢者をたたいたりつねるなどの虐待行為も増加
するという。施設側では、規制や謝罪文を書かせる等の対応をもってこの種
の虐待の軽減を試みているが、この種の事柄は、外国人ケアワーカーを雇用
する施設がひきうけなければならない対価ともいえそうである。

(3) 台湾出身のケアワーカーと外国人ケアワーカーの垂直的差別

　家庭で提供される介護の領域に外国人ケアワーカーを導入するにあたり、
台湾政府は明確な区別を設定した。すなわち、個人の家庭で住み込みで働く
外国人ケアワーカーは、労働基準法の適用「外」とするというものである。
これに対して台湾出身のケアワーカーは労働基準法の適用「内」であり、労
働条件等に関する様々な保護に加えて、90時間の職業訓練を無料で受けら
れる等の福利が提供される。現在、台湾出身のケアワーカーの時給は180
台湾ドル (670円……訳者注) が保障され[3]、職務内容も、訪問介護事業者の責
任者と、ケアワーカーを雇用する家族が確認をしたうえで、同意書類に署名
をする。ケアワーカーと家族の間に行き違いが生じれば、訪問介護事業者の
責任者が調整に入る。このように、台湾出身のケアワーカーの労働条件は守
られており、職務内容も明確に定められている。

このような中で、あえて外国人ケアワーカーを雇用する家族に対して、台湾政府は一定のペナルティを課している。たとえば、そのような家族には高齢者ケアサービス利用者に提供される補助金が支給されない[4]。台湾出身のケアワーカーから、外国人ケアワーカーに乗り換えた場合や、台湾出身のケアワーカーをすでに雇用し、加えて外国人ケアワーカーを雇用した場合も、補助金は停止される。現状では、家庭で提供される介護サービスには、台湾出身のケアワーカーによるものと、外国人ケアワーカーによるものの二種類が存在し、台湾の政策は、台湾出身のケアワーカーによるサービスを普及させ、自国のワーカーの雇用機会を拡大することを目指している。

しかし、図3に示すように、台湾出身のケアワーカーの数はいまだに少ない。行政は毎年、様々な養成コースを提供しているにもかかわらず、である。たとえば2012年の統計では、個人の家庭で提供される介護に従事している台湾出身のケアワーカーは7,079人にすぎない。これは、ケアワーカーす

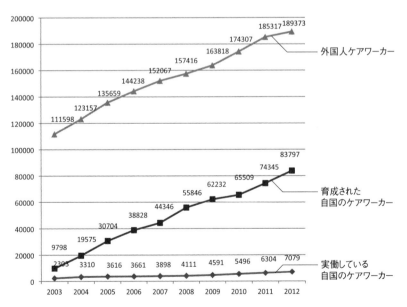

図3　ケアワーカーの数：育成された自国のケアワーカー・実働している自国の
　　　　　　　　　ケアワーカー・外国人ケアワーカー
出典：Council of Labour Affairs and Bureau of Employment and Vocational Training
(http://statdb.mol.gov.tw/statis/jspProxy.aspx?sys=210&kind=21&type=1&funid=c13090&parm1=code1=0)

べての8.4％、外国人ケアワーカーの3.7％に相当する。政策として、台湾出身のケアワーカーには様々な特典と保護が提供されているが、それでも台湾出身のケアワーカーの雇用機会の温存には役立たず、外国人ケアワーカーが取って代わっている。

　ケアワーカーを雇用する家族の視点からは、次のような報告が得られている。本研究の面接調査を行っていた時期には、労働局の政策により、台湾出身のケアワーカーを雇用した家族には毎月10,000台湾ドル（37,000円……訳者注）の補助金が提供されていた。しかし、それでも多くの家族は台湾出身のケアワーカーの雇用には消極的で、その理由は、時給制の給与が義務付けられていることと、台湾出身のケアワーカーは日中しか働かない点にあった。ケアワーカーを雇用する家族にとっては、自分たちが日中仕事をして帰宅してから、自宅での介護や、夜間介護を引き受けることには負担が大きい。それを避けるために、日中以外の時間も仕事をしてくれる外国人ケアワーカーの需要が高まるのである。本研究の面接調査に答えたある家族は、あえて台湾出身のケアワーカーではなく、外国人ケアワーカーを雇用した理由を次のように述べた。

　　　はじめは、台湾出身のケアワーカーを雇っていました。でも、ケアワーカーは家族ではないから、任せられないこともいろいろとありました。それに、台湾出身のケアワーカーは介護をするだけで、家事はやってくれません。私は外で仕事をして、とても疲れて帰ってきて、それでも子供を預け先からひきとって、宿題を手伝ったりしなければならないんです。これ以上のことは無理です。ましてや介護なんて……

　台湾出身のケアワーカーは法律で定められた範囲の仕事しかしないが、外国人労働者は24時間働き、かつ、家族の求めには何でも応じる。その不利な立場ゆえである。しかし家族にとっては、そのことが便利なのである。ある家族は次のように述べた。

台湾出身のケアワーカーがどんなに働いたところで、外国人ケアワーカーのように従順ではありません。それに、台湾出身のケアワーカーは介護しかしないんですもの。洗濯もしなければ食事の支度もしないし、掃除もしません。介護だけです。うちでは、夫の父親の世話を外国人ケアワーカーにたのんでいますが、足の筋肉の拘縮を予防するために一日4回マッサージをしてくれて、家事もやってくれて、食事やおやつの支度もしてくれます。それで父も元気になっています。それに、老人は具合が悪いときには、機嫌が悪くなったり落ち込んだり、人に当たったりするものです。口の悪い高齢者の世話など、台湾出身のケアワーカーには無理でしょう。

　もともと、副次的な労働市場の特徴のひとつに、離職率の高さがある。しかし個人の家庭で提供する介護労働の市場に外国人ケアワーカーを導入するにあたり、台湾政府は、その離職の自由を奪った。そのことが、台湾国内における外国人ケアワーカーを最も不利な立場におくこととなった。既に述べたように、雇用サービス規定法により、外国人ケアワーカーは契約書に記載されている雇用主（介護を要する高齢者の家族）のもとでしか働くことができず、雇用主の変更は例外的にしか許されていない。どうしても定められた雇用主のもとでは働けないと思ったとき、外国人ケアワーカーに与えられている選択肢は、そのままそこで耐え抜くか、逃げ出すことだけである（Liu, 2000）。こうして、外国人ケアワーカーが雇用主を代えることをゆるさない現在の制度は、雇用主である高齢者の家族を有利な立場に置くとともに、外国人ケアワーカーの離職率を抑制する効果を持つ。家族にとっては、外国人ケアワーカーが逃げ出しても6ヶ月待てば次の外国人ケアワーカーを雇用することができるので、外国人ケアワーカーは使い捨て可能な存在である。

　以上のように、台湾の在宅介護政策の戦略は、ケアワーカーの国籍に基づいて副次的労働市場をふたつに分割し、台湾出身のケアワーカーには無料の職業訓練や労働基準法による保護を提供する。さらに、外国人ケアワーカーを雇用する家族には、補助金の停止という「処罰」が加えられる。この

ような台湾の在宅介護労働市場の二重構造の結果、外国人ケアワーカーは、安価で使い捨て可能な労働者にされるのみでなく、台湾出身のケアワーカーとの不利な競争にもさらされている。にもかかわらず、図3に示したように、介護を要する高齢者の家族は過去23年間にわたって、台湾出身のケアワーカーではなく外国人ケアワーカーを雇用している。それというのも、外国人ケアワーカーの方が従順であるし、交渉力も劣るからである。このように、台湾出身のケアワーカーを保護する政策は、外国人ケアワーカーの苦境を生み出しているのみでなく、台湾出身のケアワーカーにとっても結果として不利な状況を作り出している。

5. 政策的提言および結論

　多くの先進諸国では、高齢者の介護は有償労働として提供されるようになっており、そのことは在宅にあっても施設においても同様である。高齢者ケアの仕組みは国によって様々であるが、ある時期までは施設ケアに多くの関心がもたれていたが、近年では、在宅での介護を担う外国人ワーカーの役割に関する議論が増加している点で共通している (Cuban, 2013: 9-10)。台湾の場合は、政策によってまず、介護に関わる副次的な労働市場が、ケアワーカーの働き場所、すなわち施設か在宅によって区分され、施設で働くケアワーカーは労働基準法の適用内におかれる。さらにケアワーカーの国籍を加えて、介護に関わる副次的労働市場は3つに区分される。最悪の労働条件におかれるのは個人の家庭で住み込みで介護にあたる外国人ケアワーカーであり、次に施設で働く外国人ケアワーカー。そして、最も恵まれた労働条件にあるのが台湾出身のケアワーカーである。台湾出身のケアワーカーにとっては、個人の家庭であっても施設であっても、労働条件に差はない。加えて、台湾の政策が、外国人ケアワーカーを雇用する家族や斡旋業者に多くの裁量を認め、さらに、外国人ケアワーカーが逃亡したとしても6ヶ月の間をおきさえすれば別の外国人ケアワーカーを雇用できるので、外国人ケアワーカーはもはや、副次的労働市場の中でも最も安価で、最も従順で、どんな作業を

させても気のおけない商品になっている。これら一連の政策の目的は介護の質を維持・向上させる点にあったはずだが、結果として台湾出身のケアワーカーの競争力は低下し、外国人ケアワーカーがそれにとって代わるようになっている。本研究の観察結果は、Duffy, Armenia and Stacey（2015）の報告と一致している。すなわち、介護労働の内容は多岐にわたり、そのどの部分を仕事としてひきうけるかは、労働者が属する社会階層、人種、民族、国籍によって異なるということである。また、有償労働として提供される介護の内実は、誰が、どこで、そしてどのような労度条件のもとでその任務を遂行しているかによって異なる。

　台湾の高齢者ケア政策の最大の特徴は、個人の家庭における介護に外国人ケアワーカーを導入した点にある。そこを出発点として在宅介護の質を向上させるには、専門的な訓練を受けた台湾出身のケアワーカーを増やすことが必要であると考えられた。しかし、2013年現在、20万人以上の外国人ケアワーカーがこの労働市場に流入している。すなわち、外国人ケアワーカーはもはや補助的な立場にはない。台湾の高齢者ケア産業において、台湾出身のケアワーカーに取って代わる主要な役割を果たしている。

　このような状況に対して一部の論者は、台湾の地域住民をケアワーカーとして雇用することを提案し、そのような政策を推進するためのインセンティブの強化を求めている。しかしこれらの議論は、外国人ケアワーカーを雇用する側の事情や、外国人ケアワーカーを雇用することが介護施設等の経営戦略と密接に関わっている事実を視野におさめていない（Brannon et al., 2007; Colombo et al., 2011; Kemper et al., 2008）。本研究は、外国人ケアワーカーが台湾出身のケアワーカーの役割にとって代わる経緯を検討した。そして、水平的差別と垂直的差別の結果、台湾の介護に関わる副次的労働市場においては、外国人ケアワーカーが重宝されるに至っていることを示した。Cuban（2013:199）によると、市場と政府は、資格制度や介護の質保証の仕組、何をもって介護の専門的スキルとするかの内容を定めることによって、副次的労働市場に間接的なな影響力を発揮する。その結果、ケアワーカーの間には給与格差が生じ、特定のクラスのケアワーカーの供給過剰を起こすことが

あるという。台湾にも同様の傾向が存在する。つまり、台湾の高齢者ケアの領域では、ケアワーカーの国籍と労働基準法の適用の有無によって、ケアワーカーを「熟練」「準熟練」「未熟練」の3段階に分け、それらの間に給与格差を生じさせ、もっとも安価な「未熟練」の外国人ケアワーカーの供給が増大している。

施設においては、台湾出身のケアワーカーも外国人ケアワーカーもともに労働基準法の適用「内」にあるが、台湾政府は雇用できるケアワーカーの数を規制することによって、両者の差別的待遇を維持する政策をとっている。しかし、施設におけるケアワーカーの活用のしかたについて十分な理解がなされているとはいいがたく、台湾出身のケアワーカーの雇用機会を維持するという当初の政策目標がどれほど実現されているかについては、再検討をする必要があるだろう。外国人ケアワーカーとの水平的差別の深刻さについても、認識を改めるべきである。

個人の家庭で住み込みで働く外国人ケアワーカーを雇用している家族については、外国人ケアワーカーの長時間労働や介護以外の仕事をさせられている現状の責任をせまっても、問題は解決しない。台湾の高齢者ケアシステムが提示する複数の選択肢のなかで、介護を必要とする高齢者とその家族が出会うジレンマや葛藤に目をむけるべきである。介護にかかわる副次的労働市場の二重構造ゆえに、選択肢は二種類あり（台湾出身のケアワーカーを雇うか、外国人ケアワーカーを雇うか）、いずれにも一長一短がある。介護を受ける側やその家族からすれば、外国人ケアワーカーの方が便利であるが、その雇用には搾取を伴う。台湾政府はもはや、外国人ケアワーカーが台湾出身のケアワーカーの雇用機会を侵すというこれまでの思考の枠組を訂正すべきである。そして、台湾の在宅介護においては、外国人ケアワーカーが主な担い手なのだという事実に向き合うべきである。現行の政策は台湾出身のケアワーカーにとっての雇用機会保護には役立っていない。そのことは、1992年以来の統計からも明らかである。むしろ、現行の政策の結果、低コストで自分たちのニーズを満たそうとする家族の動きを助長し、そのことが外国人ケアワーカーの搾取と逃亡を増加させていることを認識すべきである。

Huang, Yeoh and Toyota (2012) は、労働者の国籍と働き場所を「固別の」論理で結び付けるような政策は、廃止すべきであるという。この議論を、本研究も支持する。介護にかかわる二重構造とそれを管理する規制は、副次的労働市場内部の区別・差別を生み出す。本研究結果にもとづく限り、現行の制度は廃止して、外国人ケアワーカーはすべからく労働基準法の適用「内」とし、他のケアワーカーと同様の保護を受けられるようにする政策こそが妥当であると思われる。いいかえるなら、外国人ケアワーカーのマネジメントと職業訓練と労働条件を台湾出身のケアワーカーと同等なものにすることによって、外国人ケアワーカーも適切な保護を受けることができ、また、介護を受ける高齢者や家族も、外国人ケアワーカーを搾取することなく雇用し、それによって台湾出身のケアワーカーの雇用機会も保たれ、全体としての介護の水準も改善すると考えらえる。

　本研究で論じた労働基準法適用「内」と「外」の課題は、高齢者ケア政策と労働者確保に関わる国内事情に起因するところが大きい。職種間の区別を設けるような現行の政策によって、外国人ケアワーカーは雇用主を変えることもできず、雇用主の側には自分たちにとっての利益だけを考えてケアワーカーを雇用する動きを助長している。副次的な労働市場における労働者間の区別と格差は、政策をもって是正される必要がある。もっと重要なこととして、台湾政府は、「外国人ケアワーカーは補助的な存在だ」という認識を改めるべきである。

注

1　2013年の台湾における最低賃金は19,780台湾ドル (約73,250円……訳者注) であり、かつ、雇用主は超過勤務手当を支給することが定められている。

2　施設で働く外国人ケアワーカーが逃亡する場合もあるが、しかしその理由は、個人の家庭で住み込みで働く外国人ケアワーカーの場合とは異なっている。

3　2012年の台湾における最低賃金は、1時間あたり109台湾ドル (約404円……訳者注) であった。

4　認定された心身の衰えの深刻度によって、台湾出身のケアワーカーから受けられるサービス時間が異なる。軽度と認定された場合には月に25時間、中程度と認定された場合には50時間、重度と認定された場合には90時間である。サービス利用者は時給の30%を支払い、残りの70%については政府が補助金を支給する。

参考文献

Anderson,B. A very private business: exploring the demand for migrant domestic workers. *European Journal of Women's Studies*, 2007, 14 (3): 247-64.

Ayalon,L. Evaluating the working conditions and exposure to abuse of Filipino home caregivers in Israel: Characteristics and clinical correlations. International *Physhogeriatrics*, 2009a, 21 (1): 40-9.

Ayalon,L. Family and family-like interactions in households with round-the-clock paid foreign carers in Israel. *Ageing and society*, 2009b, 29 (5):671-86.

Ayalon,L. Fears come true: the experiences of older care recipients and their family members of live-in home caregivers. *International Psycogeriatrics*, 2009c, 21 (4):779-86.

Ayalon,L. The perspectives of older recipients, their family members, and their round-the-clock foreign home caregivers regarding elder mistreatment. *Aging and Mental Health*, 2010, 14 (4): 411-5.

Ayalon,L. Abuses in the eyes of beholder: using multiple perspectives to evaluate elder mistreatment under round-the-clock foreign home carers in Israel. *Ageing and society*, 2011, 31 (3): 499-520.

Berdes,C, and Eckert,J.M. Race relations and caregiving relations: a qualitative examination of perspectives from residents and nurse's aides in three nursing homes. *Research on Aging*, 2001, 23 (1), 109-26.

Berdes,C., and Eckert J.M. The language of caring nurse's aides' use of family metaphors conveys affective care. *The Gerontologist*, 2007, 47:340-9.

Brallno,D.,Bany,T.,Kemper,P.,Schreiner,A. and Vasey,J. Job perceptions and intent to leave among direct care workers: Evidence from the better jobs better care demonstrations. *The Gerontologist*, 2007, 47 (6):820-9.

Browne, C.V. and Braun, K. L. Globalization, women's migration, and the long-term care workforce. *The Gerontologist*, 2008, 48 (1):16-24.

Cangiano, A, Shutes, I., Spencer, S. and Leeson,G. *Migrant caregivers in aging societies: Research findings in the United Kingdoms.* Center on Migration, Policy and Society: University of Oxford. 2009.

Chen,C.F. Dual long-term care system: the dilemma choice between ethnicity and service quality. Taiwan: *A Radical Quarterly in Social Studies*, 2011a, 85:381-6. (In Chinese).

Chen,C.F. Management or exploitation?: The survival strategy of employers of family foreign caregivers. Taiwan: *A Radical Quarterly in Social Studies*, 2011b, 85:89-156. (In Chinese).

Chung, Y.E. The study on the utilization of dual care resources for disabled elderly: combine institutional care with foreign caregivers. Master's thesis. *Chinese Culture University*, Taipei, Taiwan, ROC. (In Chinese). 2010.

Colombo, F., Llena-Nozal, A., Mercier, J. and Tjadens, F. Help wanted? : Providing and paying for long-term care. *Organization for Economic Co-operation and Development*, Paris. 2011.

Cuban,S. *Deskilling migrant women in the global care industry*. Palgrave Macmillan, Basingstoke, UK. 2013.

Degiuli, F. A job with no boundaries: home eldercare work in Italy. *European Journal of Women's Studies*, 2007, 14 (3):193-207.

Doeringer, P.B. and Piore, M.J. *Internal labor markets and manpower analysis*. Lexington, MA: Health. 1971.

Doyle, M. and Tinonen,V. The different faces of care work: understanding the experiences of the multi-cultural care workforce. *Ageing and Society*, 2009, 29 (3):337-50.

Duffy, M., Armenia, A and Stacey, C. L. (eds.). *Caring on the clock: The complexities and contradictions of paid care work*. Rutgers University Press, New Brunswick, New Jersey. 2015.

Edwards,R. *Contested terrain: The transformation of the workplace in the twentieth century*. Basic Books, New York. 1979.

England, P. and Folbres, N. Contracting for care. In Ferber, M. A. and Nelson, J. A. (eds.), *Feminist economics today*. The university of Chicago Press, London. 2003; pp.61-79.

Fan, Y. K. Who is qualified as a migrant worker?: Mapping the configuration of the migrant labour market in Taiwan. Master's thesis, *National Taiwan University*, Taipei, Taiwan, ROC. (In Chinese). 2005.

Guba,E.G. and Lincoln, Y.S. Competing paradigms in qualitative research. In Denzin, N. K. and Lincoln, Y.S. (eds.). *Handbook of qualitative research*. Sage, Thousand Oaks, California. 1994; pp.105-17.

Hakim,C. *Work-lifestyle choice in the 21st century: Preference theory*. Oxford University Press, New York. 2000.

Harris-Kojetin, L., Lipson,D.,Fielding,J., Kiefer,K. and Stone,R.I. *Recent findings on frontline long-term caregivers: A research synthesis 1999-2003*. Institute for the Future of Aging Services, Washington DC. 2004.

Holt, T. *The problem of race in the 21st Century*. Harvard University Press, Cambridge, Massachusetts. 2002.

Huang,W.C., Chau,T.T., Hsiao,T.M.,Huang,C.F.,Wang,P.M.,Tseng,S,C., and Chen,S.C. Prognostic factors related to stroke patients with home health care: A chart review of 202 Cases. *Taiwan Journal of Family Medicine*, 2003, 16 (4):251-9.

Huang, S., Yeoh, B.A.and Toyota,A. Caring for the elderly: the embodied labour of migrant care workers in Singapore. *Global Networks*, 2012, 12 (2):195-215.

Kane,R.A.,Kane,L.R. and, Ladd, C.R. Nature and Purpose of long-term care. In

Kane,R. A.,Kane,L.R.and Ladd,C.R. (eds.) *The heart of long term care*. Oxford University, New York. 1998; pp.3-29.

Kemper,P.,Heier,B., Barry,T.,Brannon,D.,Angelelli,J., Vasey, J., and Anderson-Knott, M. What do direct caregivers say would improve their job? : Differences across settings. *The Gerontologist*, 2008, 48,special issue 1:17-25.

Lan, P.C. Stratified otherizations: recruitment, training and racialization of migrant domestic workers. *Taiwanese Journal of Sociology*, 2005, 34:1-57. (In Chinese)

Lan,P.C. Legal servitude and free illegality: control and exit of migrant workers. Taiwan: *A Radical Quarterly in Social Studies*, 2006, 64:107-49. (In Chinese)

Lichtenberg,J. Racism in the head, racism in the world. In Zack,N., Shrage,L. and Sartwell, C. (eds.), *Race, class, gender and sexuality: The big questions*. Blackwell Publishers, Malden, Massachusctts. 1998; pp. 43-47.

Liu, M.C. A critique from Marxist political economy on the 'cheap foreign labour' discourse. Taiwan: *A Radical Quarterly in Social Studies*, 2000, 38:59-90. (In Chinese)

Lu, P.C. and Chen,C.F . Issues and options in vocational qualifications and training requirements for home caregivers in Taiwan: lessons learned from Britain and Japan. *Social policy and Social Work*, 2009, 13 (1):185-233. (In Chinese)

Ma, T.C. and Tu, P.Y. Labour rights in globalization: the import of foreign welfare workers in Taiwan. *Hong-Kong Journal of Social Sciences,* 2010, 38, Spring/ Summer,:121-39. (In Chinese)

Massey, D.S., Arango, J., Hugo, G., Kouaouci,A., Pellegrino, A. and Taylor, E.J. Theories of internal migration: review and appraisal. *Population and Development Review,* 1993, 19 (3):431-66.

McFarlane,L. and McLean,J. Education and training for direct caregivers. *Social Work Education*, 2003, 22 (4):385-99.

Miles,R. Apropos the idea of 'race'...again. In Back, L. and Solomos, J. (eds), *Theories of race and racism: A reader*. Routledge, New York. 2000; pp.125-143.

Ministry of Labor *Annual report of foreign care workers in Taiwan. Ministry of Labor.* Republic of China (Taiwan), Taipei. 2015.

Organization for Economic Co-operation and Development. *The OECD Health Project: Long-term care for older people*. Organization for Economic Co-operation and Development, Paris. 2005.

Pearson,V.I. Assessment of function in older adults. In Kane,R.L.and Kane,RA (eds), *Assessing older persons*. Oxford University Press, New York. 2000; pp.17-48.

Piore, M.J. Notes for a theory of labor market segregations. In Edwards, R., Reich, M.R. and Gordon, D. (eds), *Labor Market Segregation*. D.C. Heath and Company, Lexington, Massachusetts. 1975; pp.125-50.

Piore, M.J. *Birds of passage: Migrant labour and industrial societies*. Cambridge University Press, London. 1980.

Potter, S.J., Churilla, A. and Smith,K. An examination of full-time employment in the direct-care workforce. *Journal of Applied Gerontology,* 2006, 25 (5):356-74.

Redfoot, D.L and Houser,A.N. *We shall travel on: Quality of care, economic development, and the international migration of long-term caregivers.* American Association of Retired Persons Public Policy Institute, Washington DC. 2005.

Spencer,S.,Martin,S., Bourgeault, I.I. and O'Shea,E. *The role of migrant care workers in ageing societies: Report on research finding in the U.K., Ireland, the U.S. and Canada.* International Organization for Migration, Geneva. 2010.

Stone, R.I. The direct care workers: the third rail of home care policy. *Annual Review of Public Health,* 2004, 25:521-37.

Stone, R.I. and Dawson, S.L. The origins of better jobs better care. *The Gerontologist,* 2008, 48, special issue 1:5-13.

Stone, R.I.and Harahan, M.F. Improving the long-term care workforce serving older adults. *Health Affairs,* 2010, 29 (1):109-15.

Stone,R.I.an Wiener, J.M. *Who will care for us?: Addressing the long-term care workforce crisis.* The Urban Institute, American Association of Homes and Services for the Aging, Washington DC. 2001.

Timonen, V. and Doyle, M. Migrant caregivers' relationships with care recipients, colleagues and employers. *European Journal of Women's Studies,* 17 (1):25-41. 2010.

Tseng, Y.F. Expressing nationalist politics in a guest-worker program: Taiwan's recruitment of foreign labour. *Taiwanese Journal of Sociology,* 2004, 32:1-58. (In Chinese)

Ungerson,C. Whose employment and independence?: A cross-national perspective on 'cash for care' schemes. *Aging and Society,* 2004, 24 (2):189-212.

Walsh, K. and Shutes, I. Care relationships, quality of care and migrant workers caring for older people. *Aging and Society,* 2013, 33 (3):393-420.

Wang, C.Y. A study of language-teaching for foreign caregivers in the Taiwanese long-term care facilities. *Journal of Long-Term Care,* 2012, 16 (2):159-76. (In Chinese) .

Wu,S.C. The trapped labour: an analysis of the working conditions and employee-employer relations of foreign domestic workers and the examination of foreign labor policies in Taiwan. *Social Policy and Social Work,* 2006, 10 (2):1-48. (In Chinese).

Yeoh, B.S.A. and Huang, S. Foreign domestic workers and home-based care for elders in Singapore. *Journal of Aging and Social Policy,* 2010, 22:69-88.

Yu, M.K. (2014). Elucidating service program responses to domestic violence in Taiwan. NTU *Social Work Review,* 2014, 29:53-96. (In Chinese).

第8章　非営利―営利の法人格に意味はあるか？
低所得高齢者への行政支援に関する台北市と新北市の比較

官　有垣・陳　正芬

(訳：須田　木綿子)

梗　概

　本章では、行政の補助金に基づいて入所する低所得高齢者の受け入れが、非営利―営利の事業者の間でどのように異なるのかを検討する。また、台北市と新北市を比較することによって、地方自治体の政策が非営利―営利の事業者に及ぼす影響を視野におさめる。

　検討の結果、台北市では入所施設が減少しつつあるのに対して、新北市では逆に、入所施設の総数は増加しており、とりわけ営利の入所施設の増加が顕著であることがわかった。さらに両市に共通して、低所得であるがゆえに補助金に基づいての入所が必要な高齢者の多くは、営利の事業者に受け入れられていることも明らかになった。

　本章で観察された台北市と新北市の状況は、非営利の事業者が低所得者支援から遠ざかって富裕層に焦点化しているという点において、日本よりは、英語圏の状況に近いと考えられ、その背景要因として、地方自治体の政策と都市化が組み合わさった結果としての影響が指摘される。

1. はじめに

　台湾は、1993年に65歳以上の高齢者人口が全人口に占める割合が7％を超え、高齢化国家の仲間入りをした。そして2018年には高齢者人口の割合は14％をも超えて、高齢国家となる。さらにその数値は、2025年には20％強となり、超高齢国家になると予想されている (Council for Economic Planning and Development of Taiwan, 2012)。医療技術の進歩により、高齢者の寿命は延びている。かつては死に至った病気が、今では完治するようになったことが、その一因である。しかし、こうして大病から生還する高齢者は多くの場合、介護を必要とするようになる。このような高齢者をいかに支援するかは、もはや主要な社会問題のひとつである。他の国々の多くも同様の課題をかかえており、サービス供給量を増やす一助として、非営利と営利の事業者が高齢者支援のためのサービスを提供するような多元的サービス供給システムが導入されるに至った (Gibson et al., 2003; Pavolini and Ranci, 2008)。このような中で、非営利―営利という法人格の違いがサービスの質とどのように関係しているかは、高齢者ケアに関わる政策を検討する際の重要なテーマになっている (Amirkhanyan, Kim, and Lambright, 2008; Schelsinger and Gray, 2006; Chuang, 2005)。

　台湾の入所施設を例にとると、台湾における高齢者のための公的な保健福祉サービスは、1980年に定められた台湾の老人福祉法に基づいており、高齢者の民間入所施設は、非営利組織に限られている[1]。したがって、もし既存の営利組織が入所施設を開設しようとするなら、非営利組織を新たに別途設立し、資産をすべてそこに寄付しなければならない。いっぽう、このような制度の外で、小規模な入所施設を運営している営利事業者が増加しつつある (Wu and Chen, 1995; Kuo, 2005)。その背景には、安価な入所サービスを必要とする高齢者の存在があるからである。加えて、台湾の老人福祉法は、非営利組織としての登録を経ずに事業を行っている営利の事業者に対する罰則を定めていないし、これを取りしまる省庁もない。営利の事業者が非営利組織として登録をして、公的な制度に組み込まれることへのメリットも設定

されていない。このような中で1997年に、政府と高齢者ケアサービス協会（the Alliance of the Elderly Care Service Institutions）、および高齢者の福祉向上のために活動するアドボカシーグループとの間で、次のような妥協策が提示された。すなわち、50床未満の営利の小規模施設は、寄付や補助金や税制控除を受けない限りにおいて、非営利の登録を免除されることになったのである。こうして台湾では、小規模営利の高齢者入所施設が事実上合法となり、それら施設に入所する高齢者の数も年を追うごとに増加した（Chen amd Kuan, 2011; Yang and Wu, 2003）。

いっぽう2000年代に入ると、台湾のすべての地方自治体が、低所得高齢者のための施設入所サービスを民営化するという政策を導入した。すなわち、これら低所得の高齢者を民間事業者が運営する施設に入所させ、その経費については行政が施設に補助金を提供することで賄うこととなった。行政が自ら入所施設を建設して運営をするという方法を除けば、増大する入所ニーズに応じるためには、民間からサービスを購入する以外にないのである。しかしここで、新たな課題も発生した。入所者ひとりあたりに提供される補助金の額は、一般の入所者が支払うサービス経費よりも低く設定されており、実際のサービス経費を賄うにも至っていない。そうでありながら、補助金に基づいて入所した低所得の高齢者からは、いかなる追加料金も徴収してはならないという規制がある。いっぽう、提供される補助金の額は、地方自治体の財政事情によって、また、都市化の程度に応じたニーズの違いによって異なり、補助金がサービス経費の何割をカバーするのかもまちまちである[2,3]。地域によって物価も異なる。こうして、補助金の過不足の内実も多様となり、事業者は、それぞれの事情に応じた対応をせまられることとなった。

保健の領域では、法人格の違いによるサービスの質の異なりが、常に重要なテーマとなってきた。Schelsinger and Gray（2006）は、非営利と営利の組織がサービス供給に参加するミックス経済においては、非営利と営利の間のサービスの異なりを議論することは無意味であり、それよりも、両者の間のサービスの質の差異をもたらす要因を検討することが重要だと述べている。そしてそれらの要因の中には、金銭的な報酬に対するインセンティブの設定

の仕方が地方自治体によって異なることや、事業者ごとのマネジメントのあり方、組織の規模（単体組織なのか、支部を複数持つような組織なのか）などが含まれる。いっぽう Spector ら（1998）は、政府がサービス供給から手をひいてサービスの購入に専念をするようになり、さらにサービス利用者がサービスの質を判断することが難しい以上、政府はサービス購入者の視点から、非営利―営利の法人格に基づくサービスの質をチェックする必要があるという。その他の先行研究では、補助金の提供方法がサービスの質に影響するという。とりわけ低所得者は自分で経費を支払うことはできない場合が多いので、補助金のあり方による影響を受けやすい。

　本章は、非営利―営利の事業者が混在するミックス経済と、低所得高齢者の入所をめぐるインセンティブの設定の仕方が地方自治体ごとに異なるという組み合わせを、台湾に特徴的な事柄としてとりあげ、低所得高齢者の受け入れが非営利―営利の事業者の間でどのように異なるのか、また、地域によってはどのように異なるのかを検討した。

　本章ではまず、台湾の高齢者ケアの展開について、とりわけ入所サービスの視点から概観したのち、本章の関心の理論的背景を整理する。そして台北市と新北市で行った調査の結果を報告し、それらについて考察を加え、結論を導く。

---

2. 台湾における高齢者のための入所サービスの展開

　台湾における高齢者のための入所サービスでは、社会福祉局を監督局に持つ施設と、保健局を監督局に持つ施設が混在し、かつ、規制も監督局によって異なっている。Kuan and Chen（2011）は、このような台湾の入所サービスの展開を以下の三期に分けた。

　(1) 福祉局主導で入所サービスが整備された時期（1980–1990）

　(2) 福祉局と保健局のもとで整備が進んだ時期（1990–2000）

　(3) 中央政府から地方政府への権限委譲と営利サービス供給組織の参入が
　　　進んだ時期（2000年以降）

以下、それぞれの時期について解説をする。

(1) 福祉局主導で入所サービスが整備された時期 (1980-1990)

1980年に施行された老人福祉法は、福祉局が管轄する高齢者のための入所サービスとして、入所介護施設(institutionalized care facility)、病後回復施設(convalescent homes)、機能回復施設(homes for recuperation)、ケア付き生活施設(residential facility with care)の4つを設けた。そして、これらの施設はいずれも、行政か非営利組織によって運営されなければならないとした。しかし、実際の施設建設のための福祉局の動きは鈍く、遅々として進まなかった。この間、市民のニーズに応えるべく、無認可の多様な営利小規模入所施設が次々と開設された(Wu and Chang, 1995; Lee, Wang and Zhou, 1990)。これらの施設は希望すればだれでも入ることができ、街中にあるなど立地条件が良く、家族の事情等による緊急の入所にも応じていた(Wu and Chen, 2000; Chen, 2002)。すなわち、1980年代の後半にはすでに、台湾の入所サービスは市場を通じて提供されていたといえる。

(2) 福祉局と保健局のもとで整備が進んだ時期 (1990-2000)

1990年代に入ると、保健局が入所サービスの設置に積極的に取り組み始めた。まず、1991年の看護法に基づいて、保健局管轄の入所施設が病院に併設されるようになった。これらの施設は、継続的に医療・看護を必要とする高齢者を対象とする。1995年以降は、これらの施設建設を促すために、保健局主導で施設への報酬制度が整えられ、規制も緩和された。その結果、保健局管轄下の入所施設は、1995年には9件であったものが、1999年には117件に増加した(Yang and Sun, 1999; Su, 2001; Yang and Wu, 2003)。

この間、無認可の営利小規模入所施設の数も急速に増加した。そこで福祉局は、1997年の老人福祉法を改訂し、寄付や助成金、税制控除を受けない限りにおいて、営利の小規模入所施設も認可することとした。

こうして、台湾の入所サービスの領域には、福祉局と保健局というふたつの監督局が存在することとなった。福祉局が管轄するのは、非営利の入所

施設、営利入所施設、そして営利の小規模入所施設であり、保健局が管轄するのは、病院に併設された非営利入所施設である。同時に行政の役割も変わり、行政はサービス供給責任を縮小して規制役割に専念し、行政がサービスを提供するのはあくまでも例外的な場合にとどまるようになった。さらに注目すべきは、小規模入所施設が法的に認知されるようになったことであり、これによって入所サービス供給組織に営利組織が加わることとなった(Kuo, 2005; Huang and Tsai, 2001)[5]。

(3) 中央政府から地方政府への権限委譲と営利サービス供給組織の参入が進んだ時期 (2000年以降)

営利小規模入所施設の数は急激に増加し、入所サービスの供給源として最多を占めるようになった。かつて、入所サービスの主要な担い手であった非営利の事業者も増加したが、その増加率は、営利小規模入所施設のそれには全く及ばなかった。

本章では、それぞれの自治体が補助金によって高齢者を入所させる過程と、そのような自治体からの入所依頼に施設が応じて入所している高齢者の割合を、台北市と新北市において比較した。入所施設はさらに、非営利の高齢者入所施設、病院に併設されている非営利の高齢者入所施設、小規模の営利高齢者入所施設、そして営利の入所事業者(高齢者のための専用施設としては認知されていない)に分類される。これら入所施設の分類ごとに、低所得高齢者の特性がどのように異なるのか、またその異なりは何に由来するのかについてもあわせて調査した。

3. 本研究の理論的視座

高齢者ケア(Long Term Care, LTC)とは、身体的・心理的に支援を必要とする高齢者を対象とするケアの総称で、医療、看護、そのほかの介護を含む。LTCには予防的視点も含まれ、身体機能や自立した生活を維持するうえでの健康増進活動等の取組みがある(Kane and Kane, 1987)。

LTCの入所サービスにおいて、非営利組織が供給組織として主要な役割を果たしてきた理由を説明する理論としては、経済学の市場／契約の失敗論と政府の失敗論が有用である (Ott, 2001; Steinber, 2007)。前者の理論の内容は次のようなものである。すなわち、LTCの入所サービスのようなケースでは、提供されるサービスの妥当性や質を、専門知識を持たない利用者は判断しにくい。それゆえに、より多くの情報を持つサービス提供者が優位な立場になる。これを、情報の非対称性という。このような状況では、サービス提供者が不当に高い価格で入所サービスを提供しても、利用者は気づくことが難しい。よって、生産者／提供者と消費者／利用者の合意によって製品やサービスの価格が決まるという市場のメカニズムが、適切にはたらかないという、市場の失敗が発生する。また、サービス内容の妥当性や質に問題があっても、利用者は気づきにくい。これが、契約の失敗である。このような中で非営利組織は、収益を従業員の賞与や報酬に還元してはならないという収益分配上の制限が課せられているので (Ott, 2001)、過度に収益を追求するインセンテイブは持たない。それゆえに、不当に利用者の権利を侵害することなく、適切や価格と質の入所サービスを提供する存在として、信頼することができると考えられる。

　市場／契約の失敗が予想される領域では、行政がサービス提供を行うのが安心だという意見もある。しかし、行政も往々にして、そのような信頼に応えることに失敗する。これが、政府の失敗論である。Douglas (1987) は、公共財の提供者としては政府には以下の5つの問題があるという。すなわち、サービスの対象と規模が限定的で、マジョリティの動向に影響されやすく、近視眼的で、利用者の動向にも疎いことである。その結果として、LTCの入所サービスにおいてはとりわけ、十分な数の入所施設を確保することが難しく、かつ、価格が高くなりがちである。しかも場合によっては、特定の入所サービスばかりが過剰に提供され、利用者の要望が十分に反映されなかったり、あるいは入所サービスの質がおいて劣ることもある (Young, 2001)。このような行政の限界を克服する方策として行政は、LTCの入所サービスの提供を非営利組織に委託することが一般的になったと説明される。

しかし上記のいずれの理論も、市場か行政の側の機能不全や失敗を補償するものとして非営利組織の存在意義を説明するにとどまっている。それゆえに、市場や契約の失敗論は、LTC領域のように、営利のサービス供給組織の数が増加しているような領域でも非営利組織が存在している理由を説明できない (Yound, 2001) [4]。政府の失敗論も、行政に代わる役割を営利組織が果たし得ることを無視している。行政の代替どころか、LTCの入所サービスのように、サービス内容を提供者側で調整する余地があり、かつ価格設定において提供者側が有利であるような領域では、営利の組織が積極的に参入して固有の役割を果たす可能性が大いにあるにもかかわらず、である。

さらに、市場/契約の失敗論や政府の失敗論は、どうして非営利組織が、一般に期待される社会貢献機能とは合致しない行動をとるのかについても、十分な説明を提供しない。非営利組織はそれぞれの求めに応じて設立され、それぞれに主義や理念を持ち、それにもとづいて優先的にサービスを提供する対象を設定している。必ずしも、行政によるインセンテイブやそのほかの外在的要因のみに左右されてばかりではないのである。Billis (1989, 1993) は、実際のところ、行政セクター、営利セクター、非営利セクターの境界はあいまいであると述べている。とりわけ複雑さをましている近年の公的対人サービスの領域では、非営利組織はセクター横断的な特性を増しつつあり、疑似行政的な非営利組織もあれば、収益追求に熱心な社会起業的非営利組織も増えている。Guo (2006) によると、公的対人サービスの領域でも競争原理や経済効率性のプレッシャーが高まると、非営利のサービス供給組織は営利組織的要素を強め、非営利組織本来の特性から遠ざかるという。いっぽうSuda and Guo (2011) は、日本の介護保険制度下での非営利—営利サービス供給組織の行動を検討し、営利のサービス供給組織が非営利組織的特性を強めると報告している。そしてその理由として日本の介護保険制度ではサービス供給組織の行動が厳格に規制され、商業主義的な要素が抑えられていることがあげられている。

4. 調査結果

　調査地域は台北市と新北市である。両地域は台湾北部に位置する。台北市は首都として都市化が進んでいる。新北市は台北市に隣接し、都市化された地域と郡部の両方を含む。

　規制や補助金の仕組みや補助金に基づく入所者認定の基準等については、既存資料をもとに整理をした。また地方自治体の関係課の職員への聞き取りも行った。入所施設における高齢者受入の状況は、各入所施設のマネージャーへの聞き取り調査を行ってデータを収集した。

(1) 台北市と新北市の政治的・財政的条件

　台北市は台湾の首都である。台北市はまた、中央政府の直接の管轄下におかれた最初の市でもある。台北市は台湾島北部の湾に面しており、周囲を新北市にかこまれている。台北市の人口は2012年に267万人に達した。一般に台湾の市/郡は人口密度が高いのだが、台北市の人口密度はその中の4番目である (**表1**)。

表1　台北市と新北市の社会経済指標 (2012)

項目 (km²)	台北市	新北市
面積 (%)	271.8	2,052.6
平地の割合 (人)	44.80	11.86
登録居住者数 (人)	2,673,226	3,939,305
人口密度 (人/km²)	9,835.3	1,919.2
65歳以上居住者の数 (人)	348,656	353,396
65歳以上居住者の割合 (%)	13.04	8.97
高齢者向け長期ケア施設および老人ホームの数	121	191
高齢者向け長期ケア施設および老人ホームのベッド数	5,911	9,088
高齢者向け長期ケア施設および老人ホームの入所者数	5,039	6,588
世帯年収の平均 (台湾ドル)	1,683,958	1,157,952
世帯可処分所得の平均 (台湾ドル)	1,278,278	911,915
世帯支出の平均 (台湾ドル)	973,747	741,651
農業に従事している世帯の数	9,194	30,423
第一次産業従事者 (%)	0.33	0.61

新北市の面積は台北市の7.6倍である。かつては台北郡であったが、2010年12月25日に市となった。新北市の人口は393万人で、台湾の市/群の中で最も人口密度が高い。しかし、新北内部の都市部と郡部の差は大きく、郡部には多くの農家があり、したがって農業就業人口も多い。

台北市と新北市の所得水準(世帯年収、世帯disposable incomeおよび世帯平均支出)を比較すると、台北市が新北市を上回っている。この台北市と新北市が、台湾の中で最も多くの人口を擁する都市を形成しており、政治、文化、経済、娯楽、そしてマスコミュニケーションの中心となっている。

(2) 台北市における公費による低所得高齢者の受け入れ状況：LTC入所施設の種類別検討

台湾社会局が把握する公費による入所高齢者の受け入れ状況を、非営利入所施設(福祉局管轄)、営利入所施設(福祉局管轄)、病院に併設された非営利入所施設(保健局管轄)、小規模営利入所施設(福祉局管轄)それぞれについて比較した。

表2は、2006年から2010年の間のこれらの施設の数の推移である。病院に併設された非営利の入所施設と営利の入所施設の数は変わらない。いっぽう、非営利の入所施設の数は17から11に減少し、営利の小規模入所施設も156から134に減少している。これを非営利―営利別にまとめて比較すると、前者の減少率は26.1%であるのに対して、後者の減少率は14%である。非営利―営利サービス供給組織の数の5年間の平均を比較すると、前者は全体の11.8%、後者が88.2%であった。

表3は、公費による低所得高齢者の受け入れ状況を、上記の施設別に比較したものである。病院に併設された非営利の入所施設と営利の入所施設の受け入れ数はゼロである。これに対して営利の小規模入所施設は年間509人(2006年)から585人(2009年)を受け入れており、その割合は公費によって施設に入所している低所得高齢者全体の90%を占める。残り10%が、非営利の入所施設によって受け入れ、その数は38人(2007年)から71人(2008年)である。

第8章　非営利─営利の法人格に意味はあるか？　　223

表2　台北市における高齢者入所施設（2006-2010）

年	非営利施設	営利施設	非営利：病院に併設	営利老人ホーム	計
2006	17 (9.4%)	156 (86.7%)	6 (3.3%)	1 (0.6%)	180 (100.0%)
2007	14 (8.3%)	149 (87.6%)	6 (3.5%)	1 (0.6%)	170 (100.0%)
2008	13 (7.9%)	143 (87.7%)	6 (3.8%)	1 (0.6%)	163 (100.0%)
2009	12 (7.5%)	141 (88.1%)	6 (3.8%)	1 (0.6%)	160 (100.0%)
2010	11 (7.3%)	134 (88.2%)	6 (3.9%)	1 (0.6%)	152 (100.0%)

表3　台北市における公費による低所得高齢者の受け入れ状況（2006-2010）

年	非営利施設	営利施設	非営利：病院に併設	営利老人ホーム	計
2006	55 (9.8%)	509 (90.2%)	0 (0.0%)	0 (0.0%)	564 (100.0%)
2007	38 (6.5%)	544 (93.5%)	0 (0.0%)	0 (0.0%)	582 (100.0%)
2008	71 (11.8%)	527 (88.2%)	0 (0.0%)	0 (0.0%)	598 (100.0%)
2009	61 (9.5%)	585 (90.5%)	0 (0.0%)	0 (0.0%)	646 (100.0%)
2010	62 (9.9%)	559 (90.1%)	0 (0.0%)	0 (0.0%)	621 (100.0%)

　以上を非営利─営利別にまとめるなら、公費による低所得高齢者の受入割合は1：9で営利の入所施設が多くを受け入れていることがわかる。

(3) 新北市における公費による低所得高齢者の受け入れ状況：LTC入所施設の種類別検討

　同様の検討を新北市について行った。

　表4にあるように新北市では、非営利の入所施設の数は変わることがなく、いっぽうその他の施設は漸増している。最も増加率が高いのは営利の小規模入所施設で、5年間で160件から190件に増えた。その次に増加率が高いのは営利の入所施設で、25件から39件に増えている。病院に併設された非営利の入所施設も6件から9件に増えている。

　これを非営利─営利別にまとめて比較すると、非営利は13件から16件に増え、その増加率は23.1％である。いっぽう営利は189件から229件に増え、その増加率は21.2％である。5年間の平均を取ると、非営利の入所

224

表4 新北市における高齢者入所施設 (2006-2010)

年	非営利施設	営利施設	非営利： 病院に併設	営利 老人ホーム	計
2006	7 (3.5%)	164 (81.2%)	6 (2.9%)	25 (12.4%)	202 (100.0%)
2007	7 (3.2%)	181 (81.5%)	8 (3.6%)	26 (11.7%)	222 (100.0%)
2008	7 (3.1%)	182 (80.2%)	8 (3.5%)	30 (13.2%)	227 (100.0%)
2009	7 (3.1%)	174 (76.7%)	8 (3.5%)	38 (16.7%)	227 (100.0%)
2010	7 (2.9%)	190 (77.6%)	9 (3.7%)	35 (15.8%)	245 (100.0%)

表5 新北市における公費による低所得高齢者の受け入れ状況 (2006-2010)

年	非営利施設	営利施設	非営利： 病院に併設	営利 老人ホーム	計
2006	96 (37.5%)	144 (56.3%)	16 (6.2%)	0 (0.0%)	256 (100.0%)
2007	92 (30.1%)	211 (68.9%)	3 (1.0%)	0 (0.0%)	306 (100.0%)
2008	96 (32.1%)	199 (66.5%)	4 (1.4%)	0 (0.0%)	299 (100.0%)
2009	93 (29.2%)	221 (69.5%)	4 (1.3%)	0 (0.0%)	318 (100.0%)
2010	101 (32.8%)	202 (65.5%)	5 (1.7%)	0 (0.0%)	308 (100.0%)

施設が6.6%、営利の入所施設が93.4%となり、その比率は0.7：9.3である。

　表5は、公費による低所得高齢者の受入状況を比較した結果である。営利の入所施設の受入はゼロである。病院に併設された非営利の入所施設は2006年には16人を受けれたが、その他の年の受入は5人以下と少ない。営利の小規模入所施設は144人から221人と最も多くを受け入れ、その数は、公費によって入所している低所得高齢者全体の56%から69%を占める。非営利の入所施設は、93人から101人を受け入れ、その数は29%から37%を占める。以上を非営利—営利別にまとめて比較すると、その比率は3.5：6.5となる。

5. 考察

(1)LTC入所施設の数

　2006年から2010年の間に、非営利と営利の入所施設の数の平均は、台

北市で1.2：8.8、新北市で0.7：9.3であった。すなわち、台北市と新北市を比較すると、後者において営利の入所施設の割合が高いといえる。さらに注目すべきは、この5年の間に、台北市における入所施設の実数が減少していることである。とりわけ、台北市における非営利の入所施設の減少率は26.1％であり、新北市における非営利入所施設の減少率（14.0％）と比較して著しく高い。新北市では逆に、入所施設の総数は増加しており、とりわけ営利の入所施設の増加が顕著である。このような両市の動向の差異の背景として、政策と都市化が組み合わされての影響が考えられる。

　まず政策についてであるが、台湾の老人福祉法第34条において、「高齢者施設の規模、カバーする地理的範囲、設備、職員およびサービス提供活動の内容は、中央政府の関連省庁が整備する」と示されている。これを受けて中央政府の関連省庁は、高齢者施設の設置と運営を規制するための「高齢者福祉施設設置基準」を設定することが求められた。そしてこの設置基準は、高齢者の権利擁護を目的として、2000年代の半ばに改訂された。改訂は規制強化を趣旨としており、行政からの業務委託を受ける民間事業者には公的な事業者保険への加入や規制順守を義務付けるとともに、地方自治体にはサービスの質を厳正に評価することや地方自治体レベルでの設置規制の導入、専門的訓練を受けた職員の採用促進を求め、さらに、上記の規制や改善要求に応じない施設の罰則規定の強化も含まれた。

　これら規制強化は、入所施設の運営経費を増大させる結果になった。とりわけ小規模入所施設を運営する営利組織は、行政からの補助金や税制控除を受ける代わりに高齢者福祉事業以外の活動による資金獲得を禁じられており、財政難に直面した。実際に台北市社会局専門官へのインタビューでは、「改訂後の基準を満たすためには、莫大な経費が発生するという申し立てが入所施設からよせられている」という報告が得られた[6]。加えて、筆者らが過去2年間に台北市および新北市の高齢者入所施設に調査を実施したところ、多くの小規模営利入所施設は、ビルの一室を貸りて事業をおこなっていることがわかった。これらの事業者にとっては、改訂された基準にもとづいて施設の改善を求められても、家主がそれに同意しない可能性もあり、また、施

設改善の経費は事業者にとって多大の負担を強いる。結果として、台北市の入所施設の中には閉鎖したり他の市に移動し、あるいは改訂された基準にもとづいて閉鎖に至った場合が少なくないと考えられる。

また、都市化の影響についてであるが、台北市は首都であり、都市化が万遍なく進んでいる。これに対して新北市は、都市化が進んでいる地域とそうではない地域の差異が大きい。また、台北市の面積は新北市の13％にすぎないが、人口密度では、台北市は新北市の5.12倍となっている。すなわち、台北市では一定の規模以上の土地は得難く、また、地価も一様に高いのに対して、新北市は土地が得られやすく、市内の土地の価格差も大きいといえる。こうして、台北市の入所施設の多くが新北市に活動拠点を移したために、台北市の入所施設の総数が減少した事情も指摘できる。

(2) 公費補助を受けて入所している低所得高齢者の数

公費補助を受けて入所している低所得高齢者の割合を検討したところ、台北市では、非営利入所施設の受入割合は1.0％、営利入所施設の受入割合は9.0％であった。いっぽう新北市では、非営利入所施設の受入割合は3.5％、営利入所施設の受入割合は6.5％であった。以上から、営利入所施設が、公費補助を受けている低所得高齢者を多く受け入れている点では台北市と新北市は共通しており、かつ、そのような高齢者は台北市よりも新北市の入所施設により多く存在するといえる。

台湾の「高齢者受入補助金プログラム」規定によると、このような公費補助による低所得高齢者を受け入れる施設は、台北市もしくは新北市に登録されていなければならない。そして、その登録の基準が両市の間で異なる。台北市では、台北市の事業所評価でB以上の評価を受けた事業者のみが対象となる。これに対して新北市では、A評価でなければ申請もできない。公費補助を受けての入所を求める低所得高齢者は、こうして作成された登録入所施設のリストの中から、自分がサービスを受けたいと思う施設を選んで地方自治体の担当課に入所申請書類を提出する。いわば行政は、公費をサービス利用者側に提供することによって、入所施設間に利用者獲得をめぐる競争原理

を導入したといえる（バウチャー……訳者注）。

　この政策が導入された2008年以前の台北市と新北市の体制は、さまざまな点で異なっていた。台北市は、障がい者に生活、看護、経済的支援を行うための補助金制度に基づいて独自の高齢者受入補助金プログラムを有し、高齢者ひとりについてひと月当たり25,000 〜 26,250台湾ドルの補助金を入所施設に提供していた。いっぽう新北市では、低所得高齢者のための補助金プログラムにもとづいて、市内に居住する低所得と重度の障がいを持つ高齢者ひとりについて、ひと月当たり18,000台湾ドルの補助金を入所施設に提供していた。両市に共通して指摘できるのは、施設入所への補助金制度を設けていた点と、補助金の額は高齢者の心身の健康状態や障がいの程度に関わらず、また施設ごとのケアの内容の差異にも関わらず一定であった点である。

　サービスを提供する事業者とサービス利用者の間の情報の不均衡を是正するためには、両市ともに、事業者に規制遵守とサービスの質の確保を徹底させる必要があった。しかし実際には、事業者評価でA評価を得た事業者に事業者登録を認めるだけで、それら事業者のサービス内容のさらなる改善等について十分な動機づけをしているとはいえないように思われる。登録事業者であるということ以外に施設間の差異を把握する情報が手に入らなければ、サービス利用者は、より安価な施設への入所を求めるようにならないであろうか。そしてその結果として、公費に基づく低所得高齢者のうち、台北市では90%が、新北市では65%の高齢者が営利の入所施設を選択するに至ったのではないだろうか。

　入所施設にとっても、値段は重要である。公費にもとづく低所得高齢者を受け入れている152の入所施設にインタビューを行った結果では、高齢者を受け入れるかどうかの判断は、行政から提供される補助金の額によると、多くの施設が答えた。4人部屋の高齢者施設の場合、台北市では、入所高齢者ひとりあたりの経費はひと月につき24,000 〜 43,500台湾ドル（平均29,000台湾ドル）であったが、低所得高齢者に対して行政から得られる公費は26,250台湾ドルであり、差額は事業者が負担していた。新北市では、入所高齢者ひとりあたりの経費はひと月につき20,000 〜 42,000台湾ドル（平

均27,000台湾ドル）であるが、行政からの公費は18,000台湾ドルにすぎない。さらに、同じ4人部屋であれば、56.7％の営利の入所施設が、ひと月あたりの経費を25,000〜29,999台湾ドルにおさえているのに対して、非営利の入所施設の経費は相対的に高くなっていた。とはいえ全体として、A評価を受けているような非営利の入所施設では経費も多くかかっているために、公費にもとづく低所得高齢者を受け入れることは施設側の持ち出しを引き受けることと同義であり、結果として、そのような高齢者の受入を拒否したり、制限をするに至っていると推察される。筆者らがインタビューを行った営利入所施設の責任者は次のように述べた。

　　「我々のところでは、公費にもとづく低所得高齢者の受入は3人までと決めています。実際、26,250台湾ドルの補助金では、経費にはまったく見合わないのです。」[7]

また別の営利入所施設の責任者は、以下のように述べた。

　　「現在、公費にもとづく低所得高齢者は2人入居しています。我々のところでは、ひとりあたりの経費が3,000台湾ドルです。経費のすべてを賄うことができないので、このような高齢者の受け入れは最大5人までとしています。これ以上になると、我々が倒産してしまいますからね。」

もうひとりの営利入所施設の責任者も同様のことを述べた。

　　「我々のところでは、ひとりあたりの経費が3,000台湾ドルですが、補助金は26,250台湾ドルしかありません。こうして、公費にもとづく低所得高齢者をひとり受け入れるたびに、毎月3,750台湾ドルを失います。このような高齢者の受入は、我々の施設にとってはむしろ重荷なのです。」[9]

これらのインタビュー調査の結果からうかがわれるのは、公費の額の重要性である。公費による低所得高齢者の受け入れにあたって事業者側が負担しなければならない経費と、行政が提示する公費の額が近いか、それ以上である場合に、事業者はそれらの高齢者を受け入れるからである。

また、入所率も重要な要因である。高齢者福祉施設設立基準は、入所率のいかんにかかわらず、登録時には、各種の専門職が基準に従って配置されていることを求めている。それ故、事業所は、存在しているだけで、一定の人件費と運営コストを負担しなければならない。したがって、入所率が低い事業にとっては、公費による低所得高齢者を受け入れることは、多少なりとも経費を賄う方策として有効な戦略となる。たとえば、台北市内の営利入所施設のマネージャーは次のように述べた[10]。

> 公費による低所得高齢者を受け入れるかどうかを考えるときに、公費の額を考慮することはありません。どのみち、公費で経費の100％をカバーできるなどということはあり得ないのですから。私は、入所率を一定の水準に維持するための補助策としてこのような高齢者を受け入れを位置づけています。

公費にもとづく低所得高齢者を、全入所者のうちの最低何％は受け入れなければならないといったような規定を、行政は設けていないので、受け入れの可否についての決定はすべて、事業者に委ねられている。こうして、公費にもとづく低所得高齢者の受け入れ過程を非営利―営利の法人格別に比較すると、営利の事業者は運営コストを賄うために入所率を少しでも上げる一助として受け入れを検討するのに対して、非営利の事業者は、経費の赤字は助成金で賄うという方策があるために、公費にもとづく低所得高齢者の受け入れについては積極的にはなりにくい。実際、内務省の「社会福祉活動促進のための補助金制度」によって非営利の事業者が得られる助成金には、施設建設費、改修費、補修費、そして人件費が含まれる。すなわち、非営利の事業者は、たとえ入所率が低くとも、助成金による支援があるので、公費に

もとづく低所得高齢者の入所を持ち出し覚悟でうけいれる必要はないのである。以上から、営利の事業者は、非営利との不利な競争を強いられているということができる。

「社会福祉促進のための施設建設もしくは買い取り経費に関わる助成金契約」規定では、非営利の高齢者ケア施設が地域のニーズに応じない場合には、地方自治体は助成金契約の打ち切りと助成金の返還を求めることができるとされている。しかし、台北市と新北市の担当課へのインタビューでは、事業者が満床を理由に公費にもとづく低所得高齢者の受け入れを拒否することを問題とはみなしていなかった。この種の高齢者受け入れのためのベッドを予め一定数設けておくような政策の導入もまったく検討されていなかった。以上から、行政もまた、非営利の事業者には助成金等を通じて施設や人員配置の一層の充実化をはかっているが、そのことと公費にもとづく低所得高齢者の受け入れは切り離して考えているといえる。助成金を得る以上は、公費にもとづく低所得高齢者を受け入れることは公的使命であろうと筆者は考えており、その視点からすると、助成金をめぐる権利と義務の関係には見直すべき点があろう。いずれにせよ、このような制度は、非営利の事業者に公費にもとづく低所得高齢者の受け入れを促すようなインセンティブは弱める方向で機能しているといえよう。

6. まとめと結論

本章の冒頭には、サービス利用者が事業者を選定するにあたって、利用料が重要な要因であることを述べた。その料金は市場原理に基づく自由競争によって定まるのであるが、いずれにせよ、低所得高齢者にとっては手の届かない金額である。こうして必要なサービスを受けられないで放置されている高齢者の存在は、生存権の侵害といえる状況につながりかねない。これらの高齢者を支援する主体として、行政か、人件費や施設経費において助成金を得ている非営利の事業者に期待が持てるのであるが、少なくとも本調査の限りでは、低所得であるがゆえに公費にもとづいての入所が必要な高齢者

の多くは、営利の事業者に受け入れられていた。

　本章ではまた、営利の事業者が非営利の事業者との不利な競争を強いられていることも指摘した。営利の事業者は、経費と公費の金額が近いほど、公費にもとづく低所得高齢者を受け入れる。しかしこのことは、公費にもとづいて入所する低所得の高齢者に、良質のサービスを受ける機会を奪うことにもなっている。経費をかけて良質のサービスを提供している事業者には、公費の額は低すぎ、公費にもとづく低所得高齢者を受け入れようとするインセンティブも働かないからである。

　非営利の事業者は税金をもととする助成金による支援を受けているのであるから、それによって引き受けるべき公的責任を果たす必要があり、したがって公費にもとづく低所得の高齢者の受け入れに積極的に取り組むべきであり、行政は、これを非営利の事業所に義務づけるべきであろう。現状では、非営利の事業者は、助成金や税制控除の特典を享受しており、かつ、比較的高額なサービス利用料を徴収している。そして、これら事実上の外部資金によってサービスの質を高い水準に保ち、サービスの対象も、これらのサービスを購買できるだけの経済力のある市民に限っている。このような台湾の入所にかかわる制度を改正することは、喫緊の課題である。

　サービスの料金や制度以外の課題として本章はまた、都市化の程度や社会経済状態が高齢者の入所施設の数や事業者の活動に影響し、それらのことが台北市と新北市の差異をもたらしていることを指摘した。2006年から2010年の間に、台北市では入所施設が減少していたが、新北市は増加し、その傾向はとりわけ営利の事業者に顕著であった。Salamon (1993) やCorbin (1999) は、都市化が進んだ地域では住民の所得も高く、同時に非営利の事業者の活動も活発になる傾向があると指摘している。また、非営利の事業者の規模や専門性も、都市化された地域において拡大・進行する傾向にあることが指摘されている (Grønberg, 2001)。しかし本調査の結果は、これらの理論にはかならずしもあてはまらない。

　また、市場の失敗論や政府の失敗論は、非営利の事業者の存在意義のなにがしかを説明し得るが、多元的なサービス供給体制における営利事業者の

増加の理由は説明できない。加えて、行政が適切な施策を導入しないために、営利の事業者が参入をしてきて、本来なら行政や、公的な助成金を得ている非営利の事業者が引き受けるべき役割をも代替するようになる現象を説明することはできない。

Wagner (2000) は、事業者は行政─民間の違いや法人格の違いにかからわらず、すべて、制度と環境の影響を受けると述べている。現行の制度にみられる多様性は、これらの要因の相互作用の結果である。特定の機能やセクターのみの視点からの検討では、各セクターの役割や、それらと制度や環境との相互作用や因果関係を説明できない。上位下達的な組織構造やセクター間の関連を視野に入れての検討は不可欠なのである。

Suda (2006, 2008) は、日本の介護保険制度下でサービスを提供する非営利─営利の事業者について検討し、システム全体を視野に収めたアプローチの有効性を示した。英語圏では、公的対人サービスの民営化とともに、非営利の事業者が営利組織的要素を強め、結果として非営利と営利の差異が曖昧になることが指摘されている (Clarke and Estes, 1992; Gronberg and Salamon, 2003; Harris, 2003)。これに対して Suda and Guo (2011) は、日本の介護保険制度下では、逆に営利の事業者が非営利の事業者と類似の要素を強める結果、非営利と営利の差異が縮小していると報告している。Suda (2008) はまた、事業者の追跡調査において、営利の事業者が比較的安定してサービス提供を継続していることも指摘している。このような中で本章で観察された台北市と新北市の状況は、非営利の事業者が低所得者支援から遠ざかって富裕層に焦点化しているという点において、日本よりは、英語圏の状況に近いといえそうである。

注

1 高齢者福祉法第11条に、「認可のおりた民間高齢者入所施設は、組織を発足させてから3か月以内に (非営利の) 法人格を取得して登録しなければならない」とある。

2 たとえば、中〜低所得世帯の高齢者が入所した場合、9,300 〜 18,600台湾ドルの公費が地方自治体から提供される。台湾市内に限っては、要介護度に応じて最

第8章　非営利―営利の法人格に意味はあるか？　233

高で26,250台湾ドルの公費が提供される (Wang, 2012)。

3　著者ら収集したデータによると (Kuan and Chen, 2009)、厚生省の管轄下で運営されている入所施設が受け取る入所者ひとりあたりの公費は、福祉省の管轄下で運営されている入所施設よりも平均して5,000台湾ドル高くなっていた。また、台湾市内の入所施設と新北市の入所施設の入所者ひとりあたりの経費を比較すると、前者のほうが後者よりも5,000台湾ドル高くなっていた。

4　ミックス経済のジレンマは、営利と非営利の組織が同じサービス供給活動に従事している場合に顕著となる。もし非営利のサービス供給組織が効率性に優れているというのなら、どうして営利のサービス供給組織はそのマーケットから駆逐されないのであろうか。現実には、サービス利用者がサービスの質について多様な情報を得られる場合、サービス利用者が選択するサービス供給組織も多様になるのは当然であるように思われる。的確な情報を提供されているサービス利用者は多様なサービス供給組織ごとのサービス内容の差異も把握したうえで、より価格帯が低かったり、自身の好みに合致したサービスを求めて、意図的に営利のサービス供給組織からサービスを購入することも予想される。逆に、サービス利用者が十分な情報を得られなかったり、あるいはそのための時間がなかった場合、営利の追求を一義的目的としないという理由で非営利のサービス供給組織を信頼するということもあるかもしれない。

5　高齢者福祉施設設置基準の第7条によると、「高齢者のためのサービス事業および入所施設の規模は行政の各種のレベルで定めることとするが、財団型の入所施設(非営利の入所施設……訳者注) については50人以上200人未満の収容定員に限る……小規模入所施設とは、5人以上50人未満の収容定員をさす」と定義されている。

6　2012年1月13日に実施した台北市社会局専門官へのインタビュー。

7　2011年8月9日に実施した営利入所施設の設立者へのインタビュー。

8　2011年8月26日に実施した営利入所施設の設立者へのインタビュー。

9　2011年12月18日に実施した営利入所施設の設立者へのインタビュー。

10　2011年1月24日に実施した営利入所施設の設立者へのインタビュー。

引用文献

Amirkhanyan, A. A., Kim, H. J., & Lambright, K. T. Does the public sector outperform the nonprofit and for-profit sectors?:Evidence from a national panel study on nursing home quality and access. *Journal of Policy Analysis and Management*, 2008, 27 (2):326-353.

Billis, D. *A Theory of the voluntary sector: Implications for policy and practice, Working Paper 5*. The Centre for Voluntary Organization, the London School of Economics and Political Science. 1989.

Billis, D. *Organizing public and voluntary agencies*. London: Routledge. 1993.

Clarke, L. and Estes, C. Sociological and economic theories of markets and nonprofits: Evidence from home health organizations. *American Journal of Sociology*, 1992, 97:945-969.

Chen, C.F. An analysis on the role of the Federation for the Welfare of the Elderly in the advocacy of the legalization of the unregistered care facilities. *Social Policies & Social Work*, 2002, 6 (2):223-267. (In Chinese)

Chen, C.F., and Kuan, Y.Y. An empirical study on the organizational attribution of the long-term care providers and the transformation of the government's related policies in Taiwan. *Social Policy & Social Work*, 2011, 15 (1):91-135. (In Chinese)

Chuang,H.M. Social welfare privatization in Japan: A study of the existing situation of the long-term care insurance system. *NTU Social Work Review*, 2005, 11:89-128.

Corbin, J. A study of factors influencing the growth of nonprofit in social services. *Nonprofit and Voluntary Sector Quarterly*, 1999, 28 (3):296-314.

Council of economic Planning and Development. *Population projection for Taiwan: 2012 · 2060*. Council of Economic Planning and Development, Diet General Budget, Accounting and Statistics. 2012. (In Chinese)

Douglas, J. Political theories of nonprofit organization. In Walter W. Powell (Ed.) *The Nonprofit Sector: A Research Handbook*. New Haven: Yale University Press. 1987; pp. 43-53.

Executive Yuan *National Statistics- Key Indicators of the Municipal policies and Counties*. Retrieved 2013/09/06. http://ebas1.ebas.gov.tw/pxweblDia10g/ statfile9.asp. 2013.

Gibson, M.J., Gregory, S.R., and Pandya, S. M. *Long-term care in developed nations: A brief overview*. Washington, D. C.: AARP. 2003.

Grønbjerg, K.A. The U.S. nonprofit human service sector: A creeping revolution. *Nonprofit and Voluntary Sector Quarterly*, 2001, 30 (2): 276-297.

Grønbjerg, K.A. and Salamon, L.M. Devolution, marketization, and the changing shape of government-nonprofit relations. In, L.M. Salamon (ed.), *The State of Nonprofit America*. Brookings Institution Press. 2003; pp.447-470.

Guo, B. Charity for profit?: Exploring factors associated with the commercialization of human service nonprofits. *Nonprofit and Voluntary Sector Quarterly*, 2006, 35 (1): 123-158.

Harris, J. *The social work business*. London: Routledge. 2003.

Huang,D.T. and Tsai, L.H. Managelial issues and responsive strategies on the elderly long-term care facilities. *Hospital*, 2001, 34 (6):22 33. (In Chinese)

Kane, R. A., and Kane, L. K. *What is long-term care? Long-term care: Principles, programs, and policies*. New York: Springer. 1987.

Ott, J.S. *The Nature of the Nonprofit Sector*. Boulder, Colorado: Westview Press, 2001.

Kuan, Y.Y. and Chen,C.F. Does it matter whether "Non1p'ofit" or "For-profit"?: An

Empirical study on the organizational attribution of the long-term care. Government's related policies in Taiwan. *Conclusion report for the research project for the National Science Council.* NSC98-2410-H-194-78-SS2. Research period: 811/2009-10/3 1/2011. 2009. (In Chinese)

Kuo, T.T. Re-discussion of the profit oｌ'ganizations in managing the long term care facilities. *Community Development Journal Quarterly,* 2005, 110:95-110. (In Chinese)

Lee,K.Y., Wang, R.J. and Zhou,L.Z. An assessment on the 20 nursing homes in Shiｌin District, Beitou District and Neihu District. *Public Health Quarterly,* 1990, 16 (4):416-423. (In Chinese)

Pavolini, E., & Ranci, C. Restructuring the welfare state: Reforming in long-term care in Western European countries. *Journal of European Social Policy,* 2008, 8 (3): 246-259.

Salamon, L.M. The marketization of welfare: Changing nonprofit and for-profit roles in the American welfare state. *Social Service Review,* 1993, 67:16-39.

Schlesinger, M. and Gray, B.H. Nonprofit organizations and health care: Strange paradoxes of persistent scrutiny. In W. W. Powell & R. Steinberg (eds.), *The Nonprofit Sector:A Research Handbook.* New Haven:Yale University Press. 2006; pp.378-414.

Spector, W.D. Selden, T.M., and Cohen, J.W. The impact of ownership type on nursing home outcomes. *Health Economics,*1998, 7 (7): 639-653.

Steinberg, R. Economic theories of Nonprofit Organizations. In W.W. Powell and Steinberg, R. (ed.) *The Nonprofit Sector: A Research Handbook, 2nd.* Edition. 2006.

Su, S. An exploratory study of the current nursing home services in Taiwan. Master's Thesis. *Graduate Institute of Nursing. Taipei Medical University.* 2001. (In Chinese)

Suda, Y. Devolution and privatization proceed and centralized system maintained: Twisted reality faced by Japanese nonprofit organizations. *Nonprofit and Voluntary Sector Quarterly,* 2006, 35 (3): 430-452.

Suda, Y. For-profit providers operating not-for-profit in Japan. Full-paper for the presentation in 2008 ARNOVA Conference, Philadelphia, USA: November 20-21, 2008.

Suda, Y. For-profit and nonprofit dynamics and providers' failures. *Public Management Review,* 2011, 13 (1):21-42.

Suda, Y. and Guo, B. Dynamics between nonprofit and for-profit providers operating under the long-term care insurance system in Japan. Nonprofit and Voluntary Sector Quarterly, 2011, 41 (1): 79-106.

Wagner,A. Reframing "social origins theory": The structural transformation of the public sphere. *Nonprofit and Voluntary Sector Quarterly,* 2001, 29 (4): 541-553.

Young, D. R. Nonprofit Entrepreneurship. In S. J. Osborn (ed.) *Understanding Nonprofit Organizations: Governance, leadership, and management.* Boulder, CD: Westview Press. 2001: pp.218-222.

Wang, I.F. The Study on the Relationship between the Purchase of Low Income Elderly Services by the Taipei City Government and the Attribution of Long-Term Care Institutions. Master's Thesis. *Department of Social Welfare, Chinese Culture University*, Taipei. 2012. (In Chinese)

Wu, S.C. and Chen, C.F. Past, present and future of long-term care service resources. *Community Development Journal Quarterly,* 92: 19 31. 2000. (In Chinese)

Wu, S.L. and Chang, Y.C. A research on the amount of the unregistered care facilities and their services in 12 counties & municipalities in Taiwan. *Journal of Public Health,* 1995, 22 (3): 147-161. (In Chinese)

Yang, P.S. and Wu, Y. C. NGOs and elder care in Taiwan. *Journal of Social Work,* 2003, 9:45-74. (In Chinese)

Yang, H.C. and Sun, P.Y. A study on thee nursing homes affiliated with the public hospitals. *Journal of Nursing Administration,* 1999, 32 (2):56-65. (In Chinese)

第9章　韓国における介護する家族への支援事業の推進状況と課題

認知症高齢者の家族支援を中心に

柳　愛貞

梗　概

　2008年7月に老人長期療養保険制度が導入され、介護を必要とする高齢者への公的支援が拡大したものの、依然として家族介護者の介護負担は大きい。現在も、家族介護者への支援策が体系化されているとは言い難いが、それでも、家族介護者支援のあり方が見直されつつある。本章では、家族介護、その中でも、とりわけ負担が大きいとされる認知症高齢者の家族介護に焦点をあて、家族支援政策の推進状況とその課題を探る。まず、認知症高齢者の現状と家族支援サービスの必要性について確認した上で(第二節)、老人長期療養保険制度のなかで提供される家族支援事業と、その他の各種の法律に基づいて提供される支援事業の内容を具体的にみていく(第三節)。老人長期療養保険制度に基づく家族支援事業には、近年、注目すべき展開も見られる。本章では、2014年から開始された認知症患者の家族休暇制度、2016年に実施された統合在宅サービスのモデル事業、2015年から16年にかけて実施された家族相談支援サービスのモデル事業を取り上げ、具体的に紹介する。それらを踏まえた上で、本章のまとめとして、家族介護支援に関わる今後の政策的な課題について議論する(第四節)。

1. はじめに

2008年7月に老人長期療養保険制度が導入され、介護を必要とする高齢者への公的支援が拡大し、介護する家族の扶養負担は減少した。しかし、依然として多くの在宅介護者が施設入所高齢者の家族介護者と比べて高い扶養（介護）負担を感じており（イ・ホンジャ、2012）、また、高齢者に対する、扶養への不安、友人や隣人とのつき合いの断絶、疲労と睡眠不足による健康上の問題などを感じている（ハン・ウンジョンら、2015a）。

高齢者を介護する家族がこうした問題を抱える一方、韓国における家族支援に関する先行研究のほとんどは、社会福祉館などで行われた家族相談支援プログラムの効果などに重点を置いた内容であり、大規模で本格的な研究が実施されてきたわけではなかった。しかし、最近になり、人気アイドルグループ歌手の父が介護してきた両親と一緒に自殺をした事件や、28年間妻の介護をしてきた70代の夫が妻を殺害した後自殺をした事件などが大きな社会問題となり、在宅高齢者を介護する家族の扶養負担軽減を目的とした家族支援制度へのニーズが高まっている。

介護制度を運営する多くのOECD諸国では、以前から、在宅介護の活性化のために、家族介護の継続を支援するための情報提供、相談、財政支援など、様々な家族支援策を設けて運営しているが、韓国ではこうした家族支援策は制度化されていない。老人長期療養保険制度としては、保険者である国民健康保険公団の職員が、訪問相談や制度利用説明会などを行い、相談や情報を提供してきた。しかし、その内容は、老人長期療養保険制度のサービス利用をサポートするという観点からの、制度の導入背景の説明や長期療養サービスの案内、費用、サービス利用時に確認が必要な書類の説明などに限定されてきた。このような問題点を解決するため、韓国では、老人長期療養保険制度内における家族支援策のあり方が検討されるようになり、2015年には、老人長期療養保険制度の介護認定を受けた者の家族を対象とした相談支援が、モデル事業として推進された（ハン・ウンジョンら、2015b）。

本章では、韓国で推進されつつある高齢者を扶養する家族への家族支援

関連政策の推進状況とその課題を探る。特に、認知症高齢者を介護する家族に対する支援に焦点をあて、老人長期療養保険制度のなかで提供される家族支援事業と、その他の各種の法律に基づいて提供される支援事業の内容を具体的にみながら、家族支援の展開と課題を探る。なお、本章では2016年までの状況を扱っている。このため、本書の刊行時点の最新状況とは異なる点もあることは、ご承知願いたい。

2. 認知症高齢者の現状と家族支援サービスの必要性

(1) 認知症高齢者の現状

　まず、韓国社会における認知症高齢者の現状と、社会福祉サービスの一部として実施されてきた家族支援の内容と課題に関する先行研究について、概観する。

　老人福祉法第1条の2では、認知症を「退行性脳疾患または脳血管系疾患などにより、記憶力、言語能力、見当識、判断力と実行力などの機能が低下させられることによって、日常生活のなかで支障をもたらす後天的な多発性障害」と定義している。これらの認知症のタイプには、アルツハイマー型認知症、血管性認知症、外傷性認知症などがあるが、そのなかでアルツハイマー型認知症は全体の50〜60％を占めている(保健福祉部、2013)。

　保健福祉部(2013)の統計資料では、認知症高齢者の数は2013年で56万5千人であり、その数は増加し続け、2030年には認知症高齢者の数が約2倍になると予測された。

　バク・ジュンヒョク(2013)の研究結果からも、2012年時点の認知症の有病率が9.18％であり、アルツハイマー型認知症は全体認知症の71.3％を占め、今後は65歳以上の認知症高齢者人口が20年毎に、約2倍ずつ増加することが推定されている。加えて、高齢者で低学歴、配偶者不在(死別、離婚、別居、非婚など)の要素が認知症のリスクを増加させるとの分析も示された。

　医学的には、認知症の段階別の症状は、治療により完全に治すことはできないが、症状の緩和は可能であることが示されてきた。最近では、早期診

240

表1 認知症高齢者の数

（単位：％、千人）

		2010年	2012年	2013年	2020年	2030年	2040年	2050年
認知症高齢者数		469	534	565	794	1,222	1,852	2,379
	男性	184	210	223	321	525	828	1,054
	女性	286	324	343	474	697	1,023	1,325
認知症有病率		8.76	9.07	9.21	9.83	9.63	11.22	13.23
	男性	8.39	8.63	8.75	9.39	9.25	11.10	12.93
	女性	9.02	9.37	9.53	10.23	9.94	11.32	13.47

出典）保健福祉部（2013）、保健福祉部統計参考資料

断がなされ体系的な治療や管理が行われる場合には、完治もできることが示されるなど、認知症を早期に診断し、予防する支援システムを構築する重要性が、一層強調されている。すなわち、認知症が誘発されないような生活習慣や様々なプログラムの利用、認知症が現れた時には早期診断や、残存能力を維持及び向上させ症状の急速な悪化を予防するためのサービス提供の必要性が、指摘されている。さらに、認知症高齢者ができるだけ長く地域生活を維持できるようにするという観点から課題が提示され、同時に、介護する家族についても、経済的な問題だけではなく、心理情緒的な負担、身体的な負担などに対する様々な支援策を構築する必要が指摘されている。

　2008年から開始された老人長期療養保険制度では、このような認知症高齢者の特性に基づいた支援を行う必要性が、運営する側にも認識されていた。実際に、ユ・エジョンら（2015）の研究結果では、2008年以降に認知症の診療記録を持っている約47万5千人のうち、85.1％もの人が老人長期療養サービスを利用していることが明らかにされている。

(2) 認知症高齢者支援における家族支援の必要性

　医学や看護学分野では、認知症高齢者の支援をめぐる議論のなかで、支援の大きな目的は、認知症高齢者の残存能力を最大限に活用し、破損した機能を補充し、その家族の介護（扶養）負担を減らし、認知症高齢者の生活の質

を向上させることに置かれている。より具体的には、認知症高齢者支援とし
て、(1) 支持的なサポートを通じて高齢者やその家族の自尊心を高める、(2)
安全でシンプルかつ明確な物理的環境を維持する、(3) 定期的な日課を過ご
して高齢者を刺激するストレスを最大限に減らす、(4) 認知力の向上と行動
を強化するための適切なプログラムを実施することにより自律性と社会的活
動を促進させる、(5) 家族、知人、施設および機関等の関係形成によるチー
ムアプローチの支援システムを構築するといった、様々なサポートの必要性
が指摘されている。

　こうした認知症高齢者支援の方向性を考慮しつつも、社会福祉の専門性
を活かした支援策 (社会福祉政策) としては、以下に取り組むことの重要性が
指摘されてきた。すなわち、認知症高齢者及びその家族が抱えるニーズ (問
題) を解消できるような制度的な支援策の検討、Case-work、Group-work、
Community-organization といった社会福祉実践のレベルでの専門的な相談
支援技術の確立、自助会の運営などを通じた認知症高齢者やその家族への心
理・感情的サポートの提供、認知症が原因で誘発される虐待を予防するため
の権利擁護システムの構築、地域組織化 (地域福祉) の側面からの支援のため
の関係機関ネットワークの構築、こうした取組みの重要性である。

　また、高齢者福祉の実践は、高齢者と本人を取り巻く環境、特に家族を
主な対象としながら、高齢者と環境の相互作用を通じた問題解決や、高齢者
の身体的、心理社会的機能の向上を図ることを、基本的な目的としている。
このような観点から、先行研究 (イ・ジュンサンら、2008; ベク・ギョンスクら、
2008; ソン・ミョウンら、2007) は、認知症高齢者を介護している家族の扶養
負担感を軽減するための国や地域社会の積極的な支援を強調し、関連する政
策課題を提示している。そこでは、高齢者が認知症を抱えていても、残存能
力の向上と維持のための専門的サービスの提供を通じ、高齢者とその家族の
生活上の問題が解消され、本人らしい生活が維持されるような、社会福祉的
な支援の必要性が強調されている。

　認知症高齢者の在宅生活を維持するためには、その家族のエンパワメン
ト (empowerment) が重要であることも、先行研究において明らかにされてい

る。ソン・ミヨウンら(2007)とキム・スヨン(2003)は、認知症高齢者の介護においては家族や近所の人のインフォーマルなサポートシステムの構築が必要であることを明らかにしている。但し、ベク・ギョンスクら(2008)やソン・ミヨウンら(2008)からは、認知症高齢者の認知障害や行動障害のために24時間の集中的な介護が必要となり、社会関係が制限されることになった家族介護者は、心理的、身体的、物質的な負担を複合的に感じるようになることが示されている。イ・ジュンサンら(2008)は、認知症高齢者を介護している家族の社会福祉的支援のために、家族の治療やカウンセリングを含む総合的なサービス提供システムの構築や、社会福祉実践における専門性の向上を提案している。

　以上の先行研究の結果をまとめると、医学や看護学分野では、認知症高齢者を対象とした治療的観点からの効果的な支援策の構築に重点が置かれていた。社会福祉分野では、認知症高齢者とその家族の生活上の問題の解消とエンパワメントに重点が置かれていた。後者からは、認知症高齢者の生活の質の維持にむけた、専門家による補助者や助言者、支持者、ケースマネージャー、教育者としての関わりや、地域単位のネットワークの構築に焦点を当てた、専門的な社会福祉の研究や実践の必要性が示唆される。すなわち、認知症を持っていても一人の人間として地域生活を維持することを支援するために、認知症高齢者を介護する家族の介護負担軽減にむけた経済的および心理・情緒的なサポートの充実、関係機関のネットワーク化、そして地域住民への福祉教育を通じた認知症に関する情報の提供、こうしたことにソーシャルワーカーが重要な役割を果たしていく必要性が示唆された。また、認知症の症状を原因とする家族関係の変化や、施設や在宅サービスの利用の過程で起きる虐待などの問題を予防するために、様々な権利擁護のシステムを構築することも、重要になる。

　こうした認知症高齢者やその家族への支援の方向性をふまえつつ、次節では、韓国における実際の支援策の展開についてみていくこととする。

3. 認知症高齢者の家族支援政策の推進状況

(1) 認知症高齢者への支援状況

韓国における認知症高齢者支援の主なサービスの内容とその特徴は、第2次および第3次国家認知症管理総合計画と老人保健福祉事業案内 (2015) に示されている関連部分から、読み取ることができる。

第一の特徴として、認知症高齢者支援のための中・長期計画の策定とあわせて、専門的なサービス提供システムの構築にむけた取組みを推進している点があげられる。急速な高齢化による認知症高齢者の急増と認知症の治療・管理コストの増加により、認知症の社会経済的負担が高まっていることから、政府は2011年8月に認知症管理法を制定した。同法第6条に基づき、「国家認知症管理総合計画 (2013 〜 2015)」が策定され、この計画に即して様々な認知症高齢者支援の施策が実施されている。特に、政府は、認知症の管理のために、認知症の早期検診と予防、認知症の治療・管理、家族支援と情報提供に関する事業などを推進している。

認知症管理法では、認知症の予防と治療・療養及び調査・研究などのために、国と地方公共団体、医療機関が積極的に協力することを前提に、認知症管理計画の策定、国家認知症管理委員会の運営、認知症相談センターの設置と運営、その他の各種の認知症の関連支援事業の推進などが定められている。これは、認知症対象者の支援に関する明確な方向性が不明だった韓国社会において、少子高齢社会に備えて認知症対象者を支援するために多様な主体の積極的な努力と協力が必要であることを示すという点、そしてサービス供給システムを明確に示すという点で、大きな意味を持っている。

しかし、オーストラリアとイギリス、日本、フランスなどでは、国家レベルの認知症支援計画が策定・実施される際には、「ケアシステムの構築 (system of care)」と「ケース管理 (case management)」の取組みが同時に行われたのに対し (Kuriakose, 2013)、韓国では、認知症高齢者の地域生活を効果的に支援するための「地域単位でのケアシステムの構築」の視点が弱い。例えば、保健分野と介護分野との連携や、従来の福祉サービスの提供システムとの有

機的な連携、認知症ケアのモデルの提示などは、韓国においては不十分であり、今後の検討が必要であろう。

　また、中長期的なビジョンの提示と具体的な専門的サービスの提供システムの構築のために、認知症管理法第16条に基づき「中央認知症センター」が2012年11月に設立されたものの、全国的な「広域認知症センター」の開設と関連事業の推進に関しては、課題を抱えている。

　認知症高齢者支援の特徴の第二としては、老人保健福祉事業案内(2013)に示されているように、老人保健福祉事業のなかに、認知症高齢者のための主な事業である認知症相談センターの運営と認知症検診事業、認知症の治療費支援事業などが位置づけられている点があげられる。

　認知症相談センターは、認知症管理法(第17条)と地域保健法(第9条)を根拠法として、保健所を中心に運営することが義務付けられている。保健所の認知症相談センターには専門の担当者が配置されており、その担当業務は、認知症高齢者の登録と管理及び認知症高齢者やその保護者のための相談やサポート、認知症の予防および認知症高齢者の介護方法等に関する教育の実施、在宅認知症高齢者のための訪問・管理、認知症高齢者の社会的支援の案内などである。

　1998年に認知症相談センターの設置が義務付けられたが、認知症相談センターの専門人材の養成と専門的サービスの提供のための重点的な研究の推進は、きわめて不十分であったと考えられる。例えば、国会図書館所蔵資料により関連研究を検索しても、イ・ガンスら(2006)による保健所の認知症関連事業の運営の現状に関する研究が、直近のデータとしてあげられる程度である。

　なお、特徴の第三としては、2008年7月から老人長期療養保険制度が施行されたことにより、認知機能の障害があり日常生活の支援が必要な者は、長期療養認定(日本の要介護認定に相当)を受けて様々な老人長期療養サービスを利用するようになった点があげられる。2014年7月からは、長期療養認定の幅が等級1から等級5までの5段階となり従来よりも広げられ、身体機

能面での長期療養の必要度が軽い場合でも、認知症患者の場合には、認知機能の維持と悪化防止のために長期療養サービスが利用できるような制度改善が行われた。

(2) 認知症高齢者の家族支援の現状

　認知症患者を介護する家族を支援する事業は、大きく、政府と自治体が老人福祉法と認知症管理法に基づいて提供する家族支援事業と、老人長期療養保険制度のなかで提供する家族支援事業、の二つに区分できる（ユ・エジョンら、2015）。

1) 第3次国家認知症管理総合計画における家族支援の拡大

　認知症管理法に基づき策定された第3次国家認知症管理総合計画（2016年〜）では、家族支援に焦点を当てた様々な事業の推進が提案されている。具体的には、以下のような内容が計画されている。

　(1) 認知症患者の家族のための相談や教育、自助会などが、計画に位置づけられている。家族の介護負担の軽減や患者への介入技術の向上の効果が検証されたプログラムに基づき、家族への教育カリキュラムの開発や、その講師の養成が計画されている。さらに、中央認知症センターのホームページに、オフライン教育課程共有システムを構築し、教育のスケジュール通知、教育の申込受付や満足度調査を実施することも、計画されている。

　(2) 認知症の教育を修了した家族に対して、中央認知症センターのホームページや認知症相談コールセンター (1899–1988) などを通じた自助会の運営支援を行い、継続的に管理していくことが計画されている。

　(3) 認知症相談コールセンターを活用した、認知症患者の家族への相談やサポート体制の強化も計画されている。認知症関連機関にかかってくる勤務時間外の電話（夜間、祝日）を認知症相談コールセンターに転送し、24時間相談を提供する事業を試験的に運営し、2016年以降に事業を拡大していくことが計画されている。

(4) 家族の介護負担軽減のための社会的支援の拡大が、計画されている。認知症患者の家族を対象としたオンライン型自己心理テストのシステムを構築し、地域の精神健康増進センターと連携して認知症患者の家族のケース管理と相談支援を体系化していくことが、目指されている。また、バウチャー事業の一環として、認知症患者と家族のための旅行クーポンを使った支援事業のモデル開発と、事業の拡大が計画されている。

(5) 家族の介護負担軽減のための経済的支援の拡大も計画されている。具体的には、認知症患者の家族の就労支援のため、時間選択制勤務の適用事業所と連携した雇用支援事業の推進などが、計画されている。

以上のように、第3次国家認知症管理総合計画では、認知症の治療法を中心とした既存の支援策から、認知症患者が地域でできるだけ長く生活できるように患者本人に加え、その家族を支援していくという方針に転換することが、明確にされた。これまで、韓国では、家族支援というものは老人福祉の単なる一部の事業として取り上げられることが多かったが、第3次国家認知症管理総合計画の策定を契機に、家族支援とは、保健医療と福祉と介護の分野で総合的に推進すべき主要な事項であることが、政策として明確にされたのである。

2) 老人長期療養保険制度に基づく家族支援事業の推進

①認知症患者の家族休暇制度の運営

老人長期療養保険制度に基づいた認知症患者とその家族への支援を拡大する観点から、認知症患者の家族休暇制度が、2014年7月から施行された。この制度は、認知症高齢者の家族介護の負担軽減を図るため、老人長期療養保険制度の受給者（利用者）のうち認知症患者については、ひと月の支給限度額とは別枠で、年間6日の範囲でショートステイを利用できるという内容である。

韓国は、2014年7月に「長期療養認定の等級（日本の要介護度に相当）」を新たに「5段階」に設定し、そのなかで認知症の等級が勘案され、認知症患者の

ための長期療養サービスの拡大を推進している。そのなかで、認知症患者の
家族休暇制度は、認知症高齢者本人ではなくその家族を支援することにより、
認知症高齢者が施設入所をせずにできるだけ長く地域生活を維持できるよう
にするという目的を持っている。

　この休暇制度の対象者は、長期療養認定調査票で「病気や症状」として認
知症の表示があり、認知機能領域と行動領域において介護負担が大きい項目、
すなわち、1) 意思疎通障害、2) 妄想、3) 不規則な睡眠、4) 介護に対する抵
抗、5) 場所の見当識障害、6) 暴言及び暴行、7) 徘徊、8) 不潔行動のいずれ
かの項目に記載があった者である。

　また、2016年9月からは、家族休暇制度を拡大するために、24時間訪問
介護サービスの提供が開始された。その背景には、家族休暇制度が開始され
たものの、ショートステイ実施機関の不足や、施設利用に対する家族の抵抗
感などにより、制度が活発に利用されなかったという事情があった。こうし
た課題への対応として、家族が不在ないし休暇時に、認知症高齢者がショー
トステイを利用しなくても生活が継続できるよう、24時間訪問サービスが
導入されたのである。

　24時間訪問サービスでは、利用者の症状の急変に対応するため、訪問看
護師によるサービス提供もあわせて行うこととされている。したがって、
サービスを提供する主体(機関)は、訪問介護と看護サービスを一緒に運営し
ているサービスセンターに限定している。24時間訪問介護サービスを提供
する人材の確保や、訪問介護と看護を一体的に提供するセンターの拡充は今
後の課題となっており、現時点では、このサービスを利用できるのは、認知
症のある1等級および2等級の在宅サービス利用者に限られている(長期療養
認定の等級は、1等級が最も重く、その次に重いのが2等級)。

②統合在宅サービスのモデル事業の実施

　認知症高齢者を含む老人長期療養保険の利用者が、できる限り地域生活
を営めるようにするには、利用者とその家族のニーズに合わせた介護サービ
スに加え、看護サービス(健康管理)の提供も重要になる。こうした観点から、
韓国保健福祉部(注：日本の厚生労働省にあたる)と老人長期療養保険の保険者

である国民健康保険公団は、訪問介護・看護・入浴サービスを統合的に提供する供給システムの構築を目指し、2016年7月〜12月に「長期療養保険統合在宅サービスモデル事業」を実施した。このモデル事業では、従来の介護サービスに、健康管理のための看護サービスが加えられた（ユ・エジョンら、2016）。

　モデル事業の背景には、韓国の老人長期療養保険制度のサービス利用の実態が、利用者の健康や生活状態に合わせた療養サービスの提供よりも、家事支援に中心をおいたサービス提供内容となっているという問題があった。制度の利用者は、認知症や高血圧、糖尿病などの慢性疾患を持っている者が多い。しかし、在宅サービス利用者の約86％以上は、訪問介護と入浴サービスのみの利用となっている。また、本人の状態にあわせて適切な支援計画を作成するケアマネジメントの仕組みが、日本の介護保険制度とは異なり、制度に備わっていないことも、問題の背景のひとつである。今後、高齢者の急増とそれに伴う認知症高齢者の増加、一人暮らし高齢者や高齢者夫婦世帯の増加などが予想されるなか、老人長期療養保険利用者の地域生活の継続を図るには、家族支援の視点を含めた介護と看護の統合的なサービス提供システムの構築が必要であること、そうしたシステムを構築するには、1）利用者中心のサービス供給システムの構築（ニーズに合わせたサービス時間、場所の検討を含む）、2）定期的な慢性疾患の管理や予防を含む、医療との連携によるサービス提供の推進、3）効果的なケアマネジメントシステムの運営などの積極的な実施が必要であるといったことも、指摘されている（ユ・エジョンら、2016）。こうした議論をうけ、政府は、訪問介護、訪問看護、訪問入浴がそれぞれ独立している従来の在宅サービス類型を見直し、一ヶ所のサービスセンターでこれらを統合的に提供する「統合在宅サービス」というサービス類型を新たに開発した。上記のモデル事業は、この新たなサービス類型を段階的に拡大していくことを目指して実施され、サービス内容の評価や現場での使い勝手の検証が進められている。

　注目されるのは、上記のモデル事業には家族支援の要素も含められている点である。モデル事業では、訪問看護師が月2回、認知症高齢者の自宅を

訪問し、服薬管理やBPSD（認知症の周辺症状）の対応方法について家族への教育や助言などを行う。これらを通じて、家族の認知症やその対処法に関する認識を高めるという効果が期待されているのである。

③家族相談支援サービスのモデル事業の実施

認知症患者などの高齢者を介護する家族を支援し、高齢者が地域社会のなかで家族と共に暮らせるような環境を構築することは、韓国の介護政策では重視されている。それにもかかわらず、これまでの実態としては、老人長期療養保険の受給者（利用者）の家族扶養者は、精神的及び身体的ストレスや扶養負担感が高く、専門家による相談を要するレベルにあることも明らかにされてきた（ハン・ウンジョンら、2015a）。これらの問題解決にむけて、老人長期療養保険の受給者（利用者）の家族に対する心理支援のシステムを整備し、相談をはじめとする心理・情緒面でのサービスを提供することの必要性について、政府も認識するようになった。

こうした背景もあり、韓国政府（保健福祉部）と国民健康保険公団は、2015年10月から2016年5月までの約7か月間、家族相談支援サービスのモデル事業を実施した。モデル事業の対象者は、長期療養保険の在宅サービス利用者の家族のなかでも特に扶養負担感が高い同居家族であり、チェックリストにより約1,000人が対象者となった。

モデル事業では、専門のカウンセラーが対象者宅を訪問し、扶養状況、ニーズ等を把握した後、一人一人に合わせた相談サービスやグループカウンセリングプログラムの提供等を行う。これに加え、事業終了後も当事者が集まり続けられるよう支援するという観点から、自助グループの結成なども行われた。家族相談支援プログラムの開発原則は、次のとおりである。

(1) 家族相談支援プログラムのマニュアルは、既存研究により科学的根拠が検証された介入（evidence-based intervention）により構成する。

(2) 家族扶養者のほとんどが受給者（利用者）の配偶者であり、高齢で学力水準が高くない点を考慮し、取扱説明書は、可能な限り視覚的表現（infographic）を用いるなど、読みやすい内容にする。診療・対応方法の画像は、受給者（利用者）の扶養実態に合った内容となるよう、新たに開

発する。

(3) 支援と対話型教育 (support & interactive education) が一体的に提供されるように構成する。

(4) 参加者自身による問題解決 (participant driven problem solving) の手法を適用し、家族扶養者が自ら問題を捉え、解決方法を模索できるようにする。

　また、同じ環境に直面している家族同士で互いの状況を理解し情緒的に支え合えられるよう、心理療法や芸術療法などの集団カウンセリングプログラムを運営することや、電話相談窓口の常設と、様々な心理的情緒的サポート資源の把握、相談者への資源の案内とを連携させたサービスを提供することも、目指された。

　家族相談支援プログラムは、8週間11回で構成され、個別のプログラムと集団プログラムと電話相談を含んでいる。個別のプログラムは、プログラム提供者が家族扶養者の自宅に訪問し、家族扶養者の社会的特性と扶養状況、また家族扶養者の求めに応じ、個別相談を提供する。個別プログラムは、扶養状況に関する認知の再構造化、心理教育、ケア教育、ヘルスケア、家族相談などの9種の内容で構成され、週1回ずつ計6回提供される。

　集団プログラムは計3回、3週目、6週目、8週目に提供される。個別プログラム参加者に対するソーシャルサポートを拡充するためのグループ単位の活動である。集団プログラムは、プログラム提供者による健康チェック、美術活動、園芸活動などの4種の活動プログラムで構成されている。

　電話相談は、4週目と7週目に2回ほど提供される。相談を通じ、家族相談支援プログラムの参加に対する支持と励まし、現在の介護 (扶養) の問題点の把握、個別プログラムの際に約束した実践内容を実行したかどうかの確認、といった内容で構成されている (ハン・ウンジョンら、2015b)。

　このモデル事業の結果について、モデル事業参加者の精神的ストレスやうつの減少、また、生きがいや精神的健康、健康状態の向上が、統計的な数値として得られた。また、プログラムに参加することで扶養ストレスのコントロール方法が分かったり、自分の健康管理の重要性が分かったりしたとの

第9章　韓国における介護する家族への支援事業の推進状況と課題　251

表2　家族相談支援プログラムの各段階別の活動の構成

区分	回数	活動
個別プログラム	1回	自己紹介、プログラムの紹介、家族ニーズ評価など
	2回	支持の提供、自分の健康の維持管理、介護技術練習
	3回	ストレスコントロール、感情コントロール、介護技術練習
	4回	一緒に楽しく過ごす、介護技術練習
	5回	日々を楽しく過ごす、介護技術練習
	6回	介護技術練習、プログラム終了の準備、今後の介護計画の策定
グループプログラム	1回	健康チェック、家庭において緊急状況への対処
	2回	園芸活動
	3回	美術活動
電話相談	1回	実践に関する約束の遂行可否の検討、約束した実践の遂行の応援など
	2回	

出典) ハン・ウンジョンら (2015b)、長期療養家族相談支援モデル事業の運営及び評価 I 、国民健康保険公団政策研究院

　意見が得られた (ハン・ウンジョンら、2016)。政府 (保健福祉部) と国民健康保険公団は、このモデル事業の結果に基づいて更に開発された家族支援事業を、2017年度から実施する予定である。

　これまで紹介してきた各種事業以外にもいくつかの家族支援のプログラムが存在している。例えば、認知症管理法に基づき全国の保健所で運営されている認知症相談センターでは、認知症の簡易スクリーニングの実施や、家族相談事業などが行われている。社会福祉館や老人福祉館においても、家族の扶養ストレスを減らすために、家族治療などの相談サービス支援事業やグループ活動などが行われている。

4.　まとめ

　韓国において実施されている認知症支援政策は、認知症管理法に基づいた第3次国家認知症管理総合計画に即して様々な制度が運営されているが、認知症の利用者とその家族をサポートする役割の多くを、老人長期療養保険

制度が担っている。その代表的な内容は、認知症家族休暇制度である。また、統合在宅サービスのモデル事業と家族相談支援モデル事業の拡大も計画されている。さらに、全国の保健所の認知症支援センターや社会福祉館、老人福祉館においても、認知症家族支援のための様々なプログラムが実施されている。このように、公共や民間福祉機関で様々な事業が行われているものの、このような事業を総合的に管理するためのシステムは構築されておらず、効果的なサービス管理にむけたシステムの強化が今後の課題であろう。

　韓国社会は、今後、高齢化率が10年以内に20％を超えると予測されていることから、従来の高齢者保健福祉政策と老人長期療養保険制度について、より効果的・効率的な運営とともに、急増する高齢者介護の家族負担が社会的問題にならないよう対処していく努力が、さらに必要になると思われる。特に、高齢者世代のなかで認知症患者の割合も増加しており、家族の介護負担が大きい認知症高齢者について、本人および家族のサポートに関わる制度を積極的に拡大する必要がある。これまでにも、認知症高齢者の家族のための政策は、高齢者福祉サービスの一部として限定的に発展してきた。しかし、今後は、より総合的な政策の推進にむけて、第3次国家認知症管理総合計画と老人長期療養保険制度の安定的運営の方針に基づいた検討を進めるべきである。

　本章では、韓国の家族支援政策の動向について、特に、認知症の家族支援にテーマをしぼって検討してきた。韓国の介護政策では、認知症高齢者を含め介護を必要とする利用者の家族へのサポートの重要性が、強調されている。国民健康保険公団が発表した長期療養保険制度の利用満足度に関する調査結果（国民健康保険公団、2016）では、調査対象者の約91％がサービス利用に満足していると回答したが、現在のサービスが介護のニーズを十分に満しているとは必ずしも言えない。今後は、家族相談サービスや、訪問介護・看護・入浴サービスなどの統合的なサービスに対するニーズの高さが明らかにされ、それに対する積極的な政策が行われることを期待する。

引用参考文献

イ・ガンスら　市郡別の保健所の痴呆管理の現状分析．*老人精神医学*　2006, 10 (2)．老人精神医学会．

イ・キョンナム　認知症の社会福祉的なアプローチ．*釜山女子大学会*　2009, (31)．

イ・ジュンサンら　認知症高齢者の家族の保護者の扶養負担に影響を与える要因に関する研究．*老人福祉研究*　2008, (40)．韓国老人福祉学会．

イ・ホンジャ　長期療養サービス前後の家族の扶養負担感に影響を及ぼす要因．*韓国看護科学会誌*　2012, 42 (2)．

キム・スヨン　認知症老人の家族扶養者の生活の質に及ぼす影響要因：家族扶養者のための政策の模索．*社会福祉政策* 2003, (17)．韓国社会福祉政策学会．

キム・スンヤン　地方政府の認知症高齢者の福祉サービス供給システムの効率化方策：福祉多元主義の観点から．*社会福祉政策*　2006, (24)．韓国社会福祉政策学会．

国民健康保険公団　2012年度老人長期療養保険統計年報．2013．

国民健康保険公団　2015年度老人長期療養保険統計年報．2016．

ソン・ミョウンら　認知症高齢者の家族の扶養負担に影響を与える要因．*老人福祉研究*　2007, (37)．韓国老人福祉学会．

チェ・ヨンジュン　韓国型認知症サービス網の構築：中央－広域痴呆センターの有機的サービス供給システムの確立．第1回国家認知症管理ワークショップ資料集．2013．

バク・ジュンヒョク　韓国高齢者の痴呆．第26次大韓糖尿病学会資料集．2013．

ハン・ウンジョンら　在宅長期療養高齢者の家族扶養者の扶養負担の影響要因：サブ次元別比較．*韓国社会政策*　2015a, 22 (2)．韓国社会政策学会．

ハン・ウンジョンら　*長期療養家族相談支援モデル事業の運営及び評価Ⅰ*．国民健康保険公団政策研究院，2015b．

ハン・ウンジョンら　*長期療養家族相談支援モデル事業の運営及び評価Ⅱ*．国民健康保険公団政策研究院，2016．

ベク・ギョンスクら　痴呆老人の介護者の扶養負担が心理的な福祉感に及ぼす影響．*老人福祉研究* 2008, (37)．韓国老人福祉学会．

保健福祉部　2013老人保健福祉事業案内．2013．

保健福祉部　2015老人保健福祉事業案内．2015．

保健福祉部　第3次国家痴呆管理総合管理計画．2015．

ユ・エジョンら　*長期療養機関の認知症ケアの専門性の強化方策の研究*．国民健康保険公団政策研究院，2015．

ユ・エジョンら　*長期療養保険統合在宅サービス1次モデル事業の運営及び評価Ⅰ*．国民健康保険公団政策研究院，2016．

Kaplan, Daniel B. and Troy C. Andersen. The transformative potential of social work's evolving practice in Dementia care. *Journal of Gerontological Social Work* 2013, (56):164-176.

Katsuno, T. Personal spirituality of persons with early-stage dementia: is it related to perceived quality of life? *Dementia* 2003, 2(3):315-335.

Kuriakose, Roy. *International Perspective on National Dementia Plans.* 2013.

MaCarty, E. R and C. Drebing. Burden and professional caregivers: tracking the impact. *Journal for Nurses in Staff Development* 2002, (18):250-257.

Schaefer, J. A and R. H. Moos. Effects of work stressors and work climate on long-term care staff's job morale and functioning. *Research in Nursing & Health* 1996, (19):63-73.

第10章　韓国の高齢者ケアサービスの供給組織

李　恩心

梗　概

　韓国の老人長期療養保険制度の導入前後の高齢者ケアサービスの供給組織について概観し、老人長期療養（介護）サービスのサービス領域別の量的変動及びサービス質における問題を整理する。また、サービス供給組織の運営の現状と課題、老人長期療養保険制度下での供給者と保険者、利用者や家族、行政の関わりなどについてまとめる。

　本章では、日本の「介護」に当たる概念として、韓国の制度やサービス内容を説明する際に「療養」の用語を用いる。

1. 韓国の高齢者福祉サービスの供給組織の現状

2006年9月の韓国政府の「社会サービス拡充戦略」発表をきっかけに、社会福祉サービスの供給体制は市場の活性化を通じた民間市場によるサービス供給へ重点がおかれた施策推進が行われるなど大きな変化をもたらした。韓国の社会福祉サービスの市場化が拡大され始めたのは、「参与政府」（筆者注：2003-2008年の盧武鉉大統領時代）の末期からであるとされる。また、2007年度導入されたバウチャー制度とともに2008年施行の老人長期療養保険制度により、老人長期療養（介護）サービスを含む社会福祉サービスは、量的な変化とともに提供主体と財政方式、運営原理という質的レベルでも全てこれまでと違う姿で展開され、市場原理の拡大を顕著な特徴としている。特に老人長期療養サービスは、新しい供給体系と保険財政を基盤とする革新的変化とともに普遍的社会福祉サービスの市場原理の拡散の契機となった（イ・パク、2011：6-7)[1]。

以下では、韓国の社会福祉サービスの市場化の拡大の背景を踏まえ、「老人長期療養保険制度」の導入前後の高齢者福祉サービスの供給体系の変化を述べる。

(1)「老人長期療養保険制度」導入前後の高齢者福祉サービスの供給体系

現在の韓国の福祉サービスは、「社会保険」「公的扶助」「社会サービス」[2]で構成されている。老人福祉法による高齢者福祉サービスは、「社会サービス」分野に位置づけられ、老人福祉法等を根拠法とし、提供されている。

高齢者福祉サービスは、「生活施設」と「利用施設」に分けられ提供される。生活施設は、「施設保護（ケア）サービス」である「住居福祉（養老施設、共同生活家庭、福祉住宅）」と「医療福祉（療養施設、療養共同生活家庭）」に分類される。「利用施設」には、在宅施設（訪問療養、昼夜間保護（通所介護）、短期保護、訪問入浴、その他のサービス）、余暇施設（老人福祉館、敬老堂、老人教室）、老人保護専門機関（高齢者虐待問題の対応等を担う高齢者福祉機関）、老人ハローワークがある。

これらの高齢者福祉サービスの供給体系としては、中央政府(保健福祉部)が高齢者福祉サービスの提供に関する計画及び予算を策定し、地方政府(市郡区の地方自治体)が中央政府の計画を実行する。さらに地方政府は、具体的な高齢者福祉サービスの提供計画を策定し、中央政府や地方政府と契約関係にあるサービス提供機関または地方政府がサービス提供を行う(イ・ヨム・イ、2013)。

　老人長期療養保険制度の導入前の高齢者療養サービスは、主にこのような供給体系下で提供されており、国が提供責任者となり、サービス供給者は機関運営費の国庫支援を受け、独占的にサービス供給を行っていた。サービス受給者は、国の受給資格の審査を受け、サービス利用を開始する(図1)。

　長期療養保険制度導入後は、多数のサービス供給者が出現し、国(保険者は国民健康保険公団)は、サービス提供機関の要件審査、指導監督、サービス費用の審査・支払、老人長期療養保険サービスの提供に関わる運営を担う。

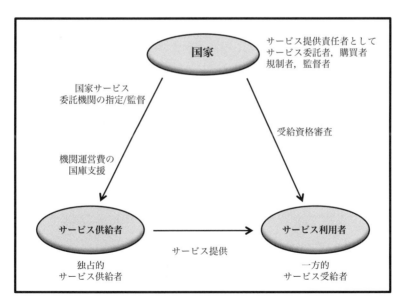

図1　老人長期療養保険制度導入前の高齢者療養サービスの供給体系
出典：ソク　ゼウン　供給者観点からの老人長期療養保険制度の改善方法　保健福祉フォーラム 2010, 168, p.36.

利用者は、老人長期療養保険料の納付義務とともにサービス及び提供者の選択権をもつようになった（**図2**）。社会サービス供給体系は、老人長期療養サービス機関の財政方式を国庫支援から社会保険財政へ、また独占サービス供給体系から多数の代案的サービス供給体系が存在する競争的市場体系への転換が特徴となった（ソク、2010：35）。

　先述した高齢者福祉サービスは、1981年の老人福祉法が制定された以降、老人保護（care）、余暇及び参加、老人権利擁護サービス等のサービス提供体系が整えられ、細分化されるプロセスがあった。「老人保護」サービスは、施設保護から在宅保護へと拡大され、さらに2007年の老人ドルボムバウチャー事業と2008年の老人長期療養保険制度の導入を経て、質的及び量的拡大へと可視化された（イ・ヨム・イ、2013：21）（**表1**）。

　ここでの在宅保護サービスは、老人長期療養保険制度の導入により、老人長期療養保険制度に基づく「老人長期療養保険サービス」と、「老人ドルボ

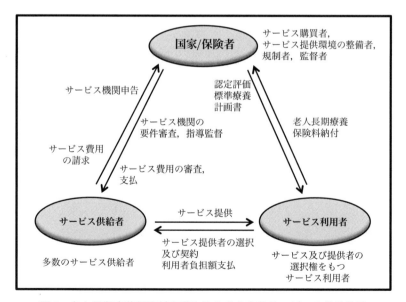

図2　老人長期療養保険制度導入後の老人療養サービスの供給体系
　出典：ソク　ゼウン　供給者観点からの老人長期療養保険制度の改善方法．保健福祉フォーラム
　　　2010, 168, p.37.

表1 高齢者ケアサービスの区分

区分	弱　　　　　　　←保護程度→　　　　　　　強		
	受給者 全額負担 / 国家負担	←財源→	老人長期療養保険
施設保護サービス	養老施設保護	―	療養施設保護
在宅保護サービス	安否確認	家事援助サービス	身体ケアサービス

出典：イ・ユンギョン、ヨム・ジュヒ、イ・ソンヒ　高齢化対応の老人福祉サービスの需要展望と供給
　　　体系研究報告書（2013-31-15）．韓国保健福祉研究院，2013，p.24.

表2 在宅保護（ケア）サービスの類型別サービス種類

区分	訪問型サービス	地域社会サービス	その他のサービス
老人長期療養保険 サービス	訪問療養 訪問入浴 訪問看護	昼夜間保護サービス 短期保護サービス	福祉用具サービス
老人ドルボムサービス	老人ドルボム基本 サービス 老人ドルボム総合 サービス （訪問療養）	老人ドルボム総合 サービス （昼夜間保護型）	老人ドルボム基本 サービス 在宅老人支援サービス
在宅老人福祉サービス	在宅老人支援サービス	―	在宅老人サービス
	在宅老人サービス	―	

出典：イ・ユンギョン、ヨム・ジュヒ、イ・ソンヒ　高齢化対応の老人福祉サービスの需要展望と供給
　　　体系研究報告書（2013-31-15）．韓国保健福祉研究院，2013，p.27.

ムサービス」、「在宅老人福祉サービス」に分類される（**表2**）。

　老人長期療養保険サービスは、訪問療養（日本の訪問介護サービスに類似）、訪問入浴、訪問看護の訪問型サービスと、昼夜間保護（通所介護サービスに類似）、短期保護（短期入所サービスに類似）サービスの地域社会サービス、そして、その他のサービスである福祉用具サービスで構成される。

　老人ドルボムサービスは、「老人ドルボム基本サービス」と「老人ドルボム総合サービス」がある。老人ドルボム基本サービスは、長期療養保険サービス及び老人ドルボム総合サービスを利用していない一人暮らしの高齢者を対象に、安否確認（見守り）やサービス連携及び調整、生活教育等を行う。老人ドルボム総合サービスは、長期療養保険の等級外（要介護認定の非該当）のA

またはB判定者のなかで、全国世帯の平均所得の150％以下の一人暮らし高齢者が対象となる。サービスは、訪問療養（日常生活支援、家事活動支援）と昼夜間保護（長期療養保険の昼夜間保護サービスと同一）型で、週2〜3日の提供となる[3]。

　在宅老人福祉サービスは、日常生活の支援（訪問療養を除く）や、各種必要サービスの提供を行う「在宅老人支援サービス」と、老人福祉館や在宅支援センター等の給食サービス等を行う「在宅老人サービス」がある。

---

2. 高齢者福祉サービスの提供事業者の現状

---

(1) 老人福祉法に基づくサービス事業者の現状

　老人福祉法に基づく「老人住居福祉施設」の一つである「養老施設」は、2002年の120か所から、2005年に270か所、2008年に308か所、2014年に272か所へと段階的に増加傾向にある。また「老人共同生活家庭」は、2008年の21か所から、2014年には7倍近い142か所へ増加した。

　一方、老人余暇福祉施設である「老人福祉館」数は、老人長期療養保険制度導入後、軽微な増加を見せ、2014年現在344か所となっている[4]。

(2) 老人長期療養事業者の現状

1) サービス別事業者数の変化

　老人長期療養サービスの提供事業者数は、2014年度末現在、16,543か所で、その内、在宅療養サービス事業者数が11,672か所、施設療養サービス事業者数が4,871か所となっている。事業者数は前年度の2013年に比べ、在宅療養サービス事業者数は5.6％の増加、施設サービス事業者数は4.8％の増加である（国民健康保険公団、2015：xlix）。老人長期療養保険制度導入後の2008年から2014年までのサービス別事業者数の推移をみると、施設療養サービスの「老人療養共同生活家庭」が6.7倍で最も増加幅が大きく、在宅療養サービスの事業所数は約2倍程度の増加幅をみせている（図3）。

　ソンウ（2015）は、このような近年の長期療養保険サービス事業者数の設

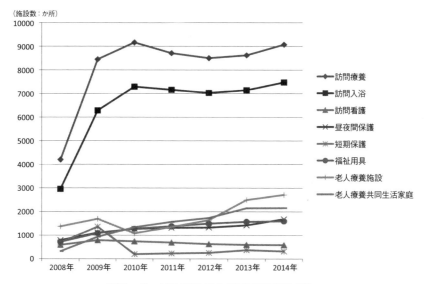

図3 サービス別の老人長期療養事業者数
資料：2008年～2014年の「老人長期療養保険統計年報」のデータをもとに筆者作成。

置現状について、入所施設の大幅な増加が目立つとともに、サービス提供機関が適正必要数より過多設置されていると分析している。また、老人療養施設については、定員49人以下が全体の63.2%、10～29人以下の小規模入所施設も46.0%で多くを占めている（ソンウ、2015：3-4）。

2）運営主体別の事業者数の変化

運営主体別でみると、在宅療養サービス部門では、2008年度に比べ、個人営利機関の比重が最も高い（**図4**）。具体的には、個人営利機関の比重が訪問療養サービス機関が7,466か所（82.3%）、訪問入浴サービス機関が6,305か所（84.3%）、訪問看護サービス機関418か所（77.8%）、短期保護サービス機関222か所（78.0%）、福祉用具貸与サービス機関597か所（85.8%）である。個人営利サービス機関が急増した理由は、初期投資費用が少なく、少ない管理人員だけで施設の運営が可能であるためであるとの分析がみられる（ソンウ、2015：5）。

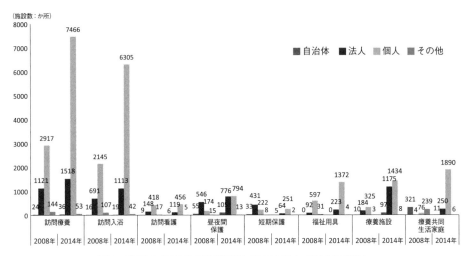

図4　運営主体別の療養機関数（2008年と2014年対比）
出典：「2008老人長期療養保険統計年報」「2014老人長期療養保険統計年報」のデータをもとに筆者作成。

　老人長期療養保険法では、老人長期療養機関を設置・運営しようとする者は、所在地を管轄区域とする特別自治市長・特別自治都知事・市長・郡首・区長からの指定を受けること（老人長期療養保険法第31条）が明示されている。また、在宅長期療養機関においては、長期療養サービスを提供しようとする者は、施設及び人員を備え、在宅長期療養機関を設置し、特別自治市長・特別自治都知事・市長・郡首・区長に申告することで設置が可能となっている（法第32条）。すなわち、在宅サービスの事業者は、誰でも申請により、事業所の設置が可能であることから、大幅な事業者数の増加につながったといえる。

　また、施設サービス分野（2013年基準）では、老人療養共同生活家庭においては、個人営利施設の比重が全体の86.9％で最も高い。老人療養施設は、法人施設と個人営利施設間の比重にそれほど差がみられないが、50人未満の小規模施設では個人営利施設の比重が全体の60～70％を占めている。入所生活施設の小規模化の傾向がみられ、小規模による狭い施設環境や、職種別の人材不足等の状況から、サービスの質の低下への懸念が指摘されてい

る（ソンウ、2015：4）。

(3) 長期療養事業者数の増加からみえる課題

　長期療養保険制度導入後の療養サービス事業者数の変化については、供給者の過剰供給と地域間格差が多く指摘されている（ソク、2010；イ・ヨム・イ、2011；イ・パク、2011；宣、2012；ソンウ、2014；金・ムン・ジュ、2014；ソンウ、2015；ユ、2015；ほか）。

　これまでは、「残余的サービス提供」の体系として、政策的需要のみが供給対象となり、サービス供給と需要を一致させ、政策的に供給量のバランスを取ってきたが、老人長期療養保険制度の導入後の市場競争供給体系下では、需要を超過する供給が政策意図的に誘導され、地域差はみられるものの供給が需要を上回るようになってきた（ソク、2010：35-36）。

　サービス提供機関の設置状況における地域間格差においては、農漁村地域での在宅サービス施設の供給量不足によるサービス利用権及び選択権の制限問題が多く指摘されている。

　ユ（2015）は、長期療養サービスの提供と利用の現状を多角的に分析し、療養サービスの地域間格差のバランスを保つ方法を模索することを目的に調査研究を行った。ユの研究では、韓国の229市郡区の長期療養施設4,839か所を対象に、長期療養施設の一般特性及び地域の長期療養サービスの供給状況に伴う長期療養施設の充足率を多重モデルで分析している。

　その結果、これまでの指摘と同様、地域間格差が検証された。具体的には、長期療養機関（施設給付）は、大都市での供給が少なく、中小都市と農漁村地域の中でも大都市に隣接している地域での供給が相対的に多くみられた。一方、在宅療養機関（在宅給付）は、ソウルと釜山地域での供給不足がみられ、仁川、大田、光州、大邱の広域市地域で相対的に多く供給されていた。これに比べ、江原、慶北、忠清地域の中小都市と農漁村では在宅療養機関の供給が比較的少なかった。また、長期療養施設の充足率は定員対比利用人数をみると、86％で高い水準であるが、充足率においても施設間の格差がみられた。ユの研究は、療養サービスの供給程度や、隣接地域の空間効果補正、充足率

に現在の利用人数とともに待機人数もあわせて考慮した多角的分析を行ったことが特徴である（ユ、2015：355-356）。

　これらの実態を踏まえ、2015年12月の老人長期療養法改正では、第48条「管理運営機関等」の第3項で、「長期療養機関の設置時、高齢者人口及び地域特性を考慮した地域間格差の解消を考慮しなければならないこととし（中略）」と、地域間の格差解消に関する規定が新たに盛り込まれるようになった。利用者の権利擁護の視点からもサービスの過剰供給及び高い廃業率、地域間格差に現れているサービス供給における問題は喫緊の課題ともいえる。

　一方で、長期療養サービスの供給量の過剰供給現象は、認定者数対比で生じるものでもある。イ（2014）は、サービス申請者や認定者比率は継続的に増加しているものの申請者規模に比べ認定者比率が低いことから受給権基準が厳しいことを指摘している。老人長期療養保険制度の保障基準が、長期療養制度が発達したOECD国家の平均サービス受給者率が高齢者人口の約10％であることを考えると、韓国の長期療養の保障率がそれほど高くないことが考えられる（イ、2014：332）[5]。

　また、認定外の多くの高齢者が必要なサービス利用に至っていない（イ、2010：27）。老人長期療養保険制度以外の老人福祉法に基づく高齢者福祉サービスの提供においては、例えば、老人ドルボム総合サービスは、自治体の予算により対象者数が決められるため、利用ニーズのある高齢者が利用できないことも多いなど、供給不足がある（イ・ヨム・イ、2013：72）。さらに、サービス量の充足率については、施設サービスより在宅サービスの方が、利用者が重症であるほど、サービスの量が十分でないことも明らかになっている（イ、2010：27-28）。

---

3. サービス供給組織の質的変化

---

(1) 供給主体の過剰によるサービス質の低下への影響

　前述したとおり、老人長期療養保険制度の導入により多様な運営主体による供給組織が増加した。このような療養サービスの量的変化による影響と

して、サービス質の低下に関する課題が多く指摘されるようになった (ゼガル、2009；ソク、2010；イ・パク、2011；ソンウ、2015ほか)。

ソク (2010) は、サービス提供者の現状及び評価について、サービス提供機関の参入段階や運営段階、サービスの質と財政的持続可能性の側面から分析を行っている。とりわけ、サービス提供機関の参入段階で、政府が「サービスインフラ拡充」の課題だけに集中した結果、「韓国の社会サービス歴史上初めて行われるサービス市場化がどのように作動するかについて、どのような影響を及ぼすかについて十分な検討が行われていなかった。」と指摘する (ソク、2010：39)。そのため、老人長期療養保険制度の導入初期は、サービス利用者の確保のための競争として、利用者負担額の免除及び軽減、不正請求、人件費の削減等の「多くの副作用」を生む結果を招いた (ソク、2010：39)。

このように、サービス供給の全面市場化を通じて「利用者中心主義」が達成されるはずが、機関設立の全面自由化により、結果的に利用者中心主義ではなく、「供給者側のニーズ」を中心に、サービスの質をさげる方向へと歪曲された市場が形成されたとの批判がみられる (ゼガル、2009：228-229)。

このような問題改善に向け、ゼガル (2009) は、民間療養機関に対する改善方法として、個人事業者の療養機関設立の改正の必要性や、老人長期療養サービスの公的機能強化のために、公共療養機関の設立と地域療養センターのような公的運営機構の設立が質の高いサービスのための中・長期的取り組みであることを強調している。

また、ソク (2010) は、サービス人材側面の現状及び評価において、療養保護士の養成教育機関における教育のあり方や、受講生確保競争による弊害、療養保護士 (日本の介護福祉士やホームヘルパーのような介護業務を担当) の劣悪な労働条件の問題点を指摘している。

これらのサービス質の低下に関する問題について、韓国政府は、老人福祉法や老人長期療養法の改正を行い、対応を試みている。療養保護士の養成システム及び資格管理システムの不十分さについては、2010年4月の老人福祉法改正で、療養保護士教育機関が申告制から指定制へ転換され (法第39

条の3)、療養保護士の資格については、教育課程終了後資格試験に合格した者に限り療養保護士資格証明書を発行する方式へ変更された (法第39条の2)。また、2013年8月の老人長期療養法改正では、利用者の自己負担額の免除や幹旋行為が発覚した場合の事業所の指定取り消しに関する行政措置が盛り込まれるようになった (法第37条)。

(2) サービスの質の向上に向けて

1) サービス機関の評価

　韓国の老人長期療養サービスの質の向上のための管理体系としては、保健福祉部の根拠法及び指針等の設定、地方自治体の調査、老人長期療養保険制度の保険者である国民健康保険公団の施設評価があげられる (表3)。

　ここで大きな比重を占めているのが国民健康保険公団による機関評価である。この評価は、2009年から全国の長期療養機関を対象に、2年に1回 (2015年以降は3年に1回) 実施されている。評価内容は、機関運営や、環境及び安全、権利及び責任、サービス提供結果等の5領域であり、総98の評価指標が用いられ、評価結果は公団のホームページに公開される。

　ソンウ (2014) の分析によると国民健康保険公団が実施している2011年と2013年のサービス機関評価の結果からは、施設規模が大きいほど平均評価点数が高くなり、小規模施設が相対的に質的水準が低いことが示された。2013年の評価では、9人以下の老人療養共同生活家庭が63.2点、30人以上の老人療養施設は80.8点と差が出ている。運営主体別では、非営利施設が営利施設より平均評価点数が高い結果となっている。具体的には、自治体運営施設が84.9点、法人施設が77.3点、個人施設が66.0点で、営利性個人施設の質評価水準が低い結果となっている。小規模施設及び個人事業者の運営施設が多い地域であるほど、評価点数が低い結果となっており、サービス質の評価においても地域間格差が示された。

　同分析では小規模施設や個人施設等の営利施設において非営利型法人や自治体施設に比べ、施設運営に対する再投資がほとんど行われていないことから施設設置における法人化の条件活用が今後の検討課題として指摘されて

第 10 章　韓国の高齢者ケアサービスの供給組織　267

表3　老人長期療養サービスの質の管理体系

主体	保健福祉部	地方自治団体	国民健康保険公団
主要機能	根拠法，指針，基準の設定	調査	評価
特徴	老人長期療養保険制度の総括	施設に対する通報及び特定事項が発見された場合の現地調査	全ての施設に対する評価
結果活用	現地調査と施設評価に適用	罰金賦課，指定取り消し等の行政処分	インセンティブ提供
頻度	非定期的	非定期的	2年に1回（2015年以降は3年に1回）

出典：ハ・ヒョンソン　老人長期療養事業評価　事業評価15-04.国会予算政策処，2015, 339：62.
資料：「老人長期療養保険法」及び「老人長期療養保険法施行令」をもとに国家予算政策処が再構成。

いる。これらの評価項目が各施設の設置規模と運営主体によって、具体的にどのような評価結果へ影響を与えているのか、評価項目の見直しも含めた検討がさらに必要であると考える。

　公団による施設評価はその結果によって、上位機関にはインセンティブ加算があり、下位機関には翌年度の継続評価が求められる。しかしながら、これらの結果を実際のサービス質の向上へ活かすための積極的な措置は難しいのが現状でもある。例えば、老人長期療養サービスの管理業務は国民健康保険公団にあり、長期療養機関を管理する行政権限は地方自治体（市郡区）にあるという、制度の枠組み上の問題がある（ハ、2015：62）。

2) 利用者評価

　長期療養機関に対する施設評価基準に加え、サービスの質の向上のためには、利用者側からの評価が最も重要となる。その一つの指標として、利用者側を対象とするサービス利用の満足度調査等が実施されている。

　イ（2010）は、このような利用者側の評価基準に着目し、「利用者の観点から老人長期療養保険制度の療養ニーズの包括性、多様な選択権の保障、サービスへのアクセス権（アクセシビリティ）、サービス利用の利便性の側面から制度を分析し、今後の利用者にやさしい制度への改善のための政策的提言を

行うことを目的」に研究を進めた（イ、2010：25-26）。ここでは、「2009年老人長期療養サービス満足度調査」結果を分析し、施設利用者の89.6％が満足との回答であり（ほとんどが保護者回答、平均満足度は5点満点で4.23点）、在宅利用者の平均満足度も訪問介護が4.34、訪問入浴が4.29、訪問看護が4.41、昼夜間保護が4.15点で、比較的高い満足度を示していることを紹介している。

　一方、利用者評価については、長期療養サービスの利用申請において地域の療養機関の勧めで申請書を提出する傾向があることや、事前に認定調査を手伝ってもらった療養機関または非公式的関係を通じての選択権が活用されており、客観的な利用者評価とサービス質との関連性は低くなることも指摘されている（ゼガル、2009：245）。

3) サービスの市場化とサービス質との関連

　ソンウ（2015）は、長期療養サービスの質の向上のために、①地域別の長期療養需要を考慮した施設・ベッド数、または在宅長期療養機関の確保と同時に施設指定基準の強化及び再指定要件を整えること、②良質のサービスが提供できる長期療養機関の適性モデルを再設定し、無分別な設置をコントロールすること、③既存のサービス機関が良質のサービスを提供できるよう、質評価の方法の改善及びこれらを独立的に管理できる質評価機構の設置、④これらを通して小規模施設の特性化と中・大規模施設の質の向上を図っていく必要がある、ことを提案している（ソンウ、2015：8）。

　ゼガル（2009）は、サービスの安定的提供と質的向上の側面から老人長期療養保険制度を評価し、「供給構造の市場化により歪曲された利用者中心主義と利用者中心のニーズではない機関中心のニーズによるサービス伝達構造、労働権侵害、サービス向上の可能性の構造的限界、包括的サービス連携の不足と統合的事例管理の不足が課題となったことから、「老人長期療養サービスの提供構造において公共的機能を担える療養機関の設立と市郡区別『地域療養センター』の設立」を提案した（ゼガル、2009：251）。市場化への批判として、老人長期療養サービスの公的機能の強化が指摘されている。

須田(2011)は、介護保険制度下で「民営化に伴う再規制」の特徴として、規制が非営利組織の活動を阻んでいることを紹介している(須田、2011：25-26)。韓国では、サービス供給主体の急激な「市場化」による混乱が続き、長期療養サービス提供における公共性を求める動きが強く、介護保険制度を導入してきたドイツや日本の経験と同様に、社会サービスの民営化・市場化に伴う「再規制」(サービス評価制度の導入を含む)のための法整備についても継続的に検討が行われている現状といえる。

加えて、営利民間機関が提供するサービス供給構造をより合理的で効率化させるために、市場原理の拡大に関する問題と改善方法等が制度の実質的効果性評価資料を通して提示できる研究の蓄積の必要性も挙げられている(イ・パク、2011：8)。今後、サービス提供主体の多様化や市場化、営利・非営利事業所の活性化に向けた包括的な視点からの検討が重要であるといえる。

---

4. サービス提供組織の運営上の現状と課題

ソンウ(2015)は、老人長期療養施設の設置に関する現状分析を通して、現在の長期療養機関の特性について以下のように整理している(ソンウ、2015：8)。

①50人未満の小規模施設が全体の約2/3を占めている、②長期療養機関の運営主体が一部の大規模施設を除き、個人営利事業者の比重が高いこと、③小規模施設の約2/3が個人営利事業者が運営しており、中でも9人以下の老人療養共同生活家庭の約90％が個人営利事業者が運営している、④小規模施設を中心とした頻繁な新設と廃業が予想されており、これによる人口対比の施設数が減ってきていること、⑤地域間の施設数の格差が大きい。

長期療養保険機関の設置においては、小規模施設であるほど設置基準が緩和されており、少ない投資費用で手軽く設置が可能である。また、設置申告だけで全国のどの地域でも設置が可能であり、一度長期療養市場に参入すれば特定な場合を除き、強制的な退出が行われない。また、長期療養提供計画や施設評価方式等の制度的課題により施設の運営が容易であることもある。

長期療養機関数の過剰供給問題による廃業率をみると、2014年の在宅サービス機関の廃業率が12.5%、施設サービス機関の廃業率が13.4%に達している（ハ、2015：48）。これらの廃業率を地域別に分析すると、早いスピードで機関数の増加がみられた地域ほど廃業率も高い（ハ、2015：48）。具体的には、在宅サービスでは、大邱（15.3%）、仁川（15.1%）、光州（13.9%）の順で高く、施設サービスでは、大邱（21.9%）、京畿（16.7%）、仁川（16.0%）の順で高い。このような廃業率は、韓国の介護サービスの安定的な供給に課題を残しており、サービスの質の低下を招いているとの報告がある（ハ、2015：43）。

長期療養サービス機関の量的増加とサービス質の低下に関する問題等の実態を踏まえ、以下では、韓国のサービス提供組織の立場からの運営上における現状と課題を検討する。ここで紹介する事例は、筆者が2014年から2015年にかけて、ソウル市及び近隣都市で行った事例調査の一部である。本調査は、療養サービスの利用支援システムの現状と課題をテーマに、施設長またはサービス管理者を対象に行った。ここでは、サービスの提供状況や運営上の課題を中心にまとめる[6]。

(1) 個人営利施設①：ソウル市近隣のＡ市の在宅老人福祉センター（訪問療養）

事業所の設置が容易だったことから、2年前に知人と起業した。現在は、センター長1名、社会福祉士2名、療養保護士13名（勤務形態は、半日または終日勤務）で運営している。

療養保護士の採用においてはそれほど大きな問題はなかった。募集時は40代〜50代後半までの療養保護士資格保有者からの問い合わせや応募が多い。サービス提供においては、利用者本人のニーズに合わせたサービス提供を心がけているが、そのなかで、家族のサービス利用ニーズが高く、利用者本人と療養保護士の相性を見極め、療養保護士を派遣するよう配慮するなど、安定的なサービス提供のための工夫を行っている。

しかしながら、同事業所が位置している自治区（洞）には、通所介護事業所である「昼間保護」施設が1か所のみで、離れた場所に社会福祉館が立地

しているなど、他に長期療養サービスを提供できる機関が少ない。利用者には、実質的なサービス選択権がなく、近くの訪問介護事業所または通所介護事業所のみを選択し、利用している現状で、結果的に限られた事業所内でのサービス独占現象が起こっている。ケアプランを含むサービス提供が事業者中心となってしまっていることが多い。

(2) 非営利施設 (社会福祉法人) ② : ソウル市 B 区の在宅老人福祉センター (昼夜間保護)

　運営主体は、26年前から高齢者福祉事業を幅広く展開している社会福祉法人である。同事業所は、20年前から在宅サービスを提供し、6年前にソウル型デイケア認証を受けた。職員構成は、センター長1名、常勤職員12名となっている。利用定員にはまだ余裕があり、利用者数を増やしたいと思うが、サービス斡旋が禁止 (筆者注：2013年長期療養法改正) されており、事業所側からは積極的な広報や声かけが難しくなった。

　サービス利用料 (自己負担額) は、家族が負担していることが多く、家族の方から経済的な理由により、サービス利用を制限したいとの申し出も度々ある。利用者のほとんどは同事業所のみ、毎日通所していることが多い。家族の都合や施設の経営への影響を考慮すると、このような利用形態をケアプラン化せざるを得ない。他事業者のサービスを複合的に利用している利用者はあまりいない。複合的にサービスを利用する場合は、訪問療養などの他のサービス機関から (または家族療養保護士から)、利用者のサービス利用状況に関する問い合わせが入り、その都度、利用限度額の調整を行っている。利用者本位のサービス提供や利用支援のためにも地域における包括的なケアマネジメント機関の必要性を感じる。

(3) 非営利施設 (学校法人) ③ : ソウル市 C 区のデイケアセンター (昼夜間保護)

　運営主体は、ソウル市立老人総合福祉館を運営している学校法人である。5年前から、通所介護サービスである「ソウル型デイケア」事業を実施している。現在、利用定員は待機者が生じているほど、充足率を満たしている。待

機者には、他のサービス機関の利用を勧めている。同デイケアは、老人福祉館併設のため、スペースの確保などのハード面での制約はあったものの、これまでの老人福祉館で行ってきたプログラムやスキルがあったため、比較的に運営は容易であった。既存の社会資源である社会福祉館というインフラの利点を取り入れ、長期療養施設へと展開できた事例である。職員教育は、社会福祉館で体系的に行われ、一人暮らし高齢者等の支援を要する高齢者へのアプローチとして、同福祉館が事業委託を受けている老人ドルボム基本サービスや長期療養保険サービス等にも段階的につなぐことがある。

　同機関は、「ソウル型デイケア」の認証を受けていることから、ソウル市の認証基準を満たすための個別ケアに力を入れている。そのためのサービス提供記録やプログラム開発などが運営上の課題となっている。現在、ケアプランの内容が各サービス提供機関別において質的差異が生じており、機関独自で様々な工夫をしていかなければならない。また、長期療養保険関連の書類や施設評価のための書類作成の多忙さがある。国民健康保険公団が2年に1回実施している機関評価や、ソウル市が年に1回実施している「安心モニター」評価、さらに、保健福祉部実施の「老人福祉館」評価などもその一つである（注：同機関は、2年前の保健福祉部実施の老人福祉館評価で1位、1年前の長期療養機関評価でA評価を取得している）。

(4) 非営利施設（自治体）④：ソウル近隣D市長期療養支援センター（療養施設、昼間保護、訪問療養）

　韓国で唯一の包括的支援センターとして、日本の地域包括支援センターの機能を参考に創設された。現在、D市（D市施設管理公団）からの補助金の助成を受け、長期療養事業（療養施設の定員は20名、昼間保護は9名）及び教育支援事業、地域福祉事業等を行っている。

　療養サービスの質を高めることが急務であるとの認識から、職員研修に重点をおいている。また、サービスの質的向上のためには、多角的なサービス提供が普遍的に行われることが重要であるとの認識から、様々なプログラム及び資源開発、地域資源との連携システムづくり（ボランティアセンター、

医療機関、学校、社会福祉館等の17団体で地域社会ネットワークを形成）、情報提供システム構築、運営マニュアルの作成、他の事業所支援等を行っている。この背景には、長期療養保険の保険者である国民健康保険公団と行政（自治体）は、細部のケアシステムの構築に関する機能を十分に発揮することができず、各施設や機関がそれぞれ独自にこれらの機能を担ってきた実態があったからである。

　このような問題について、D市は「行政としてどのように関わるべきか」について考え、積極的に取り組み、現在も自治体の助成事業は継続されている。（注：同機関は、1年前の全国の長期療養機関の評価で上位10%に該当し、A評価を得ている。）

　各機関別のサービス提供状況について簡単に紹介したが、利用者定員の確保の問題やサービス質と関連する支援計画作成に関する課題などがあげられた。これらの課題について現在、各機関は独自に、それぞれの運営方針に基づき、解決や改善に向けて努力しながら、事業展開をしているといえる。今後、これらの運営上の課題について、個別の運営主体別に、または提供するサービスの内容別に比較検討を行っていくことも有効であると考える。

5. 利用者本位の供給システムの構築のために

　介護保険制度の導入により、介護の社会化と社会サービスの市場化[7]が推進された。イら（2011）は、韓国の長期療養保険制度の導入による市場原理の拡大の効果性についての評価として、①サービスの普遍性によるサービスへのアクセシビリティの向上、②満足度調査評価実施に対する否定的意見と過剰供給によるサービスの質の低下、③所得階層間のサービス利用の格差、④ニーズ別に対応できるサービス量の不足、⑤地域間格差、⑥情報の非対称性による正しい選択の難しさ、⑦多様なサービスが提供されないことによる限定的な選択権などを検討課題としてあげている（イ・パク、2011：27-28）。

　また、サービス利用に関する権利があるにもかかわらず、利用しないことによって、家族が高齢者ケアにあたる場合、相対的剥奪感を招く恐れがあ

るとの課題もある。現物給付重視の制度は、家族またはインフォーマルサービス利用を好む場合、利用者のニーズを反映した多様な選択権が保障されない制度的限界を持ち、家族療養保護士[8]の急増へつながっている（イ、2010：30）。

　老人長期療養保険制度は、自己負担額の減免等、低所得層への支援を強化したことから、所得水準別の利用水準に大きな差はみられなく、「経済的接近性の強化への努力があった」と評価される。しかしながら、家族の利用料負担に関する問題は低所得階層で起こっていることが多く、結果的にサービスの未利用率を高める（イ、2010：33）。韓国の高齢者が抱えている経済的、社会的地位の弱さが背景にあるといえる。金（2013）は、韓国の高齢者の貧困率について、OECD諸国の高齢者の平均貧困率より、3倍以上（2013年の韓国保健社会研究院のデータを引用。2006年から2008年までの韓国の平均値は45％。）も高いことを指摘し、老人長期療養保険制度導入後も高齢者の介護労働及び介護費用の負担は子どもの役割であるとした。また、独自の調査研究結果に基づき、介護費用の負担と介護労働が家族介護者の介護負担と強く関連しているという結果を紹介し、介護サービスの費用負担については、国民年金が充実していない状況の中で、高齢者の多くがサービス利用の費用負担が困難であることを明らかにした。現在の長期療養機関の多くが営利組織であることを勘案するとこのような高齢者の特性をサービス供給システムで公平にカバーできる仕組みが必要になってくるであろう。

　イム（2015）は、社会福祉サービスの運営と評価について、「一般的な社会サービスは、地方自治団体を通して伝達されることが基本であるが、現場性・迅速性・専門性の側面から民間福祉機関の参加が必須」（イム、2015：20）であると述べている。しかしながら、民間福祉伝達体系の特性と問題点は、「多数の部処で多様な民間機関を活用した福祉サービスが伝達されており、体系が複雑で運営の非効率性を招く恐れがある」ことである。また、「多様な民間福祉施設とセンター等がサービス対象と事業主体（政府及び地方自治体）と断絶的または連携・協力不足による財政の無駄遣いに結び付けられる。」（イム、2015：22）と指摘している。

第 10 章　韓国の高齢者ケアサービスの供給組織　275

　近年は、長期療養保険サービスのみならず、在宅の高齢者福祉サービス
をより効率的に提供するための供給体系の改変の必要性が提起されている。
高齢者ケアのための在宅高齢者福祉サービスの重複、類似サービスの調整及
び統合、また、高齢者福祉サービスのケアマネジメント方法として「地域密
着型包括支援システム」の導入を巡っての議論も行われている。また、老人
長期療養保険制度の導入から明らかになったサービス供給の公共性の確保方
法やケアマネジャーの導入の必要性についても議論が提起されている（イ・
ヨム・イ、2013：145）。
　ゼガル（2009）は、長期療養保険制度導入後のサービス供給における問題

表4　最良の療養サービス提供のための4主体の責任と役割

国家及び自治体	サービス提供機関及び従事者
・財源拡充：老人長期療養サービスや公共療養機関及び地域療養センターの設立のための財源及び本人負担金の最小化のための財源構築、等級外者（非該当者）に対する支援 ・老人長期療養保険制度の公的機能拡大のための政策立案と法制度整備 ・公共療養機関、地域療養センター及び拠点公共療養機関の設立 ・長期療養サービスに対する総括的計画及び療養機関の設立基準に関する根本的な改革	・公共療養機関の増設同意 ・サービス向上のための競争原理の再構築と公的サービス提供に準ずる市場秩序の確立 ・長期療養サービス提供を通じて得た収益をサービス向上のために再投資：労働条件の向上と労働権確保のための投資、勤労基準法の順守、療養保護士の組織化及び再教育への努力 ・最良のサービス提供
加入者及び利用者	保険者：公団
・老人長期療養保険に対する制度的理解と関心 ・政策決定過程で加入者のニーズと理解が反映される制度的構造を要求：委員会の構成だけでは加入者全体の代表性の獲得が難しい。より実質的な代表体に関する研究と支援が必要 ・政府と公団が長期療養サービスに対する公共性の確保努力がみられなかった場合は直接行動を展開：保険料の納入拒否、国会請願及び憲法訴願	・公的老人長期療養保険制度の発展のための保険制度的政策の開発：加入者の代表性の保障構造を確保、非給付項目及び本人負担金の縮小等 ・無資格の供給機関の選別→自治体へ通報→自治体で速やかな対応 ・予防事業に関するインフラの法的支援を可能とする権限を付与 ・長期療養サービスに対する常時のモニタリング ・長期療養委員会に療養保護士の参加構造を確保

出典：ゼガル・ヒョンスク　老人長期療養保険1年評価：「市場化」批判と制度定着のための課題　研究
　　　報告書2009-09　社会公共研究所、2009：254.

276

を分析し、サービス質の向上への取組みとして国及び自治体、サービス提供主体、利用者、保険者である国民健康保険公団の4主体それぞれの責任と役割を**表4**のようにまとめている。

　介護サービス事業者の評価管理機能については、自治体がその責務を担える構造への転換も含めて、国（保健福祉部）及び自治体、保険者である「国民健康保険公団」、サービス提供者、利用者の役割分担をより明確にし、韓国における療養サービスの供給システムの発展的再構築が必要なのではないだろうか。

　現在、韓国における社会サービスの市場化の発展の中で地域における包括的ケアシステムの構築に向けた議論もみられる。社会サービス提供の市場化や普遍主義へのパラダイム転換が、韓国の政策課題でもある、国民の「体感的福祉」の向上に向け、どのように肯定的な影響を与えていくのか、その展開を注視したい。

※本稿は2015年現在のデータをもとにまとめたものである。

注

1　イらは、社会福祉サービスの市場化と老人長期療養サービスの効果性に関する評価資料が少ないことから、サービス供給構造をより合理的で効率化させるための課題分析を行った（イ・パク、2011）。

2　2012年の社会保障基本法の全面改訂により、普遍的な社会サービスの提供体制のパラダイム転換が行われ、「社会サービス」には、従来の「社会福祉サービス」に、「福祉」「保健医療」「教育」「雇用」「住居」「文化」及び「環境」が追加された（藤原、2013）。

3　「老人ドルボム総合サービス」には、2012年現在1,311か所が設置され、37,300人が利用している。「老人ドルボム基本サービス」は、2012年現在251か所が設置され、200,000人が利用している。（イ・ヨム・イ、2013：66-67）。

4　2014年現在、社会福祉館（Social Welfare Service Centers）は442か所で、運営主体別としては、社会福祉法人が318か所、非営利法人が64か所、学校法人が25か所、地方自治体が35か所ある（「2015年度保健福祉統計年報」）。

5　老人長期療養保険の認定者数は、2008年末の214,480人から2014年末には424,572人へ、約2倍に増加しており、全体高齢者人口対比では4.2%から6.6%へ拡大された。2014年の認定者数は2013年対比12.2%、2012年対比24.2%の増加となっている（「2014老人長期療養保険統計年報」）。

6 本調査は、平成26年度〜平成28年度科学研究費補助金・若手研究B（ISPS科研費JP26780326）の助成を受けて実施した。ここに記して感謝申し上げます。
7 平岡は、「社会サービスの市場化とは、現実には疑似市場化を意味する」とした。（平岡、2004：297）
8 療養保護士の資格をもつ家族が要介護認定者の家族を療養する場合、1日60分、月20日以内を限度に、身体介護等の介護給付が支払われる。「長期療養給付の提供基準及び給付費用算定方法等に関する告示」（保健福祉部告示　第2015-223号）第23条）

文献

イ・ジンシュク，パク・ジンファ（Lee, Jin-Sook.and Park, Jeen-Hwa）Effectiveness evaluation of Long-Term Care Service for the elderly through the diffusion of market principle (in Korean, *Shijang wonri hwakderul tonghan noin jangiyoyang seobisuui hyokwasong pyongka*). *Health and Social Wefare Review* 2011, 31 (4), 5-33.

イ・ユンギョン(Lee,Yunkyung)Evaluation of the Elderly Long-term Care insurance: User's perspective. (in Korean, *Eyongja gwanjomesoi bon janggiyoyang bohom jedoui pyonga mit geson bangan*) *Health and welfare policy forum*(保健福祉フォーラム)2010,25-33.

イ・ユンギョン(Lee,Yunkyung)老人長期療養保険の認知症特別等級の導入の意味及び今後の発展 (in Korean, *Noin jangiyoyan bohomui chime tukbyol dugkubui doibui imi mit upuroui baljon*). *Health and Welfare Policy lssues*, 韓国保健社会研究院 *保健福祉懸案分析と政策課題2014*, 懸案報告書2014-03

イ・ユンギョン，ヨム・ジュヒ，イ・ソンヒ(Lee,Yunkyung, Yom, juhi, Lee, sunhee.)高齢化対応の老人福祉サービスの需要展望と供給体系研究報告書(in Korean, *Koryonhwa deung noin bokji seobisuui suyojonmanggwa kongkub chege yongu bokoso*(2013-31-15)．2013．韓国保健福祉研究院.

イム・スンビン(Lim,Seungbin)，我が国の社会福祉民間伝達体系の現況及び課題 (in Korean, *Urinara shahwebokji mingan jondalchegeui hyonhwanggwa gwaje*). *Local administration*(地方行政) 2015,736,20-23.

関係部処合同　国民中心のマッチュム型福祉伝達体系の構築方法―地方自治体福祉行政の体系改編及び民官協力の活性化(in Korean, *Kukmin chungshimui machumhyong bokji jondalchege guchuk bangan*；*jijache bokji hangjong chege gepyon mit mingan hyobryok hwalsonghwa*)；2013.9.

金貞任　韓国の高齢者の介護の社会化と家族介護支援の現状．*海外社会保障研究* 2013, 184, 42-56.

金ジョンヒョン，金カヒ，金ボヨン(Kim,jonghyon.Kim,kahee,and Kim,boyong,)，社会福祉施設への接近性の地域格差解消方法に関する研究―地域分布分析を中心に，(in Korean, *Shahwe bokji shisul jobkunsongui jiyok bulgyunhyong heso bangan yongu:jiyok bunpo bunsukul jungshimuro*),研究報告書2015-01,保健社会研究院,2015.

金スヨン, ムン・キョンジュ, ジュ・スヒョンほか(Kim,suyong.Moon kyonnzyu. Joo,suhyon,et al.)地方政府の老人福祉サービスの需要・供給者間の格差分析(in Korean, *Jibang jungbu noinbokji seobisuui suyo/kongkubkan gyokcha bunsuk*). 韓国地方自治学会報 2014, 26(2),87-112.

国民健康保険公団 *2008老人長期療養保険統計年報*(in Korean, *2008 Noin janggi yoyang bohom tongge yonbo*),2009.

国民健康保険公団 *2014老人長期療養保険統計年報* (in Korean, *2014 Noin janggi yoyang bohom tongge yonbo*),2015.

須田木綿子 *対人サービスの民営化：行政―営利―非営利の境界線*. 東信堂, 2011.

ゼガル・ヒョンスク(Jegal,hyonsuk) 老人長期療養保険1年評価：「市場化」批判と制度定着のための課題(研究報告書2009-09)(in Korean, *Noin janggi yoyang bohom 1yonpyonga;shijanghwa bipangwa jedo jongtyakul wihan gwaje*) 社会公共研究所. 2009.

ソク・ゼウン(Seok, je-eun)(2010)The improvement of Long-Term Care Insurance from the prespective of service providers (in Korean. *Kongkubja kanjobesoui noinjangi yoyang bohom jedoui geson bangan*) *Health and welfare policy forum* 2010,168,34-44.

ソンウ・ドク(Seonuo,deok) 老人長期療養施設の評価結果と示唆点(in Korean, *Noin janggi yoyang shisului pyongakyolgato shisajom*) 韓国保健社会研究院 保健福祉懸案分析と政策課題(in Korean, *Bogonbokji hyonan bunsukgwa jongchek gwaje*)懸案報告書2014-03,2014,344.

ソンウ・ドク(Seonuo,deok) 老人長期療養施設の設置の現状に関する分析と政策的示唆(in Korean, *Noin janggi yoyang shisului solchi hyonhwang bunsukgwa jongchekjok shisajom*) *Issue&Focus(保健福祉)* 韓国保健社会研究院, 2015, 299, 1-8. https://www.kihasa.re.kr/html/jsp/publication/periodical/focus/list.jsp (2016.3.1)

宣賢奎 介護サービス供給の地域間格差に関する一考察：韓国老人長期療養保険制度に対する政策的視座. *共栄大学研究論集* 2012, 10, 1-22.

ハ・ヒョンソン(Hwa,hyonsuk) 老人長期療養事業評価(in Korean, *Noin janggi yoyang saup pyongka*),事業評価15-04, 国会予算政策処2015, 339.

平岡公一 社会サービスの市場化をめぐる若干の論点. 渋谷博史・平岡公一編著 *福祉の市場化をみる眼―資本主義メカニズムとの整合性*. ミネルヴァ書房, 2004, 293-312.

藤原夏人 立法情報【韓国】社会保障基本法の全面改正(2013.1.). *外国の立法*. 国立国会図書館調査及び立法考査局, 2013. http://dl.ndl.go.jp/view/download/digidepo_6018661_po_02540109.pdf?contentNo=1 (2015.9.1アクセス)

保健福祉部*2015保健福祉統計年報*(in Korean, 2015 *Bogon bokji tongge yonbo*) http://stat.mohw.go.kr/front/statData/mohwAnnalsWpView.jsp?menuId=14&n

ttSeq=21849&bbsSeq=1&nttClsCd=01 (2016.3.1アクセス)

保健福祉部*2015年老人保健福祉事業案内*(in Korean, *2015nyonnoin bogon bokji saub anne*) http://www.mohw.go.kr/front_new/jb/sjb030301vw.jsp?PAR_MENU_ID=03&MENU_ID=0329&CONT_SEQ=317788&page=1 （2016.3.1アクセス)

ユ・ゼオン(Yu,jeon)地域社会の長期療養サービス供給に伴う長期療養施設の充足率（in Korean, *Jiyok sahwe janggi yoyang seobisu kongkube tarun janggi yoyang shisul tyungjokryul*)，*保健社会研究* 2015, 35(1), 330-362.

第11章　日本の介護政策における「介護の社会化」の展開

家族介護の境界とその揺らぎ

森川　美絵

梗　概

　日本において介護保険制度の導入が実現した要因のひとつは、「介護の社会化」というアジェンダが、家族の介護負担を軽減するものとして歓迎され、幅広い関係者に共有され、政策推進の原動力となったからである。しかし、介護保険制度は、開始後すぐに見直され、政策アジェンダは「地域包括ケアシステムの構築」にとってかわられた。ここには、地域を単位にあらゆるリソースを動員するという意味が含まれている点で、介護政策は「地域化」に移行してきたとも言える。こうした政策の展開は、要介護者やその家族にとり、どのような意味を持つのだろうか。この点について、実は、ケアの資源・サービスへのアクセスや家族介護の代替の程度など、基本的な状況に関する実態の検証が十分になされてきたとは言えない。そこで、本章では、介護保険制度導入時における「介護の社会化」の議論を基点に、その後の制度変更により、家族による介護の責任・負担の境界が、介護政策のなかでどのように設定され、また実際にどのように揺らいできたのか考察したい。検討にあたり、政策・制度の展開の整理とあわせて、国民生活基礎調査「介護票」の複数年データ等をみながら、家族介護に関わる状況の経年的な推移をみていく。

1. 介護保険制度の導入と「介護の社会化」[1]

(1) 政策アジェンダとしての「介護の社会化」

本節では、介護保険制度の導入時における政策議論において、「介護の社会化」とは、どのような内容を意味するのか、どのような意義があるのか、確認する。また、介護保険制度の設計において、「社会化」がどのように具体化されたのかも概観する。

介護保険制度の成立に大きく寄与したのが、「介護の社会化」という政策アジェンダである。「介護の社会化」は、国の政策担当者や自治体行政、草の根の運動など、幅広い関係者に共有され、政策推進の原動力となった。その背景には、当時、「介護地獄」と言われる程に家族の介護負担が社会問題化していたこと、「介護の社会化」は家族の介護負担を軽減するものとして歓迎されたことがあげられる。

「介護の社会化」という表現が、高齢者介護の領域で広範に使用されるようになったのは、1990年代後半以降である。平成11年版の厚生白書では、介護保険制度を含む社会保障制度の機能が、私的な相互扶助の「社会化」として明記されている。すなわち、「社会保障制度の中には、……かつては家族や親族の私的扶養で対応してきたものを、社会的な仕組みで外部化し、代替してきているものがある。……従来、育児や介護、老親扶養などの家庭機能が、一般的には家族や親族、身近な地域社会の助け合い（相互扶助）で支えられてきたことをみれば、社会保障はこうした私的な相互扶助の社会化ということができる」（筆者下線）（厚生省、1999:29-31）。政府は、1990年代の末には、介護の社会化を、「家族や親族の私的扶養ないし地域社会の私的な相互扶助の範囲で行われている介護を、公的な社会保障制度によって代替ないし外部化すること」と捉え、その機能を発揮する具体的な費用徴収および給付の仕組みとして介護保険制度を提示した、ということになる。

ここでの「介護の社会化」には、「労働としての社会化」、すなわち、家族による介護を外部のサービスや労働と代替可能にするという面と、「介護費用の社会化」、すなわち、介護に関する家計の一部が社会保障給付によりま

かなわれ、社会的な介護制度への拠出や、介護サービス利用に伴う支払いが行われるという面がある（森川、2015）。

(2) 「社会化」論の意義

　政府による介護の社会化論の意義については、拙著において以下の点について言及をしてきた（森川、2004; 森川、2015）。第一は、家族という介護の提供主体と、外部の供給体制とのバランス関係を、明示的な政策課題とした点である。1980年代の政策理念であった「日本型福祉社会」では、家族による介護への依存の姿勢が顕著であったのに対し、90年代の「参加型福祉社会」論では多様なサービス提供主体による供給システムが提唱された。多様な福祉の供給主体の存在を積極的に認める主張自体は、福祉多元主義として1970年代後半以降の先進資本主義諸国の高齢者介護政策において広く採用されている（Johnson, 1987）。但し、本来の福祉多元主義の意義が、家族を含む供給主体の理論的「再発見」であったのに対し、日本に概念が輸入され、サービス供給多元化論として再編された段階では、家族を自明視した上で「それ以外の供給主体」の役割や意義を論じる傾向が強かった（森川、1998）。それに対し、介護の社会化論は、供給主体としての家族と、家族以外の供給主体との具体的な供給バランスを問題としている。

　第二は、「代替」という概念が挿入されることで、家族と他の供給主体との関係がラディカルに捉えられている点である。政府が社会保障制度の基本的機能として代替を論じるということは、少なくとも理念上は、家族内に介護提供が潜在的に可能な成員がいるとしても、その成員の代替として外部サービスが選択される仕組みを、社会保障制度が保証するということである。代替といっても、実際には、家族による介護が完全に代替されるというよりは、家族以外の者に一部が代替されたり分有されたりすることになろう（中根、2006）。重要なのは、「もっぱら家族が担っていた」状況が、どれだけ一定の代替や分有により緩和されるのかという点であろう。

　さらに、第三は、「費用」という課題を提起している点である。家族の介護機能を代替する手段が社会保障制度であると明記することは、家族の介護

第 11 章　日本の介護政策における「介護の社会化」の展開　283

支出への補填や、公的制度への拠出のあり方など、家族介護の「費用の社会化」の論点を含まざるを得ない。「参加型福祉社会」論が、家族以外の多様な介護の供給資源の育成に重点をおきこそすれ、介護の費用の徴収と分配の問題にほとんど触れることがなかったのとは、対照的である。

(3) 制度設計段階での「社会化」の水準

　それでは、具体的な介護保険制度の制度設計の段階で、「社会化」がどのように実現されようとしたのだろうか。

　まず、費用面についてみてみる。介護保険制度は、在宅サービスの利用料が費用の1割とされるなど、多くの家族にとって、家族介護を費用化し外部サービスで置換させる効果の期待できる制度として設計されていたと言える。

　次に、労働・サービスの代替という側面についてみてみる。実は、家族介護の代替の水準自体は、それほど高くはなかった可能性もある。当初の介護保険料の設定の際に「現行のサービス水準を落とさない」ことを目指す自治体が多かったことは、各自治体において個々の要介護高齢者へのサービス提供量を劇的に増やす仕組みとして介護保険が設計されていなかったことを示唆している。さらに、代替の範囲には、制限的な傾向もみられた。

　例えば、訪問介護サービスの一部である家事援助については、家族介護者がいる場合に給付を限定する方向が出された。2000年2月の厚生省告示では、家事援助の給付対象が、「当該家族等の障害、疾病等の理由により、当該利用者又は当該家族等が家事を行うことが困難であるものに対して」(厚生省告示第十九号　2000年2月10日)とされたのである。その趣旨は、家族の負担軽減を図るという基本理念には変わりないとされつつも、家族介護者による要介護者への家事援助が代替されるためには特別の理由を必要とする、ということである(厚生省「介護報酬告示で訪問介護の家事援助の適用について規定をする趣旨について」2000年2月14日)。

　以上より、「代替目的によるサービス利用」への誘因が、サービス利用側に強くはたらく一方で、制度内で算定対象となるサービスにおいては家族介

護の代替的機能は限定化されるという、サービス機能をめぐる利用側と提供側との矛盾を起こしやすい条件が、制度設計のなかに埋めこまれていたのである (森川、2015)。

2. 介護保険制度の見直しと「介護の (再) 家族化」[2]

(1) 制度の急速な拡大と 2005/6 年の「見直し」

　本節では、介護保険制度開始後の「介護の社会化」の見直しが、どのような制度変更を通じて行われたのか、制度変更の背景や内容と関連づけて整理する。

　介護保険制度の開始以降、介護保険サービスの利用者数とサービス量、費用 (介護給付費等) は大幅に増加した。しかも、高齢者数の増加以上に、認定者数や利用者数が増加するなど、制度の規模は急速な増大傾向を示した。要介護認定者数は、介護保険制度の開始時 (2000年4月) には218万人であったが、2008年4月には約2倍の455万人となった。さらに、介護保険サービスの利用者数は、要介護認定者数を上回る割合で増加し、居宅サービスを中心に利用者が急増した。利用者数の増加に伴い、介護保険の総費用 (介護給付費と自己負担の合計) は、制度開始の2000年度が3.6兆円、5年目の制度見直し時期にあたる2005年度に6.4兆円、2008年度には7.2兆円と増加を続けた。

　制度開始当初の予想をはるかに上回る利用者数と総費用の伸びは、厚生労働行政に、制度開始5年目において大きな制度見直しの必要性を感じさせるものとなった。こうした背景から、2005年に改正され2006年4月から施行された改正介護保険法では、制度再編の柱のひとつとして、要介護状態になることやその重度化の予防が重視され、心身の衰えが比較的軽いと判断された高齢者に対して、認定区分の変更と「予防給付」の導入、それに伴う給付水準の変更、さらにサービス内容の見直しが行われた。

第 11 章　日本の介護政策における「介護の社会化」の展開　285

(2) 軽度者の認定区分と給付水準の変更

　2000年の制度開始当初、要介護度の認定は、軽い方から要支援、要介護1〜5までの6段階に区分され、認定の度合いにより介護給付の限度額が定められていた。2006年の制度改正では、認定区分が、要支援1〜2(＋経過的要介護)、および、要介護1〜5に再編された。新制度では、「要介護」に認定されたものは「介護給付」の対象となるが、「要支援(要支援1または2)」に認定された場合には、新設の「予防給付」の対象とされた。

　制度改正以前に「要支援」「要介護1」と認定された人は、2005年4月末時点で200万人以上、認定者の49%を占めていた。政府の方針は、これらの大半を新制度下では「要支援」以下に移すというものであった。その結果、旧来の認定では「要介護1」の割合は32.4%、「要支援」の割合は16.4%であったが、制度変更に伴う認定基準変更後は、「要介護1」は19.9%に減り、「要支援」は23.8%(「要支援2」11.8%、「要支援1」12.0%)に増えた(**表1**)。

　認定基準変更後の「要支援」者に支給される予防給付の支給限度額は、旧認定の「要支援」「要介護1」のそれと比べ、大幅に引き下げられた。例えば、旧認定で「要支援」の者が新認定で「要支援1」になると、1か月の支給限度額が6万1500円から4万9700円と1万1800円の減額となる。旧認定で「要介護1」の者が新認定で「要支援2」になると、支給限度額は16万5800円から10万4000円と6万1800円の減額となる(**表2**)。

(3) 予防給付導入に伴うサービス内容の見直し

　このように、2005/6年の制度変更により、旧来の区分では介護が必要と認められる多くの高齢者は、「介護の必要性が、より少なくて済む人々」としてふりわけられ、彼らへの給付の上限は大幅に引き下げられた。

　但し、制度変更における「予防」概念の導入によって登場した「サービスの必要性の見直し」というロジックは、サービス給付の単なる抑制という批判を「的外れ」なものにしつつ、給付対象を限定しうるものでもあった。すなわち、新設の予防給付は、心身の衰えの防止や改善、要介護に陥るリスクを予防するために提供されるものであり、従来の介護給付とはそもそも目的が

286

表1　要介護度別認定者数の推移（制度開始時、制度改正の前後）

認定区分	2000年4月 計218万人	100.0%	2005年4月 計411万人	100.0%	2007年4月 計441万人	100.0%	認定区分	給付区分
要介護5	29.0	13.3%	46.5	11.3%	48.9	11.1%	要介護5	介護給付
要介護4	33.9	15.6%	49.7	12.1%	54.7	12.4%	要介護4	
要介護3	31.7	14.5%	52.7	12.8%	65.2	14.8%	要介護3	
要介護2	39.4	18.1%	61.4	14.9%	75.6	17.1%	要介護2	
要介護1	55.1	25.3%	133.2	32.4%	87.6	19.9%	要介護1	
要支援（旧分類）	29.1	13.3%	67.4	16.4%	52.1	11.8%	要支援2（新分類）	予防給付
					52.7	12.0%	要支援1（新分類）	
					非該当		非該当	非該当

出典）森川（2015）図9-1。

表2　介護保険制度改正（2006年）に伴う給付額の変更

支給限度額	改正介護保険　2006.4〜	旧介護保険
要支援2	104,000円（▼61,800円）	165,800円（旧認定：要介護1）
要支援1	49,700円（▼11,800円）	61,500円（旧認定：要支援）

出典）森川（2015）図9-2。

異なるため、従来の給付の単なる削減ではなく、サービス内容も見直すという論理で、新設の給付の正当性が主張されたのである。

　予防給付の中心的なサービスには、通所サービス（デイサービス）が位置づけられた。再編以前に在宅サービスの中心のひとつとされていたホームヘルプについては、政府は、従来の制度下におけるサービスの逆機能を問題化した。すなわち、ホームヘルプサービスが利用者の生活機能をむしろ低下させるという点を強調した。そして、予防給付におけるホームヘルプについては、その目的を「予防」におき、本人ができることを代行しないという視点から、サービスの必要性を厳格に見直す方針を打ち出した。その過程で、給付のなかでもとりわけ家事援助は、「単なる家事代行」か、それとも「予防」という目的になじむかという観点から、厳格な給付見直しの対象となっていった。

　このように、2005/6年の制度変更では、従来の「要介護1」の認定者を「要支援」に振り分けることで、実質的には「ケアを必要とする者」の範囲を限定化するとともに、「要支援」者に対する給付額をおさえ、「家事援助」への給付を抑制する方向性が打ち出された。

第 11 章　日本の介護政策における「介護の社会化」の展開　287

なお、要介護認定については、2005/6年の制度改正以降も、明確な制度改正を伴わずに認定の範囲が政策的に調整されている。2009年における認定調査方法および一次判定のロジック変更である。この変更により、認定結果が旧認定に比べて軽度化する傾向も一部で指摘され、政治問題化したという経緯がある[3]。厚生労働省は、変更に伴う混乱を緩和する観点から、2009年の新認定導入後も、自治体の裁量で旧認定を併用できるといった経過措置を一定期間設けた(厚生労働省老健局老人保健課、2009)。

3. 家族介護と社会的介護の境界——国民生活基礎調査からみえる経年変化

介護が必要な者がいる世帯または介護をする家族の側からは、介護保険制度の開始以降、「介護の社会化」がどのように展開してきたと言えるだろうか。本節では、この点を国民生活基礎調査のデータから探ってみたい。

国民生活基礎調査は、国民の生活に関する全国調査であり、3年ごとに「介護票」によって在宅での介護に関する調査が実施されている[4]。「介護票」の調査項目は、介護保険制度の開始依頼、複数の調査年にわたり共通して設定されているものが多いため、調査結果を時系列に並べると状況の経年変化を捉えることができる。以下では、介護保険制度開始の翌年に実施された2001年調査から2013年調査までの5回分の「介護票」データから、「要介護者のいる世帯の世帯構造、介護者属性の推移」、「介護を要する者の要介護度分布の推移」、「サービス利用の推移」、「介護内容別の代替・分有状況の推移」を整理する。

(1) 要介護者のいる世帯の世帯構造、介護者属性の推移

まず、要介護者のいる世帯の構造をみてみる(表3)。2001年にもっとも主流な世帯構造は三世代世帯32.5%であり、核家族世帯29.3%、その他の世帯22.4%と続き、単独世帯は15.7%と少数派であった。その後、2004年には核家族世帯の割合が三世代世帯の割合を上回り、2007年には単独世

表3 要介護者のいる世帯の世帯構造

(単位：％)

年次	総　数	単独世帯	核家族世帯	（再掲）夫婦のみの世帯	（再掲）未婚の子あり	三世代世帯	その他の世帯
2001年	100.0	15.7	29.3	18.3	11.0	32.5	22.4
2004年	100.0	20.2	30.4	19.5	10.9	29.4	20.0
2007年	100.0	24.0	32.7	20.2	12.5	23.2	20.1
2010年	100.0	26.1	31.4	19.3	12.1	22.5	20.1
2013年	100.0	27.4	35.4	21.5	13.9	18.4	18.7

注）核家族世帯とは、以下のア〜ウのいずれかの世帯。
　　ア．夫婦のみの世帯、イ．夫婦と未婚の子のみの世帯、ウ．ひとり親と未婚の子のみの世帯
出典）国民生活基礎調査　平成25年版表19を一部改変。

表4 主たる介護者の続柄

(単位：％)

年次	総数	同居	配偶者	子	子の配偶者	父母	その他の親族	別居の家族等	事業者	その他	不詳
2001年	100.0	71.1	25.9	19.9	22.5	0.4	2.3	7.5	9.3	2.5	9.6
2004年	100.0	66.1	24.7	18.8	20.3	0.6	1.7	8.7	13.6	6.0	5.6
2007年	100.0	60.0	25.0	17.9	14.3	0.3	2.5	10.7	12.0	0.6	16.8
2010年	100.0	64.1	25.7	20.9	15.2	0.3	2.0	9.8	13.3	0.7	12.1
2013年	100.0	61.6	26.2	21.8	11.2	0.5	1.8	9.6	14.8	1.0	13.0

出典）国民生活基礎調査　平成25年版図40、平成22年版表25　より筆者作成。

帯の割合も三世代世帯の割合を上回った。2013年には、核家族世帯35.4％、単独世帯27.4％となり、三世代世帯はもっとも少数派の世帯となっている。

　なお、核家族世帯は、「夫婦のみ世帯」「夫婦と未婚の子のみの世帯」「ひとり親と未婚の子のみの世帯」のいずれかの世帯のことである。核家族世帯の内訳の推移をみると、「夫婦のみの世帯」が増加しているだけでなく、未婚子を世帯内に抱えた世帯も着実に増加している。

　次に、主な介護者について、要介護者との続柄別にみてみよう（表4）。要介護者と同居している者の割合は、2001年71.1％から2013年61.6％と10ポイント近く下がった。内訳をみると、「配偶者」や「子」の割合は若干増

加しているが、「子の配偶者」は急激に低下している。これに対し、主な介護者が同居家族以外である割合は高まってきている。その内訳からは、「別居の家族等」(7.5％から9.6％と2.1ポイント増) 以上に、「事業者」が増加していることが分かる (9.3％から14.8％と5.5ポイント増)。

さらに、図にはないが同居の主な介護者の性別をみると、2001年は、女性76.4％、男性23.6％であったが、その後は男性介護者の割合が着実に増え2010年には30％を超えた。2013年には男性31.3％、女性68.7％と、女性の割合が依然として多いが、3人に1には男性である (国民生活基礎調査平成25年版図41、平成22年版図35、平成19年版図22、平成16年版表23、平成13年版表14)。

以上から、要介護者のいる世帯の構造も、また主な介護者の続柄も、介護保険制度の開始直後と、それから10年以上経過した時点では大きく異なっていることが分かる。介護保険制度の創設に至る過程では、介護者の問題とは、嫁の問題、女性の問題、同居介護者の問題という側面が強かった。これに対し、介護保険制度開始から10年以上経過すると、介護者の問題とは、老配偶者の問題、未婚子の問題、男性の問題、別居介護者の問題としての側面を強め、これらは「少数派」の問題ではなくなった。

なお、主な介護者が「事業者」である割合の着実な増加は、「介護の社会化」がある程度進んできたことを示している。

(2) 要介護度分布の推移

1) 要介護度の分布 (介護を要する者10万人対)

介護を要する者の要介護度の分布 (介護を要する者10万人対) の推移をみてみよう (**表5**)。特異な変化として注目されるのは、2004年から2007年にかけて要介護1が大きく減少し、要支援が急増した点である。これは2005/6年の制度改正の影響と思われる。但し、要支援総数 (2004年までは「要支援」、2007年以降は要支援1と要支援2の合計) は、2007年以降も2013年まで拡大傾向にある。2001年と2013年を比較すると、介護を要する者10万人対の要支援者数は2倍以上に増加している。

表5 要介護の分布（介護を要する者数10万人対）

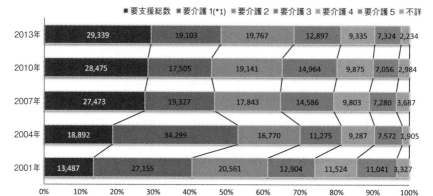

注）(*1) 要介護1の2007年数値は「経過的要介護」を含む。
出典）国民生活基礎調査　介護票　平成13年版表59、平成16年版表43、平成19年版表44、平成22年版表42、平成25年版表43より筆者作成。

　これに対し、全面的な生活の援助・介護が必要であり特別養護老人ホーム等の施設入所の必要性が高まると思われる要介護3以上（本章ではこれらを「重度者」とする[5]）の人数（介護を要する者10万人対）は、2001年35,469人、2004年28,134人、2007年31,669人、2010年31,895人、2013年29,556人であり、2013年は2001年の83.3%である。
　以上から、介護保険制度開始時点から2013年までの間、要支援にあたる軽度者の占める割合が大きくなる一方で、要介護3以上の重度者の占める割合が圧縮される、すなわち、要介護認定者の構成が「軽度化」する傾向が示唆された。

2) 世帯構造別の分布傾向
　上記の傾向は、世帯構造の違いに関わらず生じているのだろうか、それとも世帯構造の違いにより何らかの相違がみられるのだろうか。要介護度の分布割合の推移を、「単独世帯」「核家族世帯」「三世代世帯」という世帯構造別にみてみる（**表6**）。
　まず、要支援総数（軽度者）の割合の推移をみてみる。3つの世帯構造のい

第 11 章　日本の介護政策における「介護の社会化」の展開　291

表6　世帯構造別の要介護度分布の推移

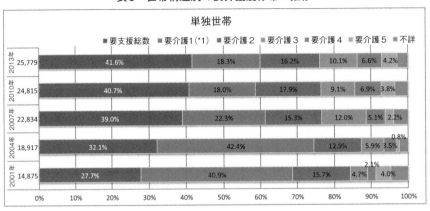

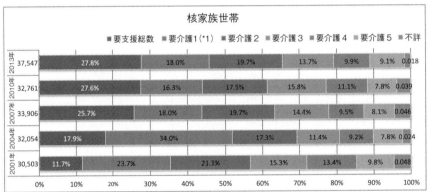

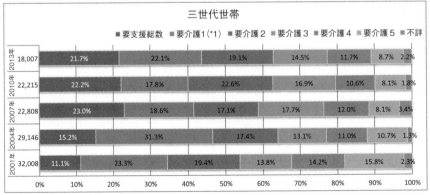

注）表側の年別の数字は、介護を要する者10万人中の世帯数。
出典）国民生活基礎調査　介護票　平成13年版表59、平成16年版表43、平成19年版表44、平成22年版表42、平成25年版表43より筆者作成。

ずれにおいても、介護保険制度開始時点から2007年にかけて大幅に増加しているが、その後は、単独世帯や核家族世帯では微増しているが三世代世帯では微減している。世帯構造別に、2001年と2013年の割合、その増加幅と増加率をみると、単独世帯は27.7％→41.6％で13.9ポイント増、増加率52％、核家族世帯は11.7％→27.8％で16.1ポイント増、増加率138％、三世代世帯は11.1％→21.7％で10.6ポイント増、増加率95％であった。2001年から2013年まで、最も要支援者総数（「軽度者」）の割合が高いのは一貫して単独世帯だが、増加ポイント数や増加率が高く、要支援の割合増加の影響を一番大きく受けたのは、核家族世帯のようである。

　要介護3以上の重度者の割合の推移についても、同様にみてみる。2001年と2013年の割合、その増加幅をみると、単独世帯は10.8％→20.9％で10.1ポイント増、核家族世帯は38.5％→32.7％で5.8ポイント減、三世代世帯は43.8％→34.9％で8.9ポイント減であった。単独世帯では、他の世帯に比較して、一貫して重度者の割合は低いが、2004年から2007年にかけて大幅に増加し、その後も徐々に増加を続けている。これに対し、核家族世帯や三世代世帯など同居家族のいる世帯では、もともと重度者の割合が高かったが、2001年と比べ2013年はその割合がかなり減少し、特に、三世代世帯で減少幅が大きい。

3) 要介護認定の分布推移から示唆される介護の社会化の諸層

　介護保険制度開始時よりも軽度者（要支援者）の割合が高まるのは世帯構造に限らず共通していた。但し、同居家族のいる世帯では、要介護度分布の軽度化がより強く進んできたのに対し（要支援者総数割合の大幅な増加と、重度者の割合の圧縮）、単独世帯では重度者の割合はむしろ増加するなど、世帯構造による相違がみてとれた。介護保険制度を通じた介護供給が、こうした変化に関わっている可能性としては、以下のような点が考えられるだろう。

　第一に、重度の要介護になっても在宅生活を継続できる環境が以前よりも整ったために、単独世帯における重度者割合が増えた可能性がある。しかし、在宅生活継続の環境整備の効果は、家族同居世帯（核家族世帯、三世代世

第 11 章　日本の介護政策における「介護の社会化」の展開　293

帯)にも及ぶはずであるが、これらの世帯では重度者の割合がむしろ減っている。第二に、比較的重度の要介護者を吸収する施設のキャパシティが拡大したために、家族同居世帯における重度者割合が減った可能性がある。しかし、この点についても、その効果は単独世帯にも及ぶはずである。

　実際には、これらの要因が絡み合い、単独世帯においては在宅継続志向がより顕在化し、家族同居世帯においては、同居家族による介護負担の回避志向がより顕在化した可能性がある。こうした解釈からは、上記表のような要介護認定の分布の推移は、介護保険制度以降、在宅生活を支える支援基盤の充実と施設入所の機会拡大を通じ、「介護の社会化」が着実に進展した帰結として生じたとみなせる。

　それでは、施設入所の機会は実質的に拡大してきたのだろうか。要介護(要支援)認定者数全体に占める住まい・施設の定員数の推移をみてみよう(**表7**)。施設の定員数は全体で2001年に約86.7万人、その後は徐々に増加し2013年に約176.4万人になった。増加のスピードが特に速いのは、有料老人ホームや認知症グループホームである。要介護(要支援)認定者数に占める施設数の割合は、2001年の29.1％から、2010年までは2001年の割合を下回っていたが、2010年から2013年にかけて割合は増加し、2013年には30.2％となった。住まい・施設への入所機会は、2001年から2010年まではむしろ狭まり、2013年にはじめて2001年水準をわずかに1ポイント上回る程度の拡大となっている。

　こうしたことから、2013年までの同居家族における「重度者」の割合の低下が、施設の入所機会の拡大によると判断するのは難しい。但し、住まい・施設の選択肢という観点では一定の変化がみられる。例えば、選択肢として有料老人ホームの占める比重が高まった。一般に、入居者のひと月あたりの利用料金は、特別養護老人ホームに比べ、有料老人ホームの方が高い[6]ことから、入所の機会自体がそれ程広がらない中で有料老人ホームという選択肢の比重が増すことは、費用負担面で、入居者本人や家族の費用負担が、相対的に増えるということを意味する。有料老人ホームの増加は、自己負担能力の高い層にとっては、支払い能力にみあった施設の選択肢の増加と言えるが、

294

表7 高齢者向け住まい・施設の定員数

	2001年	2004年	2007年	2010年	2013年
要介護（要支援）認定者数	2,982,683	4,085,859	4,528,944	5,062,234	5,838,004
介護老人福祉施設 （特別養護老人ホーム）	314,192	365,800	419,100	450,600	516,000
老人保健施設	244,627	280,400	309,500	331,400	349,900
介護療養型医療施設	120,422	138,200	111,800	86,500	70,300
養護老人ホーム（※1）	66,612	67,181	66,375	65,186	65,186
軽費老人ホーム（※1）	67,154	80,951	86,367	89,053	89,053
有料老人ホーム	41,582	72,666	155,612	235,526	349,975
認知症グループホーム（※2）	12,486	74,800	128,500	149,700	176,900
サービス付高齢者向け住宅					146,544
上記定員数の合計	867,075	1,079,998	1,277,254	1,407,965	1,763,858
上記定員数の合計／（要介護（要支援）認定者数）（%）	29.1%	26.4%	28.2%	27.8%	30.2%

注）（※1）2013年の養護老人ホーム、軽費老人ホームの数値が出典元に掲載されていないため、2010年の数値を代用。
（※2）「認知症グループホーム」は、国民生活基礎調査では居住系サービスとして、在宅にいる者が利用するサービスに含められている。

出典）各年度の介護保険事業状況報告（年報）、および、社会保障制度審議会介護給付費分科会第100回（H26.4.28）資料4-2（施設・居住系サービスについて）内スライド「高齢者向け住まい・施設の定員数」より、筆者作成。

自己負担能力がそれ程高くない層にとっては、相当大きな費用負担感を伴っている可能性がある。

　要介護認定の分布の推移における「軽度者割合の増加」と「重度者割合の減少」の要因について、最後に、介護保険制度における認定の仕組み自体による可能性がある。すなわち、認定の仕組みが変更され、制度開始時よりも認定結果が軽度に出やすい傾向を内包している可能性である。2005/6年の制度改正は、同じ状態像の者をより軽度の要介護者に区分する、政策的な認定区分の操作が可能であることを示した。2004年から2007年の要支援の急増は、その影響の可能性が高い。さらに、2009年の認定調査方法の変更をめぐる議論が示すように、明確な制度変更を伴わずともそうしたことが技術的には可能である。2010年から2013年の変化は、2009年の認定調査の変更に関する経過措置終了後、新認定の影響を受けている可能性もある。その

第11章 日本の介護政策における「介護の社会化」の展開 295

中で、同居家族の有無が認定の軽重に影響を及ぼし、単独世帯には重度の認定が出やすく、家族同居者がいる場合には重度の認定が出にくくなっている可能性も、排除できない。

認定の仕組みを通じた軽度化があったとすれば、状態像が同じであっても給付上限が引き下げられる者が増え、結果として家族等が担う介護の労働や費用の負担を増やし、「介護の社会化」を抑制してきた可能性がある。

(3) サービス利用の推移 (世帯構造別)

在宅で介護を要する者の介護サービスの利用状況をみてみる。ある1か月の期間に (いずれの調査年も5月)、何等かのサービスを1回でも利用した者の割合は、2001年75.6%、2004年に若干低下したが2007年以降は上昇し、2013年には78.9%である。在宅環境におけるサービスへのアクセスは、介護保険制度の開始以降、若干ではあるが拡大してきた傾向がうかがえる。内実をみるために、世帯構造別 (単独世帯、核家族世帯、三世代世帯) にサービス種類ごとの利用状況を整理したのが、次頁の表である (**表8**)。

単独世帯についてみてみる。何らかのサービスを利用した者の割合が、5回の調査を通じて80%以上と、他の世帯構造よりも相対的に高く推移している。但し、2013年の割合は2001年よりもわずかに低い等、サービスへのアクセス状況は、維持ないし僅かな低下がみられる。単独世帯でもっと利用されているのは訪問系サービスで、他の世帯構造と比較しても高い利用割合である。但し、単独世帯の訪問系サービスの利用割合は、2001年から2007年まで増加したが、2007年から2010年にかけて減少し、2010年から2013年までほぼ維持となり、2001年と2013年の割合はほぼ差がない。

訪問系サービス以外で、単独世帯の利用割合が他の世代構造と比べて高いものに、居住系サービス、小規模多機能型サービス、配食サービス、外出支援サービスがある。但し、これらの利用率は、居住系サービスを除き低下傾向にあった。居住系サービスは、2013年度から追加された選択肢であり、グループホームのことを指すが、単独世帯の1割が利用している[7]。

核家族世帯についてみてみる。利用割合の高いサービスは、2001年時点

表8　世帯構造別にみた介護サービスの利用状況の割合（複数回答）

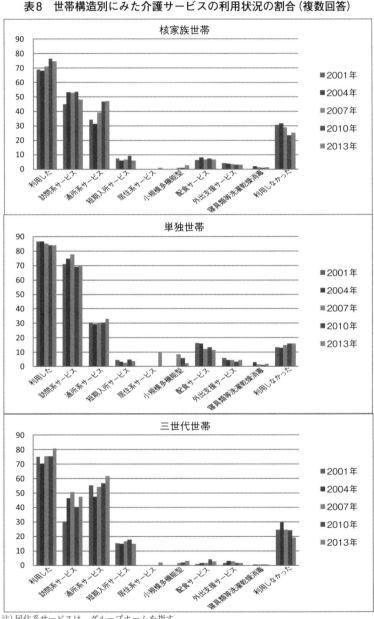

注）居住系サービスは、グループホームを指す。
出典）国民生活基礎調査　平成25年版表23、平成22年版表27、平成19年版表24、平成16年表24、平成13年表15より筆者作成。

第 11 章　日本の介護政策における「介護の社会化」の展開　297

は訪問系サービスであり、次に割合の高い通所系サービスとの差が 10 ポイント程度あった。2013 年では、訪問系サービスの利用割合が伸びない一方、通所サービスの 2007 年以降の大幅増もあり、2013 年の時点で二つのサービスの利用割合はほぼ同じ（47 〜 48%）水準である。配食サービス、外出支援サービスの利用は調査年を通じて 1 割未満と低く（三世代世帯よりは高めだが）、これらのサービスの利用割合が拡大する傾向はみられない。

　三世代世帯をみてみる。何らかのサービスを利用した者の割合は、2004 年でいったん 70% 程度まで低下するがその後増加し、2013 年は 80% を超えた。三世代世帯におけるサービス利用の特徴は、通所系サービスの割合と短期入所サービスの利用割合が顕著に他の世帯構造と比べて高いことである。そのうち、通所系サービスは、2004 年に大きく減少するが、その後回復・増加しているのに対し、短期入所サービスは、2004 年〜 2010 年に増加傾向をみせるが 2013 年は減少し 2001 年の水準以下になっている。

　以上から、何等かのサービスへのアクセスという点では、核家族世帯と三世代世帯においては、2013 年は 2001 年と比べて一定の拡大がみられた。他方で、単独世帯では、アクセスの割合は相対的に高く推移しているが、その水準は維持ないしわずかに低下していた。世帯構造ごとで傾向に違い生じている背景として、核家族世帯や三世代世帯では、通所系サービスの利用が 2001 年より拡大していたことが大きいと思われる。また、単独世帯が高い割合で利用している訪問系サービスが、2007 年以降に減少や維持といった局面に入っていることも大きいだろう。

　単独世帯の 1 割は居住系サービスすなわちグループホーム入居者で占められていた。入居者の要介護度は経年的に重度化していることが指摘されており（公益財団法人　日本認知症グループホーム協会、2013）、単独世帯における重度の要介護者の分布割合の増加は、グループホーム等居住系サービス利用者の増加によるところがかなりありそうである。

　介護が必要な世帯全体の中で、単独世帯の占める割合は着実に増加しているが、サービスへのアクセス実績に関して言えば、単独世帯の状況は、介護保険制度の開始以降、グループホーム（居住系サービス）を除きそれほど変

298

化がない、もしくは、若干悪化している可能性がある。

(4) 介護内容別の代替・分有状況の推移

　上記の議論は、あくまでサービスの利用の「有無」という点に着目しており、ひとたびアクセスしたサービスを、どの程度の量や頻度で利用しているか示すものではない。参考までに「在宅受給者1人当たり平均費用額が支給限度額に占める割合」の推移に関する国の資料をみてみる（社会保障制度審議会介護給付費分科会，第103回（平成26年6月25日）資料）。2006年から2013年まで、要支援1、要支援2では、給付限度額に対する費用額の割合がほぼ一定であるのに対し、要介護1以上ではその割合は増加の趨勢であり、また、要介護3以上、特に要介護4、5ではその割合は相対的に高い水準であった。介護保険制度にアクセスした者については、要介護度の高い層において、1人あたりの保険サービスの利用量が高まっており、個々の利用者レベルでの「介護の社会化」が進んでいることがうかがえる。

　「介護の社会化」がどのように具体的に進んだのか、様々な介護の内容について、「家族等介護者のみ」で担っている状況がどの程度緩和されたのかという側面からみてみよう。

　国民生活基礎調査では、「介護内容別にみた介護者の組合せの状況」を把握する設問がある。そこでは、16の介護内容ごとに介護の分担状況、すなわち「事業者のみ」が担当しているか、「事業者と家族等介護者」で担当しているか、「主な家族等介護者のみ」が担当しているか、「その他（「主な家族等介護者とその他の家族等介護者」「その他の家族等介護者のみ」）」か、いずれであるかを尋ねている。「主な家族等介護者のみ」と「その他」の合算が、「家族等介護者のみ」で担当している、すなわち事業者による代替や分有がない状況となる。「家族等介護者のみ」と回答した者の割合を介護内容別にみたのが、**表9**である。

　「家族等介護者のみ」の割合の水準や変化の推移は、介護内容により多様である。とはいえ、そこには一定の傾向もうかがえる。まず、「家族等介護者のみ」で担当しているとの回答が70%以上を占めた項目は、2001年調査

第 11 章　日本の介護政策における「介護の社会化」の展開　299

表9　介護内容別にみた「家族等介護者のみ (*1)」の割合 (単位%)

主な介護内容	2001年	2004年	2007年	2010年	2013年	2001年から2013年の減少幅 (*2)	
洗　　濯	83.1	78.8	75.5	78.8 (*3)	77.6	5.5	△
服薬の手助け	81.9	76.3	73.2	70.1	71.0	10.9	○
買 い 物	79.7	78.0	70.7	76.6	75.7	4.0	△
食事介助	78.1	67.3	64.2	62.9	64.4	13.7	○
口腔清潔 (はみがき等)	76.8	66.6	60.0	57.4	55.9	20.9	◎
体位交換・起居 (寝返りや体を起こす等)	75.5	63.8	56.8	58.2	59.0	16.5	◎
洗　　顔	74.3	66.9	60.3	60.6	59.4	14.9	○
着　　替	72.6	66.2	60.9	60.7	60.2	12.4	○
食事の準備・後始末 (調理を含む)	71.9	65.6	64.8	61.1	63.3	8.6	△
掃　　除	71.8	66.3	60.5	64.2	63.0	8.8	△
排泄介助	71.7	60.8	56.4	52.9	53.9	17.8	◎
話し相手	70.7	67.5	50.4	64.9	65.7	5.0	△
散　　歩	69.7	65.6	57.0	61.5	61.1	8.6	△
身体の清拭 (体を拭う)	58.5	50.6	43.2	41.7	42.8	15.7	◎
洗　　髪	44.3	39.9	35.7	30.3	30.3	14.0	○
入浴介助	40.3	38.6	34.2	29.8	29.0	11.3	○

注) (*1)「家族等介護者のみ」割合は出典の「主な家族等介護者のみ」と「その他」の合算より算出した。
　　「その他」とは、「主な家族等介護者とその他の家族等介護者」「その他の家族等介護者のみ」を
　　いう。
　(*2) 減少幅が15ポイント以上に◎、10以上15ポイント未満に○、10ポイント未満に△を付した。
　(*3) 前回調査から2ポイント以上増加した数値には下線を付した。

出典) 国民生活基礎調査　平成13年版図19、平成16年版図27、平成19年版図27、平成22年版図44、
　　平成25年版図48より筆者作成。

では16項目中12項目もあったのに対し、2004年以降は3項目まで激減し
た。このことは、全体として介護をもっぱら家族だけで担う状況が大きく緩
和され、労働の社会化の度合いが高まっていることを意味する。

　次に、2001年と2013年を比べた際の「家族等介護者のみ」割合の減少幅
をみてみる。15ポイント以上の大きな減少があった項目 (表中の◎印) は4つ
で、「口腔清潔」(76.8%→55.9%)、「体位交換・起居」(75.5%→59.0%)、
「排泄介助」(71.7%→53.9%)、「身体の清拭」(58.5%→42.8%) であった。

これらはいずれも「身体介護」に関わる内容である。他方、減少幅が10ポイント未満の項目（表中の△印）は6つで、「洗濯」（83.1％→77.6％）、「買い物」（79.7％→75.7％）、「食事の準備・後始末（調理を含む）」（71.9％→63.3％）、「掃除」（71.8％→63.0％）、「話し相手」（70.7％→65.7％）、「散歩」（69.7％→61.1％）であった。これらはいずれも「家事援助」に関わる内容である。しかも、これらのうち「食事の準備・後始末」を除く項目は、2007年から2010年の間に「家族等介護者のみ」の割合が増加していた。

　以上から、全般的に、「介護の社会化」は一定程度進んだと言える。但し、社会化が主に進んだのは、身体介護に関わる内容であった。家事援助に関わる内容は、2007年を境に「社会化」の流れが逆行し、その後も維持された結果、2013年時点で介護保険制度当時からの顕著な進展がみられない。2005/6年の制度改革は、具体的な介護内容の代替・分有のあり方に影響し、家事援助分野を中心としたケアの「再家族化」（藤崎、2009）を進めてきたことが確認できる。

4. おわりに——地域包括ケアシステムの整備と家族介護の位置

　これまで、介護保険制度の導入段階で政策理念として提示された「介護の社会化」が、制度開始とその後の見直しを経てどのように展開してきたのかをみてきた。以下では、これまでの内容を整理した上で、2011/12年の制度改革以降に主流化した地域包括ケアシステムの構築という政策アジェンダ、および、そこでのケアの「地域化」にむけた施策導入[8]が、家族の介護の負担・責任の境界の揺らぎとどのように関連するかを考察し、本章のまとめとしたい。

(1) 介護保険制度開始以降の「介護の社会化」の展開 (小括)

　介護保険制度導入に至るプロセスで政府が打ち出した「介護の社会化」論には、介護の供給主体とその他の供給主体との具体的な供給バランスが問題にされ、そこでは家族介護を他の主体が「代替」するという考えが織り込ま

れた。これは、介護サービス供給の決定過程において、従来のような「家族を含み資産」とする前提に変更を迫る点で、「経路離脱」ともいえるラディカルな要素を含んでいた。実際、介護保険制度における介護サービスの必要性の認定（要介護認定）において、個人の心身状態に照準して認定のレベルが判断されるなど、介護を要する個人とその家族を切り離し、「世帯」ではなく「要介護状態にある個人」を中心にした給付のシステムが構築されるなど、介護保険制度の導入は家族を制度の対象から分離してきた。

　実際には、多くの家族が介護に関わっている。しかも、介護保険制度導入時からの要介護者の世帯構造や家族介護者の属性の変化に明らかなように、別居家族、老夫婦、未婚子、男性の増加など、関わる家族のあり方も多様化し、「リスキーな介護者」（笹谷、2012）の増加が懸念される。にもかかわらず、介護保険制度において、「家族介護の負担の軽減」「家族介護者支援」が明確な政策アジェンダとはなってこなかった。家族介護者の世帯構造の多様化とそれに付随する介護者支援をめぐる課題の多様化があったとしても、給付の対象を家族から切り離した個人としたが故に、そうした課題を介護保険制度で吸収するという政策の流れができにくかったと思われる。

　さらに、家族を「含み資産」とするそれまでの経路も、完全に払しょくされることはなかった。訪問介護サービスにおける家族要件の復活、その後の「家事援助」に対する給付抑制に見るように、給付内容の政策的決定において「家族の代替」という供給原則の正当性は弱まり、家族を「含み資産」とする原則にとって代わられつつある。

　介護保険制度を通じた「社会化」の内実については、社会化の展開と共に、その中での一定の抑制、および対象の限定化・重点化という流れが確認された。

　まず、介護をもっぱら家族に依存する状況から事業者による介護の代替や分有を進展させてきた点で、「介護の社会化」がかなり進んだ。在宅における介護サービスのアクセス水準に関しては、三世帯、核家族世帯での拡大がみられる一方で、単独世帯のアクセス水準は、グループホームを除くと介護保険制度の開始時からあまり変化していない。ひとたびアクセスを果たし

た者への給付の密度をみると、要介護度のレベルが軽度のもの（要支援）では変化がないが、重度のもの（要介護3以上）では制度開始時よりも高まっている。

　こうした動向は、政策的な制度改革の動きと無縁ではない。政策的には、介護の労働面での社会化、費用面での社会化、それぞれの進展を抑える動きもあった。例えば、施設・住まいの入所定員は、制度開始後10年間は拡大が抑えられ、その中で有料老人ホームなど本人や家族の利用料負担が相対的に高いものが、選択肢としての比重を増している。また、認定区分の軽度化など、制度がカバーする範囲を縮小し家族の担う部分を拡大させる側面も見受けられる。また、給付内容についても、訪問系サービス中心から通所系サービス中心への展開、それと併行した家事援助に係る家族介護の代替の抑制、そして、身体介護に係る家族介護の代替の拡大、という流れがみてとれる。

(2) 地域包括ケアシステムの展開における家族介護の行方

　2011/12年は、社会保障制度の改革が本格化し、それと併行して介護分野では政策理念として、地域包括ケアシステムの構築が打ち出された。このシステムは、家族や人口構造の変化を見据えて、「一人暮らしの要介護高齢者」をモデルとした支援システムの構築を視野にいれている。しかし、家族をあてにしない支援体制がどの程度実現するのか、不確実性が高い。また、在宅介護を重視する政策のなかで、現在の要介護者と同居ないし別居をして要介護者を支える家族は依然として多数いる。そうした家族の生活様式にも適合したサービス提供体制を充実させなければ、疲弊する家族の増加は避けられないだろう。

　介護保険制度の開始以降、「介護の社会化」は全体としてある程度進展したものの、在宅介護における保険給付を通じた「社会化の内実」は、労働の社会化の範囲を身体介護に限定化する方向、また、比較的重度の要介護者に給付を重点化する方向で、展開してきた。給付内容に関する上記のような流れは、近年の日本の財政改革をめぐる国の議論の中でさらなる強化が主張され（財政制度等審議会、2015）、厚生労働省も2018年度の介護保険制度見直し

に向け、これらを論点として明確にしてきた(社会保障制度審議会、2016)。

　家族介護者の直面する責任や負担といった観点からは、こうした給付の重点化が、それ自体で変化している家族に及ぼすインパクト、そこから派生する介護者が直面する問題について、全体像を把握し、対策を立てる必要性が高まっている。「介護の社会化」の内実が制度開始直後から変容してきているなか、単なる「介護の社会化」の推進が介護者の支援に直結するといった、介護保険制度導入当初の日本に特徴的(特異的)な政策論の前提は(三富、2008)、現時点では合理性を全く失ったと言える。しかし、実際には、介護政策において、介護者支援の総合的対策はとられていない。

　在宅の要介護者に対する家事援助を含む生活支援について、介護保険給付からの外部化が進展するとして、今後は、どのような対策がとられるのだろうか。選択肢としては、社会保険給付とは別の手段による地域での(家族以外の)供給の拡大(「地域化」)、社会保障制度の枠外での市場取引によるサービスの拡大(「市場化」)、サービス需要として顕在化せず家族ないし本人が引き受ける(「再家族化」)、といったことが考えられる。

　地域包括ケアシステムの構築においては、自助や互助の強化を通じた生活支援(家事援助含む)の体制整備という施策が提示されており、「再家族化」ではなく「地域化」と「市場化」による対応を図ろうとしている。しかし、「市場化」や「地域化」がどの程度進むのか、また、それを通じて、家族負担の解消がどの程度図られるのか、施策の実効性は不透明である。家族介護の責任と負担の問題への総合的な対策がとられる見通しが立たないまま、家族による互助を代替する地域互助のキャパシティ問題が浮上し、その中で家族の負担に加えて多様な問題が顕在化してくることが予測される。介護を担う家族の視点からの制度改革の検証が、求められる。

注

1　本節は、森川(2004)および森川(2015)第5章をもとに編集している。
2　本節は、森川(2010)および森川(2015)第9章をもとに編集している。
3　経緯については以下の記事等参照。東洋経済オンライン「要介護認定の新方式で混乱、介護認定の軽度化で利用に支障のおそれ」2009年月7日．http://

toyokeizai.net/articles/-/10082　（2016年9月1日アクセス）

4　国民生活基礎調査の「介護票」の対象は在宅の者であり、社会福祉施設の入所者、長期入院者等は除外されている。なお社会福祉施設には、老人福祉施設が含まれており、その内訳は、養護老人ホーム、特別養護老人ホーム、軽費老人ホーム及び有料老人ホームである。なお、グループホームは、居宅サービスの範疇に含められている。

5　要介護3の状態像の目安は、自分自身の世話を一人で行うことが難しく、生活全般におけるサポートが必要な状況と言われている。平成27年4月より特別養護老人ホームに入所できる要介護のレベルは、原則として要介護3以上となった。

6　例えば、施設・住まいについて、利用料金を含めて比較しながら案内しているサイトでは、費用の目安（月額）について、有料老人ホーム約15〜20万円、特別養護老人ホーム約5〜15万円といった解説がある。（https://www.sagasix.jp/knowledge/07.html　2016.08.31参照）

7　国民生活基礎調査では、グループホームは「居住系サービス」として在宅でのサービス利用の項目に分類されている。すなわちグループホーム入居の単身者が「在宅で介護を必要とする者」に含まれている。

8　地域包括ケアシステムの構築・推進に向けた国の政策や自治体レベルでの取組みについては、本書の6章（森川）で詳しく扱っている。

引用参考文献

公益財団法人　日本認知症グループホーム協会　*日本認知症グループホームにおける利用者の重度化の実態に関する調査研究報告書*（平成24年度　厚生労働省老人保健健康増進等事業による研究報告書）．2013年3月．

厚生省　*厚生白書*．厚生省，1999．

厚生省　厚生省告示第十九号．2000年2月10日．

厚生省　介護報酬告示で訪問介護の家事援助の適用について規定をする趣旨について．2000年2月14日．

厚生労働省　*介護保険事業状況報告*（年報）　各年版（2001年版，2004年版，2007年版，2010年版，2013年版）．厚生労働省．

厚生労働省大臣官房統計情報部　*国民生活基礎調査の概況*　（2001年，2004年，2007年，2010年，2013年）．厚生労働省．

厚生労働省大臣官房統計情報部　国民生活基礎調査「介護票」　統計表 http://www.e-stat.go.jp/SG1/estat/NewList.do?tid=000001031016（2016年8月30日アクセス）

厚生労働省老健局老人保健課　要介護認定方法等の見直しに伴う経過措置について（事務連絡）．厚生労働省，2009年4月17日．

財政制度等審議会　*財政健全化計画等に関する建議*．財務省，2015年6月．

笹谷春美　ケアする人々の健康問題と社会的支援策．*社会政策* 2012, 4（2）：53-67．

社会保障審議会介護給付費分科会　第100回資料4-2（施設・居住系サービスについ

て）内スライド「高齢者向け住まい・施設の定員数」．厚生労働省，2014年4月28日．

社会保障審議会介護給付費分科会　第103回資料1（区分支給限度額について）内スライド「区分支給限度基準額の現状②」．厚生労働省，2014年6月25日．

社会保障制度審議会介護保険部会　第55回資料2「主な検討事項について（案）」．厚生労働省，2016年2月17日．

中根成寿　*知的障害者家族の臨床社会学*．明石書店：東京，2006．

藤崎宏子　介護保険制度と介護の「社会化」「再家族化」．*福祉社会学研究*　2009，6：41-57．

三富紀敬　*イギリスのコミュニティケアと介護者：介護者支援の国際的展開*．ミネルヴァ書房：京都，2009．

森川美絵　「参加型」福祉社会における在宅介護労働の認知構造．In *ライブラリ相関社会科学5　現代日本のパブリック・フィロソフィー*；山脇直司・大沢真理他（編）；新世社：東京，1998；pp396-418．

森川美絵　高齢者介護政策における家族介護の「費用化」と「代替性」．In *福祉国家とジェンダー*；大沢真理（編）；明石書店：東京，2004：pp131-158．

森川美絵　*介護はいかにして「労働」となったのか：制度としての承認と評価のメカニズム*．ミネルヴァ書房：京都，2015．

Johnson, Norman. *The Welfare State in Transition: The Theory and Practice of Welfare Pluralism*; Wheatsheaf Books: Brighton, 1987；　translated by 青木郁夫・山本隆．*福祉国家のゆくえ*；法律文化社：京都，1993．

第12章　Public-ness の再編
高齢者ケアの領域における市民・住民組織

須田　木綿子

梗　概

　日本では1980年代に、高齢者を主な対象とする住民参加型在宅福祉サービス活動が広まった。本章では、このような住民参加型の活動が、NPO法人格を得て介護保険制度に参入することによって日本的な「公」性を獲得する過程と、それに伴う活動内容の変化をpublic-nessと比較しつつ検討する。次に、市民・住民参加が強く求められるようになった第6期介護保険事業について、市民・住民組織が果たし得る役割と課題に関して探索的調査を行い、世代効果や参加者の加齢効果について報告する。また、地方自治体によって市民・住民活動の展開には大きな差異があり、総じて、高齢者ケア政策の「中流化」が観察されることを指摘する。そして最後に、高齢者ケア領域で活動する市民・住民組織のpublic-nessの再編を、「公」との関わりにおいて考察する。

1. はじめに

公的な対人サービス (public human services) [1] の領域では、近年の政策変化を受けて、変動が続いている。公的対人サービスの「公＝public」は、誰もが共通して必要とするという意味における「公＝public」である。サービスの対象は特定のメンバーに限らず、誰にでも開かれており、サービスの提供は行政が行う場合もあれば民間が担う場合もある (Smith, Stebbins, and Dover, 2006)。このような「公＝public」を、本章ではpublic-nessと表記する。

しかし日本では、公的対人サービスの「公」は、行政とほぼ同義に理解されることが多い。そのため、日本で「公」的な存在として認められるためには、legitimacy (Habermas, 1973)、すなわち、誰もが「公」的存在だと納得したり、その組織の「公」性を所与のものとして了解するような正統性、妥当性を、行政に連なることによって獲得しなければならない (Ogawa, 2009)。

本章が注目するのは、対人サービスの中でもとりわけ政策の変化が激しかった高齢者ケアの領域で活動を行ってきた日本の市民・住民組織が日本的な「公」性を獲得する過程と、それらの組織が本来的に有していたと思われるpublic-nessとの関係である。

日本では、1980年代から、高齢者を主な対象とする住民参加型在宅福祉サービス活動があった。本章ではまず、これらの組織のpublic-nessについて検討する。次に、これらの組織が「公」的存在になるべく、NPO法人格を得て介護保険制度に参入する過程を、public-nessとのかかわりにおいて整理する。そして、市民・住民参加が強く求められるようになった第6期介護保険事業の中で、市民・住民組織が果たし得る役割と課題に関して探索的調査を行った結果を報告し、最後に、高齢者ケア領域で活動する市民・住民組織のpublic-nessの再編を、「公」との関わりにおいて考察する。

なお、「市民」と「住民」という用語については、誰もが合意するような明確な学術的定義や使い分けのルールがあるわけではない。ただ全体としては、自治体行政区を基本とする一定の地理的範囲と関わりが強い話題では「住民」、そのような地理的広がりの制約を受けない話題では「市民」、という用

語が選択されているようである。本章では、原則として「市民・住民」と併記することとし、時代や領域に応じて多く使われて来た用法がある場合には、それを踏襲した。

2. 住民参加型在宅福祉サービスのpublic-ness

　日本の公的対人サービスは長きにわたり、中央政府がその財源と供給過程に責任を負ってきた。高齢者ケアも、行政による社会福祉サービスの一環として提供され、財源は税で賄われ、サービスの供給責任も原則として行政が担った。民間組織の中では社会福祉法人のみがサービス供給に参加し、社会福祉法人やそこで働く職員は行政機関に準ずる待遇であった。市場で提供されるサービスは例外的にしか存在せず、強いていえば、家政婦などが虚弱な高齢者の世話をする事業が、市場で購入される高齢者ケアサービスとして比較的一般的なものであったといえよう。このような中で、1980年代後半から1990年代にかけて、住民参加型在宅福祉サービスへの関心が高まる。住民参加型在宅福祉サービスは、「地域住民の参加を基本として公社・事業団、社会福祉協議会、生活協同組合、住民自主組織など、非営利を組織理念とする団体の行う家事援助やホームヘルプ等の在宅福祉サービス（活動）」と定義される（全国社会福祉協議会、1989:70）。サービス提供の主な対象は高齢者であった。背景には、厚生省（当時）による「参加型福祉社会」の推進政策があり（厚生省、1993）、後の介護保険制度導入にあたっては、NPO法人のような小規模民間サービス事業者の設立を促す一助にもなった。しかし、このような政策を可能にしたものとして、住民参加型在宅福祉サービス活動に参加したり、これを支援していた市民の内発的動機に着目すべき点がある。これらの活動がpublic-nessを十分に備えていた様子がそこにうかがわれるからである。

　内発的動機の第一は、コミュニティ再生への希求である。この背景には、いわゆるリスク構造の変化（Beck , 1986）も関係しているであろう。すなわち、高度に産業化された社会において不確実性が増大し、傷病、失業、家族の問

題等の人生上のリスクは誰にでも起こりうるという認識が共有されるに伴い、住民相互の助けあいの重要さも意識されるようになった。とりわけ都市部では、「高度に行政サービスや商業サービスという専門処理に依存」することによって「生活の社会化」が進み、利便性も向上したが（江上、1990：112）、このような「専門的処理システムによる問題処理には、明白な弊害があり、地域社会における素人の住民の相互扶助システムに、大きな役割が期待されることとなった」（倉沢、1978：37）。そして、「地域社会における素人の住民の相互扶助」のための具体的な仕組みとして、住民参加型在宅福祉サービス活動への関心が高まったということである」（同）。

第二は、「新しい社会運動」とのつながりである。当時の住民参加型在宅福祉サービス活動への参加者の多くは、40代後半から60代前半の女性であった（安立、1993; 朝倉＝須田、1993; 全国社会福祉協議会、1993など）。つまり、団塊の世代である。団塊の世代はまた、1980年代後半から活性化した「新しい社会運動」をも先導しており、住民参加型在宅福祉サービス活動は、「新しい社会運動」のモデルのひとつとして、男女の違いを超え、また、在宅福祉サービス活動には特別の関心をもたない人々の間にも広く認知されていった。

「新しい社会運動」の特徴は、1960年代の安保闘争に見られる抵抗の運動、1970年代の公害問題を中心とする糾弾の運動をふまえつつ、それらを超えようとした点にある。市民が日常の生活で疑問に感じたことから問いを発し（たとえば、洗濯物を干すと汚れる）、その課題の背景にある社会的要因に思いを致し（最近になって誘致された工場からの煙が周辺の大気を汚染しているらしい）、その要因に働きかけて課題を解決・軽減するための具体的な方策を市民自らが提案し（地域経済の維持・活性化に重要な工場の存在と環境や住民の生活上の利害を調整することを提案）、かつ、実践する（工場は煙を排出する時間を定め、住民は煙が出ない時間に洗濯ものを干すという合意をする）という、「等身大」性、市民性、素人性が強調された（日本ネットワーカーズ会議、1990）。この中で住民参加型在宅福祉サービス活動は、「新しい社会運動」の地域福祉バージョンとして、確たる位置を占めていた。

当時、筆者が体験したこれらの活動のリーダーとのインフォーマルな交流の中では、学生運動の折のことが話題になることが少なくなかった。学生運動の時、どうして負けたのかを考えつづけて中高年と言われる年齢になり、その総括として、本当に年を取る前にもう一度、社会を変えるはたらきかけをしてみようと思ったという話が複数から聞かれた。江上（1990）は、調布市在宅福祉事業団の住民参加型在宅福祉サービス活動の141名の参加者を対象に調査を行い、参加者の意識は、「近隣の相互扶助を尊重する意識」「自律的な個人を尊重する価値観」「親しくなることを選択した相手との交際の中ではプライバシーにまで踏み込んだつき合い方も容認する」という3つの因子から構成されることを示している。当時の「新しい市民運動」の担い手の世代的特徴とも思われる気質を彷彿とさせる結果で、興味深い。

　第三に、新しい働きかたの模索があげられる。主婦が日常、当たり前のように行っていた家事や高齢者の世話が、ホームヘルプや介護という事業として成立し、報酬も発生するということは、当時、新鮮な驚きをもって受けとめられた。高齢人口の増加も相まって、地域での高齢者支援に関わる活動の重要性はますます認識されるようになっており、任意のボランティア活動としてではなく、一定の規模と安定性を備えた事業体として活動を組織化することの必要性が早い段階から意識されていた。すなわち、地域社会を自分たちにとってより暮らしやすいものへと変えていく過程に貢献しつつ、自身もそれを仕事として安定的な報酬を得るような、新しい働きかたを模索するエネルギーが、住民参加型在宅福祉サービス活動に含まれていた（高木・堀越、1994など）。

3. 介護保険制度導入後の変化

　1995年の阪神淡路大震災をきっかけとしてボランティア活動への関心が高まり、1998年の特定非営利活動促進法の導入につながる。高齢者ケア領域で住民参加型在宅福祉サービス活動に従事していた任意組織の多くが、これを契機にNPO法人格を取得した。数年後に施行される介護保険制度にお

いて、NPO法人もサービス供給に参加できることがすでにわかっており、「公共性解釈の政府による独占体制を打破し」、市民による「多様な公共性解釈の可能性を表現し、かつ具体的に担」う（岡本、2009）一助としての積極的な参加への志にもとづくものであった（須田、2011）。行政にとっては、介護保険制度の導入にあたってサービス供給組織の絶対数を確保することは急務の課題であり（平岡、1998）、NPO法人の参入は願ったり、かなったりであったろう。

ここで注目すべきは、この時期の国内の動きが、「序章」でふれたNPMのみでなく、当時の市民社会論の台頭にも呼応している点である。NPM的な原理では、市民・住民の参加は、市場化に伴うコンスーマリズムに関連してとりあげられる程度であるが、それも、後述のmanagerialismのプレッシャーを受けて、十全には実現されにくい。このような中で介護保険制度は、導入時において「市民・住民参加」を重視し、介護保険事業計画策定委員会の設置を各市区町村に求め、そこに市民・住民の参加を想定していた。介護保険事業計画策定委員会は、地域の高齢者を対象とする対人サービスの全体を見渡して、介護保険事業計画と市区町村老人保健福祉計画の整合性をはかる場であった（佐藤、2008）。

このことは、以下のようにまとめられるであろう。すなわち、NPMは、いわゆる福祉国家の変容過程で登場したのだが、この過程のあらゆる側面に通底するのは行政役割の縮小であった（**図1**）。公的対人サービスの領域では、サービスの購入と供給の両方に国家が責任を負う体制を福祉国家とするなら、それを分離して、サービスの購入については国家がひきつづき責任を負うものの、供給過程は民間組織にゆだねるのが、いわゆる「民営化（privatization）」である（Ascoli and Ranci, 2002; Handler, 1996）。NPMは、ここにかかわる原理である。いっぽうで、ポスト福祉国家体制下での行政役割の縮小に伴い、これまでのように国家を頼ることはできない現実と市民としての「責任に目覚めた人々」が、コミュニティや社会の運営に主体的に参画するという道筋が、サービス供給過程の民営化と並行して描かれた。Active citizen, life politics, social entrepreneurship（社会的起業）, informal and/or voluntary

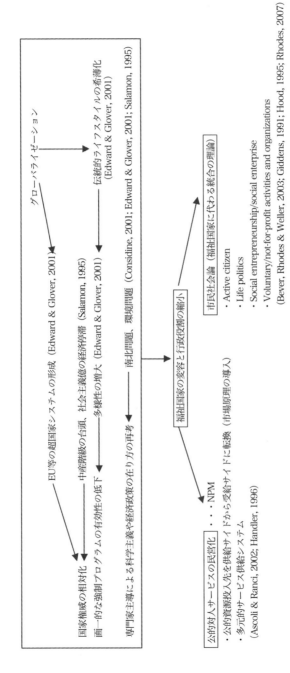

図1　公的対人サービスの民営化と市民社会論の台頭

supports（市民・住民相互の助け合い），nonprofit organizations（非営利組織）の役割が強調され、それら自立的・自律的な市民が構築する市民社会への参加をもってsocial inclusionと見なす傾向が広がった（Bever, Rhodes and Weller, 2003; Giddens, 1991; Harris, 2007; Hood, 1995; Rhodes, 2007）。こうして、ポスト福祉国家体制下で民営化された公的対人サービスの領域では、NPMによる管理、評価、競争の論理と、市民の主体的参画と連帯の論理が、互いにとっての矛盾を内包しつつ、共存することとなった。我が国の介護保険制度も例外ではない。介護保険制度は、欧米での福祉国家体制の変容とNPMや市民社会論の台頭から10～20年遅れて導入されたのだが、良くも悪くも、上記のようなグローバルな潮流を端的に反映していたことに、改めて感慨を覚える。

　では、住民参加型福祉サービス活動を基盤とするような市民・住民組織は、介護保険制度下でいかなる展開を見せたのであろうか。結論から述べるなら、日本的な意味での「公」的な存在にはなったかもしれないが、その活動は法定介護保険事業に収斂し、住民参加型在宅福祉サービス活動に見られたようなpublic-nessは、むしろ低下したように思われる。その過程を、(1) サービス供給過程への参加、(2) サービス利用者としての参加、(3) 政策上の意思決定過程への参加の3点から検討する。

(1) サービス供給過程への参加

　公的対人サービス領域の「市場原理」は、商業化やコンスーマリズムと同義ではない。公的対人サービスにおける市場原理の導入とは、公的資金の投入先を供給サイドから需要サイドに転換することであって、その過程で、通常の小売り等に見られる商業的な要素やコンスーマリズムの導入が伴われる場合もあれば、伴われないこともある。介護保険制度の場合、制度導入以前は措置制度に基づき、高齢者にかかわる社会福祉法人等の民間組織（供給サイド）には、補助金として公費が投入された。これに対して介護保険制度では、サービス事業者が提供したサービスの経費の90％が、サービス提供後に介護保険予算から還付される。残り10％は利用者の自己負担である。い

いかえるなら、介護保険制度では、サービス利用者が90％割引券を持って好みの事業者からサービスを購入する仕組みであり、これを「バウチャー」という。措置制度下での供給サイドへの公費投入（社会福祉法人に補助金として税を投入する）から、需給サイド（サービス利用者への90％割引券として公費を投入する）への公費の投入先の転換である。この仕組みでは、サービス事業者は、できるだけ多くの利用者を獲得することによって収入（90％の還付金すなわち介護報酬）を得るわけであるから、ほかの事業者とは競争する関係におかれる。これをもって、介護保険制度は市場原理を導入したといえる。しかしそれと同時に介護保険制度では、サービス提供基準、サービス単価、人員配置等が厳格に定められ、また、サービス提供にかかわる諸手続きを詳細に書類化することが求められるなど、細部にわたって規制が敷かれている。サービスの利用限度額も、サービス利用者の支払い能力ではなく、中央政府が作成したプログラムと手順に従って判定されるニーズの程度（要支援・要介護度）によっている。つまり介護保険制度は、商業化やコンスーマリズムを抑制しつつ、市場原理を導入したといえる（Suda, 2006）。

　いっぽう、周知のように介護保険制度では、介護保険法で定められた法定サービスの他に、いわゆる「上乗せ」「横出し」といわれる自費サービスの領域がある。ここでは、価格も提供されるサービスの内容や方法も、事業者と利用者の契約に基づいて自由に設定することができるので、コンスーマリズムにもとづく商業的活動の発展が期待できる。しかし実際には、介護保険指定事業者は平均して、全収入の70～90％を法定介護保険サービスから得ている（Suda and Guo, 2011; Suda, 2014; Suda, 2016）。この数値には、自費での支払いが多く求められるいわゆる有料老人ホームも含まれており、これらを除けば、介護保険指定事業者が法定介護保険サービスからの収入に依存する割合はさらに増える。すなわち、介護保険指定定事業者の多くが、法定介護保険サービスの提供を中心に活動しているのである[2]。

　サービス供給過程を詳細に規制することで財源とサービス内容をコントロールするアプローチを、managerialismという（Harris, 2007）。そして介護保険制度は総体として、managerialismの影響が強いといえるのである（Suda,

2006)。

このような介護保険制度のmanagerialismは、介護保険指定事業者が介護保険サービスには直接かかわりのない活動に従事することも著しく制限する。また、競争関係にある事業者相互の連帯も簡単ではない。その結果、たとえば住民参加型在宅福祉サービス活動の4つの機能とされる「仲間づくりの機能」「相互学習機能」「運営参加促進の機能」「他の地域組織とのネットワーク機能」（大川、2003）を維持することは難しくなった。NPO法人関係者からは、介護保険制度の規制がNPO法人の多様かつ柔軟な活動を阻んでいるという指摘や（渋川、2004）、NPO法人が介護保険サービスを安価に提供するだけの下請け事業者と化している（田中、2006）等の懸念が表明された。介護保険制度導入時には、住民参加型在宅福祉サービス活動を基盤とするNPO法人が介護保険指定事業者として参加することは、サービスを提供する事業者が、サービスを利用する市民・住民との視点を共有することになるので、「情報の非対称性」が解消されることや（宮垣、2002）や、「自発性、即応性、柔軟性」（堀越、2000）を生かして「もう一つの公共性を担う」（石岡、2001）主体として機能する等、多くの期待が寄せられた。しかし、その期待は十分に実現されなかった。

NPO法人に内在していた要因も無視しえない。住民参加型在宅福祉サービス活動を基盤とするNPO法人の多くは、フルタイムの職業から離れていた中高年齢の女性を中心に組織されており、小規模な組織が多かったことから、専門性や財政的な基盤の点で不利であった。介護保険制度導入後10年以上を経た2012年の厚生労働省資料によると、NPO法人の参入がもっとも進んでいる認知症対応型通所介護事業でも、NPO法人が占める割合は6.6%であり、次いで訪問介護事業の5.6%である（厚生労働省、2012）。つまり、事業所数の点から見ても、NPO法人は、当初に期待されていたほどには存在感を発揮していない（NPO研究情報センター、2013:88）。

いっぽう、地域住民の組織化で長年にわたって中核的な役割を担っていた社会福祉協議会についてであるが、全国社会福祉協議会が全国の住民参加型在宅福祉サービス団体を対象に1999年に実施した調査によると、全

1409団体のうち309団体 (21.9%) が社会福祉協議会によって運営されるなど、確たる存在感を示していた (全国社会福祉協議会、1999)。しかし、介護保険制度はサービス供給過程を民間に委譲するので、半官半民といわれる社会福祉協議会 (民間組織としての社会福祉法人格を有しつつも、運営において行政の関与や補助がある) の事業も、営利組織や社会福祉協議会以外の非営利組織に手渡されることになった。いわば社会福祉協議会は法的には民間の非営利組織でありながら、介護保険制度導入時の事業化の波に逆行してサービス供給の現場から撤退したのであり、それもまた、地域の高齢者ケア領域における住民参加の機会の減少につながった (大川、2003)。

(2) サービス利用者としての参加

　介護保険制度では、サービスを提供する側と利用する側は、契約によって結び付けられることとなった。一般に支援を必要とする人々は、自分たちにはニーズがあり、サービスを受ける立場にあると認識するようになり、「参加」や「貢献」が自身の役割とは考えにくいという。そしてNPM的な政策は、当事者を消費者としておきかえることにより、その依存的な側面を強調しがちであると指摘されている (Hardyman, Daunt, and Kitchener, 2015)。

　介護保険制度を利用する高齢者やその家族が、サービスを利用することによって「参加」をしているという意識がどれほどあるのかに関する実証的調査研究を、筆者は寡聞にして知らない。が、少なくともその種の議論が注目されている様子はうかがわれず、サービス利用を通じての参加への関心が高いとは決して言えない状況であろう。

(3) 政策上の意思決定過程への参加

　前述の (p.311) 介護保険事業計画策定委員会への市民・住民参加は、「市町村の自治行政能力と住民自身の自治能力の現状」を厚生省 (当時) が配慮し、その要請が「和らげられる」こととなった (佐藤、2008)。

　介護保険事業計画策定委員会を市民・住民参加と関連づけて検討した学術的著作や報告も、介護保険制度が導入されて数年の後には著しく減少し、

やがてこの種の議論は忘れ去られていく。参加が再び関心を集めるのは、次節の第6期介護保険計画が視野に入るようになってからである。

　ちなみに、介護保険制度が導入された2000年には、社会事業法等の改訂を受け、市区町村に地域福祉計画の策定も義務付けられた。地域福祉計画は公的な社会サービスの事業計画であり、ここにおいても市民・住民の参加が求められた。しかし、大阪府の市町村の70％が、その策定をコンサルティング会社に外注していたという報告もあり、自治体そのものが参加に消極的であった様子がうかがわれる。その背景には、市区町村が主体的に政策を計画・運営することになれておらず、またそのための資金も人材もなかったことが指摘されている（武田、2006）。地域福祉計画は、介護保険事業計画や介護保険事業計画策定委員会とは別物ではあるが、当時の市区町村の取組み姿勢の一端をうかがわせるものとして興味深い。

---

4. 第6期介護保険事業（2015〜）における市民・住民組織の役割

　介護保険制度導入から15年を経た第6期介護保険計画は、地域包括ケアの推進を掲げ、心身が比較的健康な要支援もしくはそれよりも健康な在宅の高齢者を支援する総合事業の担い手のひとつとして、住民主体による組織を位置付けた（第六章参照）。本書の「序章」に記した文脈に則して考えるなら、NPMからNPGへの転換といいかえることもできよう。すなわち、一度は要素に分解した中央政府と地方政府、サービス事業者や利用者を、相互信頼にもとづく協働的なものに再編し、地域を基盤とするネットワークの構築が要請されるようになった。そしてその推進力として、市民・住民の主体的な参加が強調されるようになった。

　ここにおいて、市民・住民の組織的な活動のpublic-nessはどのような変転を重ねるのだろうか。この原稿を執筆している2016年4月現在、第6期介護保険計画の実施は緒についたばかりである。そこで、東京都内の二つの区を対象とする探索的な聞き取り調査を行った。

(1) 調査地域の特性

　聞き取り調査を行った二つの区のひとつは東京23区東部のA区で、住民は約45万人で、そのうち65歳以上の住民が24%を占める。住民の所得水準は23区の中でも低い方である。B区は西部に位置し、住民の所得水準は高い。約55万人の住民のうち、65歳以上が21%となっている。

　聞取り調査の対象としてこのふたつの地域を選んだのは、著者が、2005年から2012年にかけて介護保険指定事業者を対象とするパネル調査を行ったことに由来する。当該地方自治体との信頼関係ができており、また、両地区を比較することによって、介護保険制度に関わる動向を多角的に検討できることを経験していたからであった。

(2) 調査の対象事業

　住民相互の助け合いのネットワーク構築をはかる事業に着目した。事業名称は地区によって異なっていたが、内容は、地域の住民が自由に集まってお茶を飲むなどしながら、日常生活の中で支え合う関係をつくるとともに、地域のサービス資源についても学ぶことができるような場を運営するものであり、「カフェ」や「サロン」などと呼ばれていた。

　「カフェ」や「サロン」の運営主体のバリエーションは、地域によって多少の異なりがある。A区では、①住民が自主的に運営しているケース、②地域包括ケアセンターが運営しているケース、③介護保険指定事業者が運営しているケースの3種類に分類されていた。一方B区では、上記の3種類に加えて、④社会福祉協議会が支援を行っているケースが比較的多く存在していた。

　表1に、それぞれの区における「カフェ」や「サロン」の分布を示す。高齢

表1　調査地域の「カフェ」「サロン」

類　型	A区	B区
住民が自主的に運営している	**1**	**9**
地域包括支援センターが運営している	2	16
介護保険指定事業者が運営している	2	1
社会福祉協議会が支援している	0	11

第 12 章　Public-ness の再編　319

化率ではA区のほうが高いのだが、「カフェ」や「サロン」の数は、B区の方が多くなっていた。

(3) 調査の方法

まず、調査地域の地方自治体の介護保険課や地域福祉課、社会福祉協議会などで、高齢者ケアに関わる担当者に聞き取りを行い、「カフェ」や「サロン」に関する自治体としての取組みと、「カフェ」や「サロン」の現状について把握した。

次に、表1に示した各種の「カフェ」や「サロン」の中でも、「住民が自主的に運営」している事業（表1の太字で示した部分）の運営責任者に聞取りを行った。この場合の運営責任者とは、活動の立ち上げや活動内容、財務に責任ある立場で関わって来た人を指し、日常業務の担当者とは必ずしも一致しない。「住民が自主的に運営」している「カフェ」や「サロン」のみに聞き取りを行ったのは、住民の自主的な活動ゆえに、地方自治体や社会福祉協議会への聞き取りのみでは必ずしも十分な情報は得られないという事情があった。さらに積極的な理由として、本章は、公的対人サービスへの住民・市民の参加について住民・市民の視点から検討することを主題としており、「住民が自主的に運営」している「カフェ」や「サロン」にこそ、本章の関心に適う情報があると考えたからである。

(4) 調査結果

1) 地方自治体の取り組み

A区では、住民の主体的な取り組みを促す方策について苦慮するところが多いようであった。「ボランティア団体やNPO（法人）が無いわけではないが、それらは必ずしも介護を目的に活動しているわけではない」からである。そこで平成27年度（聞き取り調査の前年）から、民間の調査会社と連携して、ボランティアやNPO法人、地元の企業などがどのような社会活動をしているのかに関する調査を始めた。同時に、「区全体で地域包括ケアをやっても総花的になるし、経費もかかるので、まずは特定の地域でもモデル事業」を立

ち上げたところである。そして、モデル事業の成果と、各地域の高齢化率等を組み合わせて、第7期の介護保険事業計画において全区の地域包括ケアを策定したいとのことであった。

モデル地区の「カフェ」や「サロン」を担っているのは地区内の地域包括ケアセンターで、当該センターの担当者が、モデル地区以外の「カフェ」や「サロン」についても関わり、全区の活動を牽引していた。

B区では、介護保険制度の生活圏域の数の3倍にあたる数の地域包括支援センターを設置し、各センターに地域包括ケア推進員を職員として配置していた。目的は、「地域力の掘り起こし」である。「カフェ」や「サロン」を地域包括支援センターで運営して、どういうものなのかを住民に「直接やってみせ」ることで、「カフェ」や「サロン」のような活動の活性化を試みていた。そして将来的には、住民が自律的に運営するようになった段階で、地域包括支援センターは手を引く、という構想であった。

B区の現状については、1970年代から活動する住民主体の介護支援組織が複数あったが、「介護保険制度に伴う事業化の波で解体するなど、介護保険事業以外の地域活動は低調になっている。その揺れ戻しが、今、来ている」との認識であった。いわば、住民主体の取組みをもう一度つくりなおしているともいえるのであるが、同時にそこには、公私の再編という新しい課題も見て取ることができる。それを端的に表現するものとして、B区の自治体職員は以下のように述べた。

　　制度も無料ではなく、どこまでをサービスとして提供することが財政的に可能なのか、悩みはじめている……サービスのすべてを介護保険にあてはめて対応するという考え方から、必要なサービスのどの部分を介護保険でできるか、という発想に変わりつつある。そうすると、介護保険では対応できない隙間の部分ができる。その隙間を地域や民間の組織に対応してもらいたい。自助─互助─共助─公助の見直しともいえる。自助─互助を下支えするのが地域づくりの第一歩。自助─互助のための住民のネットワーク。

2）社会福祉協議会

　A区の社会福祉協議会は、かつてはカフェを運営していたものの、補助金期限の終了とともに活動も停止した。現在はモデル事業にも関わっていない様子であった。

　B区の社会福祉協議会は、「カフェ」や「サロン」の支援を積極的に行っている。この種の活動支援の経験は、1990年代に遡るという。当時、住民参加型の地域福祉の仕組みを構築する目的で、区内の一地域でモデル事業を行い、多少の波及効果は得たものの、全区に影響を持つような起爆剤となるには至らなかった。「同じ区内であっても地域によって事情は異なり、モデル地区で成功したことが他の地域にそのままあてはまるわけではない、ということがわかった。」

　そこで今回は、モデル事業をたちあげるのではなく、社会福祉協議会の広報で地域の居場所づくりを促すよびかけを住民に行い、それに応じて相談に来た住民の「相談をじっくりして、サロンをスタートさせる」ことにした。立ち上げにかかる経費は上限53万円の範囲内で支援し、そのための要綱も整えている。「他区では、趣味のサークルもサロンと言ったりするが、B区としては、自分たちの中で利益を共有するのではなく、地域のつながりをつくっていただきたい。そういった活動をたちあげて、資源が足りない部分を社会福祉協議会が助けている」という認識であった。

　このような再びの住民の組織化について、社会福祉協議会自身の思いは複雑な様子である。聞き取りに応じた担当者は、以下のように述べた。

　　社会福祉基礎構造改革や介護保険制度導入の過程で、社会福祉協議会がそれまでにつくっていた活動や、そのための場も、民間に委譲した。こうして社会福祉協議会は、長期的な視点を持つことが難しくなった。その後は「新しい公共」政策が強調され、市民活動・ボランティアセンターとしての機能を担うようになった。指定管理者制度が始まれば、その受け皿になるところを作れといわれた。そして今また、行政が急に社会福祉協議会に注目して、地域での活動について相談をするよう

になっている。政策に翻弄されてきたという気持ちがある。

3) 財政的支援

　A区の自治体はあえて、「カフェ」や「サロン」の活動経費は支援しない方針である。自治体が支援して運営していた「カフェ」の経費が年間200〜300万円かかったという経験にもとづいている。このような活動のひとつひとつを支援して、「カフェが計画通りに増えていったら、2025年には億単位の予算になる。予算がなくなったら続かない活動になってしまう。それならば、運営経費がかからない方法でやろう」ということになった。

　A区の住民主体の「カフェ」に提供されている支援は、地域包括支援センターからのコーヒーメーカー等の茶道具の貸出と運営ノウハウの伝授である。「カフェ」や「サロン」の参加者からはお茶代を徴収し、多少の残金を貯金して、自立をめざしている。また開催場所として、地域の敬老館を使用している。

　B区では、前述のように、社会福祉協議会の支援を受けて設立する場合は、立ち上げ経費に関する助成を受けることができる。それ以外の住民運営の「カフェ」や「サロン」であっても、「地域福祉活動経費」「歳末助け合いの募金」「チャレンジ助成」「定例活動助成」やその他の委託事業、場所の提供など、地区で用意されている様々な活動補助の仕組みがある。聞取りの対象となった住民主体の9事業のうちひとつを除いて、すべての事業がこれらを活用していた。

4) 地域のソーシャル・キャピタル

　A区の住民運営による「カフェ」は、モデル地区の地域包括支援センターの呼びかけに応じた地区内の民生委員4人が中核となって運営されている。A区は町会活動が活発であり、防災の取組みや地域のイベントも行っている。中核メンバーの4人も、全員が町会の役員でもある。しかし、「町会色は出さないようにしている。町会となると、どこの町会は（「カフェ」を……筆者注）やっているけど、どこはやっていないという話になるので」、あくまでも有

志として「カフェ」を運営している。中核メンバー4人の年齢は、いわゆる団塊の世代と、その少し上の世代である。

地域包括ケアセンターの担当者によると、「カフェの設立をよびかけたおりには、何をやってくれるんだ、という感じだったので、住民のみなさんでやるんですよ、と話した。翌日電話がかかってきて、あんたのいうことはわかった、俺らでやれというのはわかったので協力してほしい」と言われ、設立支援を始めたということであった。

B区では、住民運営の9つの「カフェ」「サロン」のうち、3か所が同一団体の運営によるので、運営責任者の実質的な人数は7人である。1名を除いて全員が、1942年から1948年の間に生まれた世代であり、「いわゆる団塊の世代と、その少し上の世代」という点でA区と共通している。

B区には、町会関係者はひとりもいない。7人の運営責任者のち、2人は家族介護者としての経験から、地域で介護者や高齢者を支援することの必要性を痛感したり、あるいはその時に地域から支えてもらった「恩返し」として、「カフェ」や「サロン」を始めていた。いわば、元・当事者である。4人は、訪問介護事業や通所介護事業を運営するNPO法人の活動に参加するなかで、「介護保険制度にしばられないで、もっと自由に、来る人が楽しめるような活動がしたい」「元気な高齢者を応援したい」「こちらの開設時間にあわせてもらうのではなく、来たいと思ったときにいつでも来てもらえるような運営をしたい」と考えるようになり、「カフェ」や「サロン」を開設した。1人は、生活クラブ生協で食材を購入したことをきっかけに地域の課題に関心を持つようになり、複数の「カフェ」や「サロン」を運営するに至ったのだが、その経緯を次のように述べた。

生活クラブは民主主義の学校だった。組織感覚を学んだ。生活クラブを基盤とする生活者ネットワークは、提案型の市民活動を推進した。行政がやらないなら自分たちでやろう、ということ。

B区の運営責任者たちは、首都圏や全国で活動する住民・市民組織とも連

携していた。また、運営責任者相互や、「カフェ」や「サロン」とは直接関わりのない市民・住民組織との交流も活発であった。さらにこれら活動には、地域大学（かつての老人大学を多世代向けに発展させたもの）のボランティア講座卒業生が多数参加していた。このように活発な市民・住民活動の基礎は、戦後、B区の公民館で行われていた社会教育活動にあり、そこから核兵器廃絶や、障害・高齢者に関わる著名な市民・住民組織が次々と設立された。「サロン」の運営責任者のひとりは、「あの人たちが住民参加の第一世代。自分はその人たちの活動を見てきた次の世代」と述べ、B区内の住人・市民活動の歴史的文脈を明確に意識している様子がうかがわれた。

5) 市民・住民による活動のメリット

　A区では、住民主体の「カフェ」への参加者が短期間に著しく増え、住民相互の声掛けの影響力の大きさが実感されていた。

　B区では、市民・住民の主体的な活動のメリットとして、以下の4点があげられた。

　第一に、住民相互のネットワークといってもその内実は多様であり、そういった機微をも含めて「地域のことを一番知っている住民」が地域の活動を担うのが合理的だという点である。たとえば同じ区の中でも住民の気質は多様で、「表面では仲がいいけど、本音は出せない。介護などが必要になったら表に出さない」ような地域では、住民が気軽に参加できるように、次のような工夫をしていた。

　　　住民民相互のネットワークなんて、元気なときはいらないもの。弱くなったときに欲しくなるもの。だから、弱くなったときにはどういう資源が利用できるのかを、元気なときから知っておきましょう、というスタンスでお声掛けをしています。

　はじめから一定の距離を維持するという智恵が重要な場合もある。「ボランティアも住民で、利用者と生活圏でも会ってしまう。だから親しみをもっ

てくれるけど、トラブルがあるとすべてが息苦しくなる」からである。とはいえ、同じ区内であっても、プライバシーという言葉が水臭く感じられるほどの密着した関係が形成される地域もあり、多様性の幅は大きい。

市民・住民による活動のメリットの二つめは、自身の体験から発した活動であるが故の強さを備えており、趣旨が貫徹される点である。「ただ集まって楽しくやりましょう、講師の話を聴きましょう」ということでは「意味がない。」そうはさせないような「テーマを住民は持っている。」それゆえに、「集まって、人の輪をつくるのが目的」で、趣味のサークルではない」という方針が明確であった。元・当事者の運営責任者は次のように述べた。

> 自分たち（高齢者）は今後どうしていくのか。どうしていきたいのか。元気なときと元気でないときは違う。それぞれについてどうすればいいのか。考えたこともないことを考えなければならない。それを自分たちでやらなければならないんです。

第三に、「助ける」―「助けられる」の役割が固定せず、互いを必要とする関係性をつくることができる点があげられる。カフェやサロンを支えていた住民が配偶者を介護することになり、自分がカフェやサロンから支援を受けるようになる。また、ひきこもって低栄養状態にもあったカフェの利用者が、カフェに通ううちに健康をとりもどし、運営の支え手に転じたという事例も報告された。

第四に、無理のない参加の仕方や組織運営の方法を工夫し、実現する自由度が指摘できる。聞き取り調査の中では、「○○さんは家族に病人が出て急に早退した」、「○○さんは奥さんの介護がはじまって、当分お休み」というエピソードが頻繁にきかれ、その対応にも工夫がなされていた。たとえばあるサロンでは、家族の事情等による急な予定変更の際に積極的に交替に応じたり、「次のシフトの人のためにここは頑張っておく」というインフォーマルな申し合わせをしており、これを「思いやりシフト」と呼んでいた。また、体調や家族の事情に応じて、勤務時間や責任の範囲に軽重をつけている場合

もあった。活動の規模も、自分たちのペースに応じて調整していた。たとえ
ば、ある運営責任者は次のように述べた。

> 今年は助成金をもらわない年にしている。大きい仕事をしたいわけ
> ではないので、助成金にふりまわされても困る。存在を知ってもらって、
> 存続できればいい。

別のサロンの運営責任者は、無理のない運営のあり方について次のよう
に述べた。

> 運営責任者も含めて、楽しむというのがここの基本。発展するとか、
> 自己資金をつけるというよりも、このままでいたいという気持ちがあ
> る。いつでもたためるように (活動を閉じることができるように……筆者注)、
> 財産は持たない。楽しく、無理をせず。これで十分だと思っている。

---

5. 高齢者ケアの領域における市民・住民組織の Public-ness の再編

---

(1) 市民・住民による組織的活動の経路依存と経路離脱

　「序章」に述べたように、本書はいわゆる福祉国家再編における各国の経
路依存と経路離脱の過程を関心のひとつとしている。それぞれの国によって
事情が異なるにも関わらず、多くの先進諸国が NPM に収斂されていったと
いう点で「経路離脱」が指摘され (それぞれの国の個別事情からの departure)、し
かし、収斂されていく経緯や、収斂された結果として立ち現われる新しい体
制には国によって差異があり、その差異の源には、それぞれの国の歴史的・
文化的・社会的文脈が深く関与しているという点において、「経路依存」と
いう概念が適用される (Christensen and Lægreid, 2011)。つまり、他国との共
通点を析出するための「経理離脱」という視点であり、差異を析出するため
の「経路依存」という視点である。

　第 6 期介護保険事業における市区町村レベルの動向においても、同様のこ

とが指摘できそうである。聞取り調査を実施したA区とB区では、もともと
市民・住民の活動について異なる歴史を持ち、とりわけB区では、行政とは
一線を画したところでの市民・住民活動が長年にわたって活発であった様子
がうかがわれた。このような差異にもかかわらず、第6期介護保険事業にお
いて、市民・住民の主体的な参加による高齢者やその介護者への支援組織の
構築を両区が等しく目指す方向で収斂されていく様子は、「経路離脱」であ
ろう。

　しかし、収斂される過程やその結果として形成される「カフェ」や「サロ
ン」の実際は、既に両区で異なりつつある。A区では、1980年代の住民参
加型福祉サービス活動は、聞き取り調査において一度も話題にならなかった。
そもそも、住民の主体的な活動の存在について調査をしている段階であり、
「カフェ」や「サロン」の開設も、自治体と地域包括ケアセンターがモデル事
業として協働で取り組んでいた。そのような中で、住民の運営による唯一の
「カフェ」は、以前から自治体と関わりがあり、他区と比較しても活発であっ
た町内会が母体となっていた。本章の関心に即して言い換えるなら、A区で
は、「公」が住民の「主体的な」活動をたちあげようとしているように見える。

　これに対してB区では、市民・住民が自主的に開設した「カフェ」や「サロ
ン」が多数存在していた。地域包括支援センターや社会福祉協議会も「カ
フェ」や「サロン」を運営・支援しているのだが、そのノウハウは、介護保険
制度が導入される以前からその地区に存在していた市民・住民活動との関わ
りの経験をふまえたものであった。B区の自治体職員が、「カフェ」や「サロ
ン」等の活動を、第6期介護保険事業としてのみでなく、自助―互助―共助
―公助の再編の過程でもあると認識していたことも興味深い。B区では、も
ともと存在していた市民・住民の組織的活動のpublic-nessの中で、サービ
ス提供事業の側面がまずは介護保険を通じて「公」に包摂され、そして第6
期介護保険事業では、参加と相互扶助の側面が「公」に包摂されようとして
いるようにも思われる。

(2) 市民・住民組織のpublic-nessと社会変革

1980年代の住民参加型福祉サービス活動と第6期介護保険事業での市民・住民の組織的活動の間には、多くの共通点が認められた。人々との間に多様なつながりを構築し、住民の視点から活動のテーマを定め、自らが参加し、活動の趣旨にふさわしい組織のあり様を模索していた点などがそれである。同時に、活動の担い手の多くが団塊の世代に属する人々であったことに、今さらながらの驚きを覚える。Patnum (1996) は、米国の市民活動が1910年から1940年の間に生まれた特定の世代に支えられてきたものであり、この世代が老年期を迎えて活動から引退するに伴って市民活動も全体として低調になりつつあることを示した。我が国もまた、団塊世代という特定の世代に、高齢者ケア領域の市民・住民活動の多くを依存しているように思われる。

いっぽう、1980年代の住民参加型在宅福祉サービス活動とは異なる点としてとりわけ顕著であったのは、A区のような「公」との親和性や、B区で観察されたような「身の丈」にあった活動や楽しさの強調である。社会変革的な要素は薄れている。

これについて可能な理由として、まず以下の点があげられる。すなわち、社会変革的な要素が日本的な「公」に包摂されにくいことは容易に予想される。それゆえに、第6期介護保険事業の一環として市民・住民の参加や相互扶助の機能が「公」に組みこまれる過程で、社会的変革的要素が薄れたという可能性である。

しかし本章では、もうひとつの理由として、社会変革の主軸が変わりつつあることと世代特性の相乗効果を指摘したい。1980年代の住民参加型福祉サービス活動では、社会運動的な関心と公的対人サービスの提供活動の交点に、社会変革のエネルギーが存在していたように思われる。これに対して介護保険制度下のNPO法人の活動については、事業性とサービス提供活動の統合が強調され、さらにその中に、オルターナティブ経済の実現への期待なども盛り込まれ、ソーシャル・エンタープライズや社会的起業等、広く一般社会にとっても魅力的な概念が発信された (たとえば；谷本、2002; 塚本、2006)。これに関連して、リーマンショック以降、営利的な経済活動のあり

方そのものを問い直す philanthrocapitalism（社会貢献的資本主義）の視点が、英語圏を中心に注目されて久しいことも想起される。ここから推察する限り、社会変革の新しいエネルギーは、経済活動と社会貢献の交叉点に集積されつつあるように思われる。これに対して、「カフェ」や「サロン」の活動を支える団塊の世代は現役を引退しており、経済活動への関心が薄れ、社会変革のエネルギーの中心からいっそう遠ざかりつつあると考えられる。

(3) 市民・住民による組織的活動と「中流階層化」

藤村（1998）は、介護保険制度導入直前の1990年代終盤に、福祉政策が中流階層向けに変容し、結果として、情報へのアクセスやコミュニケーションスタイルの点で中流階層にとって有利な環境が形成されることを予見している。その論拠は、福祉政策の関心が、貧困・低所得の予防から「高齢化問題・家族問題」などの「中流階層もかかえる問題」に移行し、福祉サービスの対象も貧困・低所得者から中流階層へと拡大し、また福祉政策が社会保険を中核としつつある等の当時の動向にあった。本章の検討の限りでは、第6期介護保険事業における市民・住民参加の強調は、このような福祉政策の「中流階層化」をさらに助長すると考えられる。

市民・住民による組織的活動そのものが、中流以上の市民のカルチャーの産物であることは、すでに欧米の民主主義諸国で共通して指摘されている（Heyling, 1997; Moore, Sobieraj, Whitt, Mayorova, and Beaulieu, 2002; Zoltan, 2002など）。それらの活動が拠点とする市民的公共圏が、一定の資産を有する中流以上の人々から成るものであったという西欧市民社会の歴史と無縁ではないだろう（北郷、2006）。本章における聞き取り調査の結果は、このような「中流階層化」を示唆していた。市民・住民の組織的活動の充実度は、A区とB区の間に各段の差があった。A区には、低所得等の社会的課題が多く存在し、これに対応し得る市民・住民の組織的活動について調査しつつ、「公」によるその種の活動の活性化も試みている。いっぽうB区は、市民・住民組織による自主的な活動が長年にわたって存在し、自治体の政策も、それらの活動を尊重するものであった。そしてB区は、高学歴・高所得の住民

が多く住むことでも知られている。

「中流階層化」の要素を本来的に内在させていた市民・住民の主体的参加に、先の項で指摘したような社会変革的要素の低下が加わるなら、その活動は、中流以上の市民・住民の互助の上に成り立つメリットベースの活動と同義になるだろう。その中に、いかなるpublic-nessが存在し得るのであろうか。第6期介護保険事業は、1980年代以来の高齢者ケア領域における市民・住民活動の「公」性とpublic-nessのあり様について、市民・住民に総括をせまるものであるようにも思われる。

注

1 本章における「対人サービス」とは、人と対象とするサービスの中で所得保障以外のものをさす。これに関する議論は、須田(2011)をご参照いただきたい。

2 「上乗せ」「横出し」の領域が拡大しない理由として、1) 介護保険制度の認定基準がゆるやかであり、提供されるサービスも広範であるために、法定介護保険サービスで対応できる範囲が大きいこと、2) 他国と比較すれば家族介護が未だに大きく機能しており、「上乗せ」「横出し」の部分は家族がカバーしていること、3) 都市部では、「上乗せ」「横出し」の利用者をめぐる競争が激化して価格破壊(サービス単価がヘルパーの時給を下回る)が生じ、事業者が「上乗せ」「横出し」事業に消極的になった、等の理由が、経験的に指摘されている。

引用文献

朝倉(=須田)木綿子　福祉生協活動の現状と課題：市民主体による高齢者福祉・医療システムの可能性に関する研究. *第1回生活協同組合研究奨励助成研究報告論文集*, 1993; pp.5-39.

安立清史　住民参加型在宅福祉サービス活動の担い手の意識：全国調査の結果から. *月刊福祉*, 1993, 11:1-5.

石岡両一　NPOと労働組合・ろうきん：社会セクターの創造に向けての具体的連携のありかたを探る　山岡義典、早瀬昇、石岡両一編. *NPO非営利セクターの時代：多様な協働の可能性をさぐる*　ミネルヴァ書房. 2001; pp.147-194.

江上渉　住民参加型在宅福祉とコミュニティ：相互扶助的生活問題処理と意識構造. *社会福祉学*, 1990,7:111-132.

大川健次郎　住民参加型在宅福祉サービスの方向性に関する一考察：社会福祉協議会運営型の場合. *高崎健康福祉大学紀要*, 2003, 2:9-18.

岡本仁宏　日本の福祉におけるNPO・NGO の役割と課題. *法と政治*, 2009, 59 (4):1-39.

北郷裕美　対抗的公共圏の再定義の試み；オルタ-ナティブな公共空間に向けて. 国

際広報メディアジャーナル, 2006, 4: 11-25.

倉沢進　生活の社会化. 高橋勇悦他編, テキストブック社会学5・地域社会. 有斐閣. 1987; pp. 27-37.

厚生省　国民の社会福祉に関する活動への参加の促進を図るための措置に関する基本的な指針. 厚生省告示第117号. 1993.

厚生労働省　平成23年度介護サービス施設・事業所調査. 2012.

佐藤卓利　第4章介護保険事業計画と「住民参加」. 佐藤卓利著　介護サービス市場の管理と調整. ミネルヴァ書房 2008; pp. 65-84.

渋川智明　介護保険制度と福祉NPO. 塚本一郎、古川俊一、雨宮孝子編著　NPOと新しい社会デザイン. 同文館出版. 2004; pp.171-189 .

須田木綿子　対人サービスの民営化. 東信堂 2011.

須田木綿子・浅川典子　介護保険制度下における介護老人福祉施設の適応戦略とジレンマ：探索的研究. 社会福祉学, 2004, 45 (2): 46-55. = Suda, Y. and Asakawa, N. Strategies developed and dilemmas experienced b skilled-nursing homes under the Long-Term Care Insurance System: An exploratory study. *Japanese Journal of Social Services,* 2006, 4: 1-12.

須田木綿子　高齢者のためのアドボカシー活動に関わる米国NPOの商業化と市民社会の変容. ソーシャルワーク研究, 2001, 27 (3): 43-49.

全国社会福祉協議会　多様化するホームヘルプサービス：住民参加型在宅福祉サービスの可能性をさぐる. 1989.

全国社会福祉協議会　平成11年度住民参加型在宅福祉サービス団体活動実績調査報告書. 全国社会福祉協議会. 1999.

高木郁郎・堀越栄子編　生活を豊かにする労働の発見：社会サービス労働論. 第一書林. 1994.

武田宏　高齢者福祉の財政課題. あけび書房. 2006.

田中弥生　NPOが自立する日：行政の下請け化に未来はない. 日本評論社. 2006.

谷本寛治　第2章企業とNPOのフォア・フロント：「NPOと経営学」その新しい課題. 奥林康司・稲葉元吉・貫隆夫編 NPOと経営学. 中央経済社. 2002; pp.31-58.

塚本一郎　第13章社会的企業：「営利」と「非営利」のハイブリッド　原田勝広・塚本一郎編 ボーダレス化するCSR：企業とNPOの境界を超えて. 同文舘書店. 2006; pp.237-258.

内閣府　新しい公共に関する取り組みについて. 2012.http://www5.cao.go.jp/npc/pdf/torikumi0906.pdf（2016年4月29日ダウンロード）.

日本ネットワーカーズ会議　ネットワーキングが開く新しい世界：第1回ネットワーカーズ会議より. 日本ネットワーカーズ会議. 1990.

平岡公一　介護保険制度の創設と福祉国家体制の再編：論点の整理と分析視覚の提示. 社会学評論, 1998, 49:389 -406.

藤村正之　福祉国家・中流階層・福祉社会　社会学評論, 1998, 49:352-371.

堀越栄子　生活自立支援サービスにおける産業化と市民化. (社)日本家政学会生活経営学部会編.福祉環境と生活経営　朝倉書店：200; pp.87-100.

宮垣元　福祉サービスにおけるNPO：『情報のコモンズ』を活かす　加藤寛、丸尾直美編, ライフデザイン研究所監修. *福祉ミックスの設計：「第三の道」を求めて*. 有斐閣. 2002; pp.66-82.

Ascoli, U. & Ranci, C. *Dilemmas of the welfare mix: The new structure of welfare in an era of privatization.* New York: Kluwer Academic/Plenum Publishers. 2002.

Beck, U. Risk society: Towards a new modernity. London: Sage Publications. 1987.

Bevir, M., Rhodes, R., and Weller, P. Traditions of governance: interpreting the changing role of the public sector. *Public Administration*, (2003a, 81 (1): 1-17.

Christensen, T. and Lægreid, P. Transcending new public management: The transformation of public sector reforms. Surrey, England: Ashgate Plublishing Limited. 2011.

Giddens, A. Modernity and self-identity; Self and society in the late modern age. California: Stanford University Press. 1991.

Habermas, J. *Legitimation crisis.* Beacon Press. 1973.

Handler, J. Down from bureaucracy: *the ambiguity of privatization and empowerment.* New Jersey: Princeton University Press. 1996.

Harris, J. *Social work business.* Routledge. 2007.

Hardyman, W., Daunt, K., and Kitchener, M. Value co-creation through patient engagement in health care: a micro-level approach and research agenda. *Public Management Review*, 2015, 17 (1): 90-107.

Heyling, C. Civil elites and corporate delocalization; An alternative explanation for declining civic engagement. *American Behavioral Scientist*, 1997, 40 (5): 657-668.

Hood, C. Contemporary public management: a new global paradigm? *Public Policy and Administration*, 1995, 10 (2): 104-117.

Moore, G., Sobieraj, S., Shitt, J., Mayorova, O., and Beaulieu, S. Elite interlocks in three U.S. Sectors: Nonprofit, corporate, and government. *Social Science Quarterly*, 2002, 83 (3): 726-744.

NPO研究情報センター　NPO白書. 2013.

Putnam, R. Strange disappearance of civic America. *Policy: A Journal of Public Policy and Ideas*, 1996, 12 (1): 3-15.

Rhodes, R. Understanding governance: ten years on. *Organizations Studies*, 2007, 28 (8): 1243-1264.

Smith, D.H., Stebbins, R.A., and Dover, M.A. *A dictionary of nonprofit terms and concepts.* Indiana University Press. 2006.

Suda, Y. and Guo, B. Dynamics between nonprofit and for-profit providers operating under the Long-Term Care Insurance System in Japan. *Nonprofit and Voluntary Sector Quarterly*, 2011, 41 (1):79-106.

Suda, Y. Devolution and privatization proceed and centralized system maintained: A twisted reality faced by Japanese nonprofit organizations. *Nonprofit and*

第 12 章　Public-ness の再編　333

Voluntary Sector Quarterly, 2006, 35 (3): 430-452.

Zoltan, A. Entrepreneurship and philanthropy in American capitalism. *Small Business Economics*, 2002, 19 (3): 189-204.

終章　東アジアにおける高齢者ケアシステム
台湾・韓国・日本の比較と若干の考察

平岡　公一

梗　概

　本章は、本書各章の議論を踏まえて、台湾・韓国・日本の高齢者ケアシステムの比較分析を行う場合の新しい見取り図を示すことを目的としている。この目的に即して、本章の前半では、三国の高齢者ケアシステムの制度と政策展開を、対象の設定・限定－内容－提供体制－財源調達の４次元と、10の下位次元で構成される独自の分析枠組を用いて比較検討した。その結果、三国の制度・政策展開には、普遍主義から選別主義への転換、在宅ケアへのシフトの推進と施設サービスの量的拡大の追求、民営化の進展、集権化と分権化の双方のモメントの作用などの点では共通性があるものの、多くの相違点も見られることが明らかになった。ただし、介護の社会化の進展の程度とサービス体系の発展段階については、台湾・韓国と日本の間の相違が大きく、市場化のアプローチや非営利組織の位置づけ、および財政方式では、韓国・日本と台湾の間の相違が大きいという傾向が見られた。本章の後半では、これらの結果を踏まえて、台湾・韓国の後発性、および急テンポな政策転換とサービス拡充が意味することに関して４つの論点を検討するとともに、台湾・韓国で見られたサービス拡充のための市場化と、近年の日本で見られる費用抑制のための計画機能の強化の対比に着目しつつ、政策展開における市場機能と計画機能の交錯について考察した。

1. はじめに

　本書が検討の対象としているのは、台湾・韓国・日本の高齢者ケアに係わる制度と政策展開である。高齢者ケアシステムの国際比較、あるいは、より広く福祉レジームの国際比較という観点からみて、この3カ国を取りあげることの意味は、これらの国々の間に、本書の各章でも見てきたような様々な相違点がある一方で、次のような点で共通性があることにある。

　第一に、福祉レジームの一類型として「家族主義レジーム」という類型を設定する場合、これら三国は、この類型の典型国とみなされてきた。この類型の福祉レジームの特徴の一つは、家族依存型の高齢者ケア政策の維持と社会的なケアの提供体制の整備の遅れであるが、これら三国は、程度やスピードの差はあっても、そのような政策を転換し、社会的なケア・サービスの拡充に取り込んできた。家族主義レジームの政策変化をめぐるダイナミズムのなかで、これら三国は、独自の位置を占めていると考えらえる[1]。

　第二に、これら三国には、福祉国家の形成期において、労働者を対象とする社会保険制度を中心とするビスマルク型の社会保障制度を導入し、その後、「国民皆保険皆年金体制」を実現してきた点にも共通性がある。このような背景のもとで、これら三国においては、普遍的な介護サービスの財源調達の方式として、社会保険方式を採用するという選択肢が、現実的な政策選択肢とみなされやすい傾向がある。

　第三に、これら三国は、社会保障・社会福祉制度の整備にあたって、他国の先進的な取組みを取り入れることに積極的であり、三国とも、ドイツの介護保険、スウェーデンの高度な高齢者ケア、さらには市場化・民営化や包括的なケアマネジメントを取り入れたイギリスの制度改革などの影響を共通に受けてきた (Nadash et al., 2013; Chon, 2014)。

　本書は、福祉レジーム全体に関わる台湾・韓国・日本の比較分析を意図しているものではなく、本書の各章は、もっぱら、高齢者ケアシステムにおける市場と国家と家族の関わり、中央政府(国)と地方政府(自治体)の政府間関係、そして民営化の推進と福祉ミックスを中心とする政策展開などの特定

336

の主題を取りあげている。

　本書の各章の内容は、すでに序章において紹介されているので、本章ではそれを繰り返すのは避け、まず2においては、福祉・介護サービスの制度的枠組の変化に関する分析枠組に基づいて、三国の高齢者ケアシステムに関わる制度と政策展開を比較検討する。さらに3では、その比較検討の結果について2つの論点に即して考察を行う。このような作業を通して、台湾・韓国・日本の高齢者ケアシステムの比較分析を行う場合の新たな見取り図を示すのが本章のねらいである。

2. 高齢者ケアシステムの制度と政策展開の比較

(1) 分析枠組

　ここで用いる分析枠組は、本書1章でも用いられているN.ギルバートら (Gilbert et al., 1993) の社会政策の分析的枠組 (analytic framework) を、日本の社会福祉制度改革に適用するために筆者が修正・拡張したものある。ギルバートらは、社会福祉政策の基本的次元として (1) 配分 (allocation)、(2) 提供 (provision)、(3) 配達 (delivery)、(4) 財源調達 (financing) の4次元を設定しているが、平岡 (2005) において、日本の社会福祉制度改革の分析を進めるにあたっては、これらの4次元を (I) 対象の設定・限定、(II) 内容 (給付類型・サービス体系・ケアバランス)、(III) 提供体制、(IV) 財源調達として再定義し、この4次元に加えて合計15の下位次元を設定して分析を進めた。

　しかし、本章では、これらの下位次元のなかに台湾・韓国の高齢者ケアシステムの分析に適しないと考えられるものもあること、また筆者の語学力の限界から、本書の各章および日本語・英語の文献から得られる情報のみに基づいて分析を進めざるを得ないことを考慮して、下位次元は10にとどめた。以下、順次、それぞれの次元ごとに検討を進めたい。

(2) 次元Ⅰ：対象の設定・限定

1) 所得要件（選別主義から普遍主義へ）

　三国のいずれにおいても、中長期的な政策展開の方向は、選別主義から普遍主義への転換（所得要件の撤廃）とみることができる。日本では介護保険の導入により、また韓国では老人長期療養保険制度の導入により、普遍主義的なサービス提供の制度的枠組を確立した。台湾の場合、施設サービスの提供体制の市場的性格がより強く、また家庭内で介護を行う外国人介護労働者が広範に利用されており、同等な制度的枠組が確立しているとはいえないものの、1章でも指摘されているように、普遍主義への方向転換は明らかである。

2) 家族要件（家族介護優先から家族介護支援へ、さらに介護の社会化へ）

　本書3章で論じたように、日本では、2000年からの介護保険制度の実施に先立ち、1980年代から90年代にかけて、高齢者ケア政策の原則が、家族介護優先から家族介護支援へ、そして介護の社会化へと変化した（平岡、1998；藤崎、1993）。韓国、台湾も、同じ方向性をもつ制度改革と政策展開が行われてきたとみることができるが、現時点での到達点、および、この原則を具体化するために取られた措置に違いが見られる。

　韓国は、老人長期療養保険の導入前の時点のサービス提供水準からみて、「家族介護支援」の段階で老人長期療養保険が実施されたとみるのが妥当である。実際、老人長期療養保険の在宅サービスの種類と利用できるサービス量、給付水準は、日本と比べて限定されており、介護の社会化というより家族介護支援という性格が、日本の介護保険よりも強く出ている。一方、台湾の場合、家族介護の限界に対応するための措置として、介護サービスの拡充と並行して進められたのが、外国人介護労働者の導入であった。台湾では、現在もなお、家庭内での介護を維持するために、外国人介護労働者（主に住み込みで介護を行う）が広く利用されており、基本的に、高齢者ケアシステムが「家族介護支援」の段階にあると考えられる。

(3) 次元Ⅱ：内容（ケア・バランスとサービス体系）

1) ケア・バランス（在宅ケアへのシフトの推進）

　在宅ケアと施設ケアの間のケア・バランスについては、日本と同様に、台湾・韓国においても施設ケアから在宅ケアへのシフトを政策的に推進している。日本において在宅ケアへのシフトを推進する政策が確立したのは、「ゴールドプラン」策定の時点（1989年）であったと見ることができるが、台湾では1997年の老人福祉法改正時に在宅ケア重視の方針が打ち出され（徐、2007）、韓国においても、2007年の老人長期療養保険法の制定、老人福祉法の改正の際に、在宅ケア重視の方針が打ち出された（林ほか、2010）。しかし、三国とも、このような政策が打ち出された時点では、急速に拡大する介護ニーズに対して、施設サービスの供給が追いついていない状況にあり、施設サービスの量的拡大も同時に追求する方針をとった。特に、台湾と韓国ではその傾向は顕著であった。台湾政府は、上記の老人福祉法改正の年に、小規模施設の財団法人としての登録の義務を免除し、実質的には営利部門を拡大することで施設サービスの量的拡大を図った（本書8章）。韓国では、老人長期療養保険において、施設サービスにも営利組織の参入を認め、サービスの量的拡大を推進した。

2) サービス体系の発展段階

　平岡（2005）のサービス体系の三段階の発展モデルをあてはまると、台湾と韓国のサービス体系は、基本的に、第二段階（施設サービスの機能分化が進むとともに在宅サービスの拡充が図られる段階）にあるとみるのが妥当である。日本も1990年代まではこの段階にあったと考えられるが、介護保険制度の導入とともに、認知症高齢者向けグループホームの急速な拡大、個室・ユニットケア型特別養護老人ホームの整備推進、そして近年におけるサービス付き高齢者向け住宅の整備推進と、定期巡回・随時対応サービス等による集中的な在宅ケア・サービスの整備への取組みなどを通して、第三段階（入所施設の住宅化が進展し、施設と在宅の中間的な性格のサービスが整備される段階）への移行が進みつつあると考えられる。

(4) 次元Ⅲ：提供体制（福祉ミックス、市場化、集権化と分権化、計画と調整のメカニズム）

1) 福祉ミックス

　台湾・韓国・日本とも福祉多元主義の考え方に沿って、サービス供給主体の多様化を促進するとともに、民間営利・非営利組織によるサービス供給の拡大を推進し、その結果、実際に民間営利・非営利組織によるサービス供給は拡大してきた。これを指して「民営化(privatization)」と呼ぶとするならば、たしかに民営化が進展してきたのである。

　日本と韓国の共通点は、社会福祉法人という特殊なタイプの非営利法人に関する制度が存在し、この制度によって社会福祉分野の多くの非営利組織が政府の強い規制と保護のもとに置かれてきたという点である。そして、営利企業等の参入を促進する市場化改革により、社会福祉法人が市場競争にさらされるようになってきた点も共通といえる。

　台湾も、老人福祉法により老人ホームは、自治体もしくは非営利組織により運営されるべきものとされてきたが、一定規模(50床)以下のホームは、財団法人としての登録の義務が免除されているため、小規模施設は(経営に一定の制約はあるものの)営利組織としての性格を有するようになっており、そのような組織のほうが、サービス供給に占める割合が高くなっている(荘、2006)。また、財団法人の場合も、政府からの独立性が強く、そのため、財団法人の経営する介護施設に比較的経済的に余裕のある高齢者が入所する傾向が強いなど、日本では考えられない現象も起きている(2章1を参照)。

　韓国の老人長期療養保険制度のもとでは、施設サービスにも営利組織の参入が認められているが、日本の介護保険制度のもとでは、営利組織は、原則として、特別養護老人ホーム等の「施設サービス」に参入できない。ただし、営利企業が主な設置・運営主体となっており、介護保険制度上は「居宅サービス」に位置づけられる「特定施設」として介護報酬の支払いが行なわれている日本の「有料老人ホーム」も、実質は入所施設である。

　その意味では、台湾・韓国・日本のいずれにおいても、在宅サービスはもとより、施設サービスにおいても営利組織の参入を認めることで、サービ

スの量的拡大と民営化の推進が図られてきたとみるのが妥当であろう。

2) 市場化

　台湾・韓国・日本のいずれも、高齢者ケア分野のサービス供給の市場化[2]を推進してきた。韓国と日本の間には、市場化を推進するアプローチにおいて、重要な点で共通性がある。

　第一に、平岡（2011；2013）で示した準市場の2類型のモデルに即してみると、両国の準市場の制度設計は、利用者と事業者が直接的に契約を結んでサービスを利用する「利用者補助型」（(Hiraoka, 2015)では、バウチャー型と呼んでいる）である。

　第二に、両国とも、サービスの種類と給付水準、事業者規制と利用者負担などに関して全国的に統一化された制度設計により、主要な介護サービスをカバーする市場的供給システムを整備してきた。サービスの価格（料金）は、基本的に公定価格である。

　このことは、韓国の場合、老人長期療養保険の保険者が全国的機関であるから当然ともいえるが、介護保険の保険者が市町村である日本においても、サービス提供体制の制度設計において地方自治体が独自の判断で修正を加える余地は極めて限られている[3]。

　しかし、韓国と日本を比較すると、Chon (2014:710) が指摘するように、全体としてみて、韓国のほうが、サービス提供体制の市場化が進んでいるとみるのが妥当であろう。韓国のほうが、施設の入所定員や介護職員に関する規制が弱く、また施設サービスへの営利企業の参入が認められているからである。

　台湾に関しては、上記の韓国・日本の共通性の2点目に関して、かなり異なるアプローチが取られている。台湾の場合、韓国と日本のように介護サービスの市場全体の大部分を、公的なサービス提供体制に組み込むのではなく、市場の一部分のみを公的なサービス提供体制のなかに組み込むというアプローチを取っているとみることができる。具体的に言えば、8章で説明されているように、料金（利用料）が規制されていない民間入所施設に、低所得の

高齢者が入所する場合に、その施設の通常の料金の額にかかわらず、自治体が定める一定額までの補助金を自治体が支払うことによって、低所得の高齢者の入所機会を確保するという仕組みをとっている[4]。

このことと関連して、台湾では、サービスの質の維持・改善の仕組みとして、サービスの最低基準を遵守する事業者にのみサービス提供（事業運営）を認める「許可（license）」型のアプローチに加え、サービスの質に関する一定の基準を満たすことを補助金支給ないし事業受託の条件とする（徐、2007）「認証（accreditation）」型ともいうべきアプローチがとられている。以上の点から見て、台湾におけるサービス提供体制の市場化は、韓国よりもさらに進んでいるとみるべきであろう。

3) 集権化と分権化

台湾・韓国・日本のいずれにおいても、これまでの制度改革・政策展開において、集権化のモメントと分権化のモメントの双方が作用してきたとみるべきである。

三国のいずれもが目指してきたのは、介護ニーズを持つ高齢者に対して、適切な介護を保障する公平性をもった制度的枠組の構築であり、そこには集権化のモメントが作用する。その一方で、広く国際的に共通の動きとなっている行政システムの地方分権化への取組みや、コミュニティケアや地域福祉を志向する政策展開は、分権化のモメントを作用させる。このような二つのモメントの作用がどのような政策決定をもたらすかは、政治経済的・制度的環境や関与するアクターの思考と行動など、さまざまな要因に依存すると考えられる。

日本の介護保険制度の創設時の制度設計は、保険者が市町村であるとしても、給付水準、利用者負担、事業者の指定基準や介護報酬の基準などが全国的に統一的なものとなっており、集権的性格が強いものであった。しかしながら、3章でみたように、行財政システム全体の分権化改革の推進や、自治体の計画調整機能の強化、住民の相互扶助あるいはボランタリーな活動の役割の強調などの動きの中で、地方分権化が緩やかに進展している。

本書5章でみたように、韓国では、老人長期療養保険制度の保険者が全国的な機関であるため、介護サービスの提供体制に対する自治体の関与は、日本より弱い。しかし、自治体が実施する老人ドルボムサービスには、自治体の政策的判断が介在する余地があり、「二元化されたサービス体系」となっている。また、そこでの金智美の指摘によれば、全国的な機関を保険者とするという制度案を政府の保健福祉部が決定したことの背後には、2000年代半ば以降進められてきた行財政システムの分権化改革への対応という意図が見て取れるという。

　一方、陳正芬（1章）によれば台湾では、「地方分権から中央主導へ」という動きが生じてきたという。陳の分析によれば、「長期ケア10カ年計画」（2007年策定）に基づいて、全国的に介護サービスの量は拡大を図りつつ、中央政府の主導により、総合的で、アカウンタビリティ（説明責任）とアクセシビリティ（利用しやすさ）が確保されたサービス提供体制を整備することが課題になっている。この分析による限りでは、地方分権化の推進が課題となる局面にはなっていないということであろう。

4）計画と調整のメカニズム

　台湾・韓国・日本のいずれも、介護サービスの量的拡大を進めるにあたって、政府の中長期の計画の策定という手法が用いられてきた。

　日本では、1989年に策定された「ゴールドプラン（高齢者保健福祉推進10ヵ年戦略）」（1990年実施。1994年に改定）と、それに対応して自治体に策定が義務づけられた老人保健福祉計画が、介護サービスの量的拡大を進める上で重要な役割を果たした。台湾の場合、日本の「ゴールドプラン」に相当するサービスの量的な拡大のための計画は、「台湾長期ケア10カ年計画」であった（1章）。韓国では、「高齢者医療福祉施設拡充10カ年計画」（2002年実施）と「市郡区高齢者医療福祉施設拡充5カ年計画」（2004年実施）が、介護サービスの量的拡大を進めるための計画であった（李、2007）。

　サービス提供機関の間の調整、あるいは異なる専門職間の調整の仕組みの導入も、台湾・韓国・日本がともに取り組んできた課題であった。日本で

は、1980年代末からは90年代にかけて、「高齢者サービス調整チーム」の設置と、在宅介護支援センターの設置により、この課題への取組みが始まり、ケアマネジメントのシステムの定着に重点が置かれた2000年代前半の時期を経て、2000年代半ば以降は、地域包括支援センターの整備と機能強化を中心に、多様な取組みが展開されるようになっていった。

　台湾では、2005年に福祉系のアセスメント機関と医療系のアセスメント機関を一元化して、「長期ケア管理センター」を整備する方針を確立し、同時に整備が進められた「コミュニティ・ケア・サービス・ステーション」とともに、サービス調整の中心的な役割を果たすこととなった（荘、2010; 2015）。

　一方、韓国には、体系的にケアマネジメントとサービス調整を行う制度が存在せず、各種の施設・機関が個別に対応しているといってよい状況にある（10章）。

(3) 次元Ⅳ：財源調達

1) 公的財源の種類（税方式と社会保険方式）

　日本は、2000年からの介護保険制度の実施、韓国は、2008年からの老人長期療養保険制度の実施によって、主要な財源調達方式を、税方式から社会保険方式に切り替えた。台湾は、介護保険制度導入の検討を政府内で進めたが、結局、税方式を維持する方針をとることとなった（1章参照）。

2) 費用の負担割合

　日本の介護保険制度においても、韓国の老人長期療養保険制度においても、一定の利用者負担があり、また相当額の公費が投入されている。日本の介護保険では、利用者負担の割合が原則10%であったが、2015年8月から、一定以上の所得がある場合は20%となった[5]。これを除く給付費のうちの50%が公費負担（国・都道府県・市町村）である。韓国の老人長期療養保険では、保険料収入の20%にあたる額を国が負担する仕組みとなっている。利用者負担は、原則として、居宅サービスの場合15%、施設サービスの場合20%

表1 日本・韓国・台湾の制度と政策展開の比較：分析結果のポイント

	台湾	韓国	日本
次元Ⅰ：対象の設定・限定			
1) 所得要件	選別主義から普遍主義へ（所得要件の撤廃）		
2) 家族要件	家族介護支援の段階	家族介護支援の段階	介護の社会化の段階
次元Ⅱ：内容			
1) ケア・バランス	在宅ケアへのシフトの推進。その一方で、施設サービスの量的拡大		
2) サービス体系	第二段階（施設サービスの機能分化が進むとともに在宅サービスの拡充が図られる段階）		第三段階（入所施設の住宅化が進展し、施設と在宅の中間的な性格のサービスが整備される段階）への移行期
次元Ⅲ：提供体制			
1) 福祉ミックス	民間営利・非営利組織によるサービス供給の拡大＝民営化の進展		
	非営利組織による施設運営の原則。小規模施設の営利化容認。	社会福祉法人制度による強い規制と保護→市場化改革による競争圧力	
		施設サービスへの営利組織の参入	「有料老人ホーム」の拡大
2) 市場化	市場の一部分のみを公的なサービス提供体制のなかに組み込む。サービスの質の維持・改善への「認証」型のアプローチ	「利用者補助型」で、全国的に統一された制度設計の(準)市場の導入	
	市場化の程度：日本＜韓国＜台湾		
3) 集権化と分権化	集権化のモメントと分権化のモメントの双方の作用		
4) 計画と調整のメカニズム	サービスの量的拡大のための中長期計画策定		
	「長期ケア管理センター」によるケアマネジメントとサービス調整	体系的なケアマネジメントとサービス調整の欠如	ケアマネジメントのシステム、地域包括支援センターの整備と機能強化。
次元Ⅳ：財源調達			
1) 公的財源の種類	税方式の維持	社会保険方式の導入	
2) 費用の負担割合	統一的な負担方式がない	利用者負担：居宅サービスの場合15%、施設サービスの場合20%。	利用者負担：10%／20%
		公費負担：保険料収入の20%	公費負担：給付費の50%

となっている (小島、2016)。台湾の場合は、各種サービスに共通の費用負担割合の原則はない。

　以上では、台湾・韓国・日本の高齢者ケアシステムの制度と政策展開について、4つの次元と10の下位次元を設定して、比較分析を行ってきた。この分析結果のポイントをまとめたのが**表1**である。

3. 政策展開の方向性とその背景——2つの論点

(1) 台湾・韓国の後発性と急テンポの政策転換、サービス拡充

　すでに本書の各章の記述や他の多くの論文から明らかなように、台湾・韓国・日本の3カ国は、いずれも、ここ15年から30年ほどの間、介護サービスの大幅な拡充と、介護サービスの提供体制の確立ないし改革に取り組んできた。そのことは、この三国にとって家族依存型の高齢者ケア政策の転換を意味するものであり、また「家族主義」的とされる福祉レジームのある一側面の性格変化を意味するものであった。そして、2000年代に入ってからの台湾・韓国の政策転換とサービス拡充のスピードは、1980年代以降の日本の経験と照らし合わせてみても、注目に値するものであった。

　このような急速な政策転換とサービス拡充の経過と結果、またその背景要因については、多角的な分析が必要である。ここではそのような分析を全面的に展開する用意はないのであるが、そのような分析の際にふまえるべき4つの基本的な論点を提示しておきたい。

　第1に、背景要因に関して言えば、ここ20年ほどの間の日本と台湾・韓国の経済環境の違いは、無視できない。日本で国レベルの計画としての「ゴールドプラン」を受けて自治体が老人保健福祉計画を策定し、介護サービスの拡充が本格化した時期は、バブル崩壊後の日本経済の長期不況の始まりの時期であった。その中でも日本では介護保険制度が導入され、介護サービスの拡充を目指す政策が展開されたが、早くも2005年の介護保険法改正をめぐる政策立案の段階で、介護保険給付費の増加抑制を求める圧力が強

まっており、その後の制度改革・政策展開の流れの中において、要介護高齢者が急速に増加するなかでの給付費の増加抑制が一つの基調をなすことになった（3章参照）。一方、台湾・韓国は、1990年代半ばから今日に至るまでの時期において、アジア通貨危機やリーマンショックなどの影響はあったものの、日本と比較すれば順調ともいえる経済成長を成し遂げてきた。今日到達しているレベルまでの介護サービス拡充にとっての財政的制約条件は弱かったとみるべきであろう。

　第二に、台湾・韓国では、「介護の社会化」の原則についての合意形成と、その原則に沿った政策展開が十分なされない段階で、介護サービスの大幅な拡大とサービス提供体制の整備の課題に直面することになったと考えられる。韓国については、このことは、日本と比較すれば基盤整備がきわめて不十分な段階で老人長期療養保険制度を実施するという結果をもたらした（林ほか、2010: 123-124）。保険制度の実施に伴い予想された大幅なサービス需要の増加に対応する供給量確保のため、事業者の参入のハードルを低く設定せざるを得なくなり、そのことがサービスの質の確保をめぐる課題を生じさせることになった。台湾においては、家庭内の介護において広く定着している外国人労働者をどう扱うかが、介護サービスの拡大とサービス提供体制の整備を進める上で解決を要する課題となってきた[6]。

　第三に、台湾・韓国にとって、急テンポの政策転換とサービス拡充は、老齢年金の成熟化を含め高齢期の医療保障・所得保障が十分な水準に達する前に、介護サービスの普遍化の課題への取り組みを求められることになったことを意味する。そのため、両国とも、普遍主義の原則に基づく介護サービス提供の制度的枠組づくりを目指すとしても、低所得高齢者のための選別的な給付に一定の役割を期待せざるを得ず、また、所得階層によるサービス利用の格差という問題に直面せざるを得ないのである。

　第四に、台湾・韓国における高齢者ケアシステム整備の（日本に対する）後発性が、「後発性の利益」をもたらしている点も否定できないであろう[7]。両国の政策展開が、スウェーデン、イギリス、ドイツなどとともに、日本の影響を受けていることは、Nadash et al. (2013) と Chon (2014) によって指摘

されている。欧米諸国よりも歴史的・文化的背景が類似しており、同種の社会保障の制度体系をもつ日本においてすでに高齢者ケアシステムの整備が進んでいたことは、両国がその課題に取り組む上での有利な条件となったものと考えられる。

　韓国の老人長期療養保険制度は、給付水準や介護報酬の設定、サービスの種類、利用者負担方式などの点で、ドイツとともに日本の影響を強く受けていると考えられる。台湾における「台湾長期ケア10ヵ年計画」は、日本の「ゴールドプラン」に相当する介護サービスの量的拡大を目指す計画であるが、計画内容には、「トータルな介護体系の構築」「介護人材の育成と雇用システムの強化」などサービス提供体制の確立に関する内容が含まれ、またこの時点で、台湾は、サービス提供体制の中核に位置づけられる「長期ケア管理センター」と「コミュニティ・ケア・サービス・ステーション」の整備を進めていた。

(2) 市場機能と計画機能の交錯──サービス拡大のための市場化と、費用抑制のための計画機能の強化

　2（4）で既述のとおり、台湾・韓国・日本のいずれも、高齢者ケア分野のサービス供給の市場化を推進してきた。このような政策が採用された時代的背景として、社会サービスの諸分野での市場化改革を推進する国際的な動向（Bode, 2013; Gingrich, 2011; Ranci, 2013）があることは間違いない。この点に関して、注意しなければならないのは、この三国におけるサービス供給の市場化は、主に既存の公的な施設・事業所を民間の施設・事業所に置き換えるという形で進展したわけではなく、民間営利・非営利部門を活用することなしには、限られた財源で急速なサービスの拡大を図ることが困難であるという政府の判断により進展したということである（Nadash et al.,2013; Chon, 2014; Hiraoka, 2015）。急速なサービスの拡大のための市場化という側面が強かったのである。また、それとともに、Gingrich（2011）が「選択革命（choice revolution）」と呼んだところの、利用者に事業者選択の機会を与えることでサービスの質を高めようとする改革の国際的潮流が背景にあったこと

も見逃すことができない。

　家族主義タイプの福祉レジームの典型例とされていたこの三国で、介護サービスの量的拡大のために市場化改革が推進されたというのは逆説的な状況のようにも思われるが、このような状況が生じるにはそれなりの理由があったと考えられる。

　これらの国々では、家族主義イデオロギーの影響力が強く、それが介護サービスの拡充を妨げる主要な要因の一つとなっていた。ところが、急速な経済成長に伴う伝統的家族の機能の縮小と価値意識の変化に伴い、家族主義イデオロギーが急速に力を失う一方で、要介護高齢者のサービスニーズが急激に顕在化していった。介護サービスの急テンポでの拡充を求められた政府は、社会サービスの市場化改革が国際的潮流となっていた時代背景のもとで、可能な限り少ない費用で介護サービスの量的拡大を実現するために市場化改革を推進することとなったと考えられる。

　しかし注意すべきことは、サービス拡充を目指す政策と市場化改革が親和性のあるものだとすると、政策目標が、サービス拡充から費用抑制に置き換わったときには、市場的なサービス供給が、その目標の達成にとって障害になるということが論理的に予想されることである。実際、社会サービスの市場化改革の国際比較を行ったGingrich (2011) も、平岡 (2011; 2013) の用語法でいうところの「利用者補助型」(バウチャー型) の (準) 市場では政府による費用抑制が困難になりがちであり、そのため、このような市場は、右派 (経済自由主義・保守主義) 政党の政策と両立しにくいことに着目している。

　2000年代半ば以降、サービスの量的拡大よりも費用増加の抑制に重点をおくようになった日本の高齢者ケア政策において、介護サービスの市場機能を犠牲にして費用抑制を優先する政策が実施されるようになったこと (3章参照) は、理論的にはこのように説明できるのである。

　さて、台湾・韓国・日本は、市場化改革を推進する一方で、介護サービスの急速な拡充を実現するために政府・自治体による中長期の計画策定という手法も採用した。イギリスと日本の経験に即していえば、このような中長期計画は、サービスの量的拡大がある程度まで実現すると、サービスの提供

終章　東アジアにおける高齢者ケアシステム　349

体制の整備に重点をおく計画になっていく (平岡、2003)[8]。

　また、日本の介護保険制度における自治体 (都道府県、市町村) の計画についていえば、施設サービスの整備目標を定める一方で、それを上回る拡大を抑制する「総量規制」のための計画ともなっているのであるが、近年では、この後者の性格がいっそう強まっている。この日本の経験に照らすと、サービスの量的拡大が一定程度まで実現した段階での台湾・韓国の政府・自治体の計画が、どのような性格のものになっていくかという点が注目されるところである。

4. 比較分析のさらなる展開に向けて

　本章では、筆者独自の分析枠組による台湾・韓国・日本の制度改革と政策展開の比較分析と、その比較分析の結果についての2つの論点に即した考察という二つの作業を通して、三国の高齢者ケアシステムの比較分析を行う場合の新たな見取り図を描くことを試みた。

　筆者としては、本書の各章の研究結果とともに、本章の試みが、この三国の比較研究ばかりでなく、高齢者ケアシステムの国際比較研究の前進に何らかの形で寄与し得ることを期待しているのであるが、本章の試みの限界についても、触れておく必要がある。

　2における比較分析についていえば、これら三国の政策上の重要な課題のなかで、今回の分析の枠組のなかに位置づけることができなかったものも少なくない。例えば、介護サービスの目的として「介護予防」と、心身機能の維持・改善という意味での「自立」の「支援」に特に重要な位置づけが与えられているのは、国際的にみても日本の高齢者ケア政策の特徴といえるものであるが、その問題をこの枠組のなかに位置づけることができなかった。台湾のみならず、いくつかの欧州諸国にも共通に見られる現象である外国人介護労働者への依存についても、同様であり、その位置づけは今後の検討課題とせざるを得なかった。三国間のサービスの量的水準に関する比較も今後の課題である。これらの課題の検討を進めるなかでは、対象の設定・限定―内容

―提供体制―財源調達という4次元で構成される分析枠組の修正ないし拡張が必要になるとも考えられる。

　3の「後発性」をめぐる議論は、長らくの間、日本と台湾・韓国の間に、高齢者ケアのサービスの供給量やサービスの提供体制の整備状況に格差があったという認識を前提にしている。しかし、そのような認識を前提にする分析は、発展水準の高さ－低さという次元には還元できない、それぞれの国の制度改革と政策展開の固有の特質や、それぞれのシステムのなかにある先進的な要素を見落とすリスクを伴う。台湾・韓国社会の固有の民間福祉活動の伝統に根ざした先進的な実践の事例に注目している日本の研究者は少なくないが、制度・政策的な面でも、注目すべき点は少ないように思われる。例えば、インセンティブ加算や継続評価を伴う韓国の国民健康保険公団による評価システム（10章）は、一部の分野・地域を除けば実質的に機能しているとは言えない日本の福祉サービスの第三者評価のシステムを見直す際に、検討の対象とすべきものであろう。また、台湾の老人福祉法が、2007年の改正によって、独立・参加・介護・自己実現・尊厳を老人福祉推進の原則として掲げた（1章）という事実は、身体面での「介護予防」と「自立支援」に傾斜しがちな日本の政策展開を批判的に見直す際に参照すべきことがらであろう。

　さて、このような限界を克服することは、筆者の個人的な課題といえるものであるが、本書の成果を踏まえた今後の比較研究の展開の方向性としては、次のような点が考えられる。

　第一に、台湾・韓国・日本の政策・制度について、その根拠となる法令、その実施・運用の実際、その成果と問題点についてのそれぞれの国内での議論などの検討を含めて、より立ち入った精密な分析と考察を積み重ねていくということが考えられる。

　第二には、本書のいくつかの章で行われているような地方自治体・地域の事例分析を積み重ね、その事例をもとにした国際比較を行っていくということが考えられる。高齢者ケアのシステムの集権性-分権性の程度は、国によって違いがあり、時代によっても変化するとしても、福祉・介護分野では、ニーズや社会資源の分布状況をみても、制度の運用の実態をみても、自治

体・地域ごとに相当な違いが生じるのが一般的であり、それだけに、一国内の自治体間比較と、異なる国の自治体間比較を組み合わせるアプローチの開拓は、研究の大きな前進につながることが期待できる。

第三に、個人を対象とする調査データを用いた比較研究への取り組みが考えられる。比較社会政策研究の進展の結果、ヨーロッパ諸国などでは、多数の国において共通の調査項目で調査（時にはパネル調査）を実施し、そのデータを用いて国や地域レベルの変数を含めたマルチレベル分析を行うという高度な手法による国際比較研究も珍しくなくなっている。台湾・韓国・日本に関しては、実際の制度・政策展開の面から見ても、研究の進展状況という点から見ても、そのような研究に取り組む条件が整いつつあるように思われる。

注

1　台湾・韓国・日本の家族主義レジームの変化については、安ほか（2015）を参照。

2　福祉・介護サービスの市場化について論じる場合、「準市場（quasi-market）」という概念を用いて、一般の商品の市場との違いを明確化すべきだという考え方が日本の研究者のなかにはある。しかし、平岡（2013）で論じたように、準市場論の理論枠組は、社会サービスの市場化を検討する上で有益な枠組であるが、国際的にみると、準市場論が唯一の枠組ではなく、「準市場」と「市場」の区別は相対的なもの（要するに程度の問題）であることから、準市場という用語を用いるのが必須とは考えていない。

3　ただし、韓国でも、2章でみたように、要介護度のレベルの低い高齢者を対象にする「老人ドルボム総合サービス」では、サービス提供体制に自治体の政策判断が介在する余地が存在する。一方、日本でも、3章でみたように、「要支援者」を対象とする「新総合事業」においては、自治体の政策判断によって「利用者補助型」の準市場とは違ったサービス提供体制が成立する余地が生まれた。

4　（日本の措置委託制度のような）低所得高齢者の受け入れを強制する仕組みがないにもかかわらずこのような仕組みが機能するのは、事実上の営利事業者の参入が自由化されていることからサービスの供給量が十分に大きく、定員に対する充足率が必ずしも高くないためである。

5　さらに一部の高齢者の利用者負担割合を30％に引き上げる介護保険法改正案が、2017年5月7日現在、国会で審議中である。

6　西下（2017）によれば、要介護高齢者が、現在約33万人と推計されるのに対して、雇用されている外国人介護労働者（住み込み型の家庭看護工）は約22万人に及ぶという。

7　後発福祉国家としての韓国にとっての後発性の利益（および不利益）の問題は、金（2010）で多面的に検討されている。

8 この点については、(平岡、2003)の第1章を参照。

文献

安周永・林成蔚・新川敏光 日韓台の家族主義レジームの多様性. 福祉レジーム, 新川敏光編；ミネルヴァ書房；2015; pp.7-34.

金成垣編著 現代の比較福祉国家論——東アジア発の新しい理論構築に向けて——. ミネルヴァ書房, 2010.

小島克久 韓国の社会保障(第3回)韓国「老人長期療養保険」(介護保険)について. 社会保障研究 2016, 1 (3), 670-673.

徐明仿 「老人福祉法」に基づく高齢者福祉の展開；中華圏の高齢者福祉と介護——中国・香港・台湾——；沈潔編；ミネルヴァ書房；2007; pp. 183-202.

荘秀美 台湾における高齢者福祉の民営化の実態と課題——企業の参入をめぐって——. 海外社会保障研究 2006. 157: 80-89.

荘秀美 台湾における高齢者福祉政策の推移と発展——介護保険制度の構築に向けて. 台湾の都市高齢化と社会意識, 三浦典子編著；渓水社；2010; pp.33-55.

荘秀美 台湾の介護保険制度案をめぐる議論と課題. 介護保険白書——施行15年の検証と2025年への展望, 本の泉社；2015: pp.206-216.

西下彰俊 台湾における高齢者介護システムと外国人介護労働者の特殊性—在宅介護サービスを中心に—. 現代法学 2017, 32, 3-28.

平岡公一 介護保険制度の創設と福祉国家体制の再編——論点の整理と分析視角の提示. 社会学評論 1998, 49 (2):286-303.

平岡公一 イギリスの社会福祉と政策研究——イギリスモデルの持続と変化. ミネルヴァ書房, 2003.

平岡公一 社会福祉と介護の制度改革と政策展開. 社会保障制度改革——日本と諸外国の選択；国立社会保障・人口問題研究所編；東京大学出版会；2005; pp. 287-317.

平岡公一 ヨーロッパにおける社会サービスの市場化と準市場の理論. シリーズ福祉社会学① 公共性の福祉社会学——公正な社会とは. 武川正吾編；東京大学出版会；2013; pp.193～213.

平岡公一・杉野昭博・所道彦・鎮目真人 社会福祉学. 有斐閣, 2011.

藤崎宏子 老人福祉サービスの家族要件にみる家族政策のゆくえ. 家族社会学の展開, 森岡清美編；培風館；2013; pp.262-285.

李 玲珠 韓国の高齢者福祉制度をめぐる新しい動向：介護保険制度創設問題を中心に. 評論・社会科学 2007, 82, 39-63.

林春植・宣賢奎・住居広士編著 韓国介護保険制度の創設と展開——介護保障の国際的視点——. ミネルヴァ書房, 2010.

Bode, Ingo, Brice Champetier and Sébastian Chartrand. Embedded Marketization as Transnational Departure. Assessing Recent Change Systems Comparatively. *Comparative Sociology*, 2013, 12, 821-850

Chon, Yongho. The Expansion of the Korean Welfare State and Its Results – Focusing on Long-term Care Insurance for the Elderly. *Social Policy and Administration,* 2014, 48 (6), 704-720.

Gilbert, Neil, Harry Specht and Paul Terrell. *Dimensions of Social Welfare Policy* (3rd ed.), Prentice Hall, 1993.

Gingrich, Jane. *Making Markets in the Welfare State: The Politics of Varying Market Reforms.* Cambridge U. Pr., 2011.

Hiraoka, Koichi Marketization of Long-Term Care Services –A Comparative Analysis of the Japanese Experience–. contributed paper, 2015 Annual ESPAnet Conference, The University of Southern Denmark, Odense, Denmark, 2015.

Nadash, Pamela and Yao-Chi Shih. Introducing Social Insurance for Long-Term Care in Taiwan: Key Issues. *International Journal of Social Welfare,* 2013, 22, 69-79.

Ranci, Costanzo, and Emmanuele Pavolini ed. *Reforms in Long-Term Care Policies in Europe: Investigating Institutional Change and Social Impacts.* Springer, 2013.

補論　台湾の高齢者ケア政策：資料と文献

　本書で高齢者ケア政策に関して日本の比較対象とした韓国と台湾のうち、韓国については、日本・韓国の研究者によって書かれた比較的手に入りやすい日本語文献が多く存在しているが、台湾に関する日本語文献はかなり少ない。このことを踏まえて、以下では、英語・日本語の文献・資料に基づいて、台湾の高齢者ケア政策に関して若干の補足的な解説を行うとともに、台湾の高齢者ケアに関する日本語文献のリストを載せることにした。

　本書1章で説明されているとおり、台湾では、2007年に策定された「長期ケア10ヵ年計画」に基づいて、サービスの大幅な拡充が進められてきた。

　表1は、この計画によるサービス整備目標値（荘、2015: 207）を示したものである。この計画の対象には、50歳以上の心身障害者等も含まれるが、主な対象は65歳の要介護高齢者である。そこで、参考までに、65歳以上の高齢者人口1,000人あたりのサービス量に換算した結果も示した。

表1　長期ケア10ヵ年計画によるサービス整備目標値（台湾）

	2007年	2015年	（参考） 65歳以上1,000人当たり	伸び率 （2015年／ 2007年）
訪問介護（人）	20,000	100,500	34.20	502.5
デイサービス（人）	2,600	112,000	38.11	4,307.7
認知症老人介護ユニットケア（ヵ所）	20	180	0.06	900.0
短期介護及びリハビリ（人）	4,000	36,000	12.25	900.0
ホームヘルパー育成（人）	4,700	23,000	7.83	489.4

出典：目標値は、荘（2015: 207）による。対65歳人口比と伸び率は、筆者が計算した。

補論　台湾の高齢者ケア政策：資料と文献　355

　表2は、主要なサービスについて、この計画の実施結果としてのサービス利用者数の伸びを示したものである。

表2　主要なサービスの利用者数（台湾）

	2008年	2015年／2014年(注)	(参考)65歳以上1,000人当たり	伸び率(2015年／2008年)
①訪問介護（Home Care）	22,305	45,173	15.37	202.5
②デイサービス（Day Care）	339	3,002	1.02	885.5
③訪問看護（Home Nursing）	1,690	24,547	8.35	1,452.5
④短期介護（Respite Care）	2,250	39,135	13.32	1,739.3
⑤長期照護(型)機構（Long-Term Care Institution）	-	2,006	0.68	-
⑥養護機構（Nursing Institution）	-	39,182	13.33	-
⑦安養機構（Caring Institution）	-	4,049	1.38	-

出典：①〜④は、(Ministry of Health and Welfare, 2016)、⑤〜⑦は、(衛生福利部、2015: 300, 301) による。
伸び率と対65歳以上の人口比は、筆者が計算した。

注：①〜④は2015年、⑤〜⑦は2014年の数値。
　　②・④のサービス名称の日本語訳は、荘(2015) に従った。

表3　主要なサービスの利用者数（日本：2015年）

	利用者数（千人）	65歳以上1,000人当たり利用者数
訪問介護	970.4	29.00
訪問看護	341.7	10.21
通所介護	1,339.2	40.02
短期入所生活介護	324.3	9.69
短期入所療養介護（老健）	47.5	1.42
特定施設入居者生活介護（短期利用以外）	170.8	5.10
認知症対応型共同生活介護（短期入所以外）	186.4	5.57
介護福祉施設サービス（特別養護老人ホーム）	502.0	15.00
介護保健施設サービス	356.8	10.66
介護療養施設サービス	64.4	1.92

出典：厚生労働統計協会 (2015:292)。厚生労働省「介護給付費実態調査報告月報（平成27年4月審査分）」に基づく。
65歳以上1,000人当たり利用者数は、筆者が計算。

　表3は、比較のために日本の介護保険制度におけるサービスの利用者数を

示した。台湾と日本では、制度が異なるために、どちらがどのくらい多いか少ないかという単純な比較はできないが、この表の数値と、表1、表2の数値を見比べれば、おおよそ台湾が目指してきて達成できたサービス整備の水準がどのくらいかということについてのイメージが得られるだろう。

　表1と表3を見ると明らかになることは、訪問介護・デイサービス・短期介護などの在宅サービスで、台湾は、現在の日本の水準とほぼ同等の高い水準の達成を目指してきたということである。

　ただし表2によると、実際のサービス量の伸びは、訪問介護とデイサービスでは、目標値をかなり下回っている。しかし、伸び率の欄をみれば、この間のサービス量の拡大が急速であったことが理解できる。

　この表では、主な入所施設として、「長期照護(型)機構」「養護機構」「安養機構」の3種について2014年現在の利用者数を示している。日本の施設体系とあえて対応させれば、「長期照護(型)機構」は、療養型病床群、「養護機構」は特別養護老人ホーム、「安養機構」は養護老人ホームにあたる(徐、2007: 200)。

　「長期ケア10カ年計画」は、2016年で終了するが、本書1章でも紹介されているように、2016年には行政院において後継計画として「長期ケア10カ年計画2.0」が策定された(Exective Yuen, 2017)。この計画では、更なるサービスの量的拡大を図るとともに、2種の「センター」と、「ステーション」という3種の拠点施設を核とする3層の包括的なケアシステムを整備することが目指されている(西下、2017)。

引用文献 （終章本論の文献リストにあげたものは省略した）

Exective Yuen, Republic of China (Taiwan) Taiwan promotes 10-year long-term care 2.0 plan, 2017
(http://english.ey.gov.tw/News_Hot_Topic.aspx?n=FE8C5966F81D8273&sms=BBB420E471DAF6C0)
Ministry of Health and Welfare, *2016 Taiwan Health and Welfare Report,* 2016.
厚生労働統計協会　国民の福祉と介護の動向2015/2016；厚生労働統計協会, 2015.
衛生福利部　*衛生福利公務統計——中華民國一〇三年*, 2015.

台湾の高齢者ケア政策に関する日本語文献（終章本論の文献リストにあげたものを除く）

大野俊　岐路に立つ台湾の外国人介護労働者受け入れ. 九州大学アジア総合政策センター紀要 2010. 5: 69—83.

岡村志嘉子　台湾の長期介護サービス法. 外国の立法 2015. 266: 121—139.

小島克久　台湾・シンガポールの介護保障, 世界の介護保障(第2版), 増田雅暢編; 法律文化社; 2014; pp. 154—170.

小島克久　台湾. アジアの社会保障, 増田雅暢・金貞任編; 法律文化社; 2015; pp. 81—107.

城本るみ　台湾における高齢者福祉政策と施設介護. 弘前大学人文社会論叢社会科学 2010. 23: 1—28.

城本るみ　台湾における外国人介護労働者の雇用. 弘前大学人文社会論叢社会科学 2010. 24: 27—64.

田中きよむ　台湾の高齢者介護の動向と日本の介護保険制度. ふまにすむす 2012. 23: 53-70.

宮本義信　台湾の社会福祉——歴史・制度・実践——; ミネルヴァ書房, 2015.

難波貴代・渡部月子・丸山幸恵　台湾における高齢者保健福祉. 神奈川県立保健福祉大学誌 2014. 11(1): 87-94.

あとがき

　本書の発端は、本書にも寄稿いただいている官有垣先生および陳正芬先生と編者のひとりである須田が、2010年から行っていた共同研究にある。その後、他の二人の編者である平岡・森川と韓国の研究者らが加わって本書の出版プロジェクトが立ち上がったのだが、その段階ではすでに、台湾と日本の共同研究の成果は中国語もしくは英語の論文として公表済みであった。本書に掲載されている台湾からの論文は、本書のために新たに執筆された第1部第1章以外は、これら公表済みの論文の転載である。こうして台湾と日本の共同研究の成果が日本国内にも共有されることとなり、嬉しく思う。台湾から寄せられた原稿の初出と、翻訳のプロセスを以下に改めて示す。

　第1部第1章　台湾の長期ケア政策の計画と変化

　　　原文は中国語で執筆された。その原稿を翻訳業者を通じて日本語に訳し、さらに学術用語等を編者が整えた。

　第2部第4章　台湾における高齢者介護サービスと地方自治体：台北市と新北市における居宅介護サービス組織の比較

　　　初出は、「大臺北地區居家服務區域劃分與居家服務組織定位的歷史分析」(臺灣社會福利學刊第十二卷第一期, 2014：121-163)である。原文は中国語で執筆された。出版社の許可を得た後、原稿を翻訳業者を通じて日本語に訳し、さらに学術用語等を編者が整えた。

　第3部第7章　台湾の高齢者長期ケア政策とケアワーカーの「内」と「外」

　　　初出は、”Insiders and outsiders: policy and care workers in Taiwan’s long-term care system”(Aging and society, August, 2016: 1-27)である。原文は英文で執筆され、出版社の許可を得た後、編者が日本語に

翻訳をした。

第3部第8章　非営利―営利の法人格に意味はあるか？：低所得高齢者
への行政支援に関する台北市と新北市の比較

初出は、"Does it matter whether nonprofit or for-profit? Compari-
son of the government's purchased long-term care services for the
low-income elders in Taipei and New Taipei Cities"（静宜人文社會擊
報第九巻第二期, 2015: 351-396）である。原文は英文で執筆され、出
版社の許可を得た後、編者が日本語に翻訳をした。

韓国からの論文はいずれも、本書のために日本語で執筆された。原則と
してそのまま本書に掲載したが、日本語として不自然と思われる表現につ
いては、編者が執筆者と相談しながら整えた。

日本からの論文もすべて、本書のために新たに執筆された。

企画段階においても、編集のプロセスにおいても、通常よりは手間の多
くかかることであったが、著者相互がすでに様々な仕事を通じての知り合い
であったので、再びの交流の機会としての楽しさもあった。本書が台湾、韓
国、日本の協働を促す一助となれば幸いである。

最後に、本書の出版をご快諾くださり、三カ国の執筆者の原稿をとりま
とめるなど、煩雑な編集作業をお引き受けくださり、さらには、編集者を最
後まで支えてくださった東信堂・下田勝司社長に、心からの御礼を申し上げ
たい。

編者一同

索　引

欧字

Active citizen	311
Barthel Index	183, 195
Billis	93
BPSD（認知症の周辺症状）	249
Hansmann	92
life politics	311
LTC	218
managerialism	311
N. ギルバート	336
nonprofit organizations	313
NPG	317
NPM	311
NPO	147, 155, 160
NPO法人	306
public	3, 306
social entrepreneurship（社会的起業）	311
social inclusion	313
voluntary	311

あ

新しい総合事業	147, 151, 153
意思決定者	95
委託	98
委託事業	91, 168
委託事業の評価	171
「一時的均衡」（punctuated equilibrium）	88
居場所	166
居場所づくり	166
医療	146
医療介護総合確保推進法	64-69
医療・介護の連携	147, 154-155
宜寧（イレョン）郡	128
インフォーマル	145
営利	9, 213

営利企業	57
営利組織	93
営利組織の参入	339
営利部門	132
エンタイトルメント（entitlement）	56, 65
エンパワメント（empowerment）	241

か

外国人介護労働者	337
外国人ケアワーカー	177-178
外国人ケアワーカー雇用基準規定	197
外国人労働者	10, 182
介護サービス	134
介護サービス市場	170
介護サービス福祉および産業発展計画	98
介護サービス法	23
介護者	298
介護者支援	301, 303
介護者属性	287
介護職員処遇改善交付金制度	66
介護人材	11, 179
介護の（再）家族化	284
介護の社会化	10, 57, 60, 280-281, 284, 287, 289, 293, 298, 300, 302, 337, 346
介護報酬	57, 67-68
介護保険	35
介護保険サービス事業者	172
介護保険事業計画	144, 146-147
介護保険制度	93, 143, 170, 280-281, 300
介護保険制度運営	171
介護保険法	23
介護保険料	159, 169
介護予防	153
介護予防・生活支援サービス	147
介護予防通所介護	147
介護予防訪問介護	147
外出支援サービス	295

改正介護保険法	284	供給者		265
カウンセリング	250	供給者支援方式		134, 137
核家族世帯	290, 295	供給責任		4
家事援助	283, 286, 300, 302	供給量		58
家事代行	286	行政自治部		124
家族介護	122, 280, 287, 300, 302	行政役割の縮小		311
家族介護支援	337	競争市場		99
家族介護者	237-238, 283	協働組合		147
家族介護者支援	237, 301	許可型		341
家族休暇制度	237, 246, 252	居住		146
家族支援	237, 240, 245	居住系サービス		295
家族支援サービス	239	居宅介護サービス		84, 94, 97
家族支援事業	237, 245, 251	居宅介護サービス事業		86
家族支援政策	252	居宅介護サービス組織		114
家族主義イデオロギー	348	居宅介護支援		84
家族主義レジーム	335	居宅サービス		58
家族相談支援サービスのモデル事業		居宅サービス委託費		96
	237, 249	居宅サービス事業者		95
家族相談支援プログラム	249	居宅サービス試験事業計画		102, 115
家族相談支援モデル事業	252	慶尚南道		128
家族等介護者	298	グループホーム		295
家族同居世帯	292	ケア資源のガバナンス		148
家族の扶養負担	238	ケアシステムの構築		243
家族要件	57	ケア付き生活施設		217
家庭	188	ケアの市場化		145
家庭内虐待防止法	189	ケア・バランス		338
家庭内労働法	189	ケアマネジメント		30, 74, 248, 335
カフェ	318	ケアワーカー		178
韓国	121	計画機能		347
韓国の社会福祉行政	124	計画調整機能		57, 63, 74
管理主義	4	経済的インセンティブ		68, 73
起業型非営利組織	92	軽度化		290, 292, 302
規制	269	軽度者		285, 292
規制緩和	16	契約		257
基礎自治体	146	契約の失敗		220
機能回復施設	217	経路依存		54-55, 60, 76, 326
寄付収入依存型	114	経路依存性		88, 108
寄付収入依存型非営利組織	92, 101, 109	経路離脱		54-55, 60, 76, 301, 326
供給サイド	4, 313	ケース管理		243
供給システム	30	現金給付		24, 26

権限委譲	218		248-249, 251
健康保険	127	国民生活基礎調査	280, 287, 298
限定入札	99	互助型非営利組織	92
現物給付	24, 26	個人営利施設	262
権利擁護システム	241	国家責任	7
公	3, 306	国家認知症管理総合計画	243
行為主体 (agency)	87	国庫補助金制度	125
公開入札	99	国庫補助事業	125
構造 (structure)	87	コミュニティ	145, 148, 308
「構造的に誘導された均衡」(structure		コミュニティケア	71
induced equilibrium)	89	コミュニティづくり	161
公定価格	340	コンスーマリズム	314
公定価格制	59		

さ

公的	3		
公的資金	313	サービス機関評価	266
公的老人療養保障制度	122	サービス供給組織	15
購入責任	4	サービス購入型	59, 73
後発性	350	サービス事業者	145
後発性の利益	346	サービス市場	143
公費	343	サービス体系	338
合理的選択制度学派	87, 114	サービス付き高齢者向け住宅	66, 73
高齢化社会	40, 122	サービスの逆機能	286
高齢者医療福祉施設拡充10カ年計画342		サービスの質	265
高齢者介護サービス	138	再家族化	8, 11, 15, 75, 300, 303
高齢者介護サービス体系	137	再家族化や再地域化	5
高齢者介護サービス提供体制	134	再規制	16, 269
高齢者介護システム	121, 126	財源確保	33
高齢者ケア (Long Term Care, LTC)	218	財源調達	49, 335-336
高齢者ケア10ヵ年計画 31, 33, 35, 111,		財政	8, 49
	115	在宅医療	154-155
高齢者ケア10ヵ年計画2.0	34-35	在宅ケアへのシフト	58
高齢者ケア管理センター	31	在宅サービス	132, 147
高齢者ケアレジーム	59	在宅サービス機関	132
高齢者福祉サービス	256	(再)地域化	75-77
ゴールドプラン (高齢者保健福祉推進10		再地域化	8, 13, 143, 171
カ年戦略)	55, 342	総量規制	62, 73
ゴールドプラン	347	差別的待遇	183
国民皆保険皆年金体制	335	サロン	164, 166, 318
国民基礎生活保障制度	122	参加型ガバナンス	76
国民健康保険公団 121, 123, 127, 134,		参加型福祉	72

参加型福祉社会	308	社会的扶養	122
三世代世帯	290, 295	社会福祉館	238, 251–252
残余的サービス提供	263	社会福祉事業法	125
支給限度額	285	社会福祉実践	242
事業型非営利組織（団体、NPO）86, 92,		社会福祉政策	241
	109, 114–115	社会福祉統合管理網	136
事業志向型非営利組織	98, 109	社会福祉法人	339
事業者	143	社会変革	329
支出の抑制	64	社会保険	335
市場	102	社会保険事業	123
市場化　4–5, 59, 121, 123, 126, 134, 172,		社会保険方式	121, 123, 343
	268, 276, 303, 340, 347	社会保障改革プログラム法 64, 69–70, 76
市場化改革	348	社会保障制度	302
市場機能	347	社会連帯	7
市場機能を犠牲にした支出抑制	72	住居福祉	260
市場空間の拡大	72–73	集権	5
市場/契約の失敗	219	集権化	341
市場原理	256, 313	集中的な在宅サービス	71
商業主義	4	重度者	293
市場の失敗	219	住民	147, 307
市場の失敗論	231	住民活動	163–164, 171
市場メカニズム	123, 132	住民互助	166
施設サービス	147	住民参加	306
施設入所	293	住民参加型在宅福祉サービス	306
慈善利他型非営利組織	98	住民主体	160–161, 164, 169
自治体 121, 134, 138, 143, 158, 169, 172		住民生活支援サービス体系	125
自治体行政	123	住民層	171
自治体職員	148	住民相互の助け合い	76
自治体調査	149	受給者	264
市町村	146	需要サイド	313
自費サービス	314	準市場	145, 340
市民	307	準市場の類型論	59, 73
市民社会論	311	障害	188
市民組織	93	小規模多機能型サービス	295
社会運動	309	条件整備主体	170
社会学的制度学派	114–115	商品化	145
社会関係	169	情報の非対称性	219, 273
社会資源	152	ショートステイ	246
社会的介護	287	申請者	264
社会学的制度学派	87	新制度学派	12, 83, 86–87, 113

身体介護	300, 302	台湾長期ケア10ヵ年計画	342, 347
新北市	86, 94, 97	脱家族化効果 (defamilializing effects)	59
信頼	170	脱施設化	71
心理・感情的サポート	241	縦割り	167
垂直的差別	182	団塊の世代	309
水平的差別	182	短期入所サービス	297
住まい	147	単独世帯	290, 295
生活機能	286	地域	148
生活支援	146, 154-155, 303	地域化	303
生活支援コーディネーター	147	地域間格差	263-264
生活支援サービス	147, 160, 164	地域ケア会議	146, 168
生活支援体制	170	地域支援事業	147, 151, 158
生活支援体制整備	158, 164	地域組織化 (地域福祉)	241
生活保護制度	122	地域づくり 148, 154, 158, 163-164, 167, 170	
制度変化における連続性と断絶	55		
政府間関係	12, 59, 335	地域に根差したケア (community-based care)	145
政府の失敗論	219, 231		
税方式	343	地域の社会資源	156
世帯構造	290, 295	地域福祉	72
選択権	57	地域包括ケアシステム 68, 143-144, 151, 159, 162, 171, 280, 300, 302	
選別主義	9, 25, 98, 334, 337		
専門職	180	地域包括支援センター 62, 150-151, 154, 158, 161, 163-164, 169-170	
総合相談	162		
相談援助機能	74	地域密着	62, 74
相談援助機能の外部化	59	地域密着型サービス	61
総量規制	349	地方移譲	126
措置委託	4	地方自治体	5, 13, 86, 94, 213
		地方政府	257

た

第3次国家認知症管理総合計画	245, 251	地方分権	30, 123
第5期介護保険事業計画	146	地方分権化	75, 123-125, 126
第6期介護保険事業	306	地方分権改革	59
第6期介護保険事業計画	147, 149	昌原 (チャンウォン) 市	128
対象の設定・限定	336	中央集権	5, 123-124, 128
大台北地区	95	中央集権化	126-127
台北市	94, 97	中央集権的	124
台北市政府	85	「中央集権的」再編	126
台湾	84, 94	中央主導	30
台湾高齢者ケア10ヵ年計画	27	中央政府	5, 257
台湾政府	85	中華民国高齢者ケア10ヵ年計画	85, 98
		中流階層化	329

索 引　365

町会　322
長期ケア10ヵ年計画　354
長期療養　263
長期療養機関　131-132
長期療養等級判定者　135
長期療養認定　244, 246
長期療養保険サービス　127
長期療養保険サービス受給者　131
長期療養保険統合在宅サービスモデル
　事業　248
超高齢国家　214
調整コスト　148, 170
通所型サービス　297, 302
定期巡回・随時対応サービス　63, 71
提供 (provision)　336
提供体制　336
低出産・高齢社会基本法　122
低所得高齢者　213
低所得者　12
デボルーション　5
等級　136
等級外のA, B　135
「等級外のA, B」判定者　133, 136-138
同居家族　292, 295
統合ケア (integrated care)　145
統合在宅サービス　247
統合在宅サービスのモデル事業　237, 252
統合的ケアシステム　71
特定施設　150
特定非営利活動促進法　310
特別養護老人ホーム　149, 293
都市部　9
ドルボム総合サービス　127
ドルボムバウチャー事業　123

な

内容 (給付類型・サービス体系・ケアバ
　ランス)　336
二木立　69

24時間訪問サービス　247
24時間訪問介護サービス　247
二重労働市場の理論 (dual labour market
　theory)　177, 179
日常生活圏域　146, 151, 156
日常生活支援総合事業　153
入所介護施設　217
入所サービス　214
入所施設　132, 178, 213
ニュー・パブリック・マネジメント
　(NPM)　11
認証型　341
認知症　146-147, 239
認知症家族支援　252
認知症カフェ　164
認知症管理法　243, 245, 251
認知症グループホーム　293
認知症高齢者　237, 239
認知症高齢者グループホーム　58
認知症高齢者支援　240, 243
認知症支援センター　252
認知症相談センター　243-244, 251
認定者　264
ネットワーク　146, 164, 166-167
ネットワーク化　158, 170
ネットワーク調整機能　172
年金の成熟化　346
農村部　9
ノーマルリスク　9

は

配食サービス　295
配達 (delivery)　336
ハイブリッド的要素　93
配分 (allocation)　336
バウチャー　4, 126, 314
バウチャー事業　121
バウチャー制度　126
バウチャー方式　121, 123, 132
非営利　9, 213

非営利組織（団体）	57, 86, 91–94	民間	132
非営利部門	132	民間企業	155
病後回復施設	217	最も高次（第三段階）のコミュニティケア	
標準化	144		71
費用負担	293	モデル事業	152, 154, 156, 163, 169
費用抑制	160, 347–348	**や**	
福祉国家	335		
福祉国家体制	11	有料老人ホーム	149, 293, 302, 339
福祉サービス	256	要介護	144
福祉多元主義	282	要介護者のいる世帯	287
副次的労働市場	182–183	要介護度	285, 302
福祉ミックス	3, 5, 6, 335	要介護度分布	289
福祉レジーム	335	要介護認定	287
普遍主義	9, 25, 98, 276, 334, 337	要介護認定基準	8
普遍的社会福祉サービス	256	余暇福祉	260
扶養負担感	241	予防給付	284–285
分権	5	予防重視	61, 63
分権化	62, 121, 341	**ら**	
報酬	153		
法人格	215	利害関係構造の再編成	60
訪問介護サービス	199	離職	204
訪問介護事業者	199	離職率	204
訪問型サービス	302	利用者支援方式	127, 132, 134, 137
ホームヘルプサービス	286	利用者中心主義	265
保険給付	57	利用者の選択権	56, 60
保険者	143, 146, 159	利用者負担	64, 343
保健所	244, 251–252	利用者負担の引き上げ	61
保健福祉サービス	214	利用者補助型	59, 73, 340
保健福祉部	122, 124, 126, 247, 249, 251	歴史的制度学派	87
保険料	57, 159, 160	「歴史的節目」（historical juncture）	88
ポストNPM	12, 14	連携	152
ボランティア	147, 155, 160	連帯	313
訪問介護サービス	301	連絡会	155
訪問系サービス	295	老人長期療養保険	127
ま		老人長期療養保険サービス	121–123,
			127, 130, 138
まちづくり	72	老人長期療養保険事業	126
ミックス経済	215	老人長期療養保険制度	10, 127, 130,
民営化	4, 215, 311, 339		237, 244–246, 251
民営化政策	3	老人長期療養保険法	39, 122

老人ドルボムサービス	258–259	老人保健福祉事業		244
老人ドルボム総合サービス	133, 138	老人療養保障法案		122
老人ドルボム総合サービスの死角地帯		労働基準法	182, 189, 198	
	136–137	労働市場		184
老人ドルボムバウチャー事業	13,	労働市場の二重構造		183
	121–123, 126–127	労働市場の二重性		181
老人福祉館	251, 252	ローカル・ガバナンス		76
老人福祉法 98, 122, 214, 217, 225, 245,		ローカル（参加型）ガバナンス		54
	260, 339			

執筆者紹介

陳　正芬（チェン　フェンチェン）　中國文化大学社会福利学系教授
台湾国立中正大学　博士（政策科学）
主要著作：2015 Chen-Fen Chen, Yu-Yuan Kuan. Within Sight but Beyond Reach: Taipei City's Subsidized Institutional Care for Low-Income Elderly. *NTU Social Work Review*. 32, 33-78 (in Chinese).
2015 Chen-Fen Chen. Foreign Daughters-in-law vs. Local Daughters-in-law Who Hire Foreign Care Workers: Comparing Their Caretaking Experiences and Strategies. *Formosa Journal of Mental Health*. 28(1), 101-134 (in Chinese)
2014 Chen-Fen Chen, Yu-Yuan Kuan, Organizational Attribution of Home Care Service Institutions in Taipei and New Taipei Municipalities – Focusing on the Issues of Service Area and Management, *Taiwanese Journal of Social Welfare*, 12(1), 121-163 (in Chinese).

官　有垣（クアン　ユーユアン）　国立中正大学社会福利学系教授
米国ミズーリ州立大学セントルイス校　博士（政策科学）
主要著作：*Social Enterprise: A Comparison of Taiwan and Hong Kong* (co-editor). Kaohsiung: Chu-Liu Book Company, 2012; *The Non-profit Sector: Organization and Operation* (co-editor). Taipei: Chu-Liu Book Company, 2011; *A Historical Review of the Family Helper Project in Taiwan*. Taichung: Taiwan Fund for Children and Families, 2010; *Non-profit Organizations and Evaluation: Theories and Practices* (co-editor). Taipei: Hung Yeh Book Company, 2008.

丁　炯先（ヨン　ハンスン）　延世大学保健行政学科教授
東京大学医学系研究科（保健学：保健管理・保健政策）
主要著作："Korea's National Health Insurance: Lessons from last three decades", Health Affairs, 30 (1), 136-144, 2011、"Pharmaceutical reforms: Implication through comparisons of Korea and Japan", Health Policy, Health Policy, 93, 165-171, 2009、"Health care reform and change in public–private mix of financing: a Korean case", Health Policy, 74(2), 133-145, 2005.

金　智美（キム　ジミ）　慶南大学校社会福祉学科教授
お茶の水女子大学大学院（社会科学博士）修了
主要著作：『福祉国家体制確立期における自治体福祉政策過程』（公人社、2006年）「韓国における高齢者ケアサービス提供体制の再編過程」『韓国地方自治研究』17（4）：111-134．（2016、韓国語）、「高齢者ケアサービス提供体制の市場化に関する日韓比較」『日本文化研究』63：123-147．（2016、韓国語）

柳　愛貞（ユ　エジョン）　韓国国民健康保険公団政策研究院
東洋大学大学院（社会福祉学博士）
主要著作：「日本の介護保険制度改正の内容とその示唆点（韓国老年学、2015年）、「韓国老人長期療養保険における認知症ケアのあり方に関する研究」（国民健康保険公団政策研究院、2015年）、韓国老人長期療養保険における統合在宅ケアのモデルの開発と評価に関する研究（国民健康保険公団政策研究院、2016）

李　恩心（イ　ウンシム）　昭和女子大学人間社会福祉学部専任講師
東洋大学大学院社会学研究科社会福祉学専攻博士後期課程修了　博士（社会福祉学）
主要著作：「韓国の介護サービスへのアクセス保障の展開に関する一考察」、『学苑』904号（2016）、「介護保険サービスの利用支援機関に関する日韓比較研究—利用プロセスにみる利用支援機能の分析」、『現代福祉研究』15号（2015）、『介護サービスへのアクセスの問題—介護保険制度における利用者調査・分析』（明石書店、2014年）、「利用者からみた介護サービスへのアクセス時の困難」、『社会福祉学』53（3）（2012年）、『ソーシャルワークと社会開発—開発的ソーシャルワークのための理論とスキル』（共訳）（丸善出版、2010年）

編著者紹介

須田 木綿子（すだ ゆうこ） 東洋大学社会学部教授

1960年生 東京大学医学系研究科保健学博士後期課程二年次修了 博士（保健学）
主要著作：『対人サービスの民営化』（東信堂、2011年：日本NPO学会学術賞、福祉社会学会賞）、"Changing relationships between nonprofit and for-profit human service organizations under the long-term care system in Japan"（Voluntas, 25: 1235 – 1261, 2014）、「民間サービス供給組織の広域化と地方自治体の役割」（社会政策学、9(2): 101-112、2017年

平岡 公一（ひらおか こういち） お茶の水女子大学基幹研究院教授

1955年生 東京大学大学院社会学研究科博士課程単位取得退学 社会学修士
主要著作：『イギリスの社会福祉と政策研究』（ミネルヴァ書房、2003年）、『高齢期と社会的不平等』（編著、東京大学出版会、2001年）、『社会福祉学』（共著、有斐閣、2011年）

森川 美絵（もりかわ みえ） 津田塾大学総合政策学部教授

1972生 東京大学大学院総合文化研究科博士課程単位取得退学 博士（学術）
主要著作：『介護はいかにして「労働」となったのか―制度としての承認と評価のメカニズム』（ミネルヴァ書房、2015年）、'Toward community-based integrated care: trends and issues in Japan's long-term care policy' International Journal of Integrated Care 14(1)（2014年）、「介護政策におけるジェンダー」『社会政策のなかのジェンダー』（木本喜美子・大森真紀・室住眞麻子編、明石書店、2010年）

東アジアの高齢者ケア―国・地域・家族のゆくえ―

2018年3月31日　　初　版第1刷発行　　　　　　　　　　〔検印省略〕

＊定価はカバーに表示してあります。

編著者Ⓒ須田 木綿子・平岡 公一・森川 美絵
発行者 下田勝司

印刷・製本／中央精版印刷株式会社

東京都文京区向丘1-20-6　郵便振替00110-6-37828
〒113-0023　TEL 03-3818-5521(代)　FAX 03-3818-5514

発 行 所
株式会社 **東信堂**

Published by TOSHINDO PUBLISHING CO., LTD.

1-20-6, Mukougaoka, Bunkyo-ku, Tokyo, 113-0023, Japan

E-Mail: tk203444@fsinet.or.jp　http://www.toshindo-pub.com

ISBN978-4-7989-1488-6　C3036　ⒸY.Suda, K.Hiraoka, M.Morikawa

東信堂

海外日本人社会とメディア・ネットワーク ―パリ日本人社会を事例として／吉原直樹・今野裕昭・松本行真 編著　四六〇〇円

移動の時代を生きる ―人・権力・コミュニティ／大西仁・吉原直樹 監修　三二〇〇円

〔国際社会学ブックレット〕

国際社会学の射程 ―日韓の事例と多文化主義再考〔国際社会学ブックレット1〕／芝田真里久 編訳　一二〇〇円

国際移動と移民政策〔国際社会学ブックレット2〕／有田伸・山本かほり 編著　一〇〇〇円

社会学をめぐるグローバル・ダイアログ／トランスナショナリズムと社会のイノベーション ―越境する国際社会学とコスモポリタンの志向〔国際社会学ブックレット3〕／西原和久　一三〇〇円

外国人単純技能労働者の受け入れと実態 ―技能実習生を中心に／坂幸夫　一五〇〇円

開発援助の介入論 ―インドの河川浄化政策に見る国境と文化を越える困難／西谷内博美　四六〇〇円

食品公害と被害者救済 ―カネミ油症事件の被害と政策過程／宇田和子　四六〇〇円

吉野川住民投票 ―市民参加のレシピ／武田真一郎　一八〇〇円

園田保健社会学の形成と展開／米林喜男 編著　三六〇〇円

社会的健康論／園田恭一　二五〇〇円

保健・医療・福祉の研究・教育・実践／園田恭一 編　三四〇〇円

研究道 学的探求の道案内／米林喜男　二八〇〇円

福祉政策の理論と実際（改訂版）〔福祉社会学研究入門〕／武川正吾・山田昌弘・平岡公一・黒田浩一郎 監修／三重野卓・平岡公一 編　二五〇〇円

認知症家族介護を生きる ―新しい認知症ケア時代の臨床社会学／井口高志　四二〇〇円

社会福祉における介護時間の研究 ―タイムスタディ調査の応用／渡邊裕子　五四〇〇円

発達障害支援の社会学／木村祐子　三六〇〇円

介護予防支援と福祉コミュニティ／松村直道　二五〇〇円

東アジアの高齢者ケア ―国・地域・家族のゆくえ／須田木綿子・平岡公一・森川美絵 編著　三八〇〇円

対人サービスの民営化 ―行政・営利・非営利の境界線／須田木綿子　二三〇〇円

〒113-0023　東京都文京区向丘1-20-6
TEL 03-3818-5521　FAX03-3818-5514　振替 00110-6-37828
Email tk203444@fsinet.or.jp　URL:http://www.toshindo-pub.com/

※定価：表示価格（本体）＋税